西部地区改革发展研究丛书

YI ZHANLUEXING XINXING
CHANYE YINLING
XIBU DIQU ZHIZAOYE ZHUANXING SHENGJI YANJIU

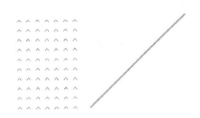

陈钊 等○著

国家社会科学基金一般项目（批准号：14BJL100）

以战略性新兴产业引领
西部地区制造业转型升级研究

西南财经大学出版社
Southwestern University of Finance & Economics Press
中国·成都

图书在版编目(CIP)数据

以战略性新兴产业引领西部地区制造业转型升级研究/陈钊等著.—成都:西南财经大学出版社,2018.5

ISBN 978 - 7 - 5504 - 3401 - 1

Ⅰ.①以… Ⅱ.①陈… Ⅲ.①制造工业—产业结构升级—研究—西北地区②制造工业—产业结构升级—研究—西南地区 Ⅳ.①F426.4

中国版本图书馆 CIP 数据核字(2018)第 046372 号

以战略性新兴产业引领西部地区制造业转型升级研究

陈钊 等著

策划编辑:李玉斗

责任编辑:杨婧颖

责任校对:田园

封面设计:何东琳设计工作室

责任印制:朱曼丽

出版发行	西南财经大学出版社(四川省成都市光华村街 55 号)
网　址	http://www.bookcj.com
电子邮件	bookcj@ foxmail.com
邮政编码	610074
电　话	028 - 87353785　87352368
照　排	四川胜翔数码印务设计有限公司
印　刷	成都时时印务有限责任公司
成品尺寸	185mm×260mm
印　张	22.5
字　数	517 千字
版　次	2018 年 5 月第 1 版
印　次	2018 年 5 月第 1 次印刷
书　号	ISBN 978 - 7 - 5504 - 3401 - 1
定　价	98.00 元

目　录

上篇　总体分析

下篇　专题分析

上篇　总体分析

第一章 西部地区战略性新兴产业引领制造业转型升级理论分析

目前，关于西部地区战略性新兴产业引领制造业转型升级的研究还较为薄弱，但制造业转型升级与战略性新兴产业的研究已成为热点，这些研究可以作为西部地区战略性新兴产业引领制造业转型升级的借鉴。制造业转型升级的理论较为成熟，可以作为西部地区战略性新兴产业引领制造业转型升级的理论基础。而战略性新兴产业引领制造业转型升级理论仍然需要完善。发达国家也曾经出现明显的区域差异，这些国家如何发展欠发达地区的成功经验和失败教训为我国西部战略性新兴产业引领制造业转型升级提供了宝贵的经验和启示。

第一节 西部地区战略性新兴产业引领制造业转型升级研究综述

一、制造业转型升级研究综述

近年来，随着我国制造业转型升级的加速，学术界对制造业转型升级的研究也成为热点，学者们从不同的角度探索了制造业转型升级的理论，分析了我国制造业转型升级的实践、经验、途径、策略等，制造业转型升级理论研究日益深入。

（一）制造业转型升级理论

学者们从不同角度界定了制造业转型升级的含义。一般认为对于制造业转型升级的理解，可从两个视角展开。一是从产业结构视角，二是从价值链视角；前者认为转型升级是国民经济结构中高附加值、高端技术产业不断替代低附加值、低端技术产业，新兴产业不断涌现、成长，落后产业不断被压缩甚至被淘汰，从而实现产业结构的协调发展并逐步高级化、向更高水平演进的过程；后者认为转型升级是指产业由低技术水平、低生产率、低附加值状态向高技术水平、高生产率、高附加值状态演变，实现产业由高消耗、高污染向低消耗、低污染或零污染转变的过程。金碚认为中国工业转型升级是一个深刻的系统性变革过程，涉及技术、体制、利益、观念等因素，而最为关键的是自主创新。总体来看，有关我国制造业转型升级的研究主要集中在升级路径选择、技术提升与品牌建设、生产性服务业发展、价值链治理等方面①。毛蕴诗等提出企业的转型升级是企业为提高持续竞争能力以及产品、服务的附加值，寻找新的经营方向而不断变革的过程，是产业转型升级的微观层面和最终落脚点②。朱森第等指出制造业的转型，即由生产型制造转变为服务型制造的过程；升级，即是由世界制造业价值链的低端提升到高端的过程③。制造业转型升级是制造业发展到一定阶段的必然趋势，通过制造业企业的发展来推动、实现，既包括制造业发展模式、发展方式的改变，也包括制造业结构的优化与要素效率的提升。柳御林（2014）认为转型是要立足于已有，充分利用现有经济基础，不能简单地推倒重来或另起炉灶；升级要发展新兴的产业，通过创新、创造实现发展模式的升级。通过转型升级促使传统产业焕发新活力，新兴产业实现新突破，通过结构调整优化、科技创新驱动发展、资源节约环境保护三者联动，打造中国经济的升级版④。

（二）制造业转型升级途径的研究

制造业转型升级途径是制造业转型升级的研究重点，许多学者从不同角度分析了制造业转型升级的方向、途径，如从提升生产性服务业角度、从提升产品质量角度、从产业结构转变角度、从创新角度、从提升生产设计角度等进行分析。

刘中显等（2007）通过对广东佛山南海区西樵镇纺织产业集群的调查与思考，提出了服务业促进制造业转型升级的观点。生产性服务业在西樵镇纺织业转型升级中无疑发挥了巨大的作用。它延长了纺织业的产业链，逐渐成为产品价值增值的主要源泉；进一步提升了主导产品的档次和国际竞争力，使"西樵纺织"成为知名品牌；助推市场占有率明显提升；推动了制造产品开发成本的进一步降低，产品竞争力得以提升；提升了纺织服装业产业集群的创新能力⑤。为此，认为生产性服务业特别是与制造业产品升级密切相关的技术创新服务对于我国制造业结构升级具有重要的推动作用；与产品研发、设计相关的服务业正日益改变传统的简单化模仿生产模式，使企业的创新能力越来越强，竞争力越来越强。而生产性服务业的发展需要政府的积极引导与扶持、要充分重视生产性服务人才的培养问题、加大对重点领域和薄弱环节的投入力度、加强全社会信用体系的建设等⑥。陈小洪（2009）认为产业链创新能促进中国制造业转型升级，而产业链创新指构成产业链的企业群体通过

---

① 金碚. 中国经济的转型升级 [J]. 中国工业经济，2011（7）：5-14.

② 毛蕴诗，吴瑶. 中国企业：转型升级 [M]. 广州：中山大学出版社，2009：3.

③ 朱森第，惠明. 加快发展现代制造服务业——装备制造业转型升级的重要途径 [J]. 中国机电工业，2010（8）：128-129.

④ 柳卸林. 中国区域经济创新能力报告2014——创新驱动与产业转型升级 [M]. 北京：知识产权出版社，2015：67.

⑤ 刘中显，任旺兵，姜长云. 服务业促制造业转型升级——对广东佛山南海区西樵镇纺织产业集群的调查与思考（上）[N]. 中国经济导报，2007-01-02：A02.

⑥ 刘中显，任旺兵，姜长云. 制造业转型升级离不开服务创新——对广东佛山市南海区西樵镇纺织产业集群的调查与思考（下）[N]. 中国经济导报，2007-01-11：A02.

需求或供给激励，创造出存在上下游关系或配合关系的新商品或商品组合。李迅雷（2009）认为低端并不必然等于低附加值，做好低端意味着要从产品质量、品牌等多个方面提升产业的附加值，做到既能充分发挥中国的比较优势，又能推动产业升级和产业转型。因此，各级地方政府应为低端产业的发展和提升创造积极条件[①]。

兰建平等（2009）认为工业创意产业是围绕着工业整条产业链中的各个环节开展创造性活动的一系列创意行业。工业创意产业对于增强创新意识、集聚创新要素、引领产业向高端发展、实现制造业转型升级具有重要的推动作用[②]。刘中显（2009）认为东部地区的服务业不能适应制造业转型升级，从总量上看，服务产品供给严重短缺，与制造业企业的需求仍有很大差距；从结构上看，一些关键领域服务产品难以满足制造业企业的中间需求；从服务质量上看，服务产品难以满足制造业企业的有效需求。为此提出要切实推进东部地区的服务体制改革，合理引导民间资本参与国有生产性服务企业的改组改造，推进非基本公共服务行业的资源配置由政府主导向市场主导转变[③]。钱宝荣（2010）提出有效发挥税收政策的积极作用，更好地促进制造业的转型升级。加大力度，进一步落实税收优惠政策；加强统筹，进一步优化税收政策环境；进一步完善税收政策体系，完善固定资产税收政策，促进传统产业设备的更新改造，完善资产重组税收政策，促进制造业企业做大做强，完善技术开发等税收政策，促进新兴产业发展[④]。

周民良（2011）对我国"十一五"时期制造业的转型升级进行了研究，认为各地因地制宜地确定了制造业转型升级的方向；注重区域制造业转型升级中支撑要素的培育；不少地区在淘汰制造业落后产能方面取得了积极的进展。但加快地区制造业的转型升级，还必须强化顶层设计。从国家层面上看，应该加强区域创新体系建设和进一步推动结构调整优化，尤其是强化沿海地区制造业的创新能力，对于促进地区制造业的转型升级有积极意义[⑤]。周民良（2011）认为沿海地区需要从政策层面上高度重视沿海创新战略的实施；构筑沿海地区由区域制造向区域创新转变的整体思路；进一步深化体制机制改革；加强开发区、孵化器等创新型产业融合平台的建设；更好地发展技术市场；解决沿海地区企业面临的共性和关键技术问题；在沿海地区建设能够展示国内外技术与产品的信息平台与交易平台；解决好技术创新型企业的融资矛盾；以技术创新推动制造业转型升级[⑥]。童明荣（2011）认为"智慧城市"建设会形成市场巨大、范围广泛、链条长的智慧制造产业链，催生一批智慧制造产业，也将推动传统制造业的转型升级。有基础、有条件的相关制造业企业应

① 李迅雷. 做好低端制造业 发挥比较优势推动产业转型升级 ［N］. 中国工业报, 2009-03-18（A02）.
② 兰建平, 傅正, 方申. 工业创意产业：制造业转型升级的新引擎 ［J］. 浙江经济, 2009（5）：47-48.
③ 刘中显. 东部地区服务业促进制造业转型升级的问题及对策 ［J］. 中国经贸导刊, 2009（7）：24-25.
④ 钱宝荣. 促进制造业转型升级的税收政策思考 ［J］. 税务研究, 2010（6）：7-12.
⑤ 周民良. 区域创新、结构调整与中国地区制造业转型升级 ［J］. 学习与实践, 2011（8）：31-43.
⑥ 周民良. 推动沿海制造业转型升级战略构想 ［J］. 人民论坛, 2011（9 中）：124-127.

抓住"智慧城市"建设带来的历史性机遇，加快由"一般制造"向"智慧制造"的转型升级①。

胡迟（2012）认为制造业转型升级需要提升整合全球资源的能力，包括供应链、生产、研发、公司治理等全球化；把握技术进步与创新的方向；充分发挥信息化的支撑作用；以节能减排实现绿色化制造；引导战略性新兴产业的健康成长；以管理创新作为降低成本的抓手②。王晓红（2012）认为工业设计是科技含量高的生产性服务业，其对推动制造业转型升级、提高产业的国际竞争力具有重要意义，对产业的带动作用十分显著。设计创意园区成为设计企业发展的重要载体、公共服务平台成为设计创新的重要支撑、多层次教育培训体系解决了工业设计的人才短缺问题、产业政策为工业设计发展提供了良好的环境。为此要加强行业规划和引导、加强财税政策和金融支持、建立设计人才评价和培养体系、积极培育国内设计市场、提升设计企业的国际竞争力、规范设计创意园区等促进工业设计的发展③。张丽珍（2013）认为依靠技术创新、创新工业设计、创新商业模式、创新体制机制能促进制造业的转型升级④。

郭新宝（2014）认为我国要在始终保持"制造大国"地位的基础上，逐步实现制造业产业链向高端延伸。我国制造业转型升级的基本方向是打造创新链，构建制造创新链；路径是从制造链到制造创新链、再到制造创新方法链⑤。王树华、陈柳（2014）认为当前我国制造业实施大规模"增量调整"的空间已经非常有限，必须实行以"存量调整"为主的"存量－增量"调整方式来推动制造业的转型升级，提出鼓励和引导企业实施跨区域并购，将国有企业作为"存量调整"的重要载体，突出投资在"存量调整"中的作用，以环境倒逼机制淘汰落后的产能；建立完善的支撑体系，注重发挥市场机制的决定性作用、创造公平竞争的企业经营环境、强化服务业对制造业结构调整的引领功能、实行向研发环节倾斜的政策支持方式⑥。

安礼伟、张二震（2015）提出长三角制造业转型升级的途径：通过提升企业微观竞争力，夯实产业转型升级的基础；实现在国际生产网络中的角色转型；依托机器换人的大趋势，发展装备制造业，提升制造业层次；结合第三次工业革命的发展趋势，推动制造业转型；培育国际化企业，整合全球优势要素⑦。胡迟（2015）认为把产业新趋势作为转型升级的发展方向，在生产手段上，把数字技术、网络技术和智能技术等运用到产品研发、设计、制造、管理的全过程；在发展模式上，从生

---

① 童明荣. 智慧城市建设 制造业企业转型升级的新机遇 [J]. 三江论坛，2010（11）：15-17.

② 胡迟. 有效推进转型升级切实转变发展方式——以"十二五"以来制造业转型升级为例 [J]. 上海企业，2012（10）：65-68.

③ 王晓红. 广东发展工业设计促进制造业转型升级现状与建议 [J]. 中国风险投资，2012（29）：59-61.

④ 张丽珍. 创新驱动：传统制造业转型升级的引擎 [J]. 今日浙江，2013（4）：30-31.

⑤ 郭新宝. 我国制造业转型升级的目标和路径 [J]. 中国特色社会主义研究，2014（3）：33-37.

⑥ 王树华，陈柳. 制造转型升级中的增量调整和存量调整 [J]. 现代经济探讨，2014（6）：38-41.

⑦ 安礼伟，张二震. 全球产业重新布局下长三角制造业转型升级的路径 [J]. 江海学刊，2015（3）：79-84.

产型制造向服务型制造转变；在组织方式上，以内部组织扁平化和资源配置全球化作为制造业提升竞争优势的新途径。同时要促进战略性新兴产业持续健康发展，实施合理分工、布局和引导；我国国内的产业布局需要合理分工；加大政府投入，部分战略性新兴产业的关键环节和重点领域，需要实施国家队工程。持续推进"走出去"战略①。刘林森（2015）提出当前工业革命的核心是制造业的数字化，即信息技术、互联网技术与制造业的深度融合，促使制造业数字化、智能化和柔性化、自动化发展。而新材料、新能源、生物技术等方面的重大突破将引发新一轮科技与产业革命，并将催生新的营销和生产方式②。

国外虽然没有制造业转型升级的提法，但对制造业升级的方向、途径、方法等也有研究。哈佛大学的 Michael Porter 认为生产率是竞争优势的核心③，由此可以认为，提高生产率是制造业转型升级的方向。Jorgenson 等实证分析了美国劳动生产率增长，认为在 1995—2000 年期间，美国经济生产率的提高主要依靠计算机、半导体、电信设备和软件等信息技术的研究与制造；而在 2000—2006 年期间，金融服务、零售和制造业等信息技术的应用部门成为美国生产率提升的主要动力④。由此可以看出，与信息技术相关的制造业成为美国近年来经济发展的动力，也是制造业转型升级的方向。Blank 认为新兴产业是未来产业发展的方向，但新兴产业处于产业发展的早期阶段，因此存在着极大不确定性，如，产品的市场需求、产业发展潜力、产业技术路线等都没有既定的发展道路可循⑤。Harfield 认为新兴产业的发展更多地依靠市场力量，政府只能起辅助作用⑥。

（三）制造业行业的转型升级的研究

制造业有诸多行业，各行业由于其产业属性有一定的差异，生产过程也有一定的差异，因而其转型升级也具有一定的行业特征，许多学者从行业角度分析了部分制造业行业的转型升级。

电子信息产业是制造业的高端产业，是当前制造业的前沿产业，一些学者研究了该行业的转型升级。肖智星等（2010）认为集群化、高端化、自主化是我国电子信息产品制造业结构调整和转型升级的方向⑦。孔令夷、楼旭明（2014）认为我国

① 胡迟. 在新常态下持续实现转型升级——制造业转型升级成效的分析与对策 [J]. 上海企业，2015（5）：56-61.

② 刘林森. "互联网+"推动制造业转型升级 [J]. 装备制造，2015（9）：78-79.

③ Michael Porter. The Competitive Advantage of Nations [M]. New York：Free Press，1998.

④ Dale W. Jorgenson，Mun S. Ho，Kevin J. Stiroh. A Restrospective Look at the UN Productivity Growth Resurgence [J]. Journal of Economic Perspectives，2008（1）：3-24.

⑤ S. C. Blank. Insiders' Views on Business Models Used by Small Agricultral Biotechnology Firm：Economic Implications for the Emerging Global Industry [J]. AgBioForum，2008，11（2）：71-81.

⑥ T. Harfield. Competion and Cooperation in an Emerging Industry [J]. Strategic Change，1999，8（4）：227-234.

⑦ 肖智星，何景师. 我国电子信息产品制造业转型升级方向——集群化、高端化、自主化 [J]. 生产力研究，2010（6）：203-204.

通信和电子设备制造业徘徊于价值链低端，核心企业应选择构建国家价值链的跨越式转型升级形态，边缘企业应选择嵌入全球价值链的渐进式转型升级形态；制造业转型升级模式是：海外销售生产、价值链分解、合作研发及并购，我国企业正面临由模仿向自主创新、由制造型向制造服务型、由成熟市场及通用设备向新兴市场及定制化设备转型。促进通信和电子设备制造业转型升级的对策有：强力改革、政府投资、优惠举措、发展专业化市场、增强技术创新能力、强化品牌战略[1]。

装备制造业是制造业的基础，也是制造业技术含量极高的行业，其发展水平往往代表着国家制造业的水平，因此更多的学者分析了装备制造业的转型升级。朱森第等（2010）提出加快发展现代制造服务业，是装备制造业转型升级的重要途径[2]。提出了我国装备制造业转型升级的10个着力点，即从生产型制造转向服务型制造、从高消耗多污染转向绿色制造、从注重量的扩张转向注重质的提高、从重主机轻基础转向主辅配协调、从类比学习转向自主创新、从重硬轻软转向软硬兼施、从偏重通用型转向发展专用型、从熟悉传统产业转向致力于新兴产业、从关注机械技术转向融入信息技术、从粗放管理转向精细管理[3]。孙韬等（2010）提出了促进我国装备制造业转型升级的措施，即加强科技立法，提高国家对发展装备制造业的调控力度；制定技术政策和规划引导，促进产业集聚，保证市场调节作用的有效发挥；转变技术创新模式，引发企业家技术创新激情；加强国家对装备制造业的技术研发投入，促进产、学、研、官的紧密结合等[4]。周建珊（2013）认为装备制造业是为一个国家或地区提供技术装备的基础性、战略性产业，其转型升级成功与否将影响到整个国家或地区的经济发展水平和增长方式。要加强对我国装备制造业的现状研究，并就其转型升级过程中存在的金融支持问题进行思考，提出完善现有税收优惠政策体系、改善政策环境，鼓励民间资本的投入、完善企业信用体制，创新信用评价方式、建立多层次、多渠道科技投融资体系等措施以促进装备制造业的转型升级[5]。

（四）制造业企业转型升级的研究

制造业企业是制造业的生产细胞，对制造业转型升级极为关键，一些学者也从企业角度分析了制造业的转型升级。孙祥和（2006）以义乌为例研究制造业转型升级，认为义乌以市场带动的工业化道路正在面临经济全球化和国内宏观调控措施的严峻挑战，低、小、散的状况没有得到根本的改观，缺乏国内、国际有巨大影响力的企业、大集团，政府要发挥关键性主导作用，政企联动，以科学发展观为指导，

① 孔令夷，楼旭明. 全球化背景下我国通信和电子设备制造业转型升级形态及模式选择 [J]. 经济体制改革，2014（3）：94-98.

② 朱森第，惠明. 加快发展现代制造服务业——装备制造业转型升级的重要途径 [J]. 中国机电工业，2010（8）：128-129.

③ 朱森第. 我国装备制造业转型升级的着力点 [J]. 金属加工，2011（1）：4-5.

④ 孙韬，赵树宽，乔壮. 我国装备制造业转型升级发展对策研究 [J]. 工业技术经济，2011（5）：38-41.

⑤ 周建珊. 我国装备制造业转型升级与金融支持研究 [J]. 湖南科技大学学报（社会科学版），2013，16（2）：114-116.

加快培育和发展大企业、大集团集群，实现义乌制造的转型升级①。王峰（2008）认为自主研发能力是企业的第一核心竞争力，掌握具有自主知识产权的核心技术和核心产品是企业的第一生命力，通过造就一大批具有国际竞争力的企业集团和跨国公司，大幅度提高区域和国家的国际竞争力，这是今后相当长一段时期的历史重要任务②。胡迟（2010）分析了2010年中国制造业企业的500强，认为我国制造业500强企业存在劳动生产率偏低、研发投入不足、"大企业病"、工资推动成本上升等问题，为此提出制造业企业应通过大力推进自主创新、继续承接国际产业转移、推行扁平化组织变革、制造企业服务化、实施有效兼并重组、大力发展新兴产业等促进制造业的转型升级③。周长富、杜宇玮（2012）基于昆山制造业企业的研究结果显示：企业的价值链升级能减少其对国际市场的依赖；企业规模的扩大并不能促进制造业企业的转型升级；工人工资水平对企业附加值和出口影响的显著性水平都较低，说明价值链升级可能弱化了要素成本上升的负面影响④。Lach通过对以色列的实证分析，认为政府对中小企业的资助，有利于中小企业的创新和发展新兴产业，且其作用极为关键。⑤

（五）地区制造业转型升级的研究

现代经济学的奠基人之一马歇尔（Alfred Marshall）在1890年出版的《经济学原理》就提出了"工业区"概念，认为同一产业中的企业在一定区域的聚集，也就是地理聚集就形成工业区，奠定了产业集群理论的基础。他认为地理聚集的原因是劳动力的聚集、公共基础设施的提供、技术的外溢⑥。Michael Porter将这样的产业集聚区称为产业集群。他认为产业集群就是在一定区域内，一群高度关联的各类发展主体围绕专业化产业形成的聚集⑦。当前，产业集群成为地区制造业转型升级、提升竞争力的重要途径之一，建设地区制造业集群、培育优势制造业也成为各地区发展制造的重点。

潘忠贤（2009）基于温岭市制造业升级转型的调查，认为面对各要素价格涨跌多变、劳动力成本上升、国际市场需求萎缩等因素，温岭以政策驱动、创新推动、平台拉动、政企联动等多轮助推，促进了制造业的转型升级⑧。马秀贞（2010）分

---

① 孙祥和. 培育大企业集群：县域制造业转型升级—以义乌为例［J］. 上海商学院学报，2008，9（4）：32-35.

② 王峰. 如何实现制造业企业的转型升级［J］. 环渤海经济瞭望，2008（12）：12-13.

③ 胡迟. 论"后金融危机时代"我国制造业的转型升级之路——以2010年中国制造业企业500强为例［J］. 中国经贸导刊，2010（23）：23-24.

④ 周长富，杜宇玮. 代工企业转型升级的影响因素研究——基于昆山制造业企业的问卷调查［J］. 世界经济研究，2012（7）：23-28.

⑤ S. Lach. Do R&D Subsidies Stimulate or Displace Private R&D? Evidence From Israel［J］. Journal of Industrial Economics，2002，5（4）：369-390.

⑥ Alfred Marshall. Principles of Economocs［M］. New York：Cosimo Classics Press，2009.

⑦ Michael Porter. On Competition［M］. Bston：Harvard Business School Publishing，1999.

⑧ 潘忠贤. 科学发展视阈下产业转型升级的路径探析——基于温岭市制造业升级转型的调查［J］. 山东行政学院山东省经济管理干部学院学报，2009，99（4）：44-47.

析青岛制造业的转型升级，认为青岛制造业存在产业层次较低、自主创新能力较低、产业集中度较低等问题，迫切需要转型升级。转型升级要坚持高端化的发展方向，促进高端制造业发展，促进高端制造业聚集，促进高端制造业聚集区的形成①。邓丽姝（2010）结合北京制造业在国际金融危机中受到的冲击，从生产性服务业的视角提出了北京制造业转型升级的战略思路和对策建议。主要包括：以生产性服务业培育制造业的核心竞争优势、促进生产性服务业和制造业形成良性互动、以生产性服务业为纽带加强跨国公司对本地的产业关联效应和知识外溢效应②。张明龙、张琼妮（2010）提出根据低碳经济原则，要着重发展微型系统制造技术、超精密加工技术和节能降耗绿色制造技术等现代制造技术，促使制造业向技术链高端延伸。以此推进浙江制造业的转型升级③。许锐（2010）从产业链定位、分工活动与集聚效应这三个方面入手，分析其对微观企业主体的创新活动的影响，发现宁波制造业升级与生产者服务业的发展紧密相关，并提出通过改变城市功能定位为服务业深化发展奠定组织架构、以制造业与物流业的联动发展带动制造业和服务业的协同发展、促进服务业产业集群的形成与发展等方面推进宁波市的制造业转型升级④。

赵泓任（2011）提出通过大力推动制造业企业服务环节外包、加快推进生产性服务业服务环节外包、积极承接国际生产性服务外包、引进和培育服务外包龙头企业等措施助推山东制造业转型升级⑤。谭军（2012）总结了无锡市制造业转型升级的特点，即转型升级的引爆点：龙头为先帮助突破转型升级尴尬处境；转型升级动力：政策引导为中小企业转型升级提供动力和压力；转型升级的要素：多管齐下保证企业转型升级所需的资金、科技和人才；转型升级的方法：帮助企业各显神通、因地制宜选择转型升级之路。为此提出了制造业转型升级的启示：合作创新是传统产业转型升级的最佳战略途径，多元路径是传统产业转型升级的有效模式，领导重视是传统产业转型升级的重要条件⑥。王志华、陈圻（2012）认为江苏制造业的全要素生产增长率相对较高，而且在各要素中，劳动对制造业产出的贡献率最低，技术进步的贡献率最高。为此提出，江苏制造业转型的路径选择是推进节能减排，向生态化转型；加大创新投入，向自主化转型；深化分工合作，向联盟化转型；拓展业务领域，向服务化转型。而江苏制造业升级的路径选择是做强传统产业和主导产业，实现质的提升；做大高新技术产业和战略性新兴产业，实现量的增长⑦。

王雷，陈畴镛（2013）认为浙江制造业正处于结构调整和产业升级的关键时

① 马秀贞. 青岛制造业转型升级探讨 [J]. 青岛职业学院学报，2010, 23 (2)：6-11.
② 邓丽姝. 生产性服务业视角下北京制造业转型升级的思路和对策建议 [J]. 特区经济，2010 (4)：62-64.
③ 张明龙，张琼妮. 低碳经济条件下浙江制造业的转型升级 [J]. 中外企业家，2010 (5)：39-41.
④ 许锐. 宁波市重点优势制造业转型升级路径探究 [J]. 商场现代化，2010 (5)：93-95.
⑤ 赵泓任. 服务外包助推山东制造业转型升级 [J]. 观察思考，2011 (8)：28-30.
⑥ 谭军. 探索传统产业转型升级之路——无锡传统制造业样本分析 [J]. 群众，2012 (4)：58-59.
⑦ 王志华，陈圻. 江苏制造业转型升级水平测度与路径选择 [J]. 生态经济，2012 (12)：91-96.

期，应把握全球智能制造的发展机遇，把加快发展智能制造放在突出位置，作为引领制造业转型升级的战略选择，通过面向需求发展智能制造装备产业、研用一体加快智能制造示范应用、政策扶持完善智能制造支撑体系等途径大力提升浙江智能制造水平①。刘丽辉、陈振权、辛焕平（2013）提出佛山市南海区大沥镇的制造业转型升级可以选择的路径：一是改造和提升传统优势行业，二是发展生产性服务业，三是大力培育和发展新兴行业。无论选择哪种路径，都需要政府和企业的共同行动来推动，特别是政府层面的空间和时间规划、产业发展和扶持政策、公共服务平台的建立和强化、城市基础设施的规划和完善、新兴产业的引进和培育等，这些对大沥镇的制造业转型升级尤为重要②。

秦月、秦可德、徐长乐（2014）用创新论、劳动论、市场论阐释了"微笑曲线"的成因，并以此作为突破影响长三角制造业转型升级黏性的基础理论，指出长三角制造业转型升级的路径为：遵循竞争优势理论，针对应该重点发展的制造业，根据劳动的复杂程度以及产品是否有标准接口对制造业进行分类，继续做好做优精细复杂的行业、转移出去粗放简单的行业，同时，还应该积极促进产业融合，发展新兴产业，在积累的基础上实现转型升级③。

王倩（2015）从辽宁省装备制造业的现状出发，深入研究辽宁省装备制造业转型升级的途径，提出大力发展先进装备制造业、积极发展高端装备制造业、加快发展现代制造服务业、两化融合助推装备制造业转型升级、加强装备制造业行业协会建设等建议，具有一定的现实指导意义④。王晓义（2015）提出构建"动力+活力+保障力"的动力结构体系框架。构建宁波制造业可持续发展动力结构体系框架的现实基础，即科技动力、创新动力、蓄积动力、区位优势和体制活力、政策保障体系。优化制造业转型升级的动力结构、构建差异化的制造业发展战略，对制造业实行分类指导，引导企业走创新驱动、内生增长的发展道路、拓宽企业融资渠道，创新金融服务，实施积极的"走出去"战略⑤。陈兴国（2015）提出重庆市制造业转型升级的途径是运用科技把握转型升级的方向；"互联网+"助推两化深度融合；节能减排实现制造业的绿色发展；引导战略性新兴产业健康成长；积极培育特色的优势产业集群；积极探索融资体系的创新发展⑥。

---

①　王雷，陈畴镛. 以智能制造促进浙江制造业转型升级研究［J］. 杭州电子科技大学学报（社会科学版），2013，9（4）：29-33.

②　刘丽辉，陈振权，辛焕平. 珠三角地区制造业专业镇转型升级的路径选择及保障机制研究——以南海大沥镇为例［J］. 科技管理研究，2013（22）：111-115.

③　秦月，秦可德，徐长乐. 长三角制造业转型升级的黏性机理及其实现路径——基于"微笑曲线"成因的视角［J］. 地域研究与开发，2014，33（5）：6-10.

④　王倩. 辽宁省装备制造业转型升级的途径研究［J］. 沈阳工程学院学报（社会科学版），2015，11（1）：46-49.

⑤　王晓义. 宁波制造业转型升级：动力结构及路径创新［J］. 三江论坛，2015（1）：19-21.

⑥　陈兴国. 制造业的困境与出路——基于"再工业化"背景下的重庆制造业转型升级［J］. 公共论坛，2015（10）：23-25.

（六）发达国家和地区制造业转型升级经验借鉴的研究

发达国家和地区的产业较为高端，其制造业转型升级取得了一定的成就，对我国及一些地区有一定的借鉴意义，一些学者从这个角度进行了分析。

伍长南（2012）借鉴台湾制造业的转型升级，提出大陆制造业转型升级的方向是推进主导产业的跨越发展，突出先进制造业中电子信息、装备制造、石油化工三大主导产业，以延伸产业链；推进传统产业高端发展；推进新兴产业规模发展；推进生产性服务业提升发展①。安同信、范跃进、张环（2012）认为日本充分利用产业结构发展规律，立足世界市场，制定了与贸易政策高度关联的产业政策，推进产业结构转型升级。为此，其产业政策历经了从战略性产业政策向市场导向性产业政策转变的过程，而在政策手段上又历经了从直接管制向诱导型、指导型转变的过程；推进产业技术创新成为日本引领产业转型升级的关键；依法调整和支持主导产业发展成为日本产业结构转型的重要手段；注重产业组织政策与产业结构政策的相辅相成、协调运作；同时，政府加强对衰退产业的调整、转型援助。为此作者提出山东省制造业转型升级的建议，结合国际、国内两个市场，完善山东省制造业产业发展规划及产业布局政策；积极推进制造业科技的自主创新；充实并完善招商引资方式；合理利用市场机制；建立健全制造业生产服务体系；制定保障措施，加强对衰退制造产业的转型援助②。顾强、徐鑫（2012）认为全球范围内制造业服务化趋势明显，大型传统制造企业纷纷向服务渗透和转型；随着制造业的逐步成熟，制造业企业的竞争优势已经不仅仅停留在产品生产上，而仅仅依靠制造业产品生产也越来越难以提升企业的竞争力，研发设计、物流配送、产品营销、电子商务、金融服务、售后服务等生产服务和中介服务在企业收入中所占的比例越来越高；制造业企业服务业务收入比重不断提高。美国、日本、欧盟、芬兰等发达国家均制定了诸多支持制造业服务化的政策措施。为此我国企业必须对制造业服务化给予高度重视、制造业服务化发展需要政府支持和引导、研究制定制造业服务化的发展战略、鼓励企业向服务化方向发展、推动制造业企业商业模式创新、大力推动"两化"融合、推动产业集群化发展③。

二、西部战略性新兴产业研究综述

（一）西部战略性新兴产业总体发展研究综述

一是对西部地区战略性新兴产业发展条件的研究，认为西部地区发展战略性新兴产业存在难得的机遇，也面临着巨大的挑战。杨增强（2011）、邵平桢（2011）

---

① 伍长南. 台湾推动制造业转型升级及对祖国大陆的启示 [J]. 学术评论，2012（2）：14-18.
② 安同信，范跃进，张环. 山东省制造业转型升级的路径研究 [J]. 东岳论丛，2012（33）：122-126.
③ 顾强，徐鑫. 国外政府推进制造业服务化的主要做法及对我国工业制造业转型升级的启示 [J]. 电器工业，2012（11）：34-37.

认为西部地区的战略核武器、军用飞机、核动力装备、军事卫星、军工电子等国防工业全国领先，并在核能利用、民用航空与航天、船舶、电子信息等民用高新技术产业领域具有优势。此外，西部地区在计算机、光电、装备制造、化工、节能环保、新材料、生物、新能源等产业方面也有较大的发展潜力。西部地区可依托国防科技工业优势，大力发展核电、航空与航天、新一代信息技术等新兴战略性产业。

二是关于西部战略性新兴产业发展模式和产业选择的研究。邵平桢（2011）认为西部地区应重点支持核能核技术、航天航空、电子信息、新材料等战略性新兴产业的发展[①]。黄俊亮（2011）提出西部地区发展战略性新兴产业要与西部地区的特色优势产业相结合[②]。支育辉（2012）认为开发性金融可以为西部地区高端装备制造业、节能环保产业、生物产业、生态环境保护、文化产业等战略性新兴产业发展提供资金[③]。林敏、王毅、吴贵生（2013）通过对已有研究的梳理，提炼出影响西部战略性新兴产业竞争力的关键要素，即自然资源、人力资源、产业基础和基础设施。将战略性新兴产业的发展分为资源依托型、产业基础依托型、研发能力依托型和混合发展型四种发展模式。根据西部各省（区、市）产业竞争力四要素水平和状况，提出战略性新兴产业现实的发展模式和重点产业选择建议。新疆、贵州、内蒙古、宁夏、广西、青海和西藏等省级行政区的自然资源丰富，人力资源水平相对较低，宜采用资源依托型发展模式；产业基础依托型发展模式是重庆和甘肃等地的战略性新兴产业发展模式；产业基础依托和自然资源依托的混合发展模式适合四川和云南；从陕西的情况来看，研发能力依托和产业基础依托的混合发展模式是其的现实选择[④]。胡新华（2014）以川、渝、陕为例，梳理现阶段西部地区战略性新兴产业发展的取向，发现存在的同质化竞争、脱离传统产业基础、过于强调政府主导力量、轻视本土企业培育及忽视环境成本五大误区，将严重影响其长期持续发展和竞争力提升。为此提出强调特色定位，推动差异化竞争和合作，推进新旧产业衔接及协同发展，推动政府与市场互动优化资源配置，大力培育本土企业实现内生增长，突出环保优先，切实维护生态安全[⑤]。

（二）西部各地区战略性新兴产业研究

李世泽（2010）认为广西重点发展的战略性新兴产业主要有新能源、新材料、节能环保、生物育种、电子信息、海洋开发等。为此要完善相关政策，健全体制机

---

①　邵平桢. 西部地区利用国防科技工业优势加快培育新兴战略性产业研究 ［J］. 经济体制改革，2011（1）：116-120.

②　黄俊亮. "十二五期间" 西部地区发展战略性新兴产业的几点思考 ［J］. 理论探讨，2011（5）：259-260.

③　支育辉. 促进西部地区战略性新兴产业发展的对策 ［J］. 产业与科技论坛，2012，11（12）：28-29.

④　林敏毅，吴贵生. 西部地区战略性新兴产业发展模式研究 ［J］. 科技进步与对策，2013，30（17）：66-67.

⑤　胡新华，西部战略性新兴产业取向比较与优化路径 ［J］. 重庆大学学报（社会科学版），2014，20（4）：10-15.

制①。黄力明、胡德期、李笑深（2011）提出通过增加财政对科技的投入力度、加大财政对教育的投入力度、制定激活激励型财政政策、建立财政资金引导的风险融资平台等财政政策；通过研发环节的税收优惠、生产与运营环节的税收优惠、针对商业银行的税收优惠、鼓励民间资本投资新兴产业的税收优惠、完善有关风险投资的税收优惠等税收政策，能促进广西战略性新兴产业的发展②。

王宇昕、吕伟（2013）认为内蒙古在新材料领域、先进装备制造领域、生物领域、新能源领域、煤炭清洁高效利用领域、节能环保等战略性新兴产业领域有优势，为此应加大财政投入力度，重点支持基础研究和基础设施建设；灵活采取财政补贴、以奖代补、财政贴息等财政政策，支持战略性新兴产业发展；加大政府采购力度，推进战略性新兴产业市场化；完善税收优惠政策，增强战略性新兴产业发展的可持续性等。郝戊、高明月（2012）认为内蒙古地区战略性新兴产业的重点培育对象应放在冶金产业、能源产业、新型建材业、化纤纺织等产业上来。当前支持战略性新兴产业发展的重要举措包括：完善市场体系、转变政府职能，制定开放、合理、优惠的产业政策，集中优势发展战略性新兴产业重点项目③。初海英（2014）提出利用科技金融政策支持内蒙古战略性新兴产业发展：充分利用资本市场和创业风险投资，满足战略性新兴产业多样化的融资需求；积极推动科技保险服务，建立战略性新兴产业的保险机制；搭建科技金融服务平台，为战略性新兴产业提供一揽子服务④。

张雄、蒋雪莲（2010）分析了现代中药产业作为四川省战略性新兴产业的必要性和可行性；根据四川现代中药产业发展的基础和优势，提出加快发展的对策建议⑤。

姚丽娟（2011）认为甘肃战略性新兴产业应重点发展新能源产业、新能源装备制造业、新材料产业、新医药及生物产业、信息技术产业。为此应加强组织领导，充分发挥政府的推动作用；加强关键技术攻关力度，整合创新激励机制；制定并实施产业链整合战略；加大融资和财税支持，鼓励引导社会资金投入；制定产业的相关标准，扩大新兴产业的市场需求⑥。刘光华、张军权（2013）认为甘肃应重点发展新材料产业、生物产业、新能源产业、信息技术产业、先进装备制造产业，为此应加强政策的导向作用，为新兴产业发展提供政策保障；加大技术研发投入，加快

① 李世泽，李世泽. 广西发展战略性新兴产业对策研究 [J]. 广西经济，2010 (4)：20-22.
② 黄力明，胡德期，李笑深. 促进广西战略性新兴产业发展的财税政策研究 [J]. 经济研究参考，2011 (71)：9-15.
③ 郝戊，高明月. 内蒙古地区战略性新兴产业发展研究 [J]. 中国集体经济，2012，12 (4)：45-46.
④ 初海英. 内蒙古战略性新兴产业发展的科技金融支持策略研究 [J]. 科学管理研究，2014，32 (4)：68-71.
⑤ 张雄，蒋雪莲. 发挥资源优势，加强集成创新，催生四川现代中药战略性新兴产业的研究 [J]. 软科学，2010，24 (3)：75-77.
⑥ 姚丽娟. 甘肃发展战略性新兴产业的方向选择与政策建议 [J]. 对外经贸实务，2011 (12)：30-33.

发展科技投融资体系，为新兴产业发展提供资金保障；建立以企业为主体，产、学、研、用相结合的技术创新体系，为战略性新兴产业提供技术保证；科学决策，加快重大项目建设；完善吸引人才的政策措施，营造有利于人才发展的社会观念和氛围①。

胡隽秋（2010）认为新疆在重点发展风电产业、煤炭清洁利用产业、煤层气液化产业和节能环保产业等战略性新兴产业中，要以创新为动力，以市场为导向，转变发展方式，提高企业效益②。高江（2015）立足昌吉回族自治州主导行业的现实基础和转型升级的发展方向，认为昌吉回族自治州今后应重点培育和发展高端软件和新兴信息服务产业、输变电装备制造产业、化工新材料产业、生物农业及生物制造产业、煤制洁净燃料产业五大战略性新兴产业。促进昌吉回族自治州战略性新兴产业健康发展，需要从机制上进行创新，应着重在科技体制机制、人才建设、投资发展软环境、投融资机制、政府支持机制等方面进行机制创新③。迪力亚·穆合塔尔（2013）提出为了更好地培育和发展新疆战略性新兴产业，应加大科技资金投入、提升企业创新能力、精心打造产业链条、引进创新人才、加强国内外合作④。

三、对西部传统制造业的研究

该类研究主要对西部传统制造业的优势产业、升级方向、措施等进行研究。该类研究较多，综合邓锐（2012）、成艾华（2012）、张红伟（2013）、胡新等（2013）等的观点，西部传统制造业主要是能源产业、资源深加工产业等，其中资源深加工产业包括冶金、化工、纺织、食品等产业。

方行明等利用2011年的统计数据，根据西部各行业的总产值和各行业与东部地区的差距对西部工业各行业和高新技术产业进行分类，又根据西部地区行业发展的潜力和空间、行业科技水平、西部自身的优势、各行业在西部地区的地位，确立西部地区的重点发展行业，重要性从强到弱分为A、B、C三类。其中A类重点行业包括能源开采与加工业、设备制造业，前者包括电力热力的生产和供应业、煤炭开采和洗选业、石油加工及炼焦加工业、石油和天然气开采业；后者包括机械设备制造业、电子及通信设备制造业、航空航天器制造业、医疗设备及仪器仪表制造业、电子计算机及办公设备制造业。B类包括金属冶炼及压延加工业、化工行业和食品饮料制造业。其中金属冶炼及压延加工业又包括黑色金属冶炼及压延加工业和有色金属冶炼及压延加工业；化工行业包括化学原料及化学制品制造业、造纸和纸制品业、

---

① 刘光华，张军权. 甘肃发展战略性新兴产业探析 [J]. 发展，2013（5）：26-27.

② 胡隽秋. 新疆战略性新兴产业发展的选择 [J]. 开放导报，2010（4）：81-85.

③ 高江. 新疆昌吉回族自治州战略性新兴产业发展分析 [J]. 克拉玛依学刊，2015（3）：17-23.

④ 迪力亚·穆合塔尔. 新疆维吾尔自治区战略性新兴产业发展对策研究 [J]. 中外企业家，2013（13）：35-36.

化学纤维制造业；食品饮料制造业包括农副食品加工、食品制造业和饮料制造业。C类行业包括非金属矿物制品业、医药制造业、纺织业、金属制品业和矿物采选业①。

四、战略性新兴产业引领制造业转型升级研究综述

张耿庆（2011）认为从产业要素流动、产业结构衔接、产业布局交叉、产业制度融合四方面分析了战略性新兴产业引领"中国制造"的机理，并提出战略性新兴产业引领"中国制造"升级的路径包括技术跨越式产业新生、产业链完备式产业延伸、价值链整合式产业融合；产业融合包括技术融合、产品融合、业务融合、市场融合四个阶段②。郭晓丹（2011）提出战略性新兴产业引领"中国制造"转型升级的路径主要有以下三个方面：一是跨越式的产业新生，二是信息化、低碳化的产业延伸，三是以市场为导向的产业融合③。陈爱雪（2012）认为加快发展战略性新兴产业是经济摆脱资源约束、产业实现升级改造和多元发展的重要途径。为此要通过对传统产业升级改造实现传统产业高新化，确保传统产业与战略性新兴产业的协调发展。加强对传统产业进行生产技术升级改造、对传统产业进行研发创新改造、对传统产业进行先进的组织模式改造④。徐宪平（2015）认为创新驱动从技术领域要实现四大变革：即以低碳技术引领能源生产消费革命、以生物技术引领健康领域变革、以智能技术引领制造业变革、以新一代信息技术引领互联网变革⑤。

目前，对制造业转型升级的研究比较丰富，但对战略性新兴产业引领制造业转型升级的研究相对较少，特别对战略性新兴产业引领西部地区制造业转型升级的研究更为缺乏。笔者认为，西部地区是我国相对欠发达的地区，传统的发展模式难以使西部地区摆脱相对落后的状态，因此，需要深入分析西部地区的战略性新兴产业引领制造业转型升级，探索西部地区新的发展路径，以此提升西部地区自我发展能力，才能使西部地区摆脱欠发达的状态。

---

① 方行明，甘犁，刘方健，姜凌等. 中国西部工业发展报告（2013）［M］. 北京：社会科学文献出版社，2013：319-335.

② 张耿庆. 战略性新兴产业引领"中国制造"升级初探［J］. 天津财经大学学报，2011（11）：110-114.

③ 郭晓丹. 战略性新兴产业引领"中国制造"转型［N］. 光明日报，2011-07-08（011）.

④ 陈爱雪. 传统产业与战略性新兴产业良好互动发展分析——基于内蒙古的研究［J］. 工业技术经济，2012（9）：112-116.

⑤ 徐宪平. 中国经济的转型升级——从"十二五"看"十三五"［M］. 北京：北京大学出版社，2015：111-117.

第二节　战略性新兴产业引领制造业转型升级的内涵

一、制造业转型升级的内涵与理论

（一）制造业转型升级的内涵

转型应该指发展模式的转变，而升级是指发展由低级向高级演变。发展模式的转变一般伴随着发展由低级向高级演变的过程；也包含区域为了未来更好的发展，或者迫于内部和外部条件的变化，发展模式得到合理调整的过程，东欧和独联体国家的转型应该属于这一类；而发展由低级向高级演变的过程必然导致发展模式的转变。因此，发展转型升级就是指通过发展模式的转变推进发展主体由低级向高级演变的过程。转型升级包含产业转型升级、区域转型升级、国家转型升级、企业转型升级等。

产业转型指产业的发展模式、发展方式的转变，而产业升级指产业由低级向高级转变的过程；与之相对的是产业退化、产业衰退，即由于区域产业缺乏创新、逐步失去竞争力，导致产业竞争力下降、市场萎缩甚至被市场淘汰的过程。因此产业转型升级指通过产业发展模式、发展方式的转变，推进产业不断升级的过程。王国平（2015）认为产业升级涉及三种含义的产业结构变动：一是三次产业结构中，第一产业、第二产业比重下降，服务业比重上升的过程；二是在三次产业内部，尤其是制造业，研发设计、品牌营销等高端环节所带来的产值比重上升的过程；三是各类产业形态中，高新技术（信息技术、材料技术、生物技术、能源技术、空间技术、海洋技术和环保技术等）产业所占比重上升的过程[①]。

制造业转型升级就是制造业通过发展模式转变不断由低级向高级演变的过程，这个过程包含制造业从低附加值转向高附加值升级、从高消耗高污染转向低能耗低污染升级、从粗放型转向集约型升级、从低产出和低质量向高产出和高质量升级、从传统产业向高新技术产业升级的过程；其核心是转变经济增长的"类型"，把粗放型转为集约型；既包括由低附加价值、高耗能、高污染、高消耗为主的传统产业向高附加价值、低能耗、低污染、低消耗为主的先进制造业、高新技术产业转变的过程，即制造业结构升级；也包括产业内由低技术、高污染、高消耗、低质量产品生产向高技术、低污染、低消耗、高质量产品生产转型升级、提升产业竞争力的过程，即制造业行业升级。这个过程中要不断提高先进制造业比重，而先进制造业既包括由信息技术、生物技术、环保技术等为代表的新兴技术制造业，也包括用先进技术装备、改造的传统制造业。

---

① 王国平. 产业升级轮［M］. 上海：上海人民出版社，2015：8.

制造业转型升级主要有三个方向：一是产业结构方向，即通过发展高新技术产业、战略性新兴产业等高端制造业，提高高端制造业的比重，从而实现制造业转型升级。二是产业链方向，即通过产业关联，延伸产业链，发展技术更为高端的上游产业、下游产业和关联服务业，提升区域制造业的竞争力。如通过汽车整车制造，可以开发上游的发动机等高端、关键制造业，提升汽车产业的竞争力；依靠制造业，发展研发设计、市场营销、物流贸易、电子商务等生产性服务业，推进产业融合，可以降低制造业成本、改善制造业发展环境、提升制造业的竞争力。产业链延伸可以是同行业的、也可以是跨行业的，最终将形成以核心产业为基础的产业集群，推进区域制造业升级。企业通过产业链延伸可以促进其范围经济发展。三是技术方向，即主要通过产业技术的创新，不断降低生产物质消耗和能源消耗、节约劳动力、降低生产成本、提高产品质量、提高劳动生产率等，虽然产业、产品种类未变，但产品竞争力提升、市场空间扩大、附加价值提升、与环境协调能力提升、可持续发展能力提升。企业通过技术升级可以提升其规模经济效益。

（二）制造业转型升级理论

一个地区要由欠发达状态进入发达状态，一般要以制造业为衡量标准。经济发达的地区，一般制造业发达，而经济落后的地区，制造业也落后。制造业的升级成为区域经济升级的重要指标。虽然部分地区发展不一定靠制造业，但这些地区主要是面积、人口规模不大的区域；而大范围的地区要实现现代化、成为发达经济体，必须要靠制造业。制造业升级主要有两种模式：即渐进式和跨越式。

1. 渐进式制造业升级理论

该理论认为制造业发展必须遵循一定的发展路径，由低级向高级逐步演进，不得逾越，并最终实现制造业的高级化。

（1）主导产业演进理论

一些国家或地区根据本地发展水平、发展特点，制定了不同时期重点发展的主导产业。这些主导产业逐步由资源型向技术型、由粗放型向集约型、由污染型向清洁型、由传统型向创新型、由低附加价值向高附加价值转变，使制造业由低级逐步向高级不断升级。主导的产业演进模式是渐进的。如表1-1所示，从20世纪50年代到80年代，日本主导产业先后经历了以纺织、服装、玩具、钟表、鞋等初级产业为主导的第一阶段；以钢铁、化学、造船等重化工业为主导的第二阶段；以汽车工业、电子工业等高端制造业为主的第三阶段；以电脑、半导体等创新型产业为主导的第四阶段。通过制造业主导产业的逐步演进，日本制造业已站在了世界制造业的顶端，其制造业产品成为全球高质量产品的典范，日本因此逐步赶上欧美等发达国家水平，成为世界发达国家。实际上，自工业革命以来，主要发达国家主导产业演进一般也是这样的，只是其主导产业在各时期均是当时世界最先进的制造业；而发展中国家要成为发达国家，制造业升级也一般要经历这样的过程，只是其前几个阶段落后于当时的发达国家制造业，所以在其制造业演进到最高级阶段以前，一直是发展中国家。

表 1-1　　　　　　　　　　　　　　日本主导产业演进

阶段	时间	主导产业
第一阶段	20 世纪 50 年代	纺织、服装、玩具、钟表、鞋
第二阶段	20 世纪 50~60 年代	钢铁、化学、造船
第三阶段	20 世纪 70~80 年代	汽车、电子工业
第四阶段	20 世纪 80 年起	电脑、半导体等工业

资料来源:(韩)安忠荣. 现代东亚经济论 [M]. 北京:北京大学出版社,2004:27,40-45.

韩国也模仿日本,自 20 世纪 60 年代以来,主导产业不断演进。20 世纪 60 年代韩国主要发展了纺织、服装等初级制造业;20 世纪 60 年代后期重点发展了重化工业,主要包括钢铁、化学等制造业;20 世纪 70 年代后期,主导产业演变为造船、电子等较高端制造业;20 世纪 80 年代,主导产业更新为汽车工业;20 世纪 80 年代后期,电脑、半导体等高端制造业成为主导产业;而 20 世纪 90 年代后,韩国又重视生物产业的发展。通过主导产业的演进,韩国实现了由发展中国家向发达国家的转变,其电子、汽车等产品已畅销世界,特别是以三星、LG 等为代表的电子产品则具有强大的竞争力,而生物产品在国际上已具备了一定的竞争力。

(2)霍夫曼定律

霍夫曼定律由德国经济学家霍夫曼提出。霍夫曼提出了霍夫曼系数,霍夫曼系数的计算公式为:

$$霍夫曼系数 = 消费品工业产值 \div 资本品工业产值$$

根据霍夫曼系数,由于在工业生产中,消费品工业创新缓慢、技术含量低,而资本品工业创新不断、技术含量高;在工业化早期,技术含量较低的消费品工业比重较高;而随着工业的不断发展,工业化水平的提高,技术含量较高的资本品工业发展速度更快,资本品工业的比重日益提升。因此,霍夫曼系数不断下降,如表 1-2 所示。根据霍夫曼定律,随着制造业的不断升级,制造业转型升级将由消费品工业占主导地位逐步演变为资本品工业占主导地位。通过比较区域、国家间的霍夫曼系数,也可以比较国家或区域制造业水平的高低。

表 1-2　　　　　　　　　　　　霍夫曼系数与主导产业演进

阶段	霍夫曼系数	主导产业
第一阶段	5（±1）	消费品工业占主导地位,主要是纺织、食品工业等
第二阶段	2.5（±1）	资本品工业快速增长
第三阶段	1（±0.5）	消费品与工业品平衡
第四阶段	1 以下	资本品工业占主导地位,实现工业化

资料来源:李悦,等. 产业经济学 [M]. 3 版. 北京:中国人民大学出版社,2008:485.

（3）雁行理论

该理论由日本经济学家赤松要提出，该理论主要根据制造业产品进出口的演变提出，认为欠发达国家和地区产业发展应遵循"进口—国内生产—出口"的模式。第一阶段，进口阶段。欠发达国家和地区由于经济基础差，制造业基础差，工业体系不完善，在市场对外开放的条件下，国外产品大量涌入这些国家和地区的市场；第二阶段，国内生产阶段。国外产品的进入，其市场不断扩大。欠发达国家和地区通过模仿、引进技术和企业等方法，利用本国廉价劳动力和优势资源，在国内进行进口产品的生产，并逐步扩大，满足国内需求；第三阶段，大量出口阶段。欠发达国家和地区利用本地优势，通过自主创新，生产效率不断提高，生产成本不断下降，甚至大大低于先前出口国家，同时，产品质量也不断提升；因此欠发达国家和地区生产规模不断扩大，并将产品出口到国外，逐步替代先前出口国家的地位。根据雁行理论，制造业的升级应该是由进口制造业产品转为出口制造业产品的过程。通过这个过程，开始阶段，进口低端制造业产品，逐步实现国内生产，然后大规模出口；进一步，进口高端制造业产品，逐步实现国内生产，并出口，占领世界高端制造业市场，从而实现制造业的转型升级。根据雁行理论，发展中国家或地区通过从模仿生产到自主创新、不断扩大出口，并且不断升级出口产品，实现制造业的转型升级。

（4）产品循环说

该理论由麻省理工学院弗农提出，代表了发达国家的产业升级过程。该理论认为新产品开发经历了四个阶段。第一阶段，新产品由国内生产并占领国内市场阶段。通过创新、研发设计，将研发成果转化为新产品，新产品开始生产，初期以高端产品形式出现。新产品逐步被国内消费者认同，并且生产成本逐步下降，由高端产品逐步演变为普通产品，市场迅速扩张，并很快占领国内市场，直至饱和状态。第二阶段，产品出口国外阶段。由于国内市场的饱和，为了继续扩大市场、获得利润，企业不得不开拓国际市场。由于产品先进、性能优越，国际市场具有良好的前景，出口迅速增长，很快占领国际市场。第三阶段，产品带动技术和资本输出阶段。随着国外市场的逐步扩大，国内生产难以满足国际市场需求。同时，国外具有廉价劳动力和资源优势，生产成本低于国内，大量企业将生产转移到外国，带动技术和资本的输出，产品在国外大规模生产。第四阶段，国内开发转向阶段。产品在国外大规模的生产，由于其成本低，逐步打败国内生产企业，国内生产企业逐步退出该产品生产。同时，国内对该产品的需求虽然饱和，但需求仍然持续，因此完全通过进口满足国内需求。国内企业则不得不转向开发、生产更新的产品，开始新一轮的新产品生产周期。根据产品循环说，发达国家或地区产业升级就是通过创新不断推出新产品、保持制造业产品在全球领先优势的过程。

（5）根据发展要素看制造业升级

根据制造业发展依靠的要素，制造业从低级到高级演进分为五个阶段。第一阶段，资源密集型产业阶段。该阶段制造业主要是依靠资源进行简单加工，技术较为低端、粗放，产品以原材料形式出现，或者加工度不深，产品较为简单。这些资源也主要是本地的自然资源，包括能源资源、矿产资源、生物资源等，如石油、煤炭、铁矿、铜矿、木材等资源。第二阶段，劳动密集型产业阶段。该阶段区域逐步摆脱依靠本地自然资源发展的束缚，而主要依靠劳动力资源发展劳动密集型产业，主要发展纺织、服装、制鞋、电子装配等产业。虽然产业技术层次总体不高，但比前一阶段相对复杂，并且制造业可以摆脱本地自然资源的束缚，制造业种类、发展选择更加多样，因此制造业水平相对更高，并且可以吸纳更多的劳动力就业，区域工业化水平得到提升。该阶段也可以使一些缺乏自然资源的区域发展制造业。第三阶段，资金密集型产业阶段。该阶段依靠前期积累的资金，发展一些需要资金更大的产业，能够利用大型设备装备制造业，如重化工业，一个项目需要数十亿甚至数百亿的投资。该阶段制造业发展需要的资金和技术均比前一期有更大的提高，能生产技术含量更高的产品，产业收益也比前一阶段更高。第四阶段，技术密集型阶段。该阶段制造业逐步摆脱对资源的依赖，而主要依靠先进技术发展，先进技术主要通过引进和自主创新而获得。该阶段发展的制造业技术含量比前一阶段又有更大的提升，产业技术含量高，主要是各类高技术产业。第五阶段，知识密集型产业阶段。该阶段制造业进入以创新、研发为主要动力的阶段，制造业新产品不断出现，产品的知识含量高，产品智能化、信息化，产品单位重量附加价值极高，甚至出现摆脱物质依赖的知识产品，制造业与服务业融合，如软件、生物制药、航空航天、各种智能产品等尖端产业。因此，根据该理论，区域制造业升级过程就是产业逐步由依赖资源产业增长转变到依赖知识产业增长的过程，逐步从主要依靠资源发展转变到主要依靠创新发展的过程。

2. 跨越式制造业升级理论

跨越式制造业升级理论主要指一个国家或区域的制造业不一定按照渐进模式一步一个脚印的逐步升级，而是可以跨越一个或数个发展阶段，从低级阶段直接进入较高甚至顶级发展阶段的过程。

（1）反梯度理论

反梯度理论是相对于梯度理论提出的。梯度理论认为一个国家区域经济存在差异，呈现从高到低的顺序排列。高梯度地区主要是一个国家的发达地区，中梯度地区为一个国家的中等收入地区，而低梯度地区为一个国家的欠发达地区。发达地区产业层级较高，中等收入地区其次，欠发达地区产业层次最低。因此，高梯度地区由于经济发达，可以承接世界先进产业转移；高梯度地区由于发展先进产业，因此需要转移出一些相对低端的产业，高梯度地区淘汰的产业应向中等收入地区转移，而中等收入地区淘汰的产业则向低梯度地区转移，形成逐步转移的态势，推进区域渐次发展。一般来说，发展中国家才存在明显的区域差异，因此梯度理论主要是发展中国家区域发展的理论。

而反梯度理论认为梯度转移将使低梯度地区永远处于国家落后、欠发达状态，不利于区域差距的缩小，不利于欠发达地区的资源开发，也将不利于国家整体发展，伤害低梯度地区的利益。欠发达地区要发展，必须要采用跨越式发展道路，方可缩小与发达地区的差距。欠发达地区并不是所有方面都落后，这些地区也存在一些优势，如后发优势、资源优势、特色产业优势等；欠发达地区也并不是所有地区都落后，欠发达地区也有一些中心城市，其产业层次和发展水平均较高，甚至超过发达地区的大多数地区，这些地区有良好的发展条件和产业基础，科研院所较多，人才资源丰富。欠发达地区可以根据本地特点，充分利用国内外有利条件，特别是国家的支持，选择更优的发展战略或路径，跳过某些发展阶段，直接发展高端制造业或高技术产业，使区域经济快速进入发达水平。同时，当今科学技术突飞猛进，经济全球化日益深入，先进技术突破并不一定在生产力发达的高梯度地区。而新兴产业、新业态不断涌现，高梯度地区和低梯度地区均站在同一起跑线，为低梯度地区实现产业跨越式发展提供了难得的机遇。低梯度地区选择发展新兴产业，并通过体制创新和机制创新，通过国家支持，抓住机遇，助推新兴产业发展，直接带动本地区产业跨越式发展，缩小与发达地区的产业差距，进而缩小与发达地区的发展差距，赶上甚至超过原有的发达地区。而在发达国家的发展经验中，原来欠发达的地区通过发展新兴产业实现跨越式发展，并赶上甚至超过发达地区的区域也非常多。

（2）大推进理论

大推动理论（The Theory of the Big-Push）是英国著名的发展经济学家罗森斯坦·罗丹（P. N. Rosenstein-rodan）于1943年提出来的。该理论的核心是在发展中国家或地区对国民经济的各个产业同时进行大规模的投资，以促进这些产业的平均增长，从而推动整个国民经济的高速增长和全面发展。一个国家或地区产业部门很多，各产业是相互关联的，每个产业既为其他下游产业提供要素供给，即其他下游产业是该产业的市场，同时该产业需求也是其他上游产业的市场，从而形成不可分的市场需求。因此，如果单独投资某一产业，可能导致该产业的上游产业供给不足而难以有效发挥产能，也可能由于其下游产业需求不足而出现供给过剩，导致产业难以顺利发展。该理论认为，在一个国家和区域内，根据产业之间的关联关系，对国民经济各部门按比例同时投资，使各部门平衡、协调增长，可以使欠发达国家或区域从不发达状态快速进入发达状态，实现跨越式发展。

（三）制造业转型升级理论在区域发展中的应用

一般来说，一个国家或地区，特别是人口较多和区域范围较大的国家或地区，其制造业升级主要是渐进式的升级模式，发展阶段一般难以逾越，发达国家制造业升级过程均是这样的过程。一个人口较多和区域范围较大的国家或地区，即使是发展中国家或地区，其发展也主要靠自力更生，很难依靠外国帮助实现跨越式发展，建立先进制造业体系。因为发达国家没有义务、也不愿意帮助其他国家实现跨越式发展，实际上发达国家从国家利益角度考虑，一般也不愿意发展中国家成为发达国家，因为发展中国家成为发达国家之后，将很可能成为其竞争对手。因此，一个国家或地区制造业升级一般只能采取渐进式模式。

一个国家内部不同区域的制造业升级过程可能是渐进式过程，也可能是跨越式过程。发达国家在发展过程中，也曾经出现明显的发展差异。其传统发达地区，制造业升级主要是渐进式。这些传统发达地区，是全球工业革命的先行地区，主导产业不断升级，从原材料工业、纺织工业、食品工业等升级为化学工业、装备工业，再进一步上升到汽车工业、电子工业等，这些地区是发达国家进入发达水平的支撑，是发达国家发展的引擎。这些地区也是发达国家制造业渐进式转型升级的体现。由于这些地区是全球制造业的先行区，引领世界产业的发展，其制造业的转型升级也是缓慢的、漫长的、渐进的。

发达国家在国家经济实力得到提升后，为了缩小国内区域发展的差异，进一步提升国家的整体实力，也尽力提高欠发达地区的发展水平。而提升欠发达地区的自我发展能力是发达国家提升欠发达地区发展水平的主要手段。为了尽快提升欠发达地区的自我发展能力，一般选择在欠发达地区重点地区或城市，重点支持发展当时的高科技产业，因此这些地区制造业发展与升级过程一般是跨越式的，从发展以采矿、原材料、纺织、食品等工业为主的低端制造业跨越到重点发展汽车、航空航天、电子信息等高端制造业，实现制造业跨越式发展。如美国中西部地区原有产业主要是矿业、农牧业等，在 20 世纪 30 年代后，这些地区重点发展了军工、电子信息、宇航工业、生物产业等。虽然这些地区制造业的发展呈跨越式，但其发展并不是仅以欠发达地区自身制造业发展为支撑，而是以整个国家制造业发展为支撑，是发达国家的原有发达地区制造业在欠发达地区渐进式升级的结果，是制造业跨地区渐进式升级的表现，因此，这些地区制造业演进规律实际也是遵循产业结构渐进式演进规律的。

就具体地区而言，制造业转型升级模式要根据区域具体情况而定。一般来说，发达地区采用渐进式制造升级模式，因为这些地区制造业本身处于高端，产业发展具有探索性、创新性，不可能有更高端的制造业产业技术供其引进、模仿，也没有发展经验供其借鉴，因此也不能实现跨越式转型升级，只能渐进式转型升级；而在欠发达地区，由于产业结构落后，发达地区、发达国家有成功的发展经验供其借鉴、有更高端的产业供其选择发展、也有先进的产业技术供其引进和模仿，在条件许可的情况下，可以采用跨越式制造业升级的模式，这样可以加快制造业结构的转型升级，从而带动地区跨越式发展，迅速赶上发达地区的水平。

就部分区域或城市来看，其制造业升级过程也可以选择渐进式与跨越式相结合的演进模式。因为区域制造业部门较多，一方面，这些城市和区域以原有产业为基础，渐进式推进制造业转型升级，使城市或区域能够在原有发展模式下保持一定的活力。但由于依传统制造业渐进式转型升级，发展缓慢，面临着与发达地区制造业结构层次差距加大、发展水平差距难以缩小的压力；因此这些城市或区域，也可以根据发展条件，选择一些与原有制造业关联度弱、甚至没有关联的高新技术产业来培育和发展，一定程度实现制造业结构的跨越式升级、转变，使这些城市或区域呈现传统制造业与高新技术产业共存发展、高新技术产业引领传统制造业发展的局面，缩小了与发达地区的差距。在我国这样的城市或区域有很多。

三、战略性新兴产业引领制造业转型升级内涵

（一）战略性新兴产业内涵

国务院2010年10月正式发布了《关于加快和培育战略性新兴产业的决定》，将战略性新兴产业定义为"以重大技术突破和重大发展需求为基础，对经济社会全局和长远发展具有重大引领带动作用，知识技术密集、物质资源消耗少、成长潜力大、综合效益好的产业"，战略性新兴产业发展正式上升为国家战略。随后，学者们对战略性新兴产业的内涵进行了分析、解读。万钢提出战略性新兴产业是在国民经济中具有战略地位、对经济社会发展和国家安全具有重大和长远影响的产业，产业着眼未来，必须具有能够成为一个国家未来经济发展支柱产业的可能性。[①] 肖兴志认为战略性新兴产业是前沿性主导产业，不仅具有创新特征，而且能通过关联效应将新技术扩散到整个产业系统，能引起整个产业技术基础的更新，并在此基础上建立起新的产业间技术经济联系，带动产业结构转换。[②] 根据专家们的定义，战略性新兴产业应具有以下特征：

第一，技术先进性。战略性新兴产业代表着产业发展的方向，具有广阔的发展前景，为新技术的开发提供更为广阔的空间。因此战略性新兴产业技术创新活跃，新技术、新产品不断涌现。战略性新兴产业代表着当今世界最先进的产业技术，为此，战略性新兴产业需要高强度的创新。创新成为战略性新兴产业发展的基本要素，也是根本动力，因此，战略性新兴产业也需要较高的创新投入。

第二，高成长性。战略性新兴产业是顺应市场需求的新兴产业，虽然当前发展还较为弱小，但预期市场前景广阔，因此具有较高的成长性，其增长速度一般高于产业平均水平，其投资增长和产出增长均高于传统产业。

第三，引领带动性。一是战略性新兴产业的快速增长可以带动相关产业增长。战略性新兴产业一般技术先进、产品加工度高、产业链长，与之有直接和间接关联的产业多，其发展具有较强的带动性。二是战略性新兴产业创新活跃、技术先进，其先进技术可以有助于相关产业提高生产效率和产品质量，也有利于提升相关产业的竞争力。三是战略性新兴产业的出口带动区域经济增长。战略性新兴产业由于产品技术先进，所以出口能力强，与出口能力弱的产业相比，对区域经济的带动力更强。

第四，生态友好性。战略性新兴产业一般是科技型产业，因此，资源、材料消

---

① 万钢. 把握全球产业调整机遇 培育和发展战略性新兴产业 [J]. 求是，2010 (1).

② 肖兴志. 发展战略、产业升级与战略性新兴产业选择 [J]. 财经问题研究，2010 (8).

耗少、污染排放少甚至没有污染排放；并且一些战略性新兴产业本身就顺应市场需求，致力于节能减排和污染治理，因此战略性新兴产业具有生态友好性。

第五，综合效益高。战略性新兴产业科技含量高、是新兴产业，因此附加价值高，具有较高的经济效益；同时，由于产业关联度高，带动力强，对带动区域经济发展、增加区域就业具有重要意义，因此具有较高的社会效益；战略性新兴产业是环境友好产业，也能推动区域环境改善，具有较高的生态效益。

不同国家对战略性新兴产业范畴的定位不完全一致，其名称甚至不叫战略性新兴产业。美国总统提出了美国创新战略，列出了国家战略优先项目，即清洁能源、先进制造、空间技术、医疗信息技术以及应对 21 世纪大挑战技术，这些也就是美国在未来一段时间重点发展的产业和战略性新兴产业。欧盟则把低碳产业、信息技术（重点是物联网）、生物技术、纳米技术、新材料、航空航天等列为目前的重点发展领域，这可以称为欧盟的战略性新兴产业；日本提出优先发展新能源、节能环保、信息技术、新型汽车等产业，这可以称为日本的战略性新兴产业；韩国的优先重点发展领域有可再生能源、信息技术、纳米技术、环保技术等[1]，这些产业也就是韩国的战略性新兴产业。虽然各国战略性新兴产业的范畴有所差异，但大同小异，主要包括信息技术、可再生能源及新能源、新材料、纳米技术、节能环保、航空航天、高端装备、生物、新能源汽车等，各国均将这些产业作为当前和未来一段时期的发展重点，作为国家发展的引擎。

根据《国务院关于加快培育和发展战略性新兴产业的决定》，提出重点发展节能环保产业、新一代信息技术产业、生物产业、高端装备制造产业、新能源产业、新材料产业、新能源汽车产业七大战略新兴产业。并明确了各战略性新兴产业发展的重点和方向。提出到 2020 年，力争使战略性新兴产业成为国民经济和社会发展的重要推动力量，使其增加值占国内生产总值的比重达到 15%，其中部分战略性新兴产业和关键技术跻身国际先进水平。根据 2012 年国家统计局颁布的战略性新兴产业分类，战略性新兴产业重点是制造业，也包括相关的生产性服务业，有部分还涉及农业。

2015 年 5 月，我国颁布了《中国制造业 2025》，提出了我国制造业的战略任务和重点：即提高国家制造业的创新能力、推进信息化和工业化深度融合、强化工业基础能力、加强质量品牌建设、全面推行绿色制造、深化制造业结构调整、积极发展服务型制造业和生产性服务业，提高制造业水平。并提出大力推动新一代信息技术、高档数控机床和机器人、航空航天装备、海洋工程及高技术船舶、先进轨道交通、节能与新能源汽车、电力装备、农机装备、新材料、生物医药及高性能医疗器械十大重点领域突破发展[2]。组织实施大型飞机、航空发动机及燃气轮机、民用飞机、智能绿色列车、节能与新能源汽车、高档数控机床、高端诊疗设备等一批创新

---

① 王礼恒等著. 战略性新兴产业培育与发展战略研究综合报告［M］. 北京：科学出版社，2015：8.
② 工业与信息化部. 中国制造 2025［EB/OL］. 中国政府网，2015-05-19.

和产业化重大工程。可见《中国制造业 2025》是制造业的重点发展方向，其方向、重点更加明确，可以看成是我国战略性新兴产业的升级版。

（二）战略性新兴产业引领制造业转型升级的内涵

1. 战略性新兴产业与制造业的关系

制造业是工业的一部分。根据国家统计局的分类标准，工业包括采矿业、制造业、电力热力燃气和水生产及供应业，共 41 个行业，其中采矿业包括煤炭开采和洗选业、石油和天然气开采业等 7 个行业，电力热力燃气和水生产及供应业包括电力热力生产和供应业、燃气生产和供应业、水生产和供应业共 3 个行业，其余 31 个行业为制造业，包括食品饮料工业、纺织服装工业、冶金工业、装备制造业工业、电子信息产品制造业等，是工业的主体。制造业发展水平一般代表着一个国家或地区的经济发展水平。发达国家或地区，一般制造业发达、技术先进，如美国、日本和德国等国家是发达国家的代表，也是当今世界制造业最为发达、先进的国家；而经济落后国家或地区的制造业也落后。由于制造业对国家经济具有引擎作用，因此，发达国家在制造业领域投入巨大，并长期制定相关倾斜政策，支持制造业的发展，特别是支持新兴制造产业的发展，以此引领制造业始终保持在世界的领先地位，也引领其国家经济保持在世界的发达水平。而韩国、新加坡等新兴工业化国家和地区也曾以倾国之力支持制造业的发展，通过制造业的发展，最终赶上发达国家水平，而成为新兴发达国家。

根据国家统计局战略性新兴产业的分类，我国的战略性新兴产业主要是制造业，也涵盖相关生产性服务业以及少量相关农业。但战略性新兴产业中的制造业主要为节能环保产业等七大战略性新兴产业相关的制造业，并不是制造业的全部，主要为市场前景好、科技含量高、环境友好、带动性强的高端、新兴制造业。因此战略性新兴产业与制造业应该是高度交叉的关系，其中交叉部分为战略性新兴产业制造业，这也是战略性新兴产业的主体，为制造业的一部分。

战略性新兴产业由于把握科技前沿、与多数制造业具有高度关联性，因此对制造业、对区域经济的引领作用非常强大。战略性新兴产业引领制造业转型升级就是通过发展战略性新兴产业，带动区域制造业创新发展、绿色发展、外向发展、结构升级的过程。欠发达地区战略性新兴产业引领制造业转型升级就是欠发达地区通过跨越式发展战略性新兴产业，带动制造业的升级、实现制造业的创新发展和绿色低碳发展、提高制造业的竞争力的过程。战略性新兴产业对欠发达地区制造业的引领作用更为明显。

2. 战略性新兴产业引领制造业转型升级的途径

战略性新兴产业引领制造业转型升级的途径多样：

（1）挤出效应

通过战略性新兴产业的快速发展，不断提高战略性新兴产业在区域制造业中的比重，从而提升区域制造业的创新能力、自我发展能力、与资源环境协调发展能力和信息化水平，以此提高区域制造业的竞争力能力，推进区域产业结构的转型升级。存在两种挤出效应：一是相对挤出。战略性新兴产业与传统制造业都在增长、发展，但由于战略性新兴产业的发展速度比传统制造业的发展速度更快，战略性新兴产业集聚的资源更多，传统制造业集聚的资源少，而引致战略性新兴产业的比重逐步提升，而传统制造业的比重相对下降。二是绝对挤出。战略性新兴产业具有更高的劳动生产率、产出水平，因此将提升区域劳动力、土地、资金等发展要素的价格，这些发展要素投入战略性新兴产业能够获得更高的收益，由此导致这些发展要素向战略性新兴产业集聚，战略性新兴产业发展加快。而传统制造业由于产业传统、创新能力弱，劳动生产率水平低，因此难以吸引劳动力和资金投入，甚至导致传统制造业的发展要素的流失，因此导致传统制造业发展的停滞或衰退，传统制造业产值下降，在制造业中比重下降明显，战略性新兴产业的比重则迅速提升。在这种引领作用中，战略性新兴产业比重越高，区域产业转型升级就越成功。一种典型的情况是战略性新兴产业完全取代传统制造业，区域传统制造业被完全淘汰，因而使区域制造业完全实现高科技化，区域制造业则站在更高的层面发展。

（2）关联效应

通过战略性新兴产业的发展，一方面，在提高区域战略性新兴产业比重的同时，通过战略性新兴产业与传统制造业的关联作用，提升传统制造业的竞争力、自我发展能力。而这种关联可以有两种形式，一是传统产业为战略性新兴产业提供原材料、装备，战略性新兴产业的发展可以提高传统产业的市场规模，为传统产业发展创造更加稳定的市场；通过战略性新兴产业对传统制造业产品的需求，特别是对传统制造业产品更高级的需求，倒逼传统制造业提高产品质量；或者战略性新兴产业对传统制造业产品更高级的需求，为传统制造业发展指明方向，使传统制造业转型升级更为明确。二是随着战略性新兴产业的发展，战略性新兴产业提供的新产品、新装备、新技术，可以应用于传统制造业，有助于提高传统制造业的生产效率、产品质量、管理水平，也可以提高传统制造业绿色发展能力，从而可以提高传统制造业的竞争力。另一方面，区域战略性新兴产业的发展，可以间接推动传统制造业发展。战略性新兴产业的发展，可以推进区域生产性服务业和相关传统制造业的发展，而这些产业的发展，为其他传统制造业创造更好的发展环境、提供更为完善的配套，因而可以降低其他传统制造业的发展成本，提升其竞争力。

（3）示范效应

战略性新兴产业通过示范效应引领制造业转型升级。战略性新兴产业具有知识和技术密集、物质资源消耗少、环境污染少甚至零污染、市场和出口潜力大、综合效益好的特征，是高新技术产业，对传统制造业有示范效应。战略性新兴产业的发展智能化方向、技术进步方向、绿色低碳方向等为传统制造业发展起到示范带动作用，推进传统制造业向这些方向转型升级。同时战略性新兴产业创新活跃、产业技术先进、劳动生产率高、员工收入高、产品质量高、品牌价值高，对传统制造业具

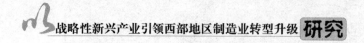

有创新示范、技术示范、收入示范、质量示范和品牌示范，引领传统制造业转型升级，提升传统制造业的竞争力。

（4）集聚效应

战略性新兴产业属于高端制造业，因为收益高，对区域外的资金、劳动力、土地、科技资源等具有集聚效应。而这种集聚效益可以向区域内的传统制造业辐射、扩散，从而带动区域内传统制造业对发展要素的集聚，提升传统制造业的生产技术和结构层次，推进传统制造业的发展。而这种集聚效应，有利于推进区域的工业化、制造业的高级化。

3. 战略性新兴产业引领制造业转型升级的方式

（1）实现制造业由依赖型、外延式向自主型、内涵式发展

以传统制造业为主的制造业，一般具有依赖型、外延型特点。所谓依赖型主要是指传统制造业的增长主要由其他高端制造业和其他产业的带动而发展，或者依赖于其他地区的发展带动而发展，如果其他产业和地区发展速度变慢，则传统制造业发展得更慢，甚至迅速衰退。而外延式发展则指制造业的发展主要通过生产规模和产量的扩大而发展，技术提升缓慢，因而产业劳动生产率提升缓慢，经济效益难以提高。而战略性新兴产业，主要依靠自主创新发展，因此，增长有自主型和内涵式特征，即战略性新兴产业适应市场需求，具有高成长性特征，发展快，其发展带动制造业成为经济发展的引擎，因此具有自主型特征；同时战略性新兴产业依靠创新、依靠技术增长，产品附加价值高，其经济效益的提升主要依靠科技创新获得，因此具有内涵式增长的特征。

（2）实现制造业由资源、投资驱动向依靠创新、科技驱动转变

从发展动力看，传统制造业以资源、投资驱动，即传统制造业主要通过投资、开发资源、更多劳动力的使用获得经济增长，当资源枯竭、投资不足时，制造业的增长将停滞、甚至衰退。而战略性新兴产业以创新、科技为动力，更具有动态优势。创新、科技是用之不竭的，使制造业摆脱了对资源、投资的束缚，制造业发展有更多的选择路径，因而更具有持续性。

（3）实现制造业由高消耗、环境污染型向资源节约、环境友好型转变

传统制造业，包括冶金、化工、食品、建材等产业，消耗资源多、资源利用率不高，资源浪费较为严重，并且污染排放较大，因而对环境污染较为严重。而战略性新兴产业，本身就包括节能环保及新能源利用产业，技术含量高，资源消耗少，资源利用效率高，因此是环境友好型产业，可以带动制造业由高消耗、环境污染型向资源节约、环境友好型转变。

（4）实现制造业由传统型向智能型转变

传统制造业主要通过机器加工原材料制造产品，生产过程和产品均缺乏智能特点。而战略性新兴产业，与信息化深度融合，从原材料到产品生产的全过程，包括在研发设计、加工制造等环节中，尽力运用信息技术，如智能制造技术、工业机器

人辅助生产、工厂自动控制技术等，实现产品设计、制造等过程的信息化；同时，通过将软件、互联网、信息技术等融入产品，开发智能终端产品，实现产品的智能化；企业也广泛通过采用信息化的经营管理和销售服务方式，推进企业管理的信息化。

（5）实现制造业由纯制造业向服务型制造业发展

传统制造业主要是纯制造业，即制造业一般只管产品生产，而销售、服务由服务业完成。而战略性新兴产业，通过全产业链组织生产，本身包含服务业。从产品研发、设计，到产品组织生产、物流服务、销售、售后服务，均需要与服务融合。通过制造业与服务业的融合，提升产品质量、提高生产效率、提升研发水平、提高市场占有率、提高产品竞争力。因而通过战略性新兴产业引领制造业转型升级必将带动制造业由纯制造业向服务型制造业转型。

4. 战略性新兴产业引领制造业自我发展能力的提升

战略性新兴产业的发展，必将提升区域制造业的自我发展能力，从而提升区域的自我发展能力。

（1）通过战略性新兴产业引领作用提升制造业的创新能力

创新是制造业的发展源泉和动力，是提升制造业竞争力的基础。传统制造业由于市场饱和、技术瓶颈、产业限制等原因，创新空间有限，难以开发出新产品。而战略性新兴产业，市场发展迅速，创新空间巨大，创新活跃，创新成为战略性新兴产业的发展动力。在战略性新兴产业的带动下，战略性新兴产业与传统制造业融合，也将极大带动传统制造业创新，制造业将呈现不断创新的局面，从而提升制造业的创新能力，因而有助于提升制造业的自我发展能力。

（2）通过战略性新兴产业的引领作用提升制造业的产出能力

传统产业市场饱和，因此产业发展空间有限，增长乏力，难以提升产出能力。如果传统制造业市场萎缩或由于其他地区传统制造业产品竞争而市场萎缩，传统制造业甚至会出现衰退。而战略性新兴产业市场处于幼年期，市场增长迅速，因此，发展战略性新兴产业，可以带动制造业较快增长；同时，由于战略性新兴产业技术含量高，附加价值高，单位劳动产出水平高，其发展也将极大提升制造业的劳动生产率。因此，战略性新兴产业的发展能提升制造业的产出能力。

（3）通过战略性新兴产业引领作用提升制造业的绿色发展

多数传统制造业主要通过外延式发展获得增长，能源和资源消耗多、资源利用效率不高，污染排放较大，因此对生态环境影响大，不利于生态文明的发展。而战略性新兴产业，主要通过技术创新获得增长，同时战略性新兴产业也致力于资源利用效率的提升、重视资源的综合利用和循环经济、重视环保技术的开发、重视提升资源的附加价值、重视低碳经济和绿色发展、重视低碳能源的开发与利用。不仅战略性新兴产业的发展能推进制造业的绿色发展，而且通过传统制造业与战略性新兴产业的融合，也将极大提升传统制造业的资源综合利用水平和绿色发展能力，推进

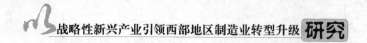

传统制造业与环境协调发展，从而提升制造业的绿色发展能力。

（4）通过战略性新兴产业引领作用提升制造业的要素集聚与配置能力

产业发展需要集聚资源，才能不断获得增长，才能提升自我发展能力。传统制造业由于市场饱和，产业增长缓慢，难以获得持续的增长能力，因此产业盈利有限，产业难以持续集聚发展要素，同时也将制约制造业的进一步发展。而战略性新兴产业，由于市场潜力大，增长潜力大，产业盈利能力强，因此能够吸引、集聚更多的资源投入战略性新兴产业发展。资源向附加价值高的产业集聚，将提升资源的配置能力，也可以提升资源的利用效率。因此，战略性新兴产业的发展，有助于提升制造业对资源的集聚能力。

（5）通过战略性新兴产业的引领作用提升制造业的配套环境与服务能力

制造业的发展需要良好的发展环境和服务，良好的发展环境和服务可以提升制造业的自我发展能力。战略性新兴产业的发展，通过与传统制造业的上下游关联，促进制造业产业链的延伸、增强制造业的配套水平，不仅有利于降低制造业的生产成本，提升制造业的附加价值，也极大地提升制造业的竞争能力。同时传统制造业通过与战略性新兴产业的关联，将制造业的先进技术渗透到传统制造业，也将极大地提升传统制造业的技术水平。战略性新兴产业本身也包含生产性服务业，这些生产性服务业的发展将极大地提升制造业的发展水平，促进制造业的发展。

第三节　发达国家欠发达地区产业选择的经验及对西部地区制造业转型升级的启示

一、发达国家欠发达地区产业选择的经验与教训

发达国家也曾经出现过明显的区域差距，如美国曾经出现明显的东西差异，原联邦德国曾出现明显的南北差异，意大利也出现明显的南北差异。其中一些国家，其欠发达地区通过中央政府的帮助，培育了高新技术产业，引领了其制造业的发展，通过提升其自我发展能力使区域赶上了发达地区水平，摆脱了欠发达状态。而意大利则由于对欠发达地区的产业支持过于传统，使其原来落后的南方地区未能形成良好的自我发展能力，南北差异没有得到彻底的扭转，其支持欠发达地区的战略未能成功。发达国家的经验和教训值得我国借鉴。

（一）成功经验及原因分析

1. 主要发达国家成功经验

（1）美国对西部和南部的开发

在19世纪，位于美国东北部的五大湖区和大西洋沿岸地区依靠制造业的发展，成为美国的发达地区，而美国广大中西部地区和南部地区由于纳入美国国土较晚，

开发较晚，主要发展了较为传统的采矿业、牧业和种植业，成为美国的落后区。由于美国中西部和南部经济落后的原因主要是产业落后，为此，第二次世界大战之后，美国对中西部和南部欠发达地区进行了新一轮的开发，主要通过发展高新技术产业，促使中西部和南部地区制造业转型升级。此时，世界正在开始以信息技术为引领的第三次产业革命，新兴产业不断涌现。因此，美国为了尽快发展中西部和南部地区，美国联邦政府优先支持这些地区重点发展当时处于世界尖端的军工、电子信息、航空、航天、生物医药等高新技术产业，推动了美国中西部地区制造业的跨越式发展。经过数十年的开发，目前，美国中西部成为美国高新技术产业的摇篮，先后涌现了硅谷、硅沙漠、硅森林、硅原等一批科技创新中心或创新基地。其中，硅谷位于美国圣克拉拉峡谷，是当今世界最具有创新能力的高科技区，涌现了惠普、英特尔、苹果等引领世界潮流的科技企业，成为当今世界科技工业的发祥地。当然，美国政府对中西部地区的高新技术产业的发展给予大力的支持，如制定区域倾斜政策①。

（2）德国对南部的开发

由于德国北方矿产资源较为丰富，特别是鲁尔区，拥有极为丰富的煤炭资源，又位于欧洲东西部交通要道上，德国的工业革命开始于德国北方，鲁尔区一度成为世界工业成功发展的典范。而德国南部由于深入内陆、资源不丰富，发展长期受到忽视，经济相对落后。所以在第二次世界大战前，德国就形成了北方发达、南方落后的格局。第二次世界大战后，德国分为德意志联邦共和国（简称西德）和德意志民主共和国（简称东德）。原有德国的南北差异主要在西德表现明显。为此，第二次世界大战后，西德就力图扭转德国的南北差异。南方发展的产业选择也成为西德政府关注焦点，德国联邦政府重点支持了南方发展电子信息、汽车、航空航天、生物等高新技术产业。通过数十年的开发，德国南方发展起了以慕尼黑为中心的高科技中心，慕尼黑也被称为德国的"硅谷"。而斯图加特形成了以汽车为中心的世界汽车制造中心，著名的戴姆勒（即梅赛德斯-奔驰生产商）、保时捷、罗伯特·博世有限公司等著名企业就位于这里。现在，德国南部成为德国经济发展的中心和火车头②。

（3）其他发达国家对其欠发达地区产业发展的经验

其他发达国家欠发达区开发也重点支持了高科技产业发展，使高科技产业成为落后区的支柱产业，引领这些欠发达地区赶上了发达地区水平。法国为了支持原来相对落后的西南地区的发展，1970年，将欧洲航空公司的联合企业——空中客车公司总部设在其西南部的图卢兹，目前，空客已成为仅次于美国波音飞机的全球第二大商用飞机制造商，空中客车公司已成为法国的国家标志性企业。英国为了支持原

---

① 卡尔·艾博特（Karl Abbott）. 大都市的边疆——当代美国西部城市 [M]. 王旭，郭立明，姜立杰，译. 北京：商务印书馆，1998：2-7；本书编写组. 他山之石——国外欠发达地区开发启示录 [M]. 北京：中国林业出版社，2005，84-105.

② 宋坚. 德国经济与市场 [M]. 北京：中国商务出版社，2003：126-133.

来相对落后的苏格兰地区的发展，自 20 世纪 50 年代起，英国就在苏格兰地区致力于发展先进的电子制造业，目前，苏格兰成为英国电子信息制造、软件生产等高科技产业中心。日本九州岛也曾是日本相对欠发达地区，自 20 世纪 60 年代末以来，日本就在九州岛重点发展电子信息产业，为此九州岛成为日本的"硅岛"①。

韩国是亚洲"四小龙"之一，也是新兴工业化国家，韩国的工业化也带来了国土发展的不平衡，韩国工业高度集中于西北的首尔—仁川区域和东南沿海的釜山—蔚山一带，而其他地区发展仍然不足。为此，在 1988 年，韩国就提出了"西部开发计划"，而韩国西部沿海开发主要发展的产业就是汽车、电子、生物工程和精密机械等高科技产业。在光州等地建设了尖端科学产业开发区，其中光州科技产业开发区被命名为"科技城"。韩国"西部开发计划"成效显著，使韩国西部地区基本赶上了全国平均发展水平②。

2. 发达国家欠发达地区产业选择的特点

（1）发达国家欠发达地区开发一般选择当时的高新技术产业

产业选择在区域开发中极为关键，选择得当，将极大地带动区域经济发展。发达国家欠发达地区产业发展虽然多样，但起关键作用的是选择了当时的高新技术产业。美国中西部地区的发展，主要选择了航空航天、电子制造与软件、军工制造、生物等产业。而德国南部地区发展的产业主要是航空航天、汽车、电子制造、生物医药等产业。新兴的韩国西海岸的开发主要选择了先进的生物产业，英国苏格兰地区的开发主要选择电子信息、软件等产业。因此，发达国家欠发达地区产业选择具有前瞻性，都选择了当时的高新技术产业，最先进的产业，甚至选择的产业历经数十年，仍然不落后。如美国中西部地区发展的航空航天、军工等产业在 20 世纪 20~30 年代就有了，到现在这些产业仍然不落后，这些产业不断开发新技术，一直站在产业技术的顶端，成为美国西部繁荣的基础。

另一方面发达国家欠发达地区开发是一个长期过程，为了保持这些欠发达地区高新技术产业的先进性，这些国家在原有高新技术产业基础上不断注入新兴产业，使其高新技术产业集群不断强化，支持了这些欠发达地区的持续发展。如美国西部地区在发展军工、航空航天产业的基础上，在第二次世界大战后又支持了西部地区发展软件与电子信息产业、生物产业，使美国西部地区高新技术产业更为强大，美国西部地区保持了在全美国和全世界的产业优势地位。

（2）发达国家欠发达地区高新技术产业发展受到政府支持

首先，发达国家中央政府通过制定向欠发达地区倾斜的高新技术产业发展政策，支持欠发达地区高新技术产业的发展。美国为了支持中西部地区高科技产业发展，曾规定政府的军事采购必须要 70% 来自于中西部地区，极大地支持了中西部地区高

① 孙超英.各国（地区）区域开发模式比较研究［M］.成都：四川大学出版社，2010：57-88，197-225.

② 金中范.韩国区域发展政策［M］.上海：上海财经大学出版社，2005：5，55-70，159-173.

新技术产业的发展。而德国对在南方新建高科技企业给予一定的政府补贴。其次，发达国家政府通过对欠发达地区主要企业的支持，引领欠发达地区高新技术产业的发展。欧洲空中客车公司成立于1970年，从1974年5月A300客机投入使用起，直至1984年，一直处于创业维艰阶段。法国和联邦德国政府保证，在空客各型号达到盈亏平衡点之前，其研制费用的90%将得到政府各种形式的贷款。可以说没有法国、德国等政府的支持，就没有空中客车公司。而美国政府通过军事采购、研发投入、政策支持等方法支持了波音公司的发展，极大地提升了该公司的竞争力。

（3）高科技产业以支持新企业的建立为主

美国中西部地区高科技产业发展，以建立完善的政府补贴制度和风险投资基金为基础，建立了完善的科技企业孵化体系，支持科技企业的创立。美国中西部地区科技企业的大量涌现，使美国中西部地区高科技产业活跃，自主创新成为美国中西部地区高科技产业发展的支撑，并产生一批引领世界科技产业的企业，其中代表性的企业有苹果、微软、谷歌、英特尔等，成为当今世界科技企业的典范。这些企业从创立到现在虽然一般不足50年，但已经成为美国科技企业巨头，使美国软件、电子信息产业保持世界领先地位，也使美国继续成为引领当今世界经济的龙头。

3. 发达国家在欠发达地区发展高新技术产业的原因分析

从产业转型升级理论来看，发达国家欠发达地区的发展实际上也是一个制造业转型升级的过程。从发达国家全国来看，发达国家在欠发达地区发展这些高新技术产业，也是一个渐进式产业转型升级的过程。发达国家发展这些高科技产业，从全国来看，是制造业转型升级的必然结果，只是这些高科技产业主要不是在原有制造业发达区发展，而是在新的区域发展，因此发达国家在欠发达地区选择高科技产业也是遵循产业发展规律的。而从欠发达地区来看，欠发达地区发展高科技产业却具有跨越式产业转型升级特征。如美国西部原有产业主要是矿业、农牧业等产业，而新兴的高新技术产业主要是电子信息与软件、航空航天、军工、生物医药等。因此，发达国家欠发达地区产业选择也是建立在全国发展的基础上，而这种产业选择也是可行的、合理的。

第一，发达国家原有的制造区是发达地区，产业极为密集，如果再在这里进一步布局高科技产业，势必导致经济过度密集，将加剧环境、交通、人口等问题，一方面将影响原有制造业的发展，另一方面也将影响高新技术产业的发展。如果在发达地区发展高科技产业，需要对原有制造业区进行改造，但发达国家土地私有化，改造成本高。并且，发达国家原有制造业区由于经济发达，包括土地、劳动力、资本等要素成本较高，必将增加发展新兴产业的成本，不利于高新技术产业的发展。而欠发达地区，要素成本低，利于新兴产业的发展。

第二，发达国家欠发达地区相对落后，发达国家政府为了提升欠发达地区的自我发展能力，将新兴的高科技产业布局在欠发达地区，可以更好地提升欠发达地区的产业竞争力。通过制造业、主导产业的赶超，弥补区域其他发展条件的不足，带动区域发展环境的改善，集聚发展要素，提升欠发达区自我发展能力，彻底改变欠发达地区的落后面貌。同时，发达国家欠发达地区由于经济相对落后，要素成本相对较低，为高科技产业发展提供了良好的发展空间。

第三，第二次世界大战后，新兴的高科技产业，虽然与传统制造业有一定关联，但关联程度相对低，为高科技产业布局于欠发达地区提供了可能。传统的制造业主要是机械装备、汽车、化工、机电产业、纺织服装、食品、黑色和有色冶金、建材等产业，这些产业主要是资源型或者附加价值相对低的传统产业；第二次世界大战后新兴的高科技产业主要包括电子信息、生物、宇航工业等，这些产业是资源节约型、附加价值高的、主要依托创新为动力的高新技术产业，与传统制造业关联度相对弱，这些产业发展对传统产业的依赖程度不高，而对创新有更高的要求，可以在远离原有制造业发达的地区发展，这为这些高科技产业布局于欠发达地区提供了可能。

第四，发达国家原有制造业也处于世界前列，是当时世界的先进产业，而发达国家发展高科技产业是锦上添花和自我完善。如果发达国家将发达地区的制造业向欠发达地区转移，将面临诸多风险，原有产业链也可能被打破，将可能影响原有制造业的发展。而且原有制造业向欠发达地区迁移，也将产生较大的成本。另一方面，当时的高科技产业，面临方向不明的挑战，能否成功实在难以预测；如果发展方向错误或未能成功，将可能导致地区发展的衰退。权衡多种利弊，因此发达国家政府在保持原有发达地区产业稳定发展的同时，将有更多发展不确定性的高科技产业布局于欠发达地区，高科技产业发展失败，对区域经济影响也不大；而如果发展成功，将极大带动地区和国家经济的持续发展。

(二) 意大利南方开发的教训

意大利大致以罗马南 30 千米为界，将国土分为南方和北方。第二次世界大战前，意大利北方更接近欧洲发展中心，工业化基本上与欧洲同步，经济上达到欧洲先进水平。而南方由于远离欧洲经济中心，工业基础薄弱，经济相对落后；同时由于第二次世界大战期间，盟军在南方的西西里岛登陆，意大利南方成为第二次世界大战战场，战争破坏严重。因此，第二次世界大战后意大利出现了明显的南北差异。虽然第二次世界大战后，美国实施了"马歇尔计划"，但该计划的绝大部分援助款投放到了北方，南方获得很少，南北差距加大。与 1938 年相比，1952 年北方人均收入增加了 38%，南方却减少了 10%。为此，意大利政府实施了南方开发计划。为了开发南方，在支持南方基础设施建设的同时，意大利政府特别支持南方的工业发展，努力提升南方的自我发展能力。意大利政府对南方的工业支持，重点支持南方的重化工业，实施了一些重大项目。通过支持国有大型企业在南方投资以及用税收优惠、财政支持等政策鼓励企业到南方投资等手段，初步建立起了意大利南方地区的工业体系。在塔兰托建立了钢铁联合企业，在那不勒斯建设汽车厂，在西西里岛建设大型石油加工企业，在撒丁岛建设大型合成纤维厂，在布林的西建设了大型化工厂。在这些大型企业的带动下，意大利南方形成了以钢铁、汽车、化工、炼油、造船等重化工业为重点的工业体系。同时政府也鼓励中小企业到南方投资。为了支持南方发展，政府规定中央政府必须将其采购量的30%用于南方；国家参与制企业必须将其工业投资总额的40%和新建工业企业投资的60%投向南方。意大利政府为了支持南方发展，应该说也付出了极大的努力①。

　　总体来说，意大利南方开发不是很成功，通过多年的开发，意大利南方仍然远远落后于北方，原因是意大利南方的产业选择较为传统。在20世纪50年代，西方发达国家已进入高科技产业引领经济发展的时代，重化工业已是传统产业，其在发达国家已是停滞、逐步衰退、甚至被淘汰的产业，而意大利仍然在南方发展该类产业，导致意大利南方产业层次低；相反，意大利北方与欧洲发达国家同步发展了高科技产业，因此，意大利南方与北方重点产业存在一定的代差，使意大利南方难以赶上产业先进的北方地区。实际上，为了支持南方发展，意大利政府规定北方的国有企业在南方投资，就是将北方的传统制造业向欠发达的南方转移，为北方发展高科技产业腾出了空间，也支持了北方的发展。因此意大利南方和北方的产业发展就是梯度转移理论的应用，由此导致的区域间产业的代差强化了区域的差距。由此看出，产业选择在欠发达地区发展具有重要意义，欠发达地区要赶上发达地区，必须跨越式发展高新技术产业，消除与发达地区的产业代差。

二、发达国家的经验对我国西部制造业转型升级的启示

　　发达国家的经验显示，欠发达地区能够通过发展技术先进的新兴产业，演变为国家的发达地区，甚至能够成为引领世界的增长中心，这对当前我国的西部大开发和西部地区的发展具有极为重要的借鉴意义。

　　（一）西部地区制造业转型升级要以战略性新兴产业为引领

　　当前我国西部地区承接产业转移态势良好，为西部地区发展增添了活力，但西部地区承接的产业主要是传统产业，总体技术含量不高，产业附加价值不高，对西部的引领带动作用有限；这些产业主要利用西部当前资源丰富、劳动力廉价等优势引进，但随着西部地区的发展，西部地区劳动力廉价优势将逐步失去，这些产业很可能又进一步迁移到劳动力更为廉价的国家和地区去，到那时，西部地区仍可能面临发展停滞或衰退的危险。因此，西部开发的产业选择需要从战略高度看，应为西部地区提供持续不断的发展动力。

　　根据发达国家的经验，欠发达地区要发展起来，要赶上发达地区，需要以产业作为支撑，必须以高新技术产业为支撑。制造业是区域经济发展的引擎，是区域发展的关键和核心，是区域发展的根本动力。欠发达地区只有通过在制造业赶上发达

---

　　① 陈才. 世界经济地理［M］. 北京：北京师范大学，1993：189-190；孙超英，等. 各国（地区）区域开发模式比较研究［M］. 成都：四川大学出版社，2010：118-130.

地区水平时，才能带动区域经济赶上发达地区水平。我国已经是世界第二经济大国，部分高新技术产业已经赶上甚至超过发达国家或地区的水平，高新技术已成为我国发达地区经济发展的引擎。当前，战略性新兴产业就是我国的高新技术产业，因此西部地区制造业转型升级要以战略性新兴产业为引领。

西部地区现有的制造业有一定的基础，而这些制造业一般是创立于西部的企业，在西部地区扎根。通过战略性新兴产业的引领，可以增强现有制造业的竞争能力，增强这些企业对西部地区的引领带动作用。同时通过发展战略性新兴产业，可以增强西部地区对战略性新兴产业的吸引力，使西部地区战略性新兴产业的规模变大、企业增多、在产业结构中的比重变大，逐步使西部地区制造业高新技术化，增强西部地区的产业竞争力。更好地引领西部地区的发展。

（二）西部地区发展战略性新兴产业需要国家支持

西部地区目前产业竞争力相对较弱、产业发展环境也相对于东部地区有明显的不足，因此西部地区战略性新兴产业的发展也需要国家的支持。根据美国的经验，国家可以从多个方面支持欠发达地区发展高新技术产业，我国对西部地区战略性新兴产业的支持也应该从多方面着手。首先，国家可以从政策上支持西部战略性新兴产业的发展，如从税收优惠、金融支持、设立科技开发特区等支持西部战略性新兴产业发展，国家还可以制定一些倾斜西部战略性新兴产业发展的一般政策；其次，国家可以在科技与战略性新兴产业项目方面给予西部地区支持。美国为了支持中西部地区发展，在中西部地区布局了较多高科技项目，极大地带动了美国中西部地区的发展，如美国国家宇航中心就建在休斯敦，极大地带动了美国西部地区宇航工业的发展。为此，中央政府应支持将一些国家新设立的高新技术企业、研究与开发机构、高水平大学、国家级科技产业管理中心等科技项目布局于西部地区，更多地在西部地区布局战略性新兴产业项目，带动西部地区战略性新兴产业的发展。再次，可以将国家对战略性新兴产业的采购向西部倾斜。美国为了支持中西部发展，政府采购更多地向中西部地区倾斜，而美国的政府采购多是军事采购，其更多的是高科技产品，极大地支持了美国中西部地区高科技产业发展。我国中央政府也可以将政府采购向中西部地区倾斜。最后，国家可以支持西部地区重点企业的发展。一个重点企业，可以改变一个地区的发展，因此，对西部重点企业的支持，对西部或部分地区的战略性新兴产业及地区发展极为关键。长期以来，美国对重点企业均有一定的支持，如贷款援助、项目补贴、创新支持和税收优惠等[①]。

（三）以培育西部地区本地战略性新兴产业企业为重点

虽然通过承接产业转移可以一定程度推进西部地区战略性新兴产业的发展，推进西部地区制造业转型升级，使其发展得更为迅速。但承接的产业层次再高，也落后于转出区，使承接产业区难以逾越产业转出区；而且承接的产业带动力明显弱于

---

① 邓正红. 再造美国：美国核心利益产业的秘密重塑和软性扩张 ［M］. 北京：企业管理出版社，2013：55.

本地区企业。一些承接的产业在发展条件变化、不利于企业发展时，可能关闭企业。

根据美国发展中西部地区经验，美国政府主要在西部地区培育了一批西部本地企业，从而带动西部地区发展，苹果、谷歌、微软、英特尔等科技企业均是在美国西部地区创立的企业。因此，我国西部地区发展战略性新兴产业，在承接产业转移的同时，更多的是要培育、孵化本地企业，支持西部地区战略性新兴产业企业的发展，并建立以本地企业为支撑的战略性新兴产业发展体系。这就要求，建立完善的支持本地企业发展的政策体系、建立完善的支持本地战略性新兴产业创新创业的孵化机制和支持机制。

（四）西部地区发展战略性新兴产业要建立完善的发展机制

发达国家为了支持其欠发达区域高科技产业的发展，建立了完善的支持机制。我国要支持西部地区发展，也应该在西部建立完善的支持机制。如建立支持西部地区科技企业孵化机制、建立支持西部地区大学发展和人才培养机制、建立支持西部地区战略性新兴产业发展投融资机制等。

（五）西部发展需要选择特定战略性新兴产业重点发展

发达国家欠发达地区高科技产业发展也有选择性，具体地区并不是发展所有高科技产业，如"硅谷"主要发展电子信息产业、西雅图主要发展航空和软件。我国西部地区发展战略性新兴产业也需要合理选择。原则上所有战略性新兴产业在西部地区都可以选择，但西部各省级区域、地市级区域，各有优势和劣势，经济规模也有限，只能选择最适合的战略性新兴产业来发展。西部地区需要在四个区域层面选择重点战略性新兴产业来发展：一是西部作为一个整体，需要在国家层面确立重点发展的战略性新兴产业，也需要国家相关宏观区域政策和产业政策的倾斜；二是西部省级区域，需要各省根据其优势确立重点战略性新兴产业；三是地级行政区层面；四是县级行政区层面。

而具体各地战略性新兴产业的选择，主要从三个方面来考虑：一是选择国家长期支持的战略性新兴产业，如军工、航空航天等产业。国家对这类产业支持多，重点发展这类产业能够获得国家长期支持，可以弥补西部地区发展战略性新兴产业某些条件的欠缺；而从国家角度考虑，国家对这些产业的支持自然转变为对西部地区的支持，有利于提升西部地区的自我发展能力。二是选择西部具有资源优势的战略性产业。西部地区新能源资源丰富，具有建设成为我国新能源开发中心的条件；可以通过太阳能、风能发电站的建设，发展太阳能、风能装备产业和输变电装备生产；西部地区稀土、稀有金属等资源丰富，西部地区可以利用这些资源，根据现有条件，发展深加工，延伸产业链，发展新材料产业。三是发展西部地区具有人才与产业基础的战略性新兴产业，西部地区电子信息和高端装备在全国有一定地位，人才储备多，可以以此为基础发展新一代信息技术和高端装备产业。

第二章 战略性新兴产业引领西部地区制造业转型升级的必要性和条件分析

西部大开发要获得成功，必须要培育较强的自我发展能力。西部地区自我发展能力的提升，需要在西部地区培育强大的制造业；而传统制造业已难以推动西部地区自我发展能力的形成，在西部形成以战略性新兴产业为支柱、并引领制造业转型升级的发展路径是西部大开发的必由之路。西部地区战略性新兴产业引领制造业转型升级具有重要意义。根据我国目前的发展条件、经济实力和西部地区已有的发展基础，西部战略性新兴产业引领制造业转型升级也是可行的；并且，当前西部地区战略性新兴产业引领制造业转型升级也具有难得的机遇。

第一节 战略性新兴产业引领西部地区制造业转型升级的必要性和意义

一、战略性新兴产业引领西部地区制造业转型升级的必要性

（一）协调我国区域发展的需要

1. 西部仍然是全国最为落后的区域

我国西部大开发已经实施了 10 多年，2010 年，国家又开始了深入实施西部大开发战略，西部大开发成为我国区域开发的重点。通过西部大开发，近年来西部地区发展较快，总体发展速度略微超过东部地区。如表 2-1 所示，西部地区 2000 年地区生产总值占全国的比重为 17.13%，2004 年下降到 16.90%，之后西部地区生产总值占全国的比重逐年上升，2014 年上升到 20.18%。总体来说，自 2000 年以来，西部地区生产总值占全国的比重上升，而东部、中部和东北地区①（下文中也简称为

---

① 西部地区包括内蒙古自治区、广西壮族自治区、重庆市、四川省、贵州省、云南省、西藏自治区、陕西省、甘肃省、青海省、宁夏回族自治区和新疆维吾尔自治区；东部地区包括北京市、天津市、河北省、山东省、江苏省、上海市、浙江省、福建省、广东省和海南省；中部地区包括山西省、安徽省、江西省、河南省、湖北省和湖南省；东北地区包括辽宁省、吉林省和黑龙江省。本研究区域划分未包括香港特别行政区、澳门特别行政区和台湾省。

东北）均总体呈现下降。东部地区是先升后降；中部地区为先降后升，但到2014年地区生产总值占全国的比重仍然没有达到2000年的水平；东北地区一直在下降。西部地区生产总值占全国的比重的上升，说明西部地区经济增长速度超过了东部，超过了全国其他地区。

表2-1　2000年以来西部与东部、中部和东北地区生产总值占全国比重变化（%）

年份	西部	东部	中部	东北
2000	17.13	52.49	20.36	10.02
2001	17.09	52.79	20.17	9.95
2002	17.01	53.24	19.93	9.82
2003	16.94	54.07	19.44	9.56
2004	16.90	54.17	19.66	9.27
2005	16.93	55.58	18.82	8.67
2006	17.11	55.66	18.70	8.53
2007	17.37	55.27	18.88	8.48
2008	17.80	54.27	19.31	8.62
2009	18.33	53.84	19.32	8.51
2010	18.63	53.09	19.70	8.58
2011	19.22	52.04	20.04	8.70
2012	19.76	51.32	20.17	8.76
2013	20.00	51.15	20.21	8.64
2014	20.18	51.16	20.27	8.40

资料来源：根据《中国统计年鉴》（2001—2015年）有关数据整理.

从人均地区生产总值更能看出西部与东部、中部和东北地区的发展变化，如表2-2、2-3所示。从2000年以来，西部地区与东部、中部和东北地区人均地区生产总值均实现逐年增长，2000年，西部人均地区生产总值低于东部、东北和中部地区；到2014年，西部地区人均地区生产总值仍然低于东部、东北和中部地区。从相对人均地区生产总值来看，从2000年到2004年，东部地区人均地区生产总值与西部地区之比由2.45倍上升到2.60倍，之后逐年下降，到2014年，已降到1.79倍。而中部和东北地区人均地区生产总值与西部地区之比逐年下降，分别由1.20和1.95下降到1.02和1.40，特别是西部地区与中部地区已非常接近。从相对人均地区生产总值的比较来看，西部地区与东部、中部和东北地相对差距在缩小。

表2-2　　2000年以来西部与东部、中部、东北人均地区生产总值的比较　　单位：元

年份	西部	东部	中部	东北	全国
2000	4 674	11 465	5 625	9 129	7 715
2001	5 123	12 564	6 083	9 935	8 435

表2-2（续）

年份	西部	东部	中部	东北	全国
2002	5 614	13 881	6 612	10 813	9 270
2003	6 377	16 029	7 371	12 075	10 573
2004	7 720	20 109	9 100	14 092	12 986
2005	9 300	23 806	10 601	15 945	15 445
2006	10 900	27 567	12 268	18 277	17 921
2007	13 138	32 299	14 755	21 573	21 250
2008	16 000	37 212	17 860	25 955	25 098
2009	18 286	40 800	19 862	28 566	27 834
2010	22 476	46 354	24 242	34 303	32 928
2011	27 731	53 381	29 230	41 401	39 006
2012	31 357	57 722	32 427	46 014	42 893
2013	34 491	62 405	35 358	49 606	46 615
2014	37 479	67 100	38 242	52 359	50 222

资料来源：根据《中国统计年鉴》（2001—2015年）有关数据整理.

表2-3   2000年以来西部与东部、中部和东北相对人均地区生产总值比较（以西部为1）

年份	西部	东部	中部	东北	全国
2000	1.00	2.45	1.20	1.95	1.65
2001	1.00	2.45	1.19	1.94	1.65
2002	1.00	2.47	1.18	1.93	1.65
2003	1.00	2.51	1.16	1.89	1.66
2004	1.00	2.60	1.18	1.83	1.68
2005	1.00	2.56	1.14	1.71	1.66
2006	1.00	2.53	1.13	1.68	1.64
2007	1.00	2.46	1.12	1.64	1.62
2008	1.00	2.33	1.12	1.62	1.57
2009	1.00	2.23	1.09	1.56	1.52
2010	1.00	2.06	1.08	1.53	1.47
2011	1.00	1.92	1.05	1.49	1.41
2012	1.00	1.84	1.03	1.47	1.37
2013	1.00	1.81	1.03	1.44	1.35
2014	1.00	1.79	1.02	1.40	1.34

来源：根据《中国统计年鉴》（2001—2015年）有关数据整理.

　　但从各地与西部地区人均地区生产总值的绝对差距看，如表2-4所示，西部地区人均地区生产总值与东部和东北地区的差距逐年扩大，分别从 2000 年的 7 441 元和 4 455 元上升到 2014 年的 29 621 元和 14 881 元，分别上升 3.98 倍和 2.34 倍；与全国平均水平的差距从 2000 年的 3 042 元上升到 2014 年的 12 744 元，也扩大 3.19 倍。从这点看出，西部地区与全国的差距在扩大。但西部地区与中部地区的绝对差距在经历扩大后又进一步缩小，从 2000 年的 951 元，一度上升到 2008 年的 1 860 元，其后下降到 2014 年的 763 元。

表 2-4　2000 年以来西部与东部、中部和东北地区人均地区生产总值的绝对差距比较

单位：元

年份	东部—西部	中部—西部	东北—西部	全国—西部
2000	6 791	951	4 455	3 042
2001	7 441	960	4 812	3 312
2002	8 267	998	5 199	3 655
2003	9 652	994	5 698	4 196
2004	12 389	1 379	6 372	5 265
2005	14 507	1 302	6 646	6 146
2006	16 668	1 368	7 377	7 022
2007	19 161	1 616	8 435	8 112
2008	21 213	1 860	9 955	9 099
2009	22 514	1 576	10 281	9 548
2010	23 878	1 766	11 827	10 452
2011	25 649	1 498	13 669	11 275
2012	26 364	1 069	14 656	11 536
2013	27 914	867	15 115	12 124
2014	29 621	763	14 881	12 744

资料来源：根据《中国统计年鉴》（2001—2015 年）有关数据整理.

2. 制造业是西部地区缩小与全国差距的关键因素

应该看到，西部与东部等地相对差距的缩小，与前期中央对西部地区的基础设施、生态环境建设、教育等支持密不可分，通过这些支持，国家大幅度增加了对西部地区的转移支付，使西部地区的发展近似于输血式。但是，一旦国家减少对西部地区的输血，西部地区的发展将面临极大的挑战。因此，西部地区应加强自我发展能力的培育，使西部地区由输血式演变为造血式的自主式发展，这就要大幅度提升西部地区的自我发展能力。而西部自我发展能力的培育，必须要培育产业，特别是制造业。

表 2-5 为 2000 年以来西部地区地区生产总值及各产业占全国地区生产总值及各产业比重的变化，从表中看出，从 2000 年到 2004 年，西部地区地区生产总值占全国比重下降，在 2004 年达到最低点后，以后逐年上升，2014 年上升到 20.18%，从 2000 年到 2014 年，上升了 2.05 个百分点。分产业看，同期，西部的第一产业占全

国的比重从 2001 年达到最低点后，逐年上升，从 2000 年到 2014 年上升了 3.19 个百分点；同期，西部地区第二产业比重在 2003 年达到最低点后逐年上升，整个期间上升了 5.45 个百分点；同期工业占全国的比重在 2004 年为最低点，之后一直上升，期间上升 5.52 个百分点；而第三产业占全国的比重有一定波动，总体上升 1.75 个百分点。从这些可以看出，首先，西部地区工业占全国工业的比重，均低于西部地区生产总值和第一、第二产业占全国的 GDP 和第一、第二产业的比重；而 2009 年以前，西部地区工业占全国工业的比重还低于西部第三产业占全国第三产业的比重，之后才高于第三产业的占比，由此可以看出，工业是西部地区发展的最大瓶颈、最大制约。其次，西部地区工业占全国的比重与地区生产总值占全国的比重的走势基本一致，也就是西部工业占全国的比重上升，西部 GDP 占全国的比重也上升，由此可以看出，西部地区工业对西部地区经济发展的关键作用。再次，西部地区工业占比上升最多，对西部地区地区生产总值在全国的提升作用明显。最后，从相关系数来看，2000 年以来，西部地区地区生产总值占全国的比重与西部地区第一产业、第二产业、工业和第三产业占全国相应产业的比重的相关系数分别为 0.85、0.99、0.98 和 0.92，西部地区工业占全国的比重与地区生产总值占比的相关系数极高，进一步说明工业对西部地区经济具有重要意义。由此看出，工业对西部地区经济发展、提升西部地区自我发展能力具有重要意义。而工业的主体是制造业，由此看出制造业对提升西部地区的自我发展能力有极为关键的作用。

表 2-5　2000 年以来西部地区地区生产总值及各产业占全国 GDP 及各产业比重变化（%）

年份	地区总产值	第一产业	第二产业	工业	第三产业
2000	17.13	24.97	15.10	13.91	16.50
2001	17.09	24.66	14.90	13.57	16.88
2002	17.01	24.83	14.93	13.46	16.78
2003	16.94	25.91	14.81	13.84	16.69
2004	16.90	25.69	14.83	13.45	16.67
2005	16.93	25.76	14.79	13.86	17.00
2006	17.11	25.85	15.46	14.62	16.82
2007	17.37	26.77	16.03	15.25	16.60
2008	17.80	26.86	16.79	16.08	16.73
2009	18.33	26.11	17.67	16.88	17.31
2010	18.63	26.40	18.49	17.77	17.01
2011	19.22	26.92	19.35	18.59	17.33
2012	19.76	27.36	19.99	19.13	17.81
2013	20.00	27.56	20.33	19.32	18.01
2014	20.18	28.16	20.55	19.43	18.25

资料来源：根据《中国统计年鉴》（2001—2015 年）有关数据整理.

　　从构成地区生产总值的三大产业和工业的人均值看，也说明了工业对西部地区经济发展有重要意义，如表 2-6、2-7、2-8。从表中看出，在 2000 年时，西部地区人均第一产业增加值低于东部、中部和东北地区，到 2010 年，西部地区人均农业增加值超过东部地区，2012 年，西部地区人均农业增加值又超过了中部和全国平均水平；到 2014 年，西部地区人均农业增加值仅次于东北地区，由此可见，第一产业并不是西部落后于东部和全国的主要原因。

表 2-6　　2000 年以来西部与东部、中部和东北地区人均第一产业增加值比较　　单位：元

年份	西部	东部	中部	东北	全国
2000	1 040	1 320	1 139	1 180	1 178
2001	1 076	1 374	1 181	1 274	1 228
2002	1 126	1 404	1 223	1 384	1 274
2003	1 236	1 463	1 240	1 495	1 340
2004	1 503	1 794	1 622	1 787	1 662
2005	1 645	1 880	1 767	2 040	1 796
2006	1 764	2 003	1 878	2 213	1 919
2007	2 098	2 224	2 154	2 614	2 202
2008	2 490	2 545	2 608	3 045	2 588
2009	2 511	2 671	2 703	3 263	2 684
2010	2 955	2 922	3 159	3 645	3 054
2011	3 533	3 322	3 608	4 466	3 549
2012	3 946	3 578	3 910	5 197	3 898
2013	4 298	3 852	4 170	5 787	4 215
2014	4 459	3 859	4 233	5 851	4 281

　　资料来源：根据《中国统计年鉴》（2001—2015 年）有关数据整理.

　　而从人均第三产业增加值来看，如表 2-7 所示，2000 年，西部地区人均第三产业增加值低于东部、东北和中部地区，是全国最低的地区。而在 2011 年，西部地区人均第三产业增加值超过了中部地区，到 2014 年，西部地区人均第三产业增加值仍然高于中部地区，而低于东部和东北地区，也低于全国平均水平。由此可见，第三产业差距虽然是西部地区落后于东部、东北地区的重要原因，但并不是落后于中部的原因。

表 2-7　　2000 年以来西部与东部、中部和东北地区人均第三产业增加值比较　　单位：元

年份	西部	东部	中部	东北	全国
2000	1 693	4 520	1 978	3 252	2 903
2001	1 961	5 073	2 171	3 687	3 269
2002	2 170	5 674	2 376	4 056	3 632

表2-7(续)

年份	西部	东部	中部	东北	全国
2003	2 408	6 324	2 683	4 452	4 052
2004	2 795	7 605	3 138	5 030	4 765
2005	3 675	9 652	3 876	5 993	6 080
2006	4 206	11 244	4 441	6 784	7 032
2007	4 954	13 452	5 304	7 861	8 382
2008	5 815	15 446	6 153	9 155	9 710
2009	7 097	17 996	7 153	11 048	11 443
2010	8 286	20 547	8 378	12 646	13 294
2011	10 077	23 946	9 970	14 953	15 722
2012	11 691	26 551	11 380	17 439	17 744
2013	13 124	29 312	12 756	19 176	19 703
2014	15 079	32 725	14 936	21 749	22 335

资料来源:根据《中国统计年鉴》(2001—2015年)有关数据整理.

而从人均第二产业增加值来看,如表2-8所示,2000年西部地区人均第二产业增加值低于东部、中部和东北地区。到2014年,西部地区人均第二产业增加值仍然低于上述三个地区,与西部地区人均地区生产总值在全国的排序一致,由此可以看出,第二产业的发展差距是西部地区落后于东部、中部和东北地区的根本原因。

表2-8　2000年以来西部与东部、中部和东北地区人均第二产业增加值的比较　　单位:元

年份	西部	东部	中部	东北	全国
2000	1 940	5 625	2 508	4 697	3 634
2001	2 086	6 116	2 731	4 974	3 939
2002	2 319	6 803	3 014	5 373	4 364
2003	2 732	8 242	3 448	6 128	5 181
2004	3 423	10 710	4 339	7 276	6 558
2005	3 979	12 274	4 958	7 913	7 569
2006	4 930	14 320	5 949	9 280	8 970
2007	6 086	16 623	7 296	11 098	10 666
2008	7 695	19 222	9 099	13 755	12 800
2009	8 678	20 133	10 006	14 256	13 707
2010	11 235	22 885	12 705	18 012	16 580
2011	14 121	26 113	15 651	21 983	19 735
2012	15 720	27 593	17 137	23 377	21 251

表2-8（续）

年份	西部	东部	中部	东北	全国
2013	17 069	29 240	18 432	24 643	22 698
2014	17 940	30 515	19 072	24 759	23 606

资料来源：根据《中国统计年鉴》（2001—2015 年）有关数据整理.

由于第二产业主要是由工业构成，工业成为西部落后于东部、中部和东北地区的重要原因。从实证来看也是如此。表2-9 为 2000 年以来西部与东部、中部和东北地区人均工业增加值的比较。从表中看出，2000 年，西部地区人均工业增加值低于东部、中部和东北地区，2014 年，也低于上述三个地区。进一步可以看出，工业对西部地区人均地区生产总值的重要影响。而工业的主要构成是制造业，进一步说明制造业对西部经济发展的重要影响，正是由于制造业的落后，导致西部地区人均区生产总值低于东部、中部和东北地区，也导致西部经济的落后。

表 2-9　　2000 年以来西部与东部、中部和东北地区人均工业增加值的比较　　单位：元

年份	西部	东部	中部	东北	全国
2000	1 541	4 943	2 149	4 155	3 134
2001	1 632	5 376	2 323	4 378	3 384
2002	1 791	5 983	2 543	4 714	3 738
2003	2 162	7 360	2 645	4 998	4 388
2004	2 667	9 520	3 588	6 322	5 635
2005	3 287	11 071	4 247	7 023	6 671
2006	4 134	12 983	5 148	8 236	7 956
2007	5 161	15 123	6 381	9 874	9 509
2008	6 579	17 466	8 008	12 289	11 427
2009	7 259	17 985	8 635	12 436	12 000
2010	9 483	20 439	11 074	15 852	14 565
2011	11 929	23 311	13 722	19 358	17 345
2012	13 162	24 569	14 995	20 445	18 596
2013	14 147	26 004	16 078	21 534	19 791
2014	14 691	26 989	16 476	21 701	20 440

资料来源：根据《中国统计年鉴》（2001—2015 年）有关数据整理.

3. 我国的区域协调发展必须以西部地区的制造业发展为重点

从发达国家的情况看，一个国家发达主要体现在制造业发达，如美国、德国、日本、法国等国家均是当今世界制造业相对发达和创新相对活跃的国家，其工业产品主导世界市场，工业创新引领世界工业发展方向。前些年，美国由于制造业劳动力成本增加，导致制造业外流，一定程度上引发了美国的金融危机。近年来，美国提出重整制造业，制定一系列优惠政策吸引制造业回流，制造业占 GDP 比重上升，

45

经济得以恢复繁荣。而近20年来，日本经济徘徊不前，与制造业的衰退有关。我国东部地区发展也主要由于东部地区工业的发展，使东部地区成为我国经济最发达的地区，成为我国经济发展的引擎。

目前，西部仍然是我国经济最为落后的地区，全国的协调发展必须要加快西部地区的发展，这是全国协调发展的关键。西部地区的长期落后不利于我国的协调发展，西部地区必须赶上全国其他地区的发展水平，这就要求西部地区要提升自我发展能力，增加人均地区生产总值和人均收入。我国西部制造业传统产业较多，高新技术产业少，产业结构劣于东部地区，这样的产业结构难以带动西部赶上全国甚至东部的平均水平，使西部地区发展难以持续。制造业是区域经济发展的根本，西部只有通过发展战略性新兴产业，并通过战略性新兴产业引领传统制造业发展，提高西部地区产业的结构与技术层次，才能引领西部地区改变欠发达的面貌。

（二）西部地区实现绿色发展的需要

首先，西部地区工业不发达，制造业比例偏低。工业分为三大类，即采掘业、制造业、电力燃气及水生产和供应业。其中采掘业主要包括煤炭、石油天然气、黑色金属矿、有色金属矿、非金属矿等采掘业，这些行业技术含量不高，主要依赖地区资源的蕴藏量来发展，区域资源蕴藏多，可能开采规模大，但对区域生态环境将产生极大影响。而电力、燃气及水生产供应业，包括电力和热力、燃气、水三类产品的生产和供应业，这些产业技术含量也不高，其中燃气、水的生产和供应业主要为区域内服务，一般不能成为区域专业化产业，而电力产品可以向区域外输出，可以成为区域专业化产品，但该产业技术含量不高，而且目前我国电力以火电为主，火电以煤为主要原料，火电的生产排放大量温室气体和烟尘，导致空气污染严重。水电虽然不污染环境，但由于大坝的建设、水库淹没大量陆地、大坝截断河流径流，极大地影响鱼类的生存，影响生态环境和原生态自然环境，也受到较多质疑。因此电力、燃气及水生产供应业要么不能作为区域专业化产业，要么对生态环境影响大，技术含量不高，是工业领域内的低端产业。

由于《中国工业统计年鉴——2014》中缺乏各地区各行业增加值的数据，而有各地区各行业工业销售产值指标，因此本章采用工业销售产值指标进行分析。表2-10为2013年西部、东部、中部和东北地区工业销售产值比较。从表中看出，西部地区工业销售产值低于东部和中部，高于东北地区，但西部地区的采掘业销售产值却高于东部、中部和东北地区，电力、燃气及水生产和供应业低于东部，高于中部和东北地区，而制造业销售产值，西部地区却仅高于东北，低于东部和中部地区。另一方面，从各类工业占本区域工业的比重看，2013年西部地区采掘业、电力燃气及水生产供应业分别占西部地区工业销售产值的14.26%和9.20%，均为各区域中最高的，而制造业比重仅为76.54%，则为各区域中最低的，而东部地区制造业销售产值占工业销售产值的比重高达91.5%，为各区域中最高的。由此看出，西部地区低端的采掘业、电力燃气及水生产供应业在全国排位靠前，而相对较为高端的制造业在全国的排位则靠后，说明西部地区工业行业结构层次低。

表 2-10 2013 年西部、东部、中部和东北地区工业销售产值的比较

地区	采掘业销售产值		电力、燃气及水生产和供应业销售产值		制造业销售产值		各地区工业销售产值	
	亿元	占本区工业比重(%)	亿元	占本区工业比重(%)	亿元	占本区工业比重(%)	亿元	占本区工业比重(%)
西部	20 667.43	14.26	13 338.48	9.20	110 935.8	76.54	144 941.7	100.00
东部	17 213.56	2.95	32 461.74	5.55	534 798.2	91.50	584 473.5	100.00
中部	17 125.22	8.43	11 533.51	5.68	174 489.3	85.89	203 148	100.00
东北	7 609.29	8.76	4 044.01	4.66	75 188.16	86.58	86 841.46	100.00
全国	62 615.5	6.14	61 377.74	6.02	895 411.4	87.84	1 019 405	100.00

资料来源：中华人民共和国国家统计局工业统计司.中国工业统计年鉴——2014［M］.北京：中国统计出版社，2015.根据有关数据整理。

其次，从制造业内部结构看。在中国统计年鉴中，共列出制造业中 31 个行业。根据 2013 年的资料，我国 31 个制造业行业中，能源消耗最高的五个行业是黑色金属冶炼及压延加工业、化学原料及化学制品制造业、非金属矿物制品业、石油加工炼焦和核燃料加工业、有色金属冶炼及压延加工业，2013 年五个行业分别消耗能源 5.97 亿吨标准煤、3.70 亿吨标准煤、2.94 亿吨标准煤、1.81 亿吨标准煤和 1.48 亿吨标准煤，五个行业共消耗能源 15.9 亿吨标准煤，占我国能源消耗的 43.96%，占工业能源消耗的 62.97%；占制造业能源消耗的 77.30%，几乎占工业能源消耗的 2/3、占制造业能源消耗的 3/4。这五个工业行业是技术含量相对较低、消耗资源多、环境污染重的低端制造业，这五个行业被称为资源消耗型产业、原材料产业、高耗能制造业①。表 2-11 为 2013 年西部、东部、中部和东北地区高耗能制造业销售产值比较。从表中看出，虽然西部地区高耗能制造业销售产值低于东部、中部，但从占各地区制造业比重看，西部地区高耗能制造业销售产值占制造业销售产值的 41.48%，为各地区最高的；而东部地区高耗能制造业销售产值仅占东部地区制造业的 27.87%，为四大区域中最低的。由此进一步看出，西部地区制造业层次也低。

表 2-11 2013 年西部、东部、中部和东北地区高耗能制造业销售产值的比较

地区	高耗能制造业销售产值（亿元）	高耗能制造业占各地区制造业比重（%）
西部	46 018.98	41.48
东部	149 034.90	27.87
中部	62 924.16	36.06
东北	25 079.99	33.36
全国	283 058.03	31.61

资料来源：中华人民共和国国家统计局工业统计司.中国工业统计年鉴——2014［M］.北京：中国统计出版社，2015.根据有关数据整理。

---

① 电力、热力生产与供应业也是高耗能产业，但该产业不属于制造业，该产业与其他五个高耗能制造行业合称为六大高耗能产业。

如果将采掘业、电力燃气及水供应业和制造业中的原材料产业称为低端工业，这三类工业销售产值在西部、东部、中部和东北地区工业销售产值中的比重分别为55.21%、34.00%、45.08%和42.30%。西部地区占比最高，超过工业销售产值的一半以上，而其他三大区域不足一半，其中东部地区仅34%，即仅为东部地区工业的1/3，西部地区明显工业较为低端。

由于西部地区原材料产业多，一方面导致西部地区资源开发多，对生态环境影响明显。另一方面，由于对原材料产业加工，导致污染排放多，污染排放强度大，如表2-12。本表主要选择了工业固体污染产生量和二氧化硫排放量两个污染物指标来分析，从表中看出，2013年，西部地区工业固体污染排放产生量和二氧化硫排放量分别达到107 855.7万吨和759.28万吨，均超过东部、中部和东北地区，而西部地区生产总值和工业增加值均少于东部和中部地区。因此从单位地区生产总值固体污染物产生量和二氧化硫排放量（排放强度）看，西部地区工业固体污染物产生强度为0.86万吨/亿元，二氧化硫排放强度为60.26吨/亿元，均大大高于东部、中部和东北地区，二者分别为东部地区的2.87倍和3.16倍。事实说明西部地区工业层次低，工业中消耗资源多、污染大的产业相对较多。

表2-12　　　2013年西部与东部、中部和东北地区主要污染物排放的比较

地区	工业固体废物产生量（万吨）	单位地区生产总值工业固体污染产生量（万吨/亿元）	二氧化硫排放量（万吨）	单位地区生产总值工业固体污染产生量（吨/亿元）
西部	107 855.7	0.86	759.28	60.26
东部	96 169.23	0.30	613.97	19.05
中部	86 231.76	0.68	480.9	37.78
东北	37 445.07	0.69	189.76	34.86
全国	327 701.8	0.52	2 043.91	32.44

资料来源：中华人民共和国国家统计局工业统计司.中国工业统计年鉴——2014［M］.北京：中国统计出版社，2015.根据有关数据整理。

正是西部地区偏重原材料的产业结构，使西部地区产业结构呈现污染型特点。严重影响了西部地区生态环境建设。国家实施西部大开发战略，其中重要的原因就是要改变西部地区的产业结构，实现资源环境与发展的协调。通过战略性新兴产业引领西部制造业的转型升级，大力发展西部地区战略性新兴产业，推进西部地区制造业升级，可以扭转西部地区制造业过分依赖资源的局面，使西部地区制造业从资源驱动向创新驱动转变，同时改变西部地区制造业对西部资源环境的依赖，减少工业发展对资源环境的影响，推动西部地区资源环境与发展协调。

（三）西部地区实现创新发展的需要

创新是引领发展的第一动力。为了发展，为了将我国建设成为高度发达的社会主义国家，我国已经提出了要建设创新型国家的目标；创新也是我国突破中等收入陷阱的关键。建设创新型国家，西部也是重要组成部分。没有西部地区创新的突破，

我国也难以称得上创新型国家。没有创新，西部地区也难以赶上全国发达地区。

表2-13为我国近年来研究与试验发展（R&D）经费来源的情况。从表中看出，我国历年来研究与试验发展经费主要来自于企业，并且企业占比越来越高。从2003年到2014年，我国研究与试验发展经费来源企业的资金从925.4亿元上升到9 816.5亿元，占全国研究与试验发展经费的比重由2003年60.11%上升到2014年的75.42%，上升明显；就增量看，2003年到2014年，我国企业来源的研究与试验发展经费增加了8 891.1亿元，占全国研究与试验发展经费增加额的77.47%。从研究与试验发展经费支出情况看，2013年我国由企业支出的研究与试验发展经费达到9 075.8亿元，占全国76.61%；其中规模以上工业企业支出8 318.4亿元，占全国比重的70.22%。而企业就主要是制造业企业。由此看出，制造业是创新的主要动力来源，没有制造业，创新将缺乏依托。

表2-13　　　　近年来按资金来源分研究与试验发展（R&D）的经费

年份	经费总额（亿元）	政府资金		企业资金		其他资金	
		亿元	占全部经费比重（%）	亿元	占全部经费比重（%）	亿元	占全部经费比重（%）
2003	1 539.6	460.6	29.92	925.4	60.11	153.6	9.98
2004	1 966.3	523.6	26.63	1 291.3	65.67	151.4	7.70
2005	2 450	645.4	26.34	1 642.5	67.04	162.1	6.62
2006	3 003.1	742.1	24.71	2 073.7	69.05	187.3	6.24
2007	3 710.2	913.5	24.62	2 611	70.37	185.7	5.01
2008	4 616	1 088.9	23.59	3 311.5	71.74	215.6	4.67
2009	5 802.1	1 358.3	23.41	4 162.7	71.74	281.1	4.84
2010	7 062.6	1 696.3	24.02	5 063.1	71.69	303.2	4.29
2011	8 697	1 883	21.65	6 420.6	73.83	393.4	4.52
2012	10 298.4	2 221.4	21.57	7 625	74.04	452	4.39
2013	11 846.6	2 500.6	21.11	8 837.7	74.04	508.5	4.29
2014	13 015.6	2 636.1	20.25	9 816.5	75.42	563	4.33

资料来源：国家统计局，科学技术部. 中国科技统计年鉴——2014［M］. 中国统计出版社，2014. 根据有关数据整理。

在制造业中，通用设备制造业、专用设备制造业、汽车制造业、铁路船舶航空航天和其他运输制造业、电气机械与器材制造业、计算机通信和其他电子设备制造业、仪器仪表制造业、医药制造业等行业技术含量较高，是制造业中技术含量最高的几个行业，创新活跃，也是当前引领制造发展的产业，这几个行业以装备制造业为主，称为技术型制造业，目前我国的战略性新兴产业主要出自这些制造业。这几个行业占比高，制造业总体技术含量高。表2-14为2013年西部、东部、中部和东北地区技术型制造业销售产值比较。从表中看出，西部地区技术型制造业销售产值低于东部和中部地区，高于东北地区；但从技术型制造业销售产值占各地区制造业和工业比重看，西部地区占比分别为28.67%和21.94%，均为各地区中最低的，而东部分别达到39.07%和35.73%，均是各地区中最高的，说明东部地区制造业层次相对高。从这方面看，西部地区技术含量最高的制造业占比低，进一步说明西部制造业层次低，也制约了西部地区的创新。

表2-14 2013年西部、东部、中部和东北地区技术型制造业销售产值的比较

地区	销售产值（亿元）	占各地制造业销售产值的比重（%）	占各地工业销售产值的比重（%）
西部	31 800.23	28.67	21.94
东部	208 944.3	39.07	35.75
中部	52 472.01	30.07	25.83
东北	25 354.74	33.72	29.20
全国	318 571.3	35.58	31.25

资料来源：中华人民共和国国家统计局工业统计司.中国工业统计年鉴——2014［M］.北京：中国统计出版社，2015.根据有关数据整理。

从表2-15看出，2013年，西部地区研究与试验发展经费中企业来源资金836.5亿元，略高于东北地区。但大大低于东部和中部地区，占区域研究与试验发展经费总额比重仅为58.69%，大大低于东部、中部和东北地区；而政府来源资金，西部地区为488.15亿元，仅低于东部地区，而高于中部和东北地区；西部地区政府资金占研究与试验发展经费比重达到34.37%，而东部、中部和东北仅为18.80%、17.72%和28.54%，西部地区占比远高于全国其他地区。因此，正是由于西部地区高端制造业、技术型制造业发展不足，制约了西部地区的创新能力。

表2-15 2013年西部与东部、中部和东北地区研究与试验发展的经费构成

地区	全部经费（亿元）	政府资金		企业资金		其他资金	
		亿元	占区域资金比重（%）	亿元	占区域资金比重（%）	亿元	占区域资金比重（%）
西部	1 420.44	488.18	34.37	836.50	58.89	95.75	6.74
东部	7 924.64	1 490.13	18.80	6 098.92	76.96	335.59	4.23
中部	1 771.11	313.76	17.72	1 399.21	79.00	58.15	3.28
东北	730.40	208.49	28.54	503.09	68.88	18.82	2.58
全国	11 846.60	2 500.57	21.11	8 837.72	74.60	508.31	4.29

资料来源：中华人民共和国国家统计局科学技术部.中国工业统计年鉴——2014［M］.北京：中国统计出版社，2014.根据有关数据整理。

由此看出，西部地区研究与试验发展经费中，企业投入低、政府投入比重高，说明西部地区创新更多来自于政府，相对更少的来自于市场；而市场支持的创新更接近市场，更容易产生经济效益，其活跃程度更能体现区域的创新能力，所以西部

地区研究与实验发展政府来源资金偏高说明西部地区创新能力相对偏弱，而这又主要由于西部工业创新能力弱。因此，我国要建设创新型国家，必须要提升西部的创新能力。而西部地区创新能力的提升，需要大力提高西部地区制造业的发展水平。制造业中以战略性新兴产业创新最为活跃，因此通过战略性新兴产业引领西部地区制造业转型升级，可以提升西部地区的创新能力，促进全国的创新发展。

（四）西部地区实现开放发展的需要

一个地区要提升发展水平，要达到发达经济水平，必须走开放的发展道路。世界发达国家均是开放水平高的国家，开放度高的国家能够借助国际先进水平，推动本地经济发展。而衡量开放水平最重要的指标就是对外货物贸易，发达国家均具有强大的产品进出口能力，或人均进出口量居于世界前列。而进出口能力主要取决于出口能力，只有地区出口能力强大，才有获得更多外汇，也才能扩大进口；而没有出口基础，或出口能力弱，要大规模进口，将缺乏资金支持，是不可能的，也是难以持续的。

西部地区落后的重要原因就是外向型经济落后，制约了西部地区参与国际经济合作的能力，也制约了西部地区充分利用世界市场推动地区经济发展的能力。表2-16为2013年西部与东部、中部和东北地区工业出口比较，从表中看出，2013年，西部地区工业出口6 926.06亿元，大大低于东部，也低于中部；而从工业出口与工业销售收入产值比值看，西部地区略高于中部地区和东北地区，但大大低于东部地区；从工业出口占地区国内生产总值看，西部地区仅5.50%，大大低于东部地区，也低于中部和东北地区；从人均工业出口量看，2013年，西部地区人均工业出口1 896元/人，大大低于东部地区，约为东部地区的1/10，也低于中部和东北地区。从以上分析看出，西部地区工业出口能力弱。

表2-16　　　　　2013年西部与东部、中部和东北地区工业出口的比较

地区	工业出口 （亿元）	工业出口占工业销售 产值比重（%）	占地区生产总值 比重（%）	人均工业出口量 （元/人）
西部	6 926.06	4.78	5.50	1 896
东部	92 772.08	15.87	28.79	17 965
中部	9 238.1	4.55	7.26	2 566
东北	3 885.8	4.47	7.14	3 541
全国	112 822	11.07	17.91	8 348

资料来源：1. 中华人民共和国国家统计局工业统计司. 中国工业统计年鉴——2014［M］. 北京：中国统计出版社，2015. 2. 中华人民共和国国家统计局. 中国统计年鉴——2014［M］. 北京：中国统计出版社，2014. 根据有关数据整理。

西部地区今后要改变相对落后的面貌，经济必须融入世界，形成较强的进出口能力。由于西部地区除广西外，均缺乏沿海港口。沿海港口的缺乏成为制约西部地区发展外向型经济的重要制约。沿海港口具有廉价优势，适合大宗、廉价商品的运

输,这也是我国沿海地区充分利用廉价劳动力、通过大力发展代工、来料加工实现外向型经济的重要原因。而这些出口产品附加价值一般偏低。西部地区发展外向型经济总体不能走沿海发展道路。因为西部地区缺乏海港,难以像沿海一样大进大出、出口廉价产品。西部地区应主要发展高附加价值产品来推进出口的突破,推进外向型经济的发展。因为高附加产品对交通运输不敏感,更多地可以通过空运或陆运与外国进行贸易,不一定依靠海运。而战略性新兴产业一般技术含量较高,产品附加价值高,发展该产业,可以克服西部不利的交通条件,推进西部地区开放型经济的发展。近年来,西部地区工业出口增长较快,而这些增长得益于高科技产品的出口,如表2-17所示,2013年西部地区虽然工业出口规模仍然低于东部和中部,但高新技术出口交货值占工业的比重则达到65.67%,大大高于东部、中部和东北地区,由此可见,西部地区要发展外向型经济、扩大对外开放水平,要以技术含量和附加价值较高的高科技产业为基础,而战略性新兴产业就是当前的高新技术产业。

表2-17　　2013年西部地区高新技术产业出口交货值占工业出口的比重

地区	工业出口(亿元)	高新技术出口交货值(亿元)	高新技术出口交货值占工业比重(%)
西部	6 926.06	4 548.3	65.67
东部	92 772.08	40 541.6	43.70
中部	9 238.1	3 745	40.54
东北	3 885.8	450.2	11.59
全国	112 822	49 285.1	43.68

资料来源:1. 中华人民共和国国家统计局工业统计司. 中国工业统计年鉴——2014 [M]. 北京:中国统计出版社,2015. 2. 国家统计局,国家发展与改革委员会,科学技术部. 中国高新技术统计年鉴——2014 [M]. 北京:中国统计出版社,2014. 根据有关数据整理。

(五)西部地区和我国突破中等收入陷阱的需要

2015年,我国人均GDP近8 000美元。但近年来,由于我国进入中等收入水平,我国面对的国际经济环境发生变化,我国面临着中等收入陷阱的挑战。当前,我国已经是世界第二大经济体、世界第一大制造业大国、世界最大的货物贸易大国。我国的传统发展模式已经趋于极限,我国依靠廉价劳动力、发展加工贸易的外向型经济趋于尽头。我国的制造业竞争对手由发展中国家转变为了发达国家,这也是我国由中等收入进入发达水平的必由之路。这就需要我国发展转型,由模仿创新向自主创新转型;从资源消耗向资源节约转型;由要素驱动向创新驱动转型。近年来,我国经济增长速度逐年下降,2007年,我国GDP增长速度为14.7%,2010年为10.3%,2011年下降为8.9%、2012年为8.5%、2013年为7.1%、2014年为7.8%、2015年进一步下降到6.9%。经济增长从高速增长向中高速增长转变,经济发展进入新常态,预示着我国经济转型升级正面临着越来越严酷的挑战。

目前,从全国范围看,我国部分地区人均地区生产总值已经超过1万美元,基本越过中等收入陷阱。从城市看,我国北京、上海、深圳、天津等城市人均地区生产总值超过或接近 2 万美元，达到发达水平。而广东、江苏、浙江、福建、山东等省级行政区人均地区生产总值超过 1 万美元，已基本越过中等收入陷阱。但我国整体还没有越过中等收入陷阱，特别是我国西部地区人均地区生产总值为全国最低，是我国最难以突破中等收入陷阱的区域，是我国突破中等收入的难点。西部地区突破中等收入陷阱是我国突破中等收入陷阱的必然要求。

目前，还没有一个区域范围较大、人口较多的发达国家或地区制造业是落后的，先进的制造业是较大国家或地区突破中等收入陷阱的必要条件。我国要突破中等收入陷阱，必须要建立先进的制造业，西部地区要突破中等收入陷阱，也必须要通过发展制造业。目前，战略性新兴产业是我国的先进制造业，是制造业的高科技产业，也代表着当今世界制造业的发展方向，发达国家也将这些制造业列为当前发展的重点。因此，西部地区要突破中等收入陷阱，必须要发展战略性新兴产业，而传统制造业难以引领西部地区突破中等收入陷阱。

（六）西部地区转变发展方式的需要

2010 年，国家提出了深入实施西部大开发战略，国家明确提出要支持西部地区高标准建设国家能源基地、资源精深加工基地、装备制造业基地，优先开发水、风、光等可再生能源，有选择地发展新能源、新材料、节能环保、生物医药等战略性新兴产业。这些产业在西部有一定基础，发展战略性新兴产业是西部产业结构调整的必然选择。这些战略性新兴产业就是西部资源的深加工产业，对西部地区提升资源附加价值、提高产业竞争力具有重要意义。

而战略提出的国家能源基地、资源深加工基地、装备制造业基地就是以战略性新兴产业为引领的产业基地。这些基地，如果仅依靠传统技术外延式扩张，一方面这些基地将难以建设成功，因为缺乏技术支撑，支持基地的产业难以与外地同类产业竞争。另一方面，缺乏战略性新兴产业的引领、支撑，这些基地即使建设成功，也难以持续。因为这些产业需要以战略性新兴产业产品装备、支撑发展，其产品也需要战略性新兴产业提供市场。因此，只有通过战略性新兴产业的引领，深入西部大开发的产业结构调整目标才能实现。

二、战略性新兴产业引领西部地区制造业转型升级的意义

（一）推进西部由资源驱动向创新驱动转型

当前，西部地区经济更多的是依靠资源驱动。我国资源型城市也主要在西部地区。西部地区老资源城市有包头、攀枝花、克拉玛依、金川、白银等，而新兴的资源型城市以鄂尔多斯、榆林为代表。从表 2-18 看出，从 2000 年到 2014 年，西部地区人均 GDP 在全国位次上升的省级行政区有内蒙古、广西、重庆、四川、陕西、青海、宁夏，其中上升 9 个位次以上的有内蒙古、陕西和宁夏，内蒙古 2014 年已成为全国的高收入地区，人均 GDP 名列全国第 6 位。这三个省级行政区都是主要依靠资

源开发获得了超高速增长，实现了区域经济的跨越式发展。内蒙古、宁夏主要依靠煤炭开采和开发实现了跨越式发展；而陕西主要依靠煤炭和石油、天然气开采与开发实现了跨越式发展。

表 2-18 西部地区省级行政区域人均 GDP 在全国的位次变化

地区	2000 年份		2014 年	
	元	在全国名次	元	在全国名次
内蒙古	5 872	16	70 936	6
广 西	4 319	29	32 968	27
重 庆	5 157	19	476 948	12
四 川	4 784	25	35 050	23
贵 州	2 662	31	26 371	31
云 南	4 637	26	27 184	29
西 藏	4 559	27	28 957	28
陕 西	4 549	28	46 861	14
甘 肃	3 838	30	26 381	30
青 海	5 087	21	39 470	19
宁 夏	4 839	24	41 573	15
新 疆	7 470	12	40 314	16

资料来源：1. 中华人民共和国国家统计局. 中国统计年鉴——2001 ［M］. 北京：中国统计出版社，2001. 2. 中华人民共和国国家统计局. 中国统计年鉴——2015 ［M］. 北京：中国统计出版社，2014. 根据有关数据整理。

表 2-19 为西部与东部、中部和东北地区主要原材料产品产量增长比较（2014 年与 2000 年之比），从表中看出，西部地区石油、天然气、水泥和发电量 2014 年与 2000 年之比均居各地区第一位，并且高于全国平均水平，显示西部地区主要资源产量增长速度均超过全国其他地区。而粗钢产量之比虽然略低于东部地区，但仍高于中部和东北地区。由此看出，西部地区经济增长资源驱动因素强。

表 2-19 西部与东部、中部和东北地区主要原材料产量增长比较

（2014 年与 2000 年之比，以 2000 年产量为 1）

发电	石油	天然气	水泥	粗钢	发电
西部	2.34	6.73	6.51	6.02	6.47
东部	1.42	2.46	2.94	7.44	3.53
中部	0.86	2.26	5.17	5.95	4.30
东北	0.81	1.65	3.65	4.58	2.38
全国	1.30	4.79	4.25	6.47	4.25

资料来源：1. 中华人民共和国国家统计局. 中国统计年鉴——2001 ［M］. 北京：中国统计出版社，2001. 2. 中华人民共和国国家统计局. 中国统计年鉴——2015 ［M］. 北京：中国统计出版社，2014. 根据有关数据整理。

通过战略性新兴产业引领制造业转型升级，将实现西部地区由资源驱动向创新驱动转型，逐步使西部地区摆脱对资源的过度依赖。

（二）提升西部制造业在国民经济中的地位

目前西部地区制造业在全国的地位低。从表2-20看出，2013年西部地区制造业销售产值占全国的比重仅为12.39%，大大低于东部和中部，约为东部地区的1/5，约为中部地区的2/3；也大大低于西部地区的采掘业、电力燃气水生产和供应业在全国的占比，二者分别占全国的33.01%和21.73%；也低于西部地区GDP和人口在全国的占比，二者分别占全国的20.00%和27.03%。因此，西部地区的制造业在西部经济中明显拖了后腿，是西部经济落后于其他地区的最大制约因素。

表2-20　2013年西部地区工业销售产值占全国比重与东部、中部和东北的比较（%）

地区	采掘业销售产值	电力燃气水生产与供应业销售产值	制造业销售产值	全部工业销售产值	GDP	人口
西部	33.01	21.73	12.39	14.22	20.00	27.03
东部	27.49	52.89	59.73	57.33	51.15	38.21
中部	27.35	18.79	19.49	19.93	20.21	26.64
东北	12.15	6.59	8.40	8.52	8.64	8.12
合计	100.00	100.00	100.00	100.00	100.00	100.00

资料来源：1. 中华人民共和国国家统计局工业统计司. 中国工业统计年鉴——2014 [M]. 北京：中国统计出版社，2015. 2. 中华人民共和国国家统计局. 中国统计年鉴——2014 [M]. 北京：中国统计出版社，2014. 根据有关数据整理。

因此，通过战略性新兴产业引领西部制造业转型升级，可以提升西部地区制造业地位，扩大西部制造业在全国的比重，也提高西部制造业在西部工业中的比重。

（三）改变我国制造业过度集中沿海的局面，推进我国生产力布局的战略调整

目前，我国工业过度集中于东部沿海，从表2-21看出，我国工业和制造业分布极不均衡，东部地区面积小，但工业高度集中在东部地区。2013年，我国东部地区面积仅为93.34万平方千米，占全国国土面积的9.82%，集中了全国57.33%的工业销售产值，集中了全国制造业的59.73%；而西部面积达到675.46万平方千米，占全国土地面积的71.05%，工业仅占全国的14.22%，制造业更仅占全国的12.39%，而西部地区GDP和人口分别占全国的20%和27.03%，工业和制造业占全国的比重也大大低于GDP和人口占全国的比重。由此西部地区的工业分布密度极低，如表2-21所示。从表中看出，2013年，西部地区单位面积工业和制造业销售产值分别为2.15亿元/平方千米和1.64亿元/平方千米，分别不到东部地区的1/29和1/34，西部地区工业和制造业分布密度极低。

表 2-21　2013 年西部与东部、中部和东北地区单位面积工业与制造业产值的比较

地区	单位面积工业销售产值		单位面积制造业销售产值	
	亿元/平方千米	以西部为 1	亿元/平方千米	以西部为 1
西部	2.15	1.00	1.64	1.00
东部	62.61	29.18	57.29	34.88
中部	19.78	9.22	16.99	10.34
东北	10.97	5.11	9.50	5.78
合计	10.72	5.00	9.42	5.73

资料来源：1. 中华人民共和国国家统计局工业统计司. 中国工业统计年鉴——2014 ［M］. 北京：中国统计出版社，2015. 根据有关数据整理。

工业和制造业高度集中于东部地区，极不利于优化国土空间格局，不利于生态文明建设，同时也不利于国家经济安全和国防安全。经济高度集中于东部沿海，不利于战争时期对国家经济的保护和防御，也不利于国家经济抵御突发性自然灾害的破坏。通过战略性新兴产业引领西部地区制造业转型升级，不断提高西部制造业的竞争力，不断提高西部地区制造业的比重，从而改变我国工业过分集中于东部沿海的格局，不仅有利于国防，也有利于生态文明和美丽中国建设。

第二节　西部地区战略性新兴产业引领制造业转型升级的有利条件与机遇

一、西部地区战略性新兴产业引领制造业转型升级的有利条件

（一）西部地区制造业和战略性新兴产业有一定基础

西部地区有一定的制造业基础，战略性新兴产业、装备制造业、资源开发及深加工产业、能源产业等在全国具有一定的优势。2013 年，西部地区制造业销售产值为 11.09 万亿元，其中出口为 6 816.6 亿元，制造业拥有资产总计达到 10.6 万亿元，利润总额达到 6 491.9 亿元，制造业吸纳就业人员达到 1 050.3 万人。其中制造业中技术含量较高的行业（包括医药制造业、通用设备制造业、专用设备制造业、汽车制造业、铁路船舶航空航天和其他运输设备制造业、电气机械和器材制造业、计算机通信和其他电子设备制造业、仪器仪表制造业 8 个行业），均有一定规模，而这些行业2013 年工业销售收入达到 31 800.2 亿元，出口达到 5 323.6 亿元，资产总计有 29 030亿元，实现利润 2 113.0 亿元，吸纳就业达到 325.6 万人。其中装备制造业工业（包括通用设备制造业、专用设备制造业、汽车制造业、铁路船舶航空航天和其他运输设备制造业、电气机械和器材制造业）销售产值达到 21 523.6 亿元，出口达到 896.7 亿元，资产总计达到 20 254.68 亿元，实现利润达到 1 382.8 亿元，吸纳就业达到 221.2 万人。

西部地区的资源开发及深加工产业在全国有一定相对优势。西部地区的采掘业各行业，原材料工业中的石油加工炼焦及核燃料加工业、非金属矿物制品业、黑色金属冶炼及压延加工业、有色金属冶炼及压延加工业等行业优势系数均大于 1，说明这些行业在全国具有相对优势。西部地区的能源产业也有一定优势。

特别是西部地区战略性新兴产业有一定基础。当前，国家统计局还没有公布各省级区域战略性新兴产业的统计数据，但国家统计局每年出版高新技术产业统计年鉴，根据《2014 年中国高新技术产业统计年鉴》，国家将医药制造业、航空航天及设备制造业、电子及通信设备制造业、计算机及办公设备制造业、医疗仪器设备及仪器仪表制造业、信息化学品制造业 6 个行业列为高技术产业，而统计中主要对前 5 个行业进行统计。这些行业也基本上属于战略性新兴产业，利用该数据对西部地区战略性新兴产业分析有一定意义。根据该年鉴，5 大高新技术行业，西部地区均有一定规模。2013 年，西部地区上述行业有高新技术产业企业 2 502 家，从业人员 123.8 万人，资产总计 10 640.7 亿元，实现主营业务收入 11 548.8 亿元，实现利润 789.6 亿元，实现利税 1 258.7 元，实现出口 4 548.3 亿元。从西部各地区看，西部各省级行政区战略性新兴产业均有一定基础，形成了一些优势行业和优势企业，如表 2-22 所示。西部地区已形成一些战略性新兴产业和制造业集聚区，如成渝地区、关中—天水地区等。

表 2-22　　　　　　　　西部省级区域战略性新兴产业优势产业

地区	主要优势战略性新兴产业
内蒙古	新能源，包括风能、太阳能、生物质能、核燃料开发；新材料，包括稀土新材料、无机新材料；高端装备，包括煤炭综采机械装备、工程机械、直线管道运输系统等；煤清洁高效利用；节能环保等。
广西	中药资源丰富，现代中药、生物制药、壮瑶医药、原料药和中间体具有优势；有色金属、生物质基、稀土等新型功能材料、结构材料产业；新一代信息技术中的云计算和云存储、三维、三维矢量云软件、物联网等产业；装备制造中的工程机械、内燃机、电工电器、数控机床等产业；汽车生产全国领先；海洋生物制药、海洋精细化工、海洋工程装备制造及高端船舶、海洋现代化服务业等产业在全国领先。
重庆	汽车产业、装备制造业、节能环保业具有明显优势，在汽车、笔记本、仪器仪表等领域全国领先。
四川	四川生物资源、矿产资源丰富，新一代信息技术领域，在软件、视听、物联网等领域技术全国领先；新能源领域中核电、太阳能、风能等产业链完善；高端装备领域中飞机、航空航天、轨道交通、智能装备、电站设备等领域全国领先；新材料中稀土、钒钛、硬质合金等产业领域全国领先；生物医药规模和技术处于全国前列；节能环保领域中高效节能装备、环境保护装备规模较大。
贵州	新兴产业布局呈现集聚态势。装备制造领域以高级教练机、无人机、民用航空关键零部件、航天飞船配套件、大型自走式彩棉机、液压基础件、精密微特电机的研发制造和遥感遥测技术应用等为代表；新材料领域以高强度铝合金、高纯度海绵钛、高速重载列车车轴钢、高强度低松弛预应力钢绞线、聚合物复合材料的研发生产为代表；现代中药领域以地方特色新药特别是苗药新药的研发生产为代表；节能环保领域以中央空调智能化控制系统、复合反渗透膜的研发生产为代表。

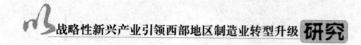

表2-22（续）

地区	主要优势战略性新兴产业
云南	拥有云南白药、云南沃森、云南绿大地等一批全国著名生物医药龙头企业，在光电子、高端装备、节能环保、金属新材料等产业也具有一定优势。如在新材料产业，10种有色金属产量居全国第2位，拥有国家工程实验室、国家重点实验室、国家工程技术中心、国家级企业技术中心、国家级企业孵化器各1家，科研实力强大；在高端装备领域，铁路养护机械、空港自动化物流成套设备、轿车用柴油发动机等拥有明显技术优势；云南的太阳能、风能和生物质能等新能源资源也丰富，有利于新能源开发。
西藏	藏医药。
陕西	高端装备制造业，航空航天、高端输配电设备、高档数控机床等装备等在国内优势明显；新一代信息技术产业，物联网产业，高端软件与集成电路产业，激光产业，通信产业有一定基础；新能源产业，太阳能、风能、生物能、核能装备与制造有一定基础；新材料产业，在电子信息材料、新能源材料和新型功能材料等领域有优势；生物产业，生物医药、生物育种有一定基础；环保产业和新能源汽车已起步。
甘肃	新材料，包括有色金属新材料、稀土功能新材料、新能源材料、新型化工材料、新型高性能结构材料等；新能源，包括风能、太阳能装备与发电，核燃料等；生物医药，包括生物医药、生物农业等；新一代信息技术，电子信息产品制造，软件开发有一定基础；装备制造业，大型装备制造、新能源装备制造、电工电器设备制造、核电装备制造有一定优势。
青海	新能源利用具有良好的资源条件，新材料中的新型合金材料、电子材料有优势，电子信息材料也有基础，生物产业中虫草、红景天等药物开发也有基础；装备制造业中机床、特种车辆、石油机械等有一定基础。
宁夏	新能源，包括太阳能光伏产业链，风能；新材料，钽铌铍等稀有金属材料和铝、镁产业等；装备制造，煤炭机械、铁路牵引变压器、数控机床等，专用设备制造；生物产业，四环素、红霉素等原料药生产，生物酶等；节能环保，从事环保产品生产的企业达20多家；新一代信息技术，有一定基础。
新疆	已形成风力发电和光伏发电两大产业集群；在化工、有色、非金属、建材等领域形成具有一定规模的新材料产业群；动物用疫苗系列维药等具有独特的疗效和地域特色；开发出了具有自主知识产权的维、哈、柯多语种软件。

资料来源：根据各省战略性新兴产业十二五规划资源整理。

（二）西部地区科技创新有一定基础

1. 西部拥有一批大学科研机构

截至2013年，西部地区已设立大学610所，占全国24.49%；有大学就业人员53.0万人，占全国23.08%；拥有研究与试验发展（R&D）人员15.34万人，占全国的21.45%。其中，西部地区有211大学24所，985重点大学7所，分别占全国20.69%和17.95%。比较著名的有四川大学、西安交通大学、西北工业大学、电子科技大学、西北大学、重庆大学、兰州大学等。西部大学科研实力较强，如表2-23所示，西部地区大学数和从业人员数虽然低于中部地区，但R&D人员数超过中部地区，也超过东北地区，只低于东部地区。由此可见，西部地区大学科研活跃，科技力量较强，为战略性新兴产业发展提供了坚实的基础。

表 2-23　　　　2013 年西部与东部、中部和东北地区高等学校 R&D 比较

地区	大学数（个）	从业人员（万人）	R&D 人员（万人）
西部	610	53.00	15.34
东部	969	96.67	34.16
中部	659	56.19	13.17
东北	253	23.78	8.85
全国	2 491	229.64	71.52

资料来源：国家统计局，科学技术部. 中国科技统计年鉴——2014［M］. 北京：中国统计出版社，2014. 根据有关数据整理。

西部地区还有一大批科研机构，其中一批在我国具有唯一性、垄断性，如绵阳有中国工程物理研究院、中国风洞研究院、中国涡轮研究院等国家级研究院。绵阳是我国唯一的国家科技城，而陕西杨凌是我国唯一的国家农业科技城。如表 2-24 所示，截至 2013 年西部地区有研究与实验发展机构数 987 家，高于中部和东北地区，仅低于东部地区。而研究与实验发展机构的 R&D 人员有 98 403 人，也高于中部和东北地区，而低于东部地区。说明西部地区研究与实验发展基础强，具有支持战略性新兴产业的坚实基础。从省区来看，四川和陕西研究与实验发展机构从业人员分别为 71 642 人和 60 853 人，仅次于北京，分别名列全国第 2 位和第 3 位；而 R&D 人员分别为 29 309 和 31 462 人，则分别名列全国第 4 位和第 2 位，说明两省科技实力全国领先。

表 2-24　2013 年西部与东部、中部和东北地区研究与实验发展机构（R&D）比较

地区	机构数	从业人员	R&D 人员合计
西部	987	206 099	98 403
东部	1 428	381 561	218 964
中部	785	124 502	61 116
东北	451	49 801	30 549
全国	3 651	761 963	409 032

资料来源：国家统计局，科学技术部. 中国科技统计年鉴——2014［M］. 北京：中国统计出版社，2014. 根据有关数据整理。

截至 2013 年，西部地区有 3 885 家企业办研发机构，有人员 24.09 万，分别占全国的 7.53% 和 14.27%。

2. 西部主要省区和中心城市科技力量雄厚

西部各省级区域、主要中心城市应用研究也有一定基础，一些科技中心在全国科技地位名列前茅。

截至 2013 年，云南省国家级重点实验室、国家级工程研究中心、国家级工程实验室、国家级企业技术中心分别有 3 个、2 个、1 个和 12 个，另外还分别建成国家

级科技企业孵化器、国家技术转移示范机构 5 个和 3 个，建成国家国际科技合作基地 5 个。还拥有省级工程实验室 5 个、省级工程研究中心 17 个、省级企业技术中心 164 个；拥有研发机构的企业已达到 672 家，全省已有 251 家高新技术企业。

截至 2015 年，四川共有普通高校 109 所，在校生 138.8 万人。有国家级重点实验室 13 个、国家级工程技术研究中心 16 个，省部级重点实验室和省级工程技术研究中心分别达到 280 个和 152 个。全省有两院院士 62 人。有国家级高新技术产业开发区 7 家，有认定高新技术企业 2 707 家。建成国家创新型企业和国家创新型试点企业分别达 14 家和 12 家，省级创新型企业 1 623 家。已建成重点产业技术创新联盟 30 个，其中国家试点联盟和国家重点培育联盟分别有 2 个和 1 个。全年共申请专利和获得授权专利分别达到 110 746 件和 64 953 件。

陕西是我国的科技大省，2014 年，陕西省共有高等学校 96 所，其中普通高等学校 80 所。全年签订各类技术合同 25 963 项，合同成交总额 639.98 亿元。全年受理专利申请量总计 57 512 件，其中发明专利 24 399 件；专利授权量总计 22 820 件，其中授权发明 4 885 件。

重庆市是全国第四个直辖市，科技实力也较强。截至 2015 年，有国家重点实验室 8 个，市级重点实验室 103 个；国家级工程技术研究中心和市级工程技术中心分别达到 10 个和 371 个，高新技术企业 1 035 家。

西部一些城市也拥有较强的科研基础。绵阳拥有中国工程物理研究院、中国空气动力研究与发展中心、中国燃气涡轮研究院等国家级科研院所 18 家，国家重点实验室 7 个、国家级工程技术中心 4 个、国家级企业技术中心 5 家，中国科学院、中国工程院院士 28 名，各类专业技术人才 20.2 万人。拥有西南科技大学、绵阳师范学院、西南财经大学天府学院等高等院校 13 所。西安是我国五大教育、科研中心之一。拥有各类科研技术机构 3 000 多个，各类独立科研机构 661 个，其中国家级重点实验室、行业测试中心 44 个。截至 2014 年，成都市有普通高等院校 56 所，其中部属大学 5 所；教职工 71 606 人；在校大学生 72.93 万人，其中本科生 43.35 万人。

3. 西部已成立一批科技产业创新与发展载体

西部地区已成立一批高科技企业创新、创立与发展载体，这些载体是西部地区高科技产业、科技产业、制造业转型升级的载体。截至 2014 年，西部地区建立国家级大学科技园 24 家，占全国 20.51%，表 2-25 为西部已建立的国家大学科技园。

表 2-25　　　　　西部地区的国家级大学科技园（截至 2014 年）

地区	大学科技园	城市	依托大学
内蒙古	内蒙古自治区国家大学科技园	呼和浩特	—
广西	桂林国家大学科技园	桂林	桂林电子科技大学
重庆	重庆大学国家大学科技园	重庆	重庆大学
	重庆市北碚国家大学科技园	重庆	西南大学

表2-25（续）

地区	大学科技园	城市	依托大学
四川	四川大学国家大学科技园	成都	四川大学
	电子科技大学国家大学科技园	成都	电子科技大学
	西南科技大学国家大学科技园	绵阳	西南科技大学
	西南交通大学国家大学科技园	成都	西南交通大学
	西南石油大学国家大学科技园	成都	西南石油大学
贵州	贵州大学国家大学科技园	贵阳	贵州大学
	贵州师范大学国家大学科技园	贵阳	贵州师范大学
云南	云南省国家大学科技园	昆明	云南大学、昆明理工大学、云南农业大学
	昆明理工大学国家大学科技园	昆明	昆明理工大学
陕西	西安交通大学国家大学科技园	西安	西安交通大学
	西北工业大学国家大学科技园	西安	西北工业大学
	西北农林科技大学国家大学科技园	杨凌	西北农林科技大学
	西安电子科技大学国家大学科技园	西安	西安电子科技大学
甘肃	兰州大学国家大学科技园	兰州	兰州大学
	兰州交通大学国家大学科技园	兰州	兰州交通大学
	兰州理工大学国家大学科技园	兰州	兰州理工大学
青海	青海大学国家大学科技园	西宁	青海大学
宁夏	宁夏大学国家大学科技园	银川	宁夏大学
新疆	新疆大学国家大学科技园	乌鲁木齐	新疆大学、新疆农业大学、新疆医科大学
	石河子兵团国家大学科技园	石河子	石河子大学

资料来源：科学技术部网站．根据有关资料整理。

国家级高新技术产业开发区主要依靠国内的科技和经济实力，充分吸收和借鉴国外先进科技资源、资金和管理手段，通过实施高新技术产业的优惠政策和各项改革措施，最大限度地把科技成果转化为现实生产力，是我国重要的创新创业载体。近年来，西部地区高新技术产业开发区发展较快，国家级高新技术产业开发区数量增长较多。截至2015年，西部地区已设立国家级高新技术产业开发区33家，占全国22.76%，高新技术产业开发区已遍布除西藏之外的西部11个省、自治区、直辖市。西部国家级高新技术产业开发区的数量高于中部和东北，中部只有31家，东北地区只有15家。表2-26为西部国家级高新技术产业开发区名单（截至2015年），国家高新技术产业开发区已覆盖除西藏之外的所有省会城市和大量地级中心城市。这些高新技术产业开发区成为西部地区高新技术产业和战略性新兴产业发展的重要载体，也是西部创新创业发展的重要载体，是引领西部地区制造业转型升级的核心，是西部地区经济的引擎。

表 2-26　　　　　西部国家级高新技术产业开发区名单（截至 2015 年）

地区	高新技术产业开发区名单		
内蒙古	包头稀土高新技术产业开发区	呼和浩特金山高新技术产业开发区	
广西	桂林高新技术产业开发区	南宁高新技术产业开发区	柳州高新技术产业开发区
重庆	重庆高新技术产业开发区	重庆璧山高新技术产业开发区	
四川	绵阳高新技术产业开发区	自贡国家高新技术产业开发区	成都高新技术产业开发区
	乐山高新技术产业开发区	泸州高新技术产业园区	攀枝花钒钛高新技术产业园区
	德阳高新技术产业园区		
贵州	贵阳高新技术产业开发区		
云南	昆明高新技术产业开发区	玉溪国家高新技术产业开发区	
陕西	西安高新技术产业开发区	杨凌农业高新技术产业示范区	宝鸡高新技术产业开发区
	渭南高新技术产业开发区	榆林高新技术产业开发区	咸阳高新技术产业园区
	安康高新技术产业开发区		
甘肃	兰州高新技术产业开发区	白银高新技术产业开发区	酒泉高新技术产业开发区
青海	青海国家高新技术产业开发区		
宁夏	银川高新技术产业开发区	石嘴山高新技术产业开发区	
新疆	乌鲁木齐高新技术产业开发区	昌吉高新技术产业开发区	石河子高新技术产业开发区

资料来源：科学技术部网站。根据有关资料整理。

国家级经济技术开发区是我国制造业发展的重要载体，也是制造业转型升级的重要载体，主要利用国内外先进技术、集聚国内外资金发展先进制造业，同时我国经济经济技术开发区也兼有科技创新功能，对区域经济发展具有重要作用。截至 2015 年 9 月，西部地区已设立国家级经济技术开发区 49 个，占全国 22.37%。表 2-27 为西部地区国家级经济技术产业开发区名录（截至 2015 年 9 月），国家级经济技术开发区已覆盖西部所有省会城市和众多地级中心城市。这些国家级经济技术开发区将成为西部地区战略性新兴产业引领制造业转型升级的重要载体。

表 2-27　　　西部地区国家级经济技术产业开发区名录（截至 2015 年 9 月）

地区	国家级经济技术开发区名单		
内蒙古	呼和浩特经济技术开发区	巴彦淖尔经济技术开发区	呼伦贝尔经济技术开发区
广西	南宁经济技术开发区	钦州港经济技术开发区	中国-马来西亚钦州产业园区
	广西-东盟经济技术开发区		

表2-27(续)

地区	国家级经济技术开发区名单		
重庆	重庆经济技术开发区	长寿经济技术开发区	万州经济技术开发区
四川	成都经济技术开发区	广元经济技术开发区	德阳经济技术开发区
	遂宁经济技术开发区	广安经济技术开发区	绵阳经济技术开发区
	宜宾临港经济技术开发区	内江经济技术开发区	
贵州	贵阳经济技术开发区	遵义经济技术开发区	
云南	昆明经济技术开发区	曲靖经济技术开发区	大理经济技术开发区
	嵩明杨林经济技术开发区	蒙自经济技术开发区	
西藏	拉萨经济技术开发区		
陕西	西安经济技术开发区	陕西航空经济技术开发区	陕西航天经济技术开发区
	汉中经济技术开发区	神府经济技术开发区	
甘肃	兰州经济技术开发区	金昌经济技术开发区	天水经济技术开发区
	酒泉经济技术开发区	张掖经济技术开发区	
青海	西宁经济技术开发区	格尔木昆仑经济开发区	
宁夏	银川经济技术开发区	石嘴山经济技术开发区	
新疆	乌鲁木齐经济技术开发区	石河子经济技术开发区	库尔勒经济技术开发区
	奎屯-独山子经济技术开发区	五家渠经济技术开发区	阿拉尔经济技术开发区
	准东经济技术开发区	甘泉堡经济技术开发区	库车经济技术开发区

资料来源:商务部网站。根据有关资料整理。

西部地区已建立科技企业孵化器88家。西部地区还设有重庆两江新区、甘肃兰州新区、陕西西咸新区、贵州贵安新区、四川天府新区和云南滇中新区6个国家级开发新区,这些城市开发新区主要以高端产业开发为主,将成为西部地区战略性新兴产业发展的核心载体和引擎。而成都市高新区和西安市高新区被列为国家级自主创新示范区,也将在西部地区战略性新兴产业发展中发挥引领示范作用。

(三) 西部地区国防军工产业具有优势

西部地区是我国"三线"建设的重点地区,有一大批涉及军事的科研院所与生产基地,甚至可以说西部地区是我国主要的军工研究与生产基地。如中国工程物理研究院、西北工业大学、西飞集团等为我国著名的涉及军事科研与生产单位。特别是西部地区涉及军事科研院所和生产单位,科技力量雄厚,一般代表着我国同行业最高科技水平;并且产业先进,代表着我国产业发展的方向,是我国战略性新兴产业的主要领域。这些科研与生产单位,不同于代工企业和引进企业,具有原创技术、原创品牌,是我国建设创新型国家的重要基础,其带动产业链长,带动区域经济作用大。如西安西飞集团,是我国主要民用支线飞机生产单位,具有自主品牌,产品大量出口国际市场;四川长虹集团原是军工生产单位,后转型生产电视机及各种家电,现在已成为我国著名的多种家用电器生产单位,生产的长虹系列产品深受国内外消费者喜爱，正在实现向跨国公司转型。

为了加快军民融合发展，我国设立了一批军民结合产业基地，表 2-28 为国家批准的位于西部的军民结合产业基地，西部地区共有 9 个，占全国的 37.5%，其占全国比重明显超过西部地区制造业、GDP 和人口占全国的比重。而中部地区也仅 9 个，东部和东北地区分别仅 4 个和 2 个，中部与西部地区持平，而东部和东北地区明显少于西部。说明西部地区在我国具有明显的军工生产优势，军民结合发展也走在全国前列，发展大有可为。

表 2-28   国家批准的位于西部地区的军民结合产业基地

园区名称	涉及的战略性新兴产业
陕西西安市	航空航天产业
内蒙古包头青山区	高端装备制造
四川广元	新材料、新能源、生物制药
四川绵阳科技城	物联网、非动力核技术应用、节能环保
贵阳经济技术开发区	航天航空
昆明经济技术开发区	高端装备制造
兰州经济技术开发区	高端装备制造、新材料、核产业
陕西汉中航空产业园	航空制造产业
重庆璧山工业园	特种车辆

资料原料：黄朝峰. 战略性新兴产业军民融合式发展研究 [M]. 北京：国防工业出版社，2014：43.

当前，我国多数军工企业正在实现军民结合转型，军工企业依托其先进的技术，生产的民品技术先进，处于国内领先水平，许多产品和技术还处于国际领先水平，其产业一般为战略性新兴产业，为我国战略性新兴产业发展的重要基础。西部地区依托军工优势，发展战略性新兴产业，引领制造业转型升级大有可为。

（四）西部地区具有战略性新兴产业引领制造业升级的物质基础和国土空间

西部地区土地面积广大、资源丰富，为战略性新兴产业发展和引领制造业转型升级提供广阔的空间。西部面积达到 675.46 万平方千米，占全国土地面积的 71.05%，国土空间广大，与东部地区和中部地区相比，国土空间限制相对少，可以分配更多的国土用于生产，能为战略性新兴产业发展提供更大的生产空间，能提供更为廉价的土地。

西部地区矿产资源丰富，特别是有较多的稀有金属，如四川攀西地区钒、钛、稀土资源丰富，内蒙古白云鄂博稀土资源丰富，广西铝土资源丰富，青海钾盐资源丰富，甘肃、云南多种有色金属资源丰富，这些资源为西部地区发展新材料提供了丰富的资源保障，而深化这些资源的开发为西部地区战略性新兴产业发展的必要任务。西部地区非金属矿资源也极为丰富，为西部地区战略性新兴产业提供重要的资源保障。

西部地区能源资源丰富，内蒙古、陕西、新疆是我国煤炭资源最为丰富的省级行政区，内蒙古和陕西煤炭生产分别居全国第 1 位和第 3 位；贵州是我国南方生产煤炭最多的省。新疆、陕西、甘肃石油资源丰富，产量居全国前茅。新疆、四川、内蒙古、陕西是我国天然气资源蕴藏最多的省级行政区，也是我国当前天然气产量最多的省级行政区。除此之外，西部地区新疆、甘肃、内蒙古、西藏、青海等省，风能、太阳能资源极为丰富，是我国风能、太阳能资源最为丰富的省级行政区。丰富的能源资源，为西部地区发展新能源提供了良好的资源保障，并将推动西部成为我国新能源开发的中心。

西部地区生物资源丰富。云南、四川是我国高等植物种类最多的两个省。西部地区农业资源丰富，从热带到寒带的各种农作物均能生长，为生物产业发展提供了难得的发展条件。四川是全国中药材种类最多的省，云南、贵州、广西中药材种类也居全国前列。云南、广西的热带植物、云南的烟草、四川的农作物、西北地区的瓜果等在全国有名。丰富的生物资源为西部地区发展生物医药和中药产业提供了良好的物质基础。西部少数民族种类多，各少数民族具有悠久的历史，在长期的发展过程中，结合当地资源，形成了不同的医疗与药物体系，如藏药、壮药、维药、蒙药、哈（萨克）药等，为特色民族医药开发提供了难得的条件。

从省级行政区看，许多省级区域资源丰富，很有特色，具有发展战略性新兴产业的良好基础。青海省是我国自然资源储量最为丰富的地区之一。仅在柴达木盆地内，先后发现石油、天然气、有色金属等各类矿产 86 种。据最新的地质统计资料显示，目前这里已探明的矿产资源中蕴藏着超过 17 万亿元的财富，潜在经济价值占全国的 13%。新疆风能和太阳能资源在国内均排第二位，为发展新能源产业创造了难得的条件；新疆煤炭资源丰富，为煤制洁净燃料提供广阔的空间，能够缓解我国石油不足的制约；随着能源建设和资源开发，输变电设备、农牧机械、采油设备、采矿设备和工程机械等产品市场需求增大，为先进装备制造业发展提供了广阔的市场空间；新疆具有独特的中药材资源，特色林果面积超过 1 600 万亩（1 亩 ≈ 666. 67 平方米，下同），设施农业面积超过 110 万亩，为大力发展具有地域特色的现代中药、维吾尔药、哈萨克药、生物农业和生物制造创造了条件。宁夏煤炭探明保有储量 300 多亿吨，位居全国第 6 位；宁夏硅石资源储量在 200 亿吨以上。

（四）国家有实力支持西部地区发展

我国中央政府有强大的组织资源的能力，可以帮助西部地区建立战略性新兴产业体系；当前我国经济已进入中等收入水平，已成为世界第二经济大国，有能力支持西部战略性新兴产业和其他制造业发展。中央支持西部地区发展，最终要支持西部地区自我发展能力的提升。西部地区面积超过 600 万平方千米，人口超过 3. 5 亿，在世界上也相当于一个大国的面积和人口，在世界上，还没有一个面积如此大、人口如此多的地区，能靠国家的转移支付而跨入发达水平的，因此西部不可能永远靠国家转移支付跨入发达水平，即使国家支持，也是国力所不能及的，国家的支持只能是部分的、有选择性的、有重点的支持。而中央对西部地区的支持除了支持西部地区的基础设施、生态环境、社会发展等外，最终要落实到西部地区的产业发展上，因为基础设施、生态环境、社会发展再好，没有产业做支撑，区域自我发展能力仍然无法提升，西部与东部地区的差距难以缩小。中央对西部地区产业发展的支持应重点转移到西部地区战略性新兴产业和传统产业的转型升级上面来。因为只有战略性新兴产业才能使西部站在产业的高端，弥补西部地区处于内陆的缺陷，才能提升西部地区的竞争力。如果西部地区仍然重点发展传统产业、东部地区淘汰的产业，西部地区的产业仍然没有竞争力，西部地区也将没有竞争力，西部地区的自我发展能力仍然难以提升。当前，我国经济实力较为雄厚，有能力、有条件支持西部地区发展战略性新兴产业并引领传统产业转型升级。

二、西部地区战略性新兴产业引领制造业转型升级的机遇

（一）中央已提出深入实施西部大开发战略

中央西部大开发战略已经实施了 10 多年，但西部地区发展水平仍然大大低于东部地区。为此，2010 年 6 月中央又进一步提出了深入实施西部大开发战略，该战略提出到 2020 年西部大开发的建设目标，提出到 2020 年西部地区基础设施更加完善，现代产业体系基本形成，建成国家重要的能源基地、资源深加工基地、装备制造业基地和战略性新兴产业基地，综合经济实力进一步增强；生态环境恶化趋势得到遏制，基本公共服务能力与东部地区的差距明显缩小。为此，提出加快基础设施建设，提升发展保障能力；提高公共管理水平，促进社会和谐稳定；完善政策措施，进一步加大支持力度；加强领导，切实把西部大开发各项任务落到实处等诸多措施。特别是提出在西部建设装备制造业基地和战略性新兴产业基地。提出加快发展清洁高效发电装备、轨道交通、钻井设备、大型机械、数控机床、汽车摩托车等装备制造业；支持重点发展新能源、新材料、节能环保、生物医药、新能源汽车、航空航天等战略性新兴产业。

为了加快西部发展，国家已经批准重庆两江新区、甘肃兰州新区、陕西西咸新区、贵州贵安新区、四川天府新区、云南滇中新区为国家级开发新区，这些新区均是以战略性新兴产业和高端制造业为主的开发区，这些国家级开发新区将对引领西部地区制造业转型升级起到重要的作用；国家批准成渝经济区、关中—天水经济区、北部湾经济区等规划，这些规划的实施需要制造业的转型升级；中央批准在新疆喀什、霍尔果斯成立经济特区，对引领西部地区发展具有重要意义；近年来，中央在西部地区新设立了一批国家级高新技术产业开发区和国家级经济技术开发区，为西部高端产业发展提供了更多的载体，区域分布更广泛；国家批准的唯一科技城——绵阳科技城、批准的唯一的农业高新技术产业示范区——陕西杨凌均位于西部。2015 年 6 月，国家批准成都高新区为国家自主创新示范区，是西部第一个、全国第八个国家自主创新示范区。2015 年 9 月，陕西西安高新技术产业开发区成为全国第

9 个国家自主创新示范区①。这些措施为改善西部投资环境建设、加快西部地区发展起到积极的推动意义，也为西部地区发展战略性新兴产业和制造业转型升级提供了难得的机遇。

2016 年 4 月，国家批准了《成渝城市群发展规划》，支持成渝城市群建设国家级城市群，成渝城市群的发展上升为国家战略。同时，截至 2016 年 4 月，国家已批准建设北京、上海、广州、天津、重庆和成都 6 个城市为国家中心城市，而重庆和成都均位于西部，西部地区国家中心城市数量占全国的 1/3，充分说明国家对西部地区的支持。而国家中心城市必须要以高端制造业为支撑，国家中心城市的设立为重庆和成都战略性新兴产业的发展提供了难得的机遇，也将引领西部地区战略性新兴产业的发展。2016 年 8 月，国家批准西部的四川、重庆和陕西建设国家自由贸易区，将极大地推动西部地区的制造业转型升级。

（二）国家已经制定了诸多向西部倾斜的发展政策

根据深入实施西部大开发战略，国家制定了一系列支持西部发展的优惠政策。许多政策对推动西部发展、西部地区战略性新兴产业发展、西部地区制造业转型升级有积极意义。国家对设在西部地区的鼓励类产业企业减按 15% 的税率征收企业所得税。中央财政加大了对西部地区国家级经济技术开发区、高新技术产业开发区和边境经济合作区基础设施建设项目贷款的贴息支持力度。加大了现有投资中企业技术改造和产业结构调整专项对西部特色优势产业发展的支持力度。国家积极支持西部地区符合条件的企业上市融资，支持西部地区上市公司再融资。积极扶持西部创业投资企业，发展股权投资基金。为了支持工业园区发展，提出适当降低西部地区开发园（区）建设用地的基准地价。这些政策的实施，无疑将极大地改善西部地区投资环境，降低西部地区企业运营成本，极大地提升西部地区的集聚能力，为西部地区发展战略性新兴产业、推进制造业转型升级起到积极作用。

（三）国家"一带一路"倡议

丝绸之路是古代连接我国与欧洲、非洲、中东、中亚、南亚等地的贸易路线，它最初的作用是运输中国古代出产的丝绸、瓷器等商品到中亚、欧洲、非洲，分为陆上丝绸之路和海上丝绸之路。2013 年 9 月和 10 月，中国国家主席习近平在出访中亚和东南亚国家期间，先后提出共建"丝绸之路经济带"和"21 世纪海上丝绸之路"的重大倡议，得到各国响应。"一带一路"通过"政策沟通、设施联通、贸易畅通、加快投资便利化进程、消除投资壁垒"等方式加强国家间交流。"一带一路"倡议已经有 50 多个国家明确表示愿意参与。

我国西部地区陆上与东南亚、南亚、中亚等 13 个国家接壤，这些边界地区一般是山脉，自然条件相对不佳，人口相对稀少，远离中央政权，是典型的边缘地区。曾经一段时期，由于国际环境的因素，我国与一些国家关系紧张，也曾发生战争，

---

① 截至 2015 年，国家先后批准了北京中关村、武汉东湖、上海张江、深圳、苏南、天津滨海、湖南长株潭、成都高新区、西安高新区、杭州、珠三角 11 个国家自主创新示范区。

使我国的陆地边界地区与邻国的陆上交通中断或难以建设。由此导致边界地区与外国贸易必须通过东部沿海的不利局面，西部地区地理位置极不利于发展，使西部地区成为我国发展的边缘地区，这也是我国西部地区落后于东部的重要原因之一。"一带一路"倡议的实施，将打通我国陆地边界与周边国家的交通联系，使内陆地区、西部地区可以通过陆上交通与亚洲、欧洲各国贸易，并且由于西部地区陆上交通与中亚、南亚、中东、北非、欧洲比东部地区更近，使西部地区有更好的条件发展外向型经济。我国的陆地边境地区也从开放的末梢变为开放的前沿，边境地区作为连接中国与众多邻国的门户和纽带，在"一带一路"建设中具有独特的地位和作用，为我国西部地区发展提供了无限的机遇。"一带一路"倡议，西部地区全部被列为重点地区，给西部地区制造业发展带来以下机遇：

一是"一带一路"倡议的实施，我国努力与周边国家、亚非欧国家及世界各国搞好关系，将使我国的国家环境越来越好，有利于西部地区扩大与周边国家及亚欧各国经济交流，推进西部地区扩大出口，特别是扩大制造业出口。

二是我国打造全方位的开放经济体系，特别是我国的出口通道从过去主要依靠沿海进出口向通过沿海、陆地边境、空运、管道等多种方式的进出口转变，从主要通过东部和东南沿海地区进出口向依靠东、南、西、北全方位进出口转变。这种转变给我国西部地区带来的变化更大。西部地区从过去外贸的末梢变为了外贸的前沿地带。由于西部地区多数省级行政区直接与外国接壤，从而使这些国家更容易与相关国家进行经济技术交流。而西部地区其他没有沿边的省级行政区由于陆地、空中距离比沿海地区更接近中亚、中东、南亚、东南亚、欧洲、北非国家，因此也将获得比过去更多的发展机会。特别是能够更多地与上述各区域国家进行经济交流，有利于扩大西部地区的出口。如通过汽车、火车和飞机进出口工业产品到上述国家和区域，西部地区比沿海地区、中部地区更近、更节约成本、并且更节约时间，这方面西部地区的优势十分明显。

三是"一带一路"建设需要大力提升我国和周边及相关国家的基础设施，这些基础设施建设需要消耗大量的装备、材料和人力，其中周边国家基础设施的建设需要购买大量装备和材料，这些国家一般就近从与之相邻的中国地区进口，这为西部地区发展装备产业、原材料产业提供了良好的市场前景，有利于扩大西部地区的工业品出口。

四是"一带一路"建设将极大地推进我国企业走出去，也极大地促进外国企业走进来。而西部地区由于直接与相关国家相邻或地理上接近，使西部地区的企业更容易到相关国家投资，同时西部地区也极有可能成为相关国家投资的首选地，这将极大地推动西部地区战略性新兴产业发展和制造业的转型升级。

（四）国内外产业转移的机遇

当前发达国家和我国东部地区由于劳动力不足、劳动力成本上升、竞争加剧、环境保护压力等因素，产业正在转型升级，需要转移出一批产业，而一些跨国企业、大型企业为了开辟新市场，也需要建设新的生产基地。因此，产业转移越来越活跃，为西部地区制造业转型升级提供了难得的机遇。而一些产业，对西部来说，还是较为先进的。西部地区如果能够充分利用本地优势，如劳动力数量、劳动力成本、资源优势等，积极承接沿海和发达地区的制造业转移，对西部地区发展战略性新兴产业和引领制造业转型升级具有重要意义。反之，西部地区如果没有把握机遇，失去这一轮的产业转移，西部地区的产业转型升级将失去一次重要机遇，也将一定程度影响西部地区的发展。

第三章　西部地区战略性新兴产业引领制造业转型升级的现状与问题

目前，西部地区战略性新兴产业和制造业发展已有一定的基础，而制造业转型升级也取得了一定的成绩。但通过横向对比，西部地区战略性新兴产业和制造业转型升级与东部地区存在巨大的差距，与中部和东北部地区也存在一定的差距。西部地区也存在一些障碍和制约因素影响西部地区战略性新兴产业引领制造业转型升级。

第一节　西部地区战略性新兴产业与制造业转型升级的现状

一、西部各省级行政区制定了战略性新兴产业规划

自 2010 年，国家提出了大力发展战略性新兴产业后，2012 年，国务院颁布了《国家战略性新兴产业"十二五"规划》，而西部各省级行政区随后也制定了"十二五"战略性新兴产业规划，并提出了各地 2020 年战略性新兴产业发展目标。其中内蒙古、广西、云南、甘肃、宁夏、新疆等省级行政区均提出 2020 年战略性新兴产业增加值占 GDP 比重达到 15%左右或以上、战略性新兴产业成为经济支柱的目标。如内蒙古和广西均提出到 2020 年，战略性新兴产业增加值占地区生产总值比重力争达到 15%左右。为了实现目标，西部各省、自治区、直辖市也提出了战略性新兴产业的发展重点。如内蒙古提出将新材料、高端装备、节能环保、煤清洁高效利用培育为支柱产业，而把生物医药、新能源、新能源汽车培育为先导产业；重庆提出建成亚洲最大笔记本电脑研发生产基地和国内最大离岸数据开发处理中心，重点打造通信设备、集成电路、轨道交通装备、新能源汽车、环保装备、生物产业、新材料、风电装备、光源设备、仪器仪表十大战略性新兴产业集群；甘肃提出将新材料、新能源和先进装备制造业打造成为全省经济的支柱产业，将生物和信息技术产业培育成为先导产业；宁夏提出重点发展新能源、新材料、先进装备制造、生物、节能环保、新一代信息技术，要求到 2020 年各产业增加值占地区生产总值比重分别达到5%、3%、4%、2%、1%、1%；云南提出将生物、光电子、高端装备制造 3 个产业

打造成为支柱产业，将节能环保、新能源、新材料 3 个产业培育成为先导产业。这些战略规划为各地战略性新兴产业发展及制造业转型升级指明了发展方向。同时西部各市特别是省会城市、地级行政区域、甚至部分县级区域也制定了战略性新兴产业规划。

二、西部地区战略性新兴产业和制造业已有一定基础

中华人民共和国成立以来，国家对西部地区投入大，特别是改革开放之前，我国区域政策倾向均衡发展，因此，实际上西部地区成为我国工业的重点投资区域。特别是"三线"建设期间，为了备战，我国在西部地区投入巨额资金，大力发展军工和当时的高科技产业，奠定了西部地区制造业和军工产业的坚实基础。当前，西部许多优势制造企业就是由当时建立的企业发展而来。目前，西部地区制造业和战略性新兴产业已具有一定基础。2013 年，西部地区工业销售产值达到 14.49 万亿，其中出口 6 926.06 亿元，资产总额达到 17.22 万亿元，实现利润 11 175.57 亿元，吸纳就业达到 1 402.26 万人；其中制造业销售产值 11.09 万亿元，实现出口 6 816.58 亿元，拥有资产 10.56 万亿元，实现利润 6 491.93 亿元，吸纳就业 1 050.33 万人，西部地区工业和制造业吸纳的就业已达到中等人口国家的规模。

同时西部战略性性新兴产业发展也有一定基础。由于我国还没有公开公布各地战略性新兴产业数据，因此这里以高新技术产业数据说明西部地区战略性新兴产业规模。截至 2013 年，西部地区有高新技术企业 2 502 家，实现主营业务收入 11 548.8 亿元，实现利润 789.7 亿元，实现出口 4 548.3 亿元。西部高新技术产业主营业务收入占西部工业销售产值的 7.97%、占西部制造业销售产值的 10.41%；利润占西部工业利润的 7.07%，占西部制造业的 12.17%；出口占西部工业出口的 65.67%，占西部制造业出口的 70.06%。由此可见，西部地区高新技术产业在西部工业和制造业中已经占据重要地位，特别是高科技产品出口成为西部地区工业和制造业出口的支柱，由此进一步看出西部地区高新技术产业的重要性。

同时，西部地区一些省级区域战略性新兴产业发展也有一定基础，一些战略性新兴产业成为西部省级区域发展的支柱产业。2015 年，四川有认定高新技术企业 2 707 家；全年高新技术产业实现总产值 13 500 亿元，比上年增长 10.4%，其中规模以上工业总产值 11 500 亿元①。2015 年，重庆有高新技术企业 1 035 家，高新技术产品 1 349 个；重庆市高技术制造业总产值 4 028.40 亿元，增长 12.6%，占规模以上工业总产值的 18.8%。同时，重庆制造业整体也较为高端，制造业最大的三个行业均是技术含量较高产业，并且增长较快。如全年规模以上工业企业中，汽车制造业实现总产值 4 707.87 亿元，同比增长 20.2%；电子制造业实现总产值 4 075.56

---

① 2015 年四川省国民经济和社会发展统计公报［N］. 四川日报，2016-02-25.

亿元，同比增长 10.4%；装备制造业实现总产值 3 390.73 亿元，同比增长 9.9%。另外，重庆市的化学医药工业和材料产业规模也较大，化学医药行业实现总产值 1 629.48 亿元，同比增长 13.7%；材料行业实现总产值 2 910.73 亿元，同比增长 6.9%；① 说明重庆市制造业转型升级走在西部前列。2015 年，甘肃省战略性新兴产业实现增加值 821.6 亿元，比上年增长 11.9%，占生产总值的比重为 12.1%。其中，高技术产业完成工业增加值 59.5 亿元，比上年增长 14.5%，占全省规模以上工业增加值的 3.6%。②

从城市看，西部主要中心城市战略性新兴产业和制造业也具有一定规模，发展速度较快。截至 2015 年，成都市的新一代信息技术、新能源汽车、高端装备、生物医药等战略性新兴产业在全国有一定地位，成都高新区、经济技术开发区、成都天府新区直管区成为战略性新兴产业重点发展区。德阳形成了以高端装备为重点的战略性新兴产业群。宝鸡形成了高端装备、新材料为特色的战略性新兴产业群，其数控机床、石油装备、航空安全装备、轨道交通等战略性新兴产业在全国有名，正在打造以"中国钛谷"为特色的新材料产业基地。柳州市是广西重要的工业基地，建成了以装备制造、生物医药、新材料、新能源汽车为重点的战略性新兴产业基地。

三、西部地区制造业增长较快

近年来，受益于国家西部大开发政策和诸多国家的政策支持，西部地区制造业发展较快。如表 3-1 所示，从 2010 年到 2014 年，西部地区工业增长了 57.56%，而同期东部、中部和东北地区分别增长了 37.63%、51.89% 和 37.47%，西部地区超过了东部、中部和东北地区。制造业为工业的主体，工业增长较快一般说明制造业增长较快。

表 3-1　2014 年与 2010 年西部地区与东部、中部和东北地区工业增长的比较

地区	2010 年工业增加值（亿元）	2014 年工业增加值（亿元）	2014 年比 2010 年工业增加值增长（%）
西部	34 348.74	54 121.53	57.56
东部	102 307.6	140 801.4	37.63
中部	39 334.65	59 744.04	51.89
东北	17 326.85	23 818.66	37.47
全国	193 317.8	278 485.7	44.06

资料来源：1. 中华人民共和国国家统计局. 中国统计年鉴——2011 ［M］. 北京：中国统计出版社，2011. 2. 中华人民共和国国家统计局. 中国统计年鉴——2015 ［M］. 北京：中国统计出版社，2015. 根据有关数据整理。

① 2015 年重庆市国民经济和社会发展统计公报 ［N］. 重庆日报，2016-03-11.
② 甘肃省统计局，国家统计局甘肃调查总队. 2015 年甘肃省国民经济和社会发展统计公报 ［N］. 甘肃省统计局网站 http://www.gstj.gov.cn，2016-03-11. 战略性新兴产业数据根据《甘肃省人民政府关于印发〈战略性新兴产业发展总体攻坚战实施方案〉的通知》［甘政发（2014）87 号］确定的新材料、新能源、生物产业、信息技术、先进装备制造、节能环保、新型煤化工、现代服务业 8 个重点领域测算。

从 2010 年到 2013 年，由于近年来，企业兼并重组，西部地区规模以上工业企业数从 49 248 家减少为 44 585 家，而资产从 105 343.9 亿元上升为 166 693.1 亿元，实现利润从 8 441.8 亿元上升到 9 972.8 亿元，吸纳就业从 1 280.5 万人上升到 1 402.3 万人。因此，西部地区单个规模企业的资产由 2010 年的 2.14 亿元上升到 2014 年的 3.74 亿元，利润总额由 1 714.1 万元上升到 2 236.8 万元，而吸纳就业由 260 人上升到 314.5 人。西部地区企业平均规模在增强，如表 3-2 所示。

表 3-2 2010 年和 2013 年西部地区与东部、中部和东北地区规模以上工业主要指标比较

地区	2010 年份				2013 年			
	企业数（个）	资产总计（亿元）	利润总额（亿元）	就业（万人）	企业数（个）	资产总计（亿元）	利润总额（亿元）	就业（万人）
西部	49 248	105 343.9	8 441.79	1 280.5	44 585	166 693.1	9 972.81	1 402.26
东部	291 092	337 319.6	30 408.68	5 844.5	207 751	458 574.6	35 876.44	5 622.71
中部	77 923	100 474.4	9 735.81	1 730.6	73 198	158 051.8	12 139.88	2 077.55
东北	39 220	64 435.6	6 151.82	814.3	31 389	90 448.1	6 524.44	688.95
全国	457 483	607 573.5	54 738.1	9 669.9	356 923	873 767.6	64 513.57	9 791.47

资料来源：1. 中华人民共和国国家统计局. 中国统计年鉴——2011［M］. 北京：中国统计出版社，2011. 2. 中华人民共和国国家统计局. 中国统计年鉴——2015［M］. 北京：中国统计出版社，2015. 根据有关数据整理。

从 2013 年西部、东部、中部和东北地区规模以上工业与 2010 年比较看，2013 年，西部地区规模以上工业企业数比 2010 年减少 9.47%，减少数大大低于东部和东北，略高于中部地区；而规模以上工业企业资产总计，西部地区增长 58.24%，而东部、中部和东北地区分别增长 35.95%、57.31%、40.37% 和 43.81%，西部地区规模以上工业企业资产增长速度居全国第一；而企业利润，西部地区增长 18.41%，虽然低于中部，但高于东部和东北地区，显示西部增长也较快；从企业就业人员看，西部地区增长 9.51%，也低于中部 20.05% 的水平，但同期东部和东北地区分别减少 3.79% 和 15.40%，相对来说，西部地区增长也不慢。总体来说，西部地区工业增长较快，均快于全国平均水平。如表 3-3 所示。

表 3-3 2013 年西部、东部、中部和东北地区规模以上工业与 2010 年比较

地区	企业数（%）	资产总计（%）	利润总额（%）	就业（%）
西部	-9.47	58.24	18.14	9.51
东部	-28.63	35.95	17.98	-3.79
中部	-6.06	57.31	24.69	20.05
东北	-19.97	40.37	6.06	-15.40
全国	-21.98	43.81	17.86	1.26

资料来源：1. 中华人民共和国国家统计局. 中国统计年鉴——2011［M］. 北京：中国统计出版社，2011. 2. 中华人民共和国国家统计局. 中国统计年鉴——2015［M］. 北京：中国统计出版社，2015. 根据有关数据整理。

由于西部地区工业经济增长较快，西部地区规模以上企业主要指标在全国的占比上升，如表 3-4 所示。西部地区规模以上工业企业数占全国的比重由 2010 年的 10.76% 上升到 2013 年的 12.49%，资产由 17.34% 上升到 19.08%，利润总额由

15.42%上升到15.46%，吸纳就业由13.42%上升到14.32%。与东部地区多项同类指标下降形成鲜明对比。说明西部地区工业实力增强，转型升级能力提升。

表3-4　2010年和2013年西部与东部、中部和东北地区规模以上工业主要指标占比比较

地区	2010年（%）				2013年（%）			
	企业数	资产总计	利润总额	就业	企业数	资产总计	利润总额	就业
西部	10.76	17.34	15.42	13.24	12.49	19.08	15.46	14.32
东部	63.63	55.52	55.55	60.44	58.21	52.48	55.61	57.42
中部	17.03	16.54	17.79	17.90	20.51	18.09	18.82	21.22
东北	8.57	10.61	11.24	8.42	8.79	10.35	10.11	7.04
全国	100.00	100.00	100.00	100.00	100.00	100.00	100.00	100.00

资料来源：1. 中华人民共和国国家统计局. 中国统计年鉴——2011［M］. 北京：中国统计出版社，2011.
2. 中华人民共和国国家统计局. 中国统计年鉴——2015［M］. 北京：中国统计出版社，2015. 根据有关数据整理。

四、西部地区制造业科技创新能力增强

近年来，西部地区制造业科技创新能力也取得了一定的进步。从2010年到2013年，西部地区大中型企业R&D人员全时当量由145 421人上升到242 189人，增长44.54%，经费由393.44亿元上升到807.35亿元，增长105.21%；R&D项目数由18 280个上升到34 707个，增长89.86%；新产品项目数由20 065个上升到38 533个，增长92.04%；开发新产品经费由452.96亿元上升到877.96亿元，增长93.83%；新产品销售收入由7 521.8亿元上升到10 480.7亿元，增长39.34%；新产品出口由482.1亿元上升到609.6亿元，增长26.43%；大中型企业专利申请数由17 775件上升到54 132件，增长204.54%；有效发明专利由8 937件上升到29 229件，增长227.06%。特别是西部地区大中型企业专利申请数和有效发明专利占全国的比重上升，其中西部地区大中型企业专利申请数占全国比重由8.89%上升到9.62%，而有效发明专利占全国比重由7.88%上升到8.68%，如表3-5所示。

表3-5　　西部与东部、中部和东北地区大中型企业科技创新能力比较

地区	2010年		2013年	
	各地区大中型企业专利申请数占全国比重（%）	各地区有效发明专利件占全国比重（%）	各地区大中型企业专利申请数占全国比重（%）	各地区有效发明专利件占全国比重（%）
西部	8.89	7.88	9.62	8.68
东部	72.74	73.32	70.58	74.00
中部	14.51	14.90	16.17	13.26
东北	3.86	3.90	3.64	4.07
全国	100.00	100.00	100.00	100.00

资料来源：1. 中华人民共和国国家统计局. 中国统计年鉴——2011［M］. 北京：中国统计出版社，2011.
2. 中华人民共和国国家统计局. 中国统计年鉴——2015［M］. 北京：中国统计出版社，2015. 根据有关数据整理。

五、西部地区制造业结构调整与节能降耗取得了显著成效

近年来，西部地区制造业发展较快，产业结构转型升级显著。四川是西部地区经济规模最大的省，GDP 约占西部的 1/4，工业和制造业也约占西部的 1/4，四川的制造业转型升级在西部具有代表意义。表 3-6 为四川 2013 年与 2010 年工业中三大产业结构比较。从表中看出，从 2010 到 2013 年，四川制造业比重上升了 2.56 个百分点，而采矿业下降了 2.34 个百分点，电力燃气水的生产和供应业则下降了 0.21 个百分点，由此可见，技术含量相对较高的制造业比重上升，而技术含量相对较低、资源消耗相对高的采矿业、电力热力和水的生产与供应业下降，由此可见，四川工业结构在优化。

表 3-6　　　　　　　　**四川 2013 年与 2010 年工业三大产业结构比较**

项目	2010 年份		2013 年	
	工业总产值（亿元）	占工业总产值比重（%）	工业总产值（亿元）	占工业总产值比重（%）
工业	23 147.38	100.00	35 328.55	100.00
制造业	19 333.6	83.52	30 409.31	86.08
采矿业	2 251.83	9.73	2 608.5	7.38
电力、燃气、水生产与供应业	1 561.94	6.75	2 309.99	6.54

资料来源：1. 四川省统计局. 四川统计年鉴——2011［M］. 北京：中国统计出版社，2011. 2. 四川省统计局. 四川统计年鉴——2014［M］. 北京：中国统计出版社，2014. 根据有关数据整理。

表 3-7 为四川 2013 年与 2010 年制造业行业结构比较。由于两个年份统计年鉴中行业划分标准有调整，因此在进行比较时需要对行业进行调整。2013 年制造业行业统计中，增加了金属制品、机械和设备修理业；2010 年中的运输设备制造业，在2013 年分为了"汽车制造业""铁路、船舶、航空航天和其他运输制造业"；2010 年的橡胶制品业和塑料制品业，而在 2013 年则合并为橡胶和塑料制品业。为了便于比较，因此在表中 2010 年的橡胶制品业和塑料制品业合并为橡胶和塑料制品业，2013 年的汽车制造业与铁路、船舶、航空航天和其他运输设备制造业，合并为运输设备制造业。从表中看出，四川省制造业行业占制造业比重上升最多的是计算机、通信和其他电子设备制造业、运输设备制造业、酒、饮料和精制茶制造业，占制造业比重分别上升 5.35、1.5 和 1.21 个百分点，其中前二者为制造业中技术含量较高的行业，而酒、饮料和精制茶制造业是四川的传统优势产业，附加价值较高，这些产业消耗资源也不多。占比下降较多的行业有通用设备制造业、农副食品加工业、非金属矿物制品业，占比下降幅度均超过 1 个百分点；而造纸业、有色金属冶炼和压延加工业、黑色金属冶炼和压延加工业、化学原料和化学制品制造业、石油加工、炼焦和核燃料加工业、纺织业占比下降幅度也较大，下降幅度均超过 0.38 个百分

点。这些下降幅度较大的行业，就包括了非金属矿物制品业、有色金属冶炼和压延加工业、黑色金属冶炼和压延加工业、化学原料和化学药品制造业、石油加工、炼焦和核燃料加工业5大高耗能制造业。这五大高耗能制造业总共下降3.09个百分点。在医药制造业、金属制品业、通用设备制造业、专用设备制造业、交通运输设备制造业、电气机械和器材制造业、计算机、通信和其他电子设备制造业、仪器仪表制造业8个技术含量较高制造行业中，其中有4个行业工业总产值占制造业总产值比重上升，而8个行业占比合计也上升，总上升3.85个百分点，说明四川在计算机、通信和其他电子设备制造业、汽车制造业、医药制造业等战略性新兴产业和高端制造业引领下，制造业转型升级明显。由于工业的转型升级，四川每万元GDP能耗从2010年1.275吨标准煤下降到2014年的1.078吨标准煤，而每万元工业增加值能耗从1.966吨标准煤下降到1.506吨标准煤。

表3-7　　　　　　　四川2013年与2010年制造业行业结构比较

行　业	2010年		2013年		2013年行业占比与2010年之差(%)
	总产值（亿元）	占总产值比重(%)	总产值（亿元）	占总产值比重(%)	
农副食品加工业	1 826.24	9.45	2 529.25	8.32	-1.13
食品制造业	444.53	2.30	786.60	2.59	0.29
酒、饮料和精制茶制造业	1 340.84	6.94	2 477.69	8.15	1.21
烟草制品业	172.53	0.89	259.30	0.85	-0.04
纺织业	623.52	3.23	838.06	2.76	-0.47
纺织服装、服饰业	121.48	0.63	188.87	0.62	-0.01
皮革、毛皮、羽毛及其制品和制鞋业	294.94	1.53	280.39	0.92	-0.60
木材加工及木、竹、藤、棕、草制品业	190.02	0.98	293.29	0.96	-0.02
家具制造业	243.11	1.26	396.89	1.31	0.05
造纸及纸制品业	385.38	1.99	470.30	1.55	-0.45
印刷业和记录媒介的复制业	148.11	0.77	255.92	0.84	0.08
文教、工美、体育和娱乐用品制造业	3.38	0.02	93.26	0.31	0.29
石油加工、炼焦及核燃料加工业	427.03	2.21	557.11	1.83	-0.38
化学原料和化学制品制造业	1 614.23	8.35	2 322.69	7.64	-0.71
医药制造业	613.30	3.17	1 009.22	3.32	0.15
化学纤维制造业	96.44	0.50	166.99	0.55	0.05
橡胶和塑料制品业	529.21	2.74	766.34	2.52	-0.22
非金属矿物制品业	1 679.81	8.69	2 323.83	7.64	-1.05
黑色金属冶炼和压延加工业	1 652.36	8.55	2 461.06	8.09	-0.45
有色金属冶炼和压延加工业	581.35	3.01	763.60	2.51	-0.50
金属制品业	539.15	2.79	912.54	3.00	0.21

表3-7(续)

行　业	2010 年		2013 年		2013 年行业占比与2010年之差(%)
	总产值(亿元)	占总产值比重(%)	总产值(亿元)	占总产值比重(%)	
通用设备制造业	1 504.69	7.78	1 667.93	5.48	−2.30
专用设备制造业	778.12	4.02	1 137.93	3.74	−0.28
交通运输设备制造业	1 258.36	6.51	2 435.57	8.01	1.50
电气机械和器材制造业	782.21	4.05	1 030.08	3.39	−0.66
计算机、通信和其他电子设备制造业	1 281.86	6.63	3 643.12	11.98	5.35
仪器仪表制造业	63.47	0.33	62.94	0.21	−0.12
其他制造业	112.85	0.58	106.69	0.35	−0.23
废弃资源综合利用业	25.08	0.13	113.08	0.37	0.24
金属制品、机械和设备修理业	0.00		58.77	0.19	0.19
合计	19 333.60	100.00	30 409.31	100.00	0.00

资料来源:1. 四川省统计局. 四川统计年鉴——2011 [M]. 北京:中国统计出版社,2011. 2. 四川省统计局. 四川统计年鉴——2014 [M]. 北京:中国统计出版社,2014. 根据有关数据整理。

重庆市是西部唯一的直辖市,其制造业转型升级也非常明显。从支柱产业看,2010 年重庆汽车摩托车行业总产值 2 781.71 亿元,装备制造业总产值 1 655.41 亿元,材料工业总产值 1 334.68 亿元,分别占规模以上工业总产值的 30.6%、18.2% 和 14.7%;电子信息产业总产值 400.90 亿元,占规模以上工业总产值的 4.4%。而到 2015 年,汽车制造业实现总产值 4 707.87 亿元,电子制造业实现总产值 4 075.56 亿元,装备制造业实现总产值 3 390.73 亿,材料行业实现总产值 2 910.73 亿元,化学和医药行业实现总产值 1 629.48 亿元。特别是电子信息制造业,仅用 5 年的时间,就增加了 9 倍多,从一个微不足道的制造业行业上升为重庆市的支柱产业,并成为我国电子信息制造业的主要生产区,与重庆的传统优势制造业汽车制造业形成重庆优势产业双支柱,并且重庆的出口主要是电子信息制造业为支撑,从这个角度看,该制造业带动作用更大。而重庆市汽车产量超过 300 万辆,重庆市已成为我国最大的汽车生产基地。重庆装备制造业和材料工业增长也非常显著,5 年间增长了 1 倍多。因此,重庆市制造业转型升级明显。

五、西部地区部分核心区域和中心城市战略性新兴产业和制造业有一定特色优势

西部地区已形成多个战略性新兴产业集聚的区域和城市,这些地区科技、制造业、战略性新兴产业基础雄厚,已成为战略性新兴产业引领西部地区制造业发展的引擎。

成渝地区是我国制造业相对发达地区，也是西部地区经济最为密集、制造业最为发达，科技最为雄厚的地区，尤其以成都市、重庆市、绵阳市等城市战略性新兴产业发达，并且科技实力雄厚。成都市形成了以软件、电子信息、生物医药、飞机制造、装备制造、新能源汽车等为主的战略性新兴产业，重庆形成以新能源汽车、电子信息、新材料、装备制造等为主的战略性新兴产业；绵阳市形成以视听产业、新材料、装备制造等为主的战略性新兴产业。自贡市培育了节能环保、装备制造、新材料、通用飞机制造等战略性新兴产业。德阳培育了装备制造等战略性新兴产业。成渝经济区其他城市也不同程度地发展了战略性新兴产业。

关中—天水地区是西北地区最大的经济区，也是西北地区科技最为发达的地区。根据第三次经济普查数据，以关中为核心的陕西省有战略性新兴产业企业2 700多家，占全部企业的1.8%，从业人员达到79万，占全部就业人员的7.9%。西安市是西北地区最大的城市，是我国著名的科技中心，其中以航空航天、电子信息最为发达，有国家卫星产业化示范基地、国家航空产业化示范基地。咸阳形成以电子信息为核心的战略性新兴产业。宝鸡形成以航空、新材料、高端装备为核心的战略性新兴产业，其力争打造"中国钛谷"，石油装备世界有名。渭南的3D打印产业、新能源汽车形成一定规模。

贵州省黔中地区形成了以大数据、医药、军工为特色的战略性新兴产业集群。在国家支持下，贵州省大数据发展全国领先。国家批准建设了贵州省国家大数据综合试验区、贵阳—贵安大数据产业发展集聚区、贵阳大数据产业技术创新试验区，建立了中国首家大数据战略重点实验室；贵阳市人民政府与中关村科技园区管理委员合作，建立了中关村贵阳科技园；通过重点发展大数据，贵阳市集聚了一批大数据企业，截至2015年，贵阳市大数据电子信息工商注册企业超过1万家；贵阳正力争建成"中国数谷"。贵州提出支持发展大健康医药产业，为此成立了大健康医药产业联盟，成立了苗药国家工程技术中心。贵阳正在形成以飞机制造、大数据、生物医药为核心的战略性新兴产业；遵义形成了以飞机制造、医药为核心的战略性新兴产业；安顺形成了以飞机制造业为核心战略性新兴产业。贵安新区重点发展以大数据信息产业、大健康医药产业、高端装备为重点的战略性新兴产业。

滇中地区正在形成战略性新兴产业集聚区。昆明正在形成以生物医药、装备制造业、有色金属及稀贵金属新材料为核心的战略性新兴产业群。在滇中中医药工业的带动下，云南中药从2000年的27亿元增长到2014年的348亿元，医药产业已具有一定规模。昆明、玉溪等城市通用飞机、轻型飞机、直升机等高端制造业已形成一定规模。昆明高新区建设了清洁能源示范园，昆明高新区建设了有色稀贵金属新材料示范基地。玉溪华宁县将建成西南地区最大的风电产业配套基地。

广西多座城市战略性新兴产业发展迅速。南宁市形成了以新一代信息技术、生物医药、金属新材料为核心的战略性新兴产业；柳州市形成了以新能源汽车、工程机械、生物医药为核心的战略性新兴产业，拥有上汽通用五菱汽车股份有限公司、柳工集团、东风柳州汽车有限公司、柳州五菱汽车有限责任公司等大型企业，汽车生产超过200万辆；桂林市形成了以生物医药、电子信息为核心的战略新兴产业；玉林市形成了以装备制造业为核心的战略性新兴产业，玉柴集团是全国中重型柴油机最大生产基地；北海市电子信息、新材料发展迅速，已成为北部湾地区重要的战略性新兴产业基地。

甘肃省多个城市战略性新兴产业发展良好。兰州市形成了以新能源、新材料为核心的战略性新兴产业。金川、白银等城市形成了以新材料、新能源开发为核心的战略性新兴产业。

内蒙古呼包鄂地区近年来发展较快，战略性新兴产业已形成一定的特色优势。包头市形成了以新材料、装备制造、新能源为核心的战略性新兴产业，是世界轻稀土产业的中心。2015年，完成战略性新兴产业工业增加值203.7亿元，占规模以上工业增加值的17.6%。呼和浩特市形成了以蒙医等为特色的战略性新兴产业。鄂尔多斯培育了新能源、电子信息、装备制造为核心的战略性新兴产业。

新疆乌鲁木齐形成了以新能源利用、新材料为核心的战略性新兴产业。宁夏银川形成了以新材料、新能源为核心的战略性新兴产业。西宁形成了以新材料、新能源为核心的战略性新兴产业。西藏拉萨市培育了以生物医药为核心的战略性新兴产业。

第二节 西部地区战略性新兴产业引领制造业转型升级的障碍

一、西部地区战略性新兴产业发展水平和规模仍然有限

由于缺乏战略性新兴产业统计数据，本节用高新技术产业数据来说明西部战略性新兴产业发展。如表3-8、3-9所示，根据《中国高技术产业统计年鉴2014》的统计数据，从2000年到2013年，西部地区高新技术企业数和从业人员数都实现了不同程度的增长，高新技术企业数由2000年1 026个增加到2013年的2 502个，从业人员由63.9万增加到123.84万。但通过横向对比，一方面，西部地区高新技术产业规模偏小。如2013年，西部地区高新技术企业数仅占全国的9.30%，就业数也仅占全国的9.57%，仅为东部的1/7左右，也低于中部地区；另一方面，西部高新技术企业和从业人员占全国的比重却下降。企业数由占全国的10.45%下降到9.30%，下降1.15个百分点。高新技术企业从业人员比重从占全国比重的16.80%下降到9.57%，下降7.22个百分点。相对来说，东部和中部高新技术企业数和从业人员占全国比重则是上升的。西部高新技术企业和就业人员的占比下降，说明西部地区高新技术产业增长相对缓慢，与东部地区的差距在扩大，将制约西部地区战略性新兴产业的发展。

表 3-8　　西部地区与东部、中部和东北部地区高新技术产业企业的比较

地区	2000 年企业数		2013 年企业数	
	个	占全国比重（%）	个	占全国比重（%）
西部地区	1 028	10.45	2 502	9.30
东部地区	6 734	68.47	18 761	69.76
中部地区	1 361	13.84	4 319	16.06
东北地区	712	7.24	1 312	4.88
全国	9 835	100	26 894	100

资料来源：国家统计局，国家发展和改革委员会，科学技术部. 中国高技术产业统计年鉴——2014 ［M］. 北京：中国统计出版社，2014. 根据有关数据整理。

表 3-9　　西部地区与东部、中部和东北部地区高新技术产业从业人员的比较

地区	2000 年从业人数		2013 年从业人数	
	万人	占全国比重（%）	万人	占全国比重（%）
西部地区	65.90	16.80	123.84	9.57
东部地区	238.59	60.82	938.88	72.57
中部地区	53.24	13.57	185.60	14.35
东北地区	34.56	8.81	45.38	3.51
全国	392.29	100	1 293.69	100

资料来源：国家统计局，国家发展和改革委员会，科学技术部. 中国高技术产业统计年鉴——2014 ［M］. 北京：中国统计出版社，2014. 根据有关数据整理。

　　从表 3-10、3-11 看出，西部地区高新技术企业主营业务收入从 2000 年的 723.1 亿元上升到 2013 年的 11 548.8 亿元，占全国比重也从 7.19% 上升到 9.95%，占比比 2000 年上升了 2.76 个百分点；从利润看，西部地区高新技术企业实现利润从 2000 年的 38.3 亿元上升到 2013 年的 789.7 亿元，占全国比重也从 5.69% 上升到 10.92%，上升了 5.23 个百分点；高新技术产业出口交货值从 2000 年的 58 亿元增长到 2013 年的 4 548.3 亿元，占全国的比重也从 1.71% 上升到 9.23%，比 2000 年的占比上升了 7.52 个百分点。但从三个指标占全国比重看，虽然 2013 年三项指标西部的占比更高，但占全国比重仍然偏低，两项指标不足全国的 1/10，一项指标仅略高于 1/10，大大低于西部地区人口和 GDP 占全国的比重，说明西部地区高科技产业发展相对仍然较弱。

表 3-10　　　　2000 年和 2013 年西部与东部、中部和东北部地区
高新技术产业主营业务收入和利润的比较

地区	2000 年主营业务收入		2013 年主营业务收入		2000 年利润总额		2013 年利润总额	
	亿元	占全国比重（%）	亿元	占全国比重（%）	亿元	占全国比重（%）	亿元	占全国比重（%）
西部	723.1	7.19	11 548.8	9.95	38.3	5.69	789.7	10.92
东部	8 084.9	80.45	85 972.2	74.08	558.7	83.00	5 157.4	71.30

表3-10(续)

地区	2000年主营业务收入		2013年主营业务收入		2000年利润总额		2013年利润总额	
	亿元	占全国比重(%)	亿元	占全国比重(%)	亿元	占全国比重(%)	亿元	占全国比重(%)
中部	641.2	6.38	14 123.3	12.17	45.3	6.73	949.5	13.13
东北	600.9	5.98	4 404.5	3.80	30.8	4.58	337.2	4.66
全国	10 050.1	100	116 048.9	100	673.1	100	7 233.7	100

资料来源：国家统计局，国家发展和改革委员会，科学技术部. 中国高技术产业统计年鉴——2014〔M〕. 北京：中国统计出版社，2014. 根据有关数据整理。

表3-11　2000年和2013年西部与东部、中部和东北部地区高新技术产业出口的比较

地区	2000年高新技术产业出口		2013高新技术产业出口	
	亿元	占全国比重（%）	亿元	占全国比重（%）
西部	58	1.71	4 548.3	9.23
东部	3 115.8	91.75	40 541.6	82.26
中部	43.5	1.28	3 745	7.60
东北	178.7	5.26	450.2	0.91
全国	3 396	100	49 285.1	100

资料来源：国家统计局，国家发展和改革委员会，科学技术部. 中国高技术产业统计年鉴——2014〔M〕. 北京：中国统计出版社，2014. 根据有关数据整理。

二、西部地区制造业水平和规模有限

（一）从西部总体看

制造业是战略性新兴产业的基础，很多战略性新兴产业就是制造业通过转型升级而来，制造业也是工业的主体，所以这里采用工业和制造业指标来衡量西部地区制造业水平。表3-12为西部地区工业和制造业与东部、中部和东北地区比较。从表中看出，2013年西部地区工业和制造业销售产值分别为144 941.7亿元、110 935.8亿元，分别仅为全国的14.22%和12.39%，分别仅为东部地区24.80%、20.74%，分别仅为中部地区的71.34%、63.58%，与东部地区差距十分明显。西部只高于东北，而东北主要是由于人口和经济体量均较小。实际上，西部地区全部制造业生产总值不及东部地区的江苏省和山东省，2013年，江苏省和山东省制造业销售产值分别为127 053亿元和117 913亿元，而广东省制造业销售产值也达到98 891.6亿元，与西部接近。就全部工业销售产值看，2013年，江苏和山东分别为132 721.5亿元和128 488.7亿元，也与西部地区工业销售产值接近。2013年，西部地区工业资产总计为172 186亿元，仅为东部地区的38.82%，略高于中部地区；而西部制造业资产总计为105 586.8亿元，占全国比重仅15.82%，约为东部的1/4，也略低于中部地区。由此可见，西部地区工业和制造业的规模仅与东部地区一个大省相当；由于工业总体规模小，不利于西部地区工业和制造业发展规模经济和规模效益的发挥。

表 3-12　　2013 年西部地区与东部、中部和东北地区工业与制造业的比较

地区	工业销售产值(亿元)	资产(亿元)	制造业销售产值(亿元)	资产(亿元)
西部	144 941.7	172 186.0	110 935.8	105 585.8
东部	584 473.5	467 585.5	534 798.2	390 772.8
中部	203 148.3	162 420.3	174 489.2	119 627.3
东北	86 841.5	68 558.8	75 188.2	51 622.6
全国	1 019 405	870 750.7	895 411.4	667 608.5

资料来源：中华人民共和国国家统计局工业统计司. 中国工业统计年鉴——2014［M］. 北京：中国统计出版社，2015. 根据有关数据整理。

从表 3-13 中看出，2013 年，西部地区制造业实现出口 6 816.6 亿元，占全国比重仅 6.06%；实现利润总额 6 491.9 亿元，占全国比重仅 11.72%；而从吸纳的就业人员看，2013 年，西部地区制造业吸纳就业人员 1 050.3 万人，占全国比重仅 12.19%，而广东省制造业有就业人员 1 423.4 万人，江苏省制造业吸纳就业 1 120.7 万人，西部地区制造业吸纳就业低于广东省，也低于江苏省。这些指标，西部地区均低于东部、中部，而高于东北地区，但几项指标值，均低于西部地区人口和 GDP 占全国的比重，由此可见，西部地区制造业相对偏弱，是西部地区与全国的主要差距所在。

表 3-13　　2013 年西部与东部、中部和东北部地区制造业主要指标的比较

地区	出口		利润		就业人员	
	亿元	占全国比重(%)	亿元	占全国比重(%)	亿元	占全国比重(%)
西部	6 816.58	6.06	6 491.93	11.72	1 050.33	12.19
东部	92 580.74	82.34	33 107.11	59.76	5 322.22	61.79
中部	9 182.64	8.17	11 636.41	21.00	1 706.08	19.81
东北	3 853.89	3.43	4 165.20	7.52	534.9	6.21
全国	112 433.9	100.00	55 400.65	100.00	8 613.53	100.00

资料来源：中华人民共和国国家统计局工业统计司. 中国工业统计年鉴——2014［M］. 北京：中国统计出版社，2015. 根据有关数据整理。

从表 3-14 中看出，西部地区制造业主要指标占全国比重大大低于采掘业、水电气生产和供应业占全国的比重。2013 年，西部地区制造业销售产值占全国的 12.39%，而采掘业、水电气生产和供应业占全国比重分别为 33.01% 和 21.73%；西部地区制造业出口占全国的 6.06%，而采掘业、水电气生产和供应业占全国比重分别为 9.05% 和 46.73%；西部地区制造业资产占全国比重为 15.82%，而采掘业、水电气生产和供应业占全国比重分别为 35.67% 和 30.57%；西部地区制造业利润占全国比重为 11.72%，而采掘业、水电气生产和供应业占全国比重分别为 42.63% 和 23.45%；西部地区制造业就业人员占全国比重为 12.19%，而采掘业、水电气生产和供应业占全国比重分别为 29.68% 和 30.34%。由此可见，西部地区制造业在全国的地位又相对落后于其采掘业、水电气生产和供应业在全国的地位，而制造业技术含量相对高于采掘业、水电气生产供应业。制造业落后成为西部工业落后的瓶颈。

表 3-14　2013 年西部地区制造业主要指标占全国比重与采掘业、水电气生产和

供应业比较（%）

项目	销售产值	出口	资产	利润总额	人员
制造业	12.39	6.06	15.82	11.72	12.19
采掘业	33.01	9.05	35.67	42.63	29.68
水电气生产和供应业	21.73	46.73	30.57	23.45	30.34
工业	14.22	6.14	19.77	16.34	14.32

资料来源：中华人民共和国国家统计局工业统计司. 中国工业统计年鉴——2014 ［M］. 北京：中国统计出版社，2015. 根据有关数据整理。

与东部地区相比，西部地区制造业仍然较弱。西部制造业与东部相比，存在产业规模小、产业层次偏低、产业配套能力不足、竞争力不强等弱点。

（二）从西部省级行政区域看

就分省看，西部地区工业与制造业规模更小。从表 3-15 看出，我国工业和制造业销售产值最小的 8 个省级行政区除了海南省外，其余 7 个省级行政区域均位于西部地区。而西部工业和制造业销售产值最大的省级区域为四川省，分别位列全国第 9 位和第 11 位，特别是从制造业规模看，西部地区没有一个省级区域进入全国前10 名的行列。而东部地区工业和制造业销售产值分别有 5 个和 6 个省级区域进入全国前 10 位。四川工业与制造业大大低于江苏省，分别仅为江苏省的 26.02% 和23.36%，即为江苏的 1/4 的左右。实际上，东部地区的苏州为地级市，2013 年工业总产值 35 685.2 亿元，就超过西部所有省级区域工业总产值。该年，苏州实现地区生产总值 13 015.7 亿元，超过了西部除四川、内蒙古、陕西、广西之外的其余 8 个省级行政区。由于产业规模小，导致制造业市场规模小，产业间配套能力弱，不利于制造业的转型升级和战略性新兴产业的发展。

表 3-15　2013 年西部与东部、中部和东北部地区各省级区域工业和制造业销售产值比较

地区	省	工业销售产值		制造业销售产值	
		亿元	在全国位次	亿元	在全国位次
西部	内蒙古	20 108.84	17	12 036.45	21
	广西	17 437.81	19	15 459.74	17
	重庆	15 475.67	22	14 182.33	18
	四川	34 544.02	9	29 685.2	11
	贵州	7 650.25	26	4 759.44	27
	云南	9 831.22	24	7 465.52	24
	西藏	97.09	31	56.69	31
	陕西	18 151.03	18	12 323.3	19
	甘肃	7 460.39	27	5 685.78	25
	青海	2 308.35	29	1 474.62	30
	宁夏	3 429.23	28	2 283.81	28
	新疆	8 447.81	25	5 522.92	26

表3-15（续）

地区	省	工业销售产值		制造业销售产值	
		亿元	在全国位次	亿元	在全国位次
东部	北京	17 186.61	20	12 080.17	20
	天津	26 012.35	14	22 139.58	15
	河北	45 232.83	7	37 803.85	7
	上海	31 945.82	13	30 590.58	9
	江苏	132 721.5	1	127 053	1
	浙江	61 280.6	4	56 427.19	4
	福建	33 003.96	10	30 404.05	10
	山东	128 488.7	2	117 913	2
	广东	106 853.7	3	98 891.58	3
	海南	1 747.45	30	1 495.18	29
中部	山西	16 585.81	21	8 178.97	23
	安徽	32 913.48	11	28 728.26	13
	江西	24 603.16	15	22 567.43	14
	河南	58 779.98	5	51 124.22	5
	湖北	38 107.78	8	35 157.67	8
	湖南	32 157.78	12	28 732.71	12
东北	辽宁	51 734.68	6	46 355.38	6
	吉林	21 690.89	16	19 422.11	16
	黑龙江	13 415.89	23	9 410.67	22

资料来源：中华人民共和国国家统计局工业统计司. 中国工业统计年鉴——2014 [M]. 北京：中国统计出版社, 2015. 根据有关数据整理。

由于工业和制造业规模相对小，实力弱，导致西部地区制造业配套能力也低。总体来说，由于工业规模和制造业规模小，在一定程度上影响了制造业的配套能力。同时东部地区以专业产品、专业生产为中心，形成了大量的产业集群，许多集群已具有世界影响力，主导世界产业发展。如广东的电子信息制造产业、家电、纺织，江苏的电子信息制造产业、装备机械产品世界有名。西部地区也形成了一些产业集群，但产业集群数量偏少，产业集群的规模也不足；而西部地区还缺乏影响世界的产业集群。由于产业规模、产业配套不足，导致西部地区产业竞争力弱。

（三）从西部人均制造业指标看

从人均制造业指标看，西部地区制造业劣势更为明显。表 3-16 为 2013 年西部与东部、中部和东北地区人均制造业主要指标比较，从表中看出，西部人均制造业销售产值 3.04 万元/人，为四大区域中最低的。东部、中部和东北地区分别为西部地区的 3.41 倍、1.60 倍和 2.25 倍，而东部、中部和东北地区人均 GDP 分别为西部地区的 1.79 倍、1.02 倍和 1.4 倍，西部地区制造业销售收入与各地区的差距超过了人均 GDP 与各地区的差距。显然，制造业规模偏小已成为西部地区经济落后的重要原因。从人均制造业总资产看，2013 年西部地区人均拥有制造业总资产 2.89 万元/人，也是全国四大区域中最低的；东部、中部和东北地区分别为西部的 2.62 倍、1.15 倍和 1.63 倍，也超过了西部人均 GDP 与各地区的差距，说明西部地区制造业产出落后主要是由于西部地区制造业投入也不足造成的，进一步说明西部地区制造业规模偏小。

表 3-16　　　2013 年西部与东部、中部和东北地区人均制造业主要指标比较

地区	人均制造业销售产值		人均制造业总资产	
	万元/人	各区相对于西部 （以西部为 1）	万元/人	各区相对于西部 （以西部为 1）
西部	3.04	1.00	2.89	1.00
东部	10.36	3.41	7.57	2.62
中部	4.85	1.60	3.32	1.15
东北	6.85	2.25	4.70	1.63
全国	6.63	2.18	4.94	1.71

资料来源：中华人民共和国国家统计局工业统计司. 中国工业统计年鉴——2014 ［M］. 北京：中国统计出版社，2015. 根据有关数据整理。

三、西部地区有优势的制造业不多

优势系数是用来衡量产业优势度的指标，一般产业优势系数大于 1，表示区域产业有优势，而优势系数大于 2，表示产业具有强优势；优势系数小于 1，一般认为产业不具有整体优势；小于 0.5，产业更弱。优势系数的计算公式为：

$$S_{ij} = (Q_{ij} / Q_i) / (Q_j / Q)$$

式中 S_{ij} 为 i 地区 j 产业的优势系数，Q_{ij} 为 i 地区 j 产业产值，Q_i 为 i 地区全部产业产值，Q_j 为全国 j 产业产值，Q 为全国全部产业产值。

本项目中，采用《2014 年中国工业经济统计年鉴》数据，由于年鉴中没有提供各地区工业各行业增加值，提供了工业销售产值数据，因此本研究采用工业销售产值指标代替产业产值指标作为工业行业优势系数计算指标，计算结果如表 2-17。从表中看出，西部地区 7 个采掘业行业优势系数均大于 1，其中煤炭开采和洗选业、石油和天然气开采业、有色金属采矿业、开采辅助活动、其他采矿业优势系数均大于 2，说明这些行业西部地区具有极强的优势。但这些行业不是典型制造业，技术含量低。就制造业总体，西部地区制造业优势系数为 0.87，为全国四大区域中最低的，说明西部地区制造业总体没有优势。分行业看，在 31 个制造业行业中，西部地区仅有农副食品加工业，食品制造业，酒、饮料和精制茶制造业，烟草制品业，石油加工、炼焦和核燃料加工业，医药制造业，非金属矿物制品业，黑色金属冶炼和压延加工业，有色金属冶炼和压延加工业，铁路、船舶、航空航天及其他运输设备

制造业，其他制造业优势系数大于1，这些行业中只有酒、饮料和精制茶制造业，烟草制品业优势系数大于2。除了医药制造业，铁路、船舶、航空航天及其他运输设备制造业技术含量较高外，其余行业一般是原材料产业、食品产业；这些行业中，除了石油加工、炼焦及核燃料加工业、非金属矿物制品业、黑色金属冶炼和压延加工业、有色金属冶炼和压延加工业四个原材料行业外，其余行业在全国的规模并不大。也就是说西部大部分优势行业给西部带来的经济效益有限，而经济规模大的原材料优势产业则给西部带来较大的资源环境问题。

表 3-17　　2013 年西部与东部、中部和东北地区工业各行业优势系数的比较

行业	西部	东部	中部	东北
采掘业	2.32	0.48	1.37	1.43
煤炭开采和洗选业	2.55	0.40	1.82	0.51
石油和天然气开采业	2.87	0.55	0.20	2.78
黑色金属矿采选业	1.35	0.69	0.95	2.60
有色金属矿采选业	2.19	0.34	2.07	0.98
非金属矿采选业	1.67	0.51	1.67	1.60
开采辅助活动	2.54	0.53	0.64	2.45
其他采矿业	3.66	0.29	0.91	1.55
制造业	0.87	1.04	0.98	0.99
农副食品加工业	1.06	0.72	1.29	2.08
食品制造业	1.11	0.87	1.27	1.06
酒、饮料和精制茶制造业	2.12	0.61	1.31	0.99
烟草制品业	2.31	0.66	1.29	0.43
纺织业	0.43	1.29	0.89	0.23
纺织服装、服饰业	0.20	1.29	0.92	0.60
皮革、毛皮、羽毛及其制品和制鞋业	0.36	1.29	0.92	0.32
木材加工及木、竹、藤、棕、草制品业	0.83	0.86	1.09	2.00
家具制造业	0.66	1.14	0.85	1.01
造纸及纸制品业	0.75	1.14	0.96	0.57
印刷业和记录媒介的复制业	0.76	1.06	1.22	0.49
文教、工美、体育和娱乐用品制造业	0.21	1.43	0.64	0.26
石油加工、炼焦及核燃料加工业	1.36	0.92	0.65	1.74
化学原料及化学制品制造业	0.85	1.10	0.89	0.82
医药制造业	1.03	0.91	1.07	1.36
化学纤维制造业	0.30	1.56	0.23	0.19
橡胶和塑料制品业	0.58	1.18	0.83	0.92
非金属矿物制品业	1.08	0.75	1.55	1.28

表3-17（续）

行业		西部	东部	中部	东北
	黑色金属冶炼和压延加工业	1.13	0.97	0.96	1.07
	有色金属冶炼和压延加工业	1.57	0.71	1.68	0.44
	金属制品业	0.55	1.21	0.78	0.86
	通用设备制造业	0.55	1.11	0.84	1.40
	专用设备制造业	0.62	0.99	1.23	1.18
	汽车制造业	0.99	0.91	0.91	1.79
	铁路、船舶、航空航天及其他运输设备制造业	1.15	1.02	0.77	1.11
	电气机械及器材制造业	0.49	1.23	0.91	0.53
	计算机、通信和其他电子设备制造业	0.62	1.40	0.49	0.15
	仪器仪表制造业	0.39	1.37	0.59	0.48
	其他制造业	1.05	1.04	1.03	0.59
	废弃资源综合利用业	0.72	1.07	1.27	0.38
	金属制品、机械和设备修理业	0.90	0.93	0.65	2.47
电力、燃气、水生产和供应业		1.53	0.92	0.94	0.77
	电力、热力的生产和供应业	1.55	0.91	0.96	0.77
	燃气生产和供应业	1.40	1.02	0.78	0.72
	水的生产和供应业	1.14	1.05	0.77	0.95

资料来源：中华人民共和国国家统计局工业统计司. 中国工业统计年鉴——2014［M］. 北京：中国统计出版社, 2015. 根据有关数据整理。

所以，西部地区制造业转型升级的任务非常重，通过战略性新兴产业引领西部地区制造业转型升级，一方面要提升技术型产业在西部地区的优势系数，逐步使西部地区摆脱原材料产业的依赖；另一方面，提高现有原材料产业的资源利用效率，逐步使原材料产业演变为环境友好产业。

四、西部地区战略性新兴产业和制造业竞争力不足

首先，西部地区战略性新兴产业和制造业在全国市场的占有率不高。如前文所示，2013 年，西部地区制造业工业销售收入仅占全国比重的 12.39%，而西部地区高新技术产业主营业务收入占全国比重仅为 9.95%，分别仅为东部地区的 1/5 和1/7。而西部地区人口和 GDP 分别占全国的比重为 27.03% 和 20%。

其次，西部地区战略性新兴产业和制造业出口能力不强。西部地区制造业出口仅占全国的 6.06%，高新技术产业出口仅占全国的 9.23%，不仅低于西部地区人口和 GDP 占全国比重，也低于西部地区制造业销售收入和高新技术产业主营业务收入占全国的比重。说明西部地区制造业和高新技术产业在国际市场的竞争力更弱。

再次，西部地区品牌偏少。2015 年 6 月 16 日，世界品牌实验室（World Brand

Lab）主办的"世界品牌大会"上发布了2015年（第十二届）《中国500最具价值品牌》排行榜。根据该排行榜，西部地区共有50个品牌上榜，占全国10%，如表3-18所示。虽然这些评比中包含第三产业，但主体是工业，特别是制造业，这在一定程度上反映西部地区企业竞争力状况。2015年与2014年相比，西部地区品牌数量没有增加，也没有减少。但就不同地区看，贵州与云南减少；而新疆、重庆、广西均有增加，说明这些省的竞争力在增强。

表3-18　　　　　　　　　《中国500最有价值品牌》在西部地区的分布

地区	2014品牌数	2015品牌树	2014—2015年品牌增长数
内蒙古	3	3	0
广西	8	9	1
重庆	6	7	1
四川	18	18	0
贵州	4	3	−1
云南	4	1	−3
西藏	0	0	0
陕西	3	3	0
甘肃	1	1	0
宁夏	1	1	0
青海	0	0	0
新疆	2	4	2
合计	50	50	0

资料来源：新华网广东频道，网址：http://www.gd.xinhuanet.com/newscenter/2015-06/19/c_1115669 368_2.htm.

食品工业是西部的优势产业，但根据该排行榜，一共有71家食品、饮料品牌上榜，其中在西部的仅13家，如表3-19所示，仅占全国18.31%，略微高于西部地区制造业和工业占全国的比重，但明显低于西部地区人口和GDP占全国的比重。

表3-19　　　　　　　　　《中国500最有价值品牌》食品饮料类西部名单

排名	品牌名称	品牌拥有机构	品牌价值	所属地区
21	茅台	贵州茅台集团有限责任公司	1 063.21	贵州
24	五粮液	五粮液集团	1 015.22	四川
51	郎酒	四川郎酒集团有限责任公司	405.66	四川
87	伊利	内蒙古伊利实业集团股份有限公司	268.32	内蒙古
100	蒙牛	内蒙古蒙牛乳业集团股份有限公司	233.79	内蒙古
113	泸州老窖	泸州老窖股份有限公司	220.18	四川
114	沱牌	四川沱牌舍得酒业股份有限公司	220.18	四川
118	剑兰春	四川剑兰春集团有限责任公司	217.51	四川

表3-19(续)

排名	品牌名称	品牌拥有机构	品牌价值	所属地区
190	舍得	四川沱牌舍得酒业股份有限公司	130.68	四川
292	汉斯啤酒	青岛啤酒西安汉斯集团有限公司	94.61	陕西
310	水井坊	四川水井坊股份有限公司	90.82	四川
340	西凤	山西西凤酒集团股份有限公司	77.89	陕西
476	宁夏红	宁夏红枸杞产业集团有限公司	32.75	宁夏

资料来源：新华网广东频道，网址：http://www.gd.xinhuanet.com/newscenter/2015-06/19/c_1115669 368_2.htm.

根据该排行榜，全国共有 39 个纺织、服装类品牌上榜，而西部仅有一家上榜，占全国的 2.56%。上榜品牌为内蒙古鄂尔多斯集团的额尔多斯，品牌价值高，达到 807.15 亿元，为全国纺织服装类第一名，居全国第 36 名。因此，西部地区纺织服装类竞争力更弱。根据该排行榜，全国有 30 家汽车类企业上榜，其中西部有四家，如表 3-20 所示，占全国 13.33%。总体来说，西部地区汽车竞争力也较低。

表 3-20　　　　　　　《中国 500 最有价值品牌》汽车类西部名单

排名	品牌名称	品牌拥有机构	品牌价值(亿元)	所属地区
54	长安	中国长安汽车集团股份有限公司	403.78	重庆
168	陕汽	陕西汽车集团有限责任公司	158.18	陕西
260	力帆	力帆实业集团股份有限公司	104.65	重庆
414	五菱	柳州五菱汽车有限责任公司	42.45	广西

资料来源：新华网广东频道，网址：http://www.gd.xinhuanet.com/newscenter/2015-06/19/c_1115669 368_2.htm.

五、西部地区战略性新兴产业与制造业关联度不高

西部地区战略性新兴产业与制造业关联度不高。西部地区工业中采掘业、水电气供应业占比大，制造业比重偏低，而采掘业、水电气供应业与战略性新兴产业关联度相对弱，不利于西部地区战略性新兴产业的发展。同时西部地区制造业中，技术含量相对低的饮料食品工业、原材料加工业等占比相对大，而技术含量相对高的装备制造业、电子与通信设备制造业、医药工业等占比相对低，而战略性新兴产业主要由这些技术含量相对较高的产业转型升级而来。这在一定程度上制约了西部地区战略新兴产业的发展，也制约了西部地区战略性新兴产业对传统制造业的引领作用。

六、西部广大县域地区制造业和战略性新兴产业均较为落后

西部地区制造业和战略性新兴产业总体较为落后。西部地区制造业和战略性新

兴产业技术水平相对低，导致西部地区制造业和战略性新兴产业劳动生产率相对低。

另一方面，西部地区制造业和战略性新兴产业地区分布极为不均。西部地区战略性新兴产业主要集中于省会城市和少数地级中心城市。西部广大县域地区和多数地级中心城市缺乏战略性新兴产业。而西部地区制造业主要集中于地级以上中心城市和部分县城，广大县域地区制造业非常薄弱，缺乏优势制造业。

七、西部地区企业科技活动偏弱

第一，规模以上企业科技活动相对弱。从表3-21看出，2013年，西部地区有规模以上企业46 176家，低于东部和中部，与东部地区差距巨大，而西部地区规模以上企业有研究与实验发展（R&D）活动的企业3 967家，有研发机构的规模以上企业有2 851家，均大低于东部和中部地区，而高于东北地区；西部地区规模以上企业有R&D活动和有研发机构的企业分别占西部地区规模以上企业数的8.59%和6.17%，也大大低于东部和中部地区，特别是不及东部地区的一半，说明西部地区企业科技创新能力相对弱。而西部地区规模以上企业R&D活动研究人员有35.52万，不到东部地区的1/6，也大大低于中部地区。西部地区R&D活动经费内部支出807.35亿元，也只约为东部地区1/7，也大大低于中部地区。进一步说明西部地区企业研究与试验发展能力弱，创新能力弱。而战略性新兴产业以创新为基础，没有创新，战略性新兴产业难以持续，创新能力弱将极大地制约西部战略性新兴产业的发展。

表3-21　　　　　　　2013年各区域规模以上企业科技活动情况

地区	规模以上企业数	有研发机构的企业	有研发机构的企业占各地区规模以上企业比重（%）	有R&D活动的企业	有R&D活动的企业占各地区规模以上企业比重（%）	企业R&D人员（万人）	R&D活动经费内部支出（亿元）
西部	46 176	2 851	6.17	3 967	8.59	35.52	807.35
东部	219 383	33 036	15.06	40 199	18.32	222.38	5 653.35
中部	77 111	6 201	8.04	8 983	11.65	61.69	1 359.68
东北	27 071	967	3.57	1 683	6.22	18.00	497.97
全国	369 741	43 055	11.64	54 832	14.83	337.59	8 318.35

资料来源：国家统计局，国家发展和改革委员会. 工业企业科技活动统计年鉴［M］. 中国统计出版社，2014. 根据有关数据整理。

从2013年各地区规模以上工业新产品开发情况看（表3-22），西部地区2013年规模以上企业新项目开发数为38 533项、开发经费877.96亿元、新产品销售收入10 480.67亿元，新产品出口交货值609.58亿元，四项指标均大大低于东部和中部，而高于东北地区，但西部与东部的差距巨大，分别仅为东部地区的15.69%、13.58%、11.60%、3.24%；分别仅为中部的69.30%、62.04%、47.08%和20.62%。因此，西部地区规模以上企业新产品开发相对不足。

表 3-22　　　　　　　2013 年各地区规模以上工业新产品开发的情况

地区	新产品开发项目数（个）	新产品开发经费（亿元）	新产品销售收入（亿元）	新产品出口交货值（亿元）
西部	38 533	877.96	10 480.67	609.58
东部	245 632	6 465.19	90 341.31	18 837.17
中部	55 600	1 415.16	22 259.84	2 955.66
东北	18 522	488.42	5 378.87	451.06
全国	358 287	9 246.36	128 460.69	22 853.47

资料来源：国家统计局，国家发展和改革委员会. 工业企业科技活动统计年鉴［M］. 中国统计出版社，2014. 根据有关数据整理。

第二，西部大中型企业 R&D 主要指标在全国的比重低且占比下降。大中型企业是区域经济的骨干，其科技活动也能说明区域企业的科技活动、创新能力。如表 3-23 所示，从 2010 年到 2013 年，西部地区大中型企业 R&D 主要指标在全国比重下降，如 R&D 人员全时当量占全国的比重由 10.51% 下降到 9.61%；R&D 经费由占全国 9.68% 下降到 9.59%；R&D 项目数由占全国 12.47% 下降到 10.69%；R&D 新产品项目数由占全国 12.50% 下降到 10.71%；开发新产品经费由占全国 10.16% 下降到 9.43%；新产品销售收入由占全国 10.25% 下降到 8.12%；新产品出口由占全国 3.25% 下降到 2.66%。西部地区大中型企业 R&D 主要指标占全国比重的下降，显示西部地区企业转型升级速度低于全国平均水平，也低于全国其他地区，不利于西部地区制造业转型升级。而上述指标中，东部地区除了新产品出口指标外，其余指标均得到提升，中部地区大部分指标也得到提升。说明东部地区虽然 GDP 在全国的占比下降，但工业转型升级加速，东部地区内涵式发展能力明显提升。而中部地区制造业转型升级能力也快于西部地区。

表 3-23　2013 年西部与东部、中部和东北大中型企业 R&D 主要指标占全国比重的比较

项目	2010 年大中型企业 R&D 主要指标占全国比重（%）						
	人员全时当量	R&D 经费	R&D 项目数	新产品项目数	开发新产品经费	新产品销售收入	出口
西部	10.51	9.68	12.47	12.50	10.16	10.25	3.25
东部	64.62	66.12	62.94	64.59	66.21	69.64	89.55
中部	16.88	15.65	15.84	16.00	16.34	13.44	4.50
东北	7.99	8.54	8.75	6.92	7.28	6.67	2.69
全国	100.00	100.00	100.00	100.00	100.00	100.00	100.00

表 3-23（续）

项目	2013 年大中型企业 R&D 主要指标占全国的比重（%）						
	人员全时当量	R&D 经费	R&D 项目数	新产品项目数	开发新产品经费	新产品销售收入	出口
西部	9.61	9.59	10.69	10.71	9.43	8.12	2.66
东部	67.34	67.15	67.31	68.26	69.45	69.98	82.31
中部	17.22	16.15	15.64	15.45	15.20	17.24	12.91
东北	5.83	7.11	6.37	5.59	5.91	4.65	2.12
全国	100.00	100.00	100.00	100.00	100.00	100.00	100.00

资料来源：国家统计局，国家发展和改革委员会. 工业企业科技活动统计年鉴［M］. 中国统计出版社，2014. 根据有关数据整理。

由于企业科技活动偏弱，导致西部地区创新能力弱。2013 年，西部地区国内专利申请授权数为 12.98 万件，而东部地区也达到 88.26 万件，中部地区达到 15.00 万件，西部地区与东部和中部存在明显差距，特别是与东部差距巨大，仅为东部的 14.71%。

八、西部地区增长方式仍然是要素驱动型为主

近年来，西部地区经济增长较快，但主要来自于投资驱动。从表 3-24 看出，2010 年、2013 年、2014 年，西部地区投资分别达到 61 892.23 亿元、109 261.1 亿元和 129 191.2 亿元，一直低于东部地区，而高于东北地区；从与中部地区比较看，从略低于中部发展到略高于中部。而从投资率（投资占地区生产总值比重）看，三年间，西部地区的投资率分别为 76.03%、86.71% 和 93.57%，均高于东部和中部，与东北地区相比，只有 2010 年低于东北地区，说明西部地区投资驱动明显。

表 3-24　近年来西部与东部、中部和东北部地区全社会固定资产投资比较

地区	2010 年投资		2013 年投资		2014 年投资	
	亿元	占地区生产总值比重(%)	亿元	占地区生产总值比重(%)	亿元	占地区生产总值比重(%)
西部	61 892.23	76.03	109 261.1	86.71	129 191.2	93.57
东部	121 594.5	52.40	188 307.3	58.43	217 142.6	62.03
中部	62 890.52	73.04	105 740.3	83.06	124 249.4	89.60
东北	30 725.97	81.95	46 540.1	85.49	45 899.8	79.87
全国	277 103.2	63.40	449 848.8	71.40	516 483	75.48

资料来源：《中国统计年鉴》2011 年、2014 年、2015 年。根据有关数据整理。

根据中国科技发展战略研究小组《中国区域创新能力报告 2014——创新驱动与产业转型升级》报告，该研究将我国省级区域（西藏因数据不足，未列入研究对

象）划分为创新驱动、投资驱动向创新驱动转变地区、投资驱动地区和要素-投资驱动地区四类区域。认为江苏、广东、浙江、北京、上海、天津已基本进入创新型地区行列，而山东、福建、辽宁、湖北、四川、陕西被列为投资向创新驱动转变地区，西部地区的青海、重庆、宁夏、云南、广西、甘肃、贵州为投资驱动地区，新疆、内蒙古为要素—投资驱动地区。从中看出，西部地区多处于投资驱动、要素—投资驱动型地区，西部还没有省级区域进入创新型驱动地区行列，仅四川和陕西被列为投资向创新驱动转变地区。该报告认为，国家将更多的资源向中西部转移，促进了中西部的快速发展，会更快复制东部地区那种以加工制造、固定资产投资推动的发展模式，缺乏真正的有创新内涵的增长动力，带来新一轮投资驱动，造成新一轮的资源消耗和重复建设[①]。

据统计，西部地区排位靠前的主导和支柱产业都是以煤炭、石油、天然气、有色金属等资源为基础的采掘业和加工业，且产业链较短，产品附加价值较低，能耗强度较高[②]。2013 年，西部万元地区生产总值能耗为 0.90 吨标准煤，而东部、中部和东北地区分别为 0.56 吨标准煤、0.72 吨标准煤、0.76 吨标准煤，西部分别为东部、中部和东北的 1.61 倍、1.25 倍、1.15 倍。

从工业能源消耗看，如表 3-25 所示，2013 年，西部地区万元工业增加值煤耗为 0.531 吨，超过其他各区，分别为东部、中部和东北的 2.07 倍、1.14 倍、1.40 倍，为全国平均的 1.45 倍；西部地区万元工业增加值石油消耗 0.046 吨，高于中部、低于东部和东北，为全国平均水平的 85.19%，但石油消耗占工业能源消耗的量远低于煤炭和电力；西部万元工业增加值消耗电 1 953.76 千瓦时，也居各区域第一，分别为东部、中部和东北的 1.55 倍、1.60 倍、1.96 倍，为全国平均的 1.43 倍。

表 3-25　　　　2013 年西部与东部、中部和东北工业能源消耗的比较

地区	单位工业增加值煤耗（吨/万元）	单位工业增加值石油消耗（吨/万元）	单位工业增加值电力消耗（千瓦时/万元）
西部	0.531	0.046	1 953.76
东部	0.257	0.055	1 263.11
中部	0.464	0.034	1 223.24
东北	0.380	0.116	996.86
全国	0.366	0.054	1 364.40

资料来源：国家统计局能源统计司. 中国能源统计年鉴——2014 [M]. 北京：中国统计出版社，2015. 根据有关数据整理。

---

① 柳卸林，高太行. 中国区域创新能力报告 2014——创新驱动与产业转型升级 [M]. 北京：知识产权出版社，2015：60-61.

② 徐宪平. 中国经济的转型升级——从"十二五"看"十三五"[M]. 北京：北京大学出版社，2015：194.

由于经济以要素驱动为主，导致西部地区高新技术产业发展薄弱。根据《中国高科技统计年鉴2014年》数据，2013年，西部地区高新技术企业有2 502家、主营业务收入为11 548.8亿元，两项指标均大大低于东部和中部，与东部地区差距巨大，分别仅为东部地区的13.34%和13.43%。而西部地区高新技术产业出口交货值为4 548.3亿元，仅为东部地区的11.22%，但略高于中部地区，也高于东北地区。

第三节　西部地区战略性新兴产业引领制造业转型升级的制约因素

一、西部多数地区研发能力不足

西部地区的大学、科研机构主要集中于省会城市，而其他地市大学、科研机构少。如在四川，在21个市州中，还有5个地级行政区没有本科院校，而其他16个市州中，只有成都、南充、绵阳、乐山、泸州拥有两所以上的本科院校，其他11个市州只有一所普通本科院校。西部地区国家研究机构也主要集中于省会城市和少数地级中心城市。西部地区大中型企业主要集中于省会城市和少数地级中心城市，因此大中型企业的研究机构也主要集中于省会城市和少数地级中心城市。广大地级行政中心、县域地区缺乏科研机构和企业研究机构，因此研究与创新能力极弱。

由于创新能力不强，2013年西部地区研究与实验发展（R&D）经费为1 420.64亿元，不足东部地区的1/5，仅占全国的11.99%，也低于中部地区；研究与试验发展经费占地区生产总值的比重（科研强度）仅为1.13%，不足东部的1/2，也低于中部和东北地区，由此可见，西部地区创新能力弱，不利于西部地区战略性新兴产业发展和制造业的转型升级。如表3-26所示。

表3-26　2013年西部与东部、中部和东北研究与试验发展（R&D）人员与经费的比较

地区	R&D人员（万人）	研究与试验发展经费（亿元）	地区生产总值（亿元）	R&D经费占地区生产总值比重（%）
西部	67.81	1 420.44	126 002.78	1.13
东部	312.46	7 924.64	322 258.89	2.46
中部	89.68	1 771.11	127 305.63	1.39
东北	31.87	730.4	54 442.04	1.34
全国	501.82	11 846.6	630 009.34	1.88

资料来源：国家统计局，科学技术部.中国科技统计年鉴——2014［M］.中国统计出版社，2014.根据有关数据整理。

二、西部地区经济与人口分散

西部地区国土面积广大，人口与经济密度低。如表 3-27 所示，2014 年西部地区人口密度为 54.54 人/平方千米，不到东部地区的 1/10，约为中部地区的 1/7，不到东北地区的 1/2。2014 年西部地区经济密度为 204.4 亿元/万平方千米，不到东部地区的 1/18，不到中部地区的 1/6，不到东北地区的 1/3；由于经济和人口密度低，不利于人口、经济集聚，从而制约西部地区产业集聚效应的发挥。因此，由于经济分散，同样的产业，西部地区的协作半径大于东部地区，从而导致西部地区制造业的运输成本、时间成本更高，制约西部地区制造业的发展。

表 3-27 2014 年西部与东部、中部和东北地区人口密度与经济密度的比较

地区	人口密度（人/平方千米）	经济密度（亿元/万平方千米）
西部	54.54	204.40
东部	558.88	3 750.10
中部	353.08	1 350.25
东北	138.62	725.78
全国	143.31	719.75

资料来源：中华人民共和国国家统计局. 中国统计年鉴——2015［M］. 北京：中国统计出版社，2015. 根据有关数据整理。

三、中央的支持力度还需要加强

虽然近年来，国家给予了西部地区诸多优惠政策，极大地推动了西部地区的发展。但总体来说，由于我国经济与发达国家仍然有较大的差距，追赶发达国家发展仍然是我国当前经济社会发展的重要任务，因此，国家仍然寄希望于东部地区率先发展，尽快赶上发达国家水平，从而引领我国中西部和东北地区赶上发达国家水平。因此，当前，我国力度更大的倾斜政策仍然向东部倾斜，对经济有重要影响的改革仍然在东部优先试点、先行先试。如近年来我国试点的自由贸易区就在 2013 年率先在上海实行，2015 年，东部地区天津、福建、广东省多个地区也试点自由贸易区。直到 2016 年 8 月，国家才批准西部地区的四川、重庆和陕西设立自贸区。

同时，我国著名的高校主要集中于东部地区。如我国 211 工程大学和 985 工程大学，东部地区分别有 62 所和 22 所，分别占全国的 53.45% 和 56.41%；而西部分别为 26 所和 7 所，仅占全国 22.41 和 17.95%，远远少于东部地区的占比。而高校占比少，不利于西部地区的创新，也不利于西部地区制造业转型升级和战略性新兴产业的发展。同时，我国的股市有沪市、深市、创业板三大股市，均位于东部地区的上海和深圳市，不利于西部地区金融服务业的发展，也不利于西部地区制造业转

型升级和战略性新兴产业的发展。

四、西部地区外向型经济规模小，与东部地区仍然存在巨大差距

近年来，西部地区外向型经济发展迅速，如表 3-28 所示。从进出口贸易看，在 2000 年，西部地区进出口和出口均低于东部和东北地区，而略高于中部地区；到 2014 年，西部地区进出口和出口，分别为 3 343.82 亿美元和 2 174.58 亿美元，仍然低于东部，但超过了东北地区，仍然高于中部地区。所以，近年来西部地区外贸增长快，2014 年西部地区进出口和出口分别为 2000 年的 19.48 倍和 21.91 倍，是四个地区中增长最快的。但即使如此，2014 年，西部地区进出口和出口与东部地区的差距仍然非常大，两项指标西部分别仅为东部的 9.48% 和 11.56%。实际上，2014 年，西部地区进出口和出口均低于东部的广东、江苏和浙江三个省，三个省进出口贸易分别为 10 767.34 亿美元、5 637.61 亿美元和 3 551.99 亿美元，而三省的出口分别为 6 462.22 亿美元、3 418.68 亿美元和 2 733.57 亿美元。

表 3-28 　　　　2000 年和 2014 年西部与东部、中部和东北地区外贸的比较

地区	2000 年（亿美元）		2014 年（亿美元）		2014 年为 2000 年的倍数	
	进出口	出口	进出口	出口	进出口	出口
西部	171.66	99.27	3 343.82	2 174.58	19.48	21.91
东部	4 165.01	2 152.18	35 261.16	18 804.68	8.47	8.74
中部	147.53	96.90	2 474.28	1 585.26	16.77	16.36
东北	245.88	135.64	1 792.38	818.77	7.29	6.04
全国	4 730.08	2 484.00	42 871.64	23 383.30	9.06	9.41

资料来源：1. 中华人民共和国国家统计局. 中国统计年鉴——2001 [M]. 北京：中国统计出版社，2001. 2. 中华人民共和国国家统计局. 中国统计年鉴——2015 [M]. 北京：中国统计出版社，2015. 根据有关数据整理。

表 3-29 为西部地区制造业出口与东部、中部和东北部比较，从表中看出，西部地区 2013 年制造业出口 6 816.58 亿元，低于东部和中部，与东部差距大，不足东部地区的 1/13。西部地区制造业出口占全国制造业出口的比重为 6.06%，制造业出口占西部地区制造业销售产业的比重为 6.14%，均大大低于东部地区。

表 3-29 　　　　2013 年西部地区制造业出口与东部、中部和东北部比较

地区	制造业销售产值（亿元）	制造业出口（亿元）	制造业出口占全国的比重（%）	制造业出口占各地区制造业比重（%）
西部	110 935.80	6 816.58	6.06	6.14
东部	534 798.18	92 580.74	82.34	17.31
中部	174 489.26	9 182.64	8.17	5.26
东北	75 188.16	3 853.89	3.43	5.13

表3-29（续）

地区	制造业销售产值 （亿元）	制造业出口 （亿元）	制造业出口占 全国的比重（%）	制造业出口占各地区 制造业比重（%）
全国	895 411. 40	112 433. 85	100. 00	12. 56

资料来源：中华人民共和国国家统计局工业统计司.中国工业统计年鉴——2014［M］.北京：中国统计出版社，2015.根据有关数据整理。

外向型经济和制造业规模偏小，一方面说明西部地区经济规模偏小，另一方面，也导致西部地区利用国际贸易发展战略性新兴产业的能力偏弱，不利于西部地区战略性新兴产业发展和引领制造业的转型升级。

五、西部地区缺乏海岸线，不利于大宗物品进出口

西部地区除广西外，均缺乏海岸线，不利于与外国进行经济交流。由于海运是当前最为廉价的运输方式，缺乏海岸线，意味着西部地区缺乏廉价的海运，西部地区的运输只有通过陆运、内河航运、空运。西部地区产品要出口到外国，一般要经过沿海转口，与沿海产品出口相比，增加了从内陆到港口的运输成本，而且也要增加转口成本。虽然西部地区多个省级行政区域与外国接壤，有多个国家级口岸，但这些陆地口岸运输量有限，并且陆地运输成本较高，与沿海港口相比，发展外贸与沿海港口相比存在极大的不利。

六、西部广大地区基础设施、生产性服务业与东部仍然有较大差距

发展环境影响因素很多，有硬环境、软环境，由于软环境因素主要受人为因素影响大，可塑性较强，各地的差距较为容易缩小。而硬环境的影响受自然环境等因素影响大，改变需要花较长的时间，这方面欠发达地区与发达地区差距明显。因此，硬环境对欠发达区域自我发展能力的影响更为明显。反映区域硬环境的因素很多，本文主要将交通线路指标作为衡量区域硬环境的指标。对交通线路影响较大的是公路、高速公路和铁路。

表3-30为西部地区与东部、中部和东北地区交通里程比较，从表中看出，2013年西部地区铁路、公路、等级公路、高速公路总里程分别为39 585.0千米、1 737 328千米、1 377 422千米和33 843千米，均超过东部、中部和东北地区，居全国第一。但西部地区内河航道里程仅为32 871千米，少于东部和中部，一级公路和二级公路里程分别为15 576千米和99 775千米，少于东部，但高于中部和东北地区，而居全国第二。从这些可以看出，西部地区交通线路总长度在全国并不处于劣势。但是如果考虑到线路质量，则西部地区明显不足。就内河航道看，西部地区内河航道一般是三级及以下航道，通行一般在1 000吨以下；而沿海的内河航道多一

级、二级航道，可通行 2 000~3 000 吨以上轮船。东部、中部和东北地区运营铁路复线、高速铁路比重大，而西部地区复线铁路少、高速铁路少，单线铁路多。东部地区还有海运，没有在表中列出，而西部地区除广西外没有海运。

表 3-30　　2013 年西部地区与东部、中部和东北部地区交通里程比较　　单位：千米

地区	铁路	内河航道	公　路				
			里程	等级公路	高速	一级	二级
西部	39 585.0	32 871	1 737 328	1 377 422	33 843	15 576	99 775
东部	24 806.1	53 234	1 076 124	1 020 652	32 079	45 376	115 327
中部	23 230.3	32 781	1 177 399	1 043 103	28 107	11 620	88 907
东北	15 523.4	6 967	365 370	314 390	7 406	6 919	36 458
合计	103 144.8	125 853	4 356 221	3 755 567	101 435	79 491	340 467

资料来源：中华人民共和国国家统计局. 中国统计年鉴——2014 ［M］. 北京：中国统计出版社，2014. 根据有关数据整理。

表 3-31 为西部与东部、中部和东北地区道路密度比较。从表中看出，2013 年，西部地区各类交通线路密度均少于东部、中部和东北地区。其中，西部地区单位面积铁路运营里程为 58.60 千米/万平方千米，不到东部的 1/4，不到中部和东北的 1/3；西部内河航道密度为 48.66 千米/万平方千米，不到东部的 1/11，不到中部的 1/6；西部地区公路密度为 2 572.05 千米/万平方千米，不到东部和中部的 1/4；西部地区等级公路密度为 2 039.22 千米/万平方千米，不到东部和中部的 1/5，约为东北的 1/2；西部地区高速公路密度为 50.10 千米/万平方千米，分别不到东部和中部的 1/6、1/5，约为东北地区的 1/2；西部地区一级公路密度仅为 23.06 千米/万平方千米，分别不到东部、中部和东北地区的 1/21、1/4、1/3；西部地区二级公路密度为 147.71 千米/万平方千米，分别不到东部、中部和东北地区的 1/8、1/5 和 1/3。正是由于交通基础设施的差距，导致西部地区发展硬环境远远劣于东部、中部和东北地区，西部自我发展能力难以赶上东部、中部和东北地区。

表 3-31　　2013 年西部地区与东部、中部和东北部地区交通线路密度比较

单位：千米/万平方千米

地区	铁路	内河航道	公路密度			
			等级公路	高速公路	一级公路	二级公路
西部	58.60	48.66	2 572.05	2 039.22	50.10	23.06	147.71
东部	265.75	570.29	11 528.48	10 934.21	343.66	486.11	1 235.49
中部	226.19	319.19	11 464.33	10 156.69	273.68	113.14	865.69
东北	196.04	87.99	4 614.23	3 970.41	93.53	87.38	460.43
全国	108.49	132.38	4 582.15	3 950.35	106.70	83.61	358.13

资料来源：中华人民共和国国家统计局. 中国统计年鉴——2014 ［M］. 北京：中国统计出版社，2014. 根据有关数据整理。

西部地区生产性服务业也相对不足。如表 3-32 所示，西部地区限额以上批发企业有 10 369 个，不到东部地区的 1/6，也略低于中部地区；西部地区限额以上批发企业从业人员 69.47 万人，不到东部地区的 1/4，也略低于中部地区；西部限额以上批发企业商品销售额 45 691.8 亿元，不到东部的 1/6。2013 年西部地区有亿元以上商品交易市场 741 个，不到东部的 1/4，也低于中部地区；成交额 11 149.5 亿元，不到东部地区的 1/6，也低于中部地区。限额以上批发企业和亿元以上商品交易市场数量少，说明西部地区商品交易不发达，工业企业商品销售环境不佳。2013年，西部地区居民存款额 91 582.4 亿元，不到东部地区的一半。居民存款少，说明西部地区企业获得资金的难度相对沿海地区难度更大；同年，西部地区软件业务收入 3 147.88 亿元，不仅远远低于东部地区，也低于东北地区，因此西部地区企业获得软件服务的难度更大，一定程度上制约了西部地区企业的信息化发展。

表 3-32　2013 年西部地区主要生产性服务业与东部、中部和东北部地区的比较

地区	限额以上批发企业（个）	从业人员（万人）	商品销售额（亿元）	亿元以上商品交易市场（个）	成交额（亿元）	居民人民币存款（亿元）	软件业务收入（亿元）
西部	10 369	69.47	45 691.8	741	11 149.5	91 582.4	3 147.88
东部	65 455	316.46	294 176.4	3 037	68 074.6	231 289.2	22 871.39
中部	11 016	77.30	39 228	939	12 932	86 268.3	1 350.71
东北	4 767	21.01	19 020.5	372	6 209.1	37 463.4	3 217.29
全国	91 607	484.24	398 116.7	5 089	98 365.2	446 603.3	30 587.27

资料来源：中华人民共和国国家统计局. 中国统计年鉴——2014［M］. 北京：中国统计出版社，2014. 根据有关数据整理。

七、制造业转型升级面临诸多地区的竞争与挑战

一是西部地区发展战略性新兴产业面临东部发达地区和发达国家的竞争。战略性新兴产业是当前的热点产业，具有广阔的市场前景，增长潜力巨大，区域发展该类产业，区域经济就会站在产业的顶端，区域竞争力就会增强，因此，各国和地区均致力于发展战略性新兴产业，特别是发达国家和我国东部沿海地区，由于产业基础强大，发展战略性新兴产业得天独厚，比我国西部地区发展战略性新兴产业更有条件，因此西部地区发展战略性新兴产业面临这些地区和国家的竞争，发展战略性新兴产业面临极大挑战。

二是西部地区承接东部和发达国家产业转移也面临中部地区和广大发展中国家的竞争。目前，西部地区产业总体较为低端，发展战略性新兴产业和制造业转型升级，除了通过本地企业发展、本地科技人员创业外，一定程度也需要通过承接国内外产业转移来发展战略性新兴产业和推进制造业转型升级。而承接产业转移，特别

是高端制造业转移，西部地区面临着我国中部地区的竞争。中部地区人口众多，剩余劳动力多，工业基础较好，又与东部地区相邻，又靠近沿海，承接东部沿海地区产业转移条件较优。国外地区主要有东南亚、南亚地区等。东南亚地区具有劳动力成本低、政局较为稳定等的优势，并且有一定经济基础。

三是西部地区发展外向型经济也面临不利的区位条件的影响。制造业必须要发展外向型经济，否则难以成为带动区域经济的领头产业，而西部地区发展外向型经济，仍然面临诸多挑战。西部地区地处内陆，虽然国家"一带一路"建设能够在一定程度上将西部地区由开放末梢变为开放前沿，但西部地区开放仍然面临诸多区位的挑战。第一，陆运的成本较高。第二，目前陆运通道有限。中国通向欧洲的铁路通道主要是由兰新铁路为骨干的亚欧大陆桥，未来还需要建设一批铁路。而空运成本太高，只能运输高新技术产品及对运输成本不太敏感的产品。第三，"一带一路"倡议受沿线国家政治、稳定因素影响明显，只要沿线一个国家出现政治动荡，或出现国家间的争端，都有可能使陆上运输难以进行。

第四章　以战略性新兴产业引领西部地区制造业转型升级的途径与对策

西部地区战略性新兴产业和制造业均较为薄弱，因此，西部地区提升自我发展能力需要大力发展战略性新兴产业和制造业，尤其应重点发展战略性新兴产业，以战略性新兴产业引领制造业转型升级，这就需要明确转型升级的方向、途径。西部地区大力发展战略性新兴产业、以战略性新兴产业引领制造业转型升级需要国家的大力支持，特别需要国家在西部地区布局重点科技创新与制造业项目，而本地也需要合理规划、主动谋求发展，推进西部地区制造业由被动调整向主动升级转变。

第一节　以战略性新兴产业引领西部地区制造业转型升级的方向与途径

一、战略性新兴产业引领西部地区制造业转型升级的目的

（一）提升西部制造业竞争力

战略性新兴产业引领西部制造业转型升级的目的之一是提升西部地区制造业的竞争力。提升西部制造业的竞争力主要表现在几个方面：一是增加西部地区制造业销量，提升西部地区制造业的市场占有率。二是提升西部地区制造业产品的出口能力，提高西部地区制造业的出口量，扩大西部地区制造业在国际市场的占比。三是提升西部地区制造业的自我发展能力，其重要表现为西部地区制造业在面对经济危机时仍然能够保持较高速度增长，在面对国际、国内制造业的竞争中能够保持市场占有率不缩小，甚至逐步扩大。四是西部地区制造业对西部地区经济拉动作用明显增强，成为西部经济发展的引擎。因此，努力使西部地区制造业增长速度超过全国平均水平，在制造业的带动下，西部地区经济增长能够超过全国和东部平均水平，逐步缩小与全国和东部地区的差距。五是在西部地区培育一批具有国际、国内影响的产业和产业集群，其中部分产业和产业集群达到国际领先水平；同时培育若干具有国际、国内影响的跨国企业和品牌，其中部分为具有行业领先地位的品牌。为此，西部地区要形成以战略性新兴产业为动力、支柱的产业体系，同时部分战略性新兴

产业达到国际先进水平，成为我国该类产业发展的中心。

（二）提升西部地区制造业的创新能力

创新是区域经济提升的根本，而制造业创新是区域创新的重点，是区域创新的基础和依托。据统计，全球70%左右的创新来自于制造业领域。而2013年，我国企业研发经费为9 075.8亿元，占全国R&D投入研发经费总量的76.6%。因此，提升西部地区制造业的创新能力对西部地区经济具有极为重要的意义。通过战略性新兴产业引领西部地区制造业转型升级，大力发展战略性新兴产业，并通过战略性新兴产业的引领，将极大地提升西部地区制造业的创新能力，提升西部地区制造业的竞争力和自我发展能力等。

（三）提升西部制造业与环境协调发展的能力

通过战略性新兴产业引领西部地区制造业转型升级，提升西部地区制造业与资源环境的协调发展能力。通过转型升级，提升西部制造业在西部工业中的比重，逐步使西部地区工业摆脱对资源环境的过度依赖；通过转型升级，提升西部制造业对资源环境的利用效率，实现西部地区制造业从依靠资源向依靠创新的转变；通过转型升级，降低西部制造业单位增加值矿产资源消耗、能源消耗、水消耗强度，降低单位增加值温室气体排放，并逐步接近或达到东部地区水平。

在三个目的中，提升西部地区制造业竞争力是西部地区战略性新兴产业引领制造业转型升级的重要表现，而提升制造业创新能力是制造业转型升级的基础，提升制造业与环境协调发展能力是制造业转型升级的基本要求。

二、西部地区战略性新兴产业引领制造业转型升级方向

（一）由资源依赖向创新驱动转型，实现发展动力的升级

西部主要优势工业有资源深加工产业、装备制造业、能源产业、高科技产业等，采掘业也有一定优势，这些产业中，装备制造业和高技术产业技术含量高，对资源依赖少，但这两类产业西部地区规模实际也不大，而西部规模庞大的制造业主要是资源加工业、高耗能产业。高耗能产业主要包括黑色金属冶炼和压延加工业、有色金属冶炼和压延加工业、化学原料和化学制品制造业、石油加工、炼焦和核燃料加工业、非金属矿制品业、电力、热力生产和供应业，其中前五个为制造业，电力、热力生产和供应业属于水电气生产及供应业，这六个行业在西部均规模庞大，均为西部地区的优势产业，这些制造业对资源依赖程度高。西部地区食品工业也具有优势，而食品工业也是对资源特别是农业资源依赖较高的行业。西部地区采掘业主要依赖西部地区丰富的矿产资源发展起来，也相对具有优势，特别是石油、煤炭、金属矿、非金属矿等采掘业是西部许多地区的支柱产业，这些行业纯粹就是依靠资源发展起来的产业。西部地区的制造业主要依赖西部地区采掘业发展起来，与采掘业关系密切。因此，当前西部地区制造业具有明显的资源依赖型特征。

资源依赖型产业由于建立在丰富的资源基础之上，发展受到巨大的局限性。资源型产业对资源环境具有巨大的破坏作用，并且资源型制造业对资源的加工，也将产生巨大的污染。同时，资源依赖型产业主要依靠资源产品的数量的扩大实现产业的规模扩张，而这必将加大对资源的开发，增加西部地区资源环境的压力。并且资源型产业的发展会受到资源规模的限制，迟早也将会遇到资源枯竭的困境。因此一味依靠资源型产业发展必将成为区域经济发展的障碍，是不可持续的。

通过战略性新兴产业引领制造业转型升级，通过不断发展战略性新兴产业，必将带动西部地区制造业创新，必将改变西部地区制造业对资源的依赖，逐步使西部地区制造业摆脱对资源和环境的依赖；而创新也必将反作用于战略性新兴产业的进一步发展；通过创新，利用战略性新兴产业装备制造业，提高制造业的竞争力；通过创新，不断提升制造业的绿色发展能力、智能化水平、产品质量等。通过战略性新兴产业引领制造业转型升级，创新必将成为西部地区制造业发展的主要驱动因素，由此实现西部地区制造业由资源依赖向创新驱动转变。为此，要不断提升西部地区制造业的创新能力。

应在西部有条件的区域，大力发展战略性新兴产业，以战略性新兴产业的发展带动创新；以创新驱动战略性新兴产业的发展，引领制造业转型升级，在西部地区掀起创新的高潮。西部各地区应根据地方特色培育、发展战略性新兴产业，围绕战略性新兴产业建设各级、各类创新载体；或者根据区域创新特点，培育战略性新兴产业。各省会城市和重点地级中心城市，应建设总部型创新基地或科学城、科技城等。西部各高新技术产业开发区、有条件的经济技术开发区应围绕重点战略性新兴产业，建立具有特色的科技企业孵化器。各地区重点大学应努力建设大学科技园；而有大学的地级行政区，应根据地区优势，与大学联合设立特色型大学科技园。加大对西部传统制造业的创新投入，有条件的传统制造业企业应设立研发中心。

（二）由资源消耗、环境污染型向绿色发展转型，实现资源利用与环境协调的升级

西部地区当前制造业多原材料制造业，并且由于生产技术较为传统，资源利用效率不高，导致污染较为严重，使西部地区制造业资源消耗型、污染型特征明显。2013 年，西部地区单位工业增加值煤炭消耗 0.531 吨/万元，而东部、中部、东北部分别为 0.257 吨/万元、0.454 吨/万元、0.380 吨/万元；而单位工业增加值耗电西部为 0.195 千瓦时/元，东部、中部、东北部分别为 0.126 千瓦时/元、0.122 千瓦时/元和 0.100 千瓦时/元，单位工业增加值煤耗和电耗，西部地区明显高于其他地区。分省看，2013 年，我国单位工业增加值煤耗最多的 10 个省级区域从高到低依次为宁夏、贵州、山西、云南、新疆、甘肃、河北、广西、青海、吉林，其中有 7 个位于西部地区；而单位工业增加值电耗最多的 10 个省级区域从高到低依次为宁夏、青海、新疆、甘肃、贵州、内蒙古、云南、山西、海南和河北，其中前 7 个均位于西部。通过战略性新兴产业引领西部制造业转型升级，发展战略性新兴产业，升级传统制造业，将极大延长西部地区制造业产业链，因而提高资源加工深度，提

升产品附加价值，提高资源利用效率；通过循环发展、低碳发展、绿色发展，深化资源开发，减少污染浪费，不仅减少污染，提高产品质量，而且也能促进资源利用效率的提升；通过西部地区制造业由资源依赖向创新驱动转变，逐步减少资源型工业在西部工业中的比重，将逐步改变西部地区工业资源型面貌，实现西部地区制造业资源利用的转型升级。

（三）由传统型向智能化发展转型，实现生产方式的升级

根据有关研究，到目前为止，已经历了3次工业革命。第一次工业革命，机械取代人力；第二次工业革命，流水线生产出现，开创了产品生产的新模式；第三次工业革命，自动化出现，自动化取代手动。自2008年后，物联网、云计算、大数据、移动互联、3D打印、智能机器等数字经济相继出现，新能源、新材料、生物领域技术创新空前活跃，新一代信息技术与制造业不断深化融合，出现了以互联网、物联网等技术为基础的、以应用带动为重要特征的新一轮工业革命。为此2012年，德国提出了工业4.0计划，认为当前世界正处于信息网络世界与物理世界的融合进程中，即第四次工业革命。并提出重点围绕"智慧工厂"和"智能工厂"的大方向，巩固和提升其在制造业的领先优势。而美国则提出工业互联网。2009年12月，美国颁布了《重整美国制造业框架》法案，之后，美国又相继启动了《先进制造业伙伴计划》和《先进制造业国家战略计划》，实施再工业化和制造业回归战略。2012年3月，奥巴马首次提出了建设国家制造创新网络，集中力量推行数字化制造、新能源以及新材料应用等先进制造业的创新发展，打造一批具有先进制造能力的创新集群，这就是美国的工业互联网战略。为了应对全国工业信息化、智能化发展趋势，我国于2015年提出了中国制造业2025战略，该战略以体现信息技术与制造业技术深度融合的数字化、网络化、智能化制造为主体，为我国制造业信息化发展指明了方向，并提出我国各阶段制造业发展的总体目标：即在2025年制造业迈入世界第二方阵；到2035年，制造业将位居第二方阵的前列；到2045年，成为世界首屈一指的制造业强国[①]。由此可见，以信息化、数字化、智能化、网络化为特征的智能制造业将是未来一段时期制造业发展的方向、创新的动力，没有融合信息化、数字化的制造业将面临巨大的困境、难以生存。

西部地区制造业智能化水平不高，传统特征明显。德国工业4.0就是强调智能化发展，我国工业2025计划，也是强调智能化，智能化也将成为西部地区制造业转型升级绕不过的门槛；如果西部地区制造业抓住智能化发展的机遇，将极大地推进西部地区制造业的跨越式发展和转型升级。通过战略性新兴产业引领西部地区制造业转型升级，充分利用新一代信息技术的发展，推进西部地区智能化与战略性新兴产业、传统制造业的融合，不断提高西部地区制造业的智能化水平，将极大地推进西部制造业由传统型向智能化方向转型，实现制造方式的转型升级。新一代信息技

---

① 夏研娜，赵胜. 工业4.0：正在发生的未来［M］. 北京：机械工业出版社，2015：7—39.

术是智能化的主要产业，也是各产业发展智能化的基础，是战略性新兴产业；因此，新一代信息技术的发展，既能推进西部地区战略性新兴产业的发展，又能促进西部地区制造业的智能化转型，新一代信息技术在西部地区战略性新兴产业引领制造业转型升级中具有极为重要的作用，因此，西部地区制造业智能化发展首先要发展新一代信息技术。其次，要加速西部地区新一代信息技术在制造业中的应用，推进新一代信息技术与战略性新兴产业和传统制造业的融合。制造业智能化主要是通过信息技术、互联网技术、物联网技术、数字化技术等应用于制造业的设计、生产、产品、营销等各环节，提高制造业的设计水平、生产效率、产品质量、市场规模等。通过智能化发展，推进制造业的智能生产、智能管理、智能服务等，发展智能产品、智能装备等，可以减少能源消耗、实现远程服务、支持客服定制、实现多品种小批量生产，从而提升制造业的竞争力。因此，要加强西部地区制造业的智能化发展、改造，不断提升制造业智能化水平，通过智能化提升西部地区制造业的竞争力、创新能力、绿色发展能力等。

（四）由重视企业发展向特色化与集群化发展转型，实现产业组织的升级

与东部地区相比，西部地区制造业特色化、集群化发展明显不足，东部地区制造业发展存在大量的专业镇、产业集群，涌现大量的专业化生产区域。这些专业化生产区域围绕一个产业，集聚成千上万企业，这些企业关联密切，形成产业集群。这些产业集群创新能力强，生产能力强大，产业竞争力强大，一些产业集群成为全球专业化产品最大生产区，技术引领世界潮流，产品大量出口。产业集群已成为现代制造业发展的重要特征和方向。集群内人员流动密集，创新与创业活跃，企业竞争激烈，企业合作与产业融合不断创新，推进产业升级明显。

西部地区省会城市和少数地级中心城市，制造业专业化和集群化发展有一定规模，而西部多数地区制造业关联度不高，企业协作不紧密，关联企业在地域上集中并不明显；西部许多地区，特别是县域地区，一个制造业行业就一个或少数几个规模企业，生产一个或多类产品，企业间缺乏关联，产业偏弱，使西部地区制造业竞争力不高、产业创新能力不强、集聚能力不强。因此，西部地区制造业分散、无序布局明显。西部地区制造业水平低，一方面是由于产业集群发展不足引起，而另一方面正是由于产业集群发展不足，又制约了西部地区制造业的发展。因为制造业技术含量相对较高，产业链较长，需要较强的协作和产业配套，这就需要产业集群。技术含量越高、产业链越长的高端制造业，越需要集群化发展。制造业、特别是技术含量较高的制造业与产业集群是相辅相成、相互促进的。

与传统制造业相比，战略性新兴产业一般技术含量、加工度高，产业链长，更需要协作、配套，因此战略性新兴产业更需要发展产业集群，集群化发展成为战略性新兴产业发展的主要模式。美国的新兴产业通过集群发展，强化了美国战略性新兴产业的发展。通过生物技术的集群发展，美国形成了波士顿、圣弗朗西斯科、圣地亚哥、北卡罗来纳州三角研究地带、西雅图、纽约、费城、洛杉矶、华盛顿-巴

尔的摩九大生物医药产业集群,"硅谷"集聚了上万家高科技企业,拥有世界上最大、最密集、最具创造性的高科技产业集群,印度的班加罗尔地区,集聚了众多优秀软件企业,成为印度高科技产业的代表[①]。

由于战略性新兴产业有利于产业集群的发展,通过战略性新兴产业引领西部地区制造业转型升级,一方面,通过发展战略性新兴产业,带动西部地区制造业集群化、专业化发展,提升西部地区制造业集群化、专业化发展水平;另一方面通过制造业集群化、专业化发展,引领西部地区特色制造业在特定区域的集聚,发展产业集群,推进西部地区制造业的创新,拓展西部地区制造业产业链,提升西部地区制造业的集聚能力、创新能力、配套能力,推进制造业转型升级。因此,西部地区要有意识地培育产业集群,通过产业集聚发展制造业,促进制造业转型升级,提升产业规模经济效益,提高产业的竞争力。要努力提升西部地区制造业产业集群的层次、规模和影响力,努力在西部地区形成 10 个左右有世界影响的产业集群或产业集聚区,100 个左右在全国有影响的产业集群,实现西部地区由分散、无序布局向特色化、集群化发展方向转型,推进产业组织的转型升级。

(五)由重视产品数量向重视提升产品质量转型,实现产品生产的升级

当前西部地区制造业虽然有一些品牌,但总体来说,西部地区品牌极少。国家驰名商标、中国名牌,西部地区占比很低。当前,中央电视台广告的产品主要是东部地区产品,西部极少。广告少,也是产品宣传不到位的、产品质量不高的重要表现。西部地区产品多资本品,消费品发展相对不足,同时消费品竞争力不足,这也在一定程度上制约了西部地区制造业产品对广告的需求。

通过战略性新兴产业引领西部制造业转型升级,首先通过发展战略性新兴产业,发展新兴产品,发展高科技产品,提高西部地区制造业产品的质量。另一方面,通过高科技引领,带动西部地区传统制造业产品升级,不断提高产品质量。同时,大力促进消费品的生产,提高西部地区制造业消费品的质量。大力塑造品牌,不断提高西部地区国家级品牌数量,培育一批具有国际影响的品牌。

(六)由主要满足国内市场为主向以国际、国内市场同步发展转型,实现市场销售的升级

虽然,近年来西部地区外贸增长迅速,增长速度超过全国平均水平,也超过东部地区水平。但总体来说,西部地区制造业出口能力不强,由此导致西部地区进口能力也不强,因此西部地区进出口水平也比较低。2014 年,西部地区 12 个省级行政区,出口 2 174.58 亿美元,还没有广东省多,仅为广东省的 33.65%,西部地区出口仅占全国的 9.30 %;由于出口低,导致西部地区进口也低,进出口贸易也低。2014 年,西部地区进出口 3 343.82 亿美元,仅为广东省的 1/3,不足全国的 1/10。西部地区出口能力弱,主要是由于制造业出口能力弱造成。

---

① 王礼恒. 战略性新兴产业培育与发展战略研究综合报告 [M]. 北京:科学出版社,2015:12.

制造业出口能力低，参与国际竞争能力弱，是制造业竞争力弱的重要表现，同时，这也进一步制约西部地区制造业水平的提升。西部地区制造业要通过转型升级提升竞争力，必须要提高制造业的国际竞争力，必须要大幅度提高制造业的出口能力。西部地区制造业转型升级也必须走国际化之路。西部地区通过战略性新兴产业引领制造业转型升级，通过发展战略性新兴产业，发展具有全球技术领先的产品，可以提升西部地区制造业的出口能力；同时战略性新兴产业技术含量高，运输成本在产品成本中占比相对不高，产品对低成本运输要求相对低，因此能更好地降低西部地区远离海运的制约，能够更好促进西部地区制造业参与国际竞争。通过对传统制造业的转型升级，提升传统制造业的研发、设计、生产、产品质量和营销水平，提升西部制造业的技术含量、品牌价值，也有利于传统制造业开拓国际市场，能够更好地参与国际竞争，使西部地区制造业由以国内市场为主转向国际、国内市场同步发展的格局。

（七）由生产型制造向服务型制造转型，实现产业融合与互动发展的升级

服务业在国家和区域经济中的地位日益重要。欧美发达国家普遍存在两个70%，即服务业增加值占 GDP 比重的 70%、生产性服务业占整个服务业比重的70%[①]。我国"制造业 2025"提出了积极发展服务型制造业和生产型服务业。一方面，鼓励制造业企业延伸发展服务业，通过发展服务业，实现制造业与服务业的融合，使制造业企业从主要提供产品向提供产品与服务转型，实现企业盈利方式的转型升级。制造业企业通过发展服务，可以更加了解市场、服务市场、推出更适应市场的产品、提高产品服务水平、提高企业服务能力、扩大企业销售等。另一方面，积极发展与制造业相关的生产型服务业，有利于制造业与服务业的产业融合，有利于提升制造业的竞争力。如发展金融服务、研发设计与科技咨询服务、创新创业服务、物流服务、贸易与销售服务、信息化服务、人力资源服务、品牌建设服务、中介服务等，有利于制造业的转型升级。

由于西部地区服务业发展水平低，其制造业服务化发展也极为不足。与发达国家相比，当前我国制造业服务化发展水平也不高。西部地区制造业必须顺应世界潮流，发展服务型制造业，否则西部地区制造业仍然难以与东部地区、发达国家企业竞争。如果西部地区制造业能够抓住机遇，通过制造业，延伸发展服务业，将极大地提升西部地区制造业的竞争力，促进西部地区制造业的转型升级。

有学者认为服务型制造有助于解决中国区域经济不平衡的现实，推动中西部地区的发展。沿海地区凭借区位优势，成为率先发展起来的地区，中西部地区因缺乏这个优势，很难实现赶超。但中西部地区可以利用自身的特定优势，主动承接沿海乃至国内外的服务型外包，或通过对价值链的优化向研发和服务两端拓展，提高自身经济实力。西部地区的陕西、四川等省为全国最为重要的教育、科研基地，拥有

---

①　胥军. 形成完整产业链 促进装备制造业服务化［N］. 中国工业报，2010-09-28.

大批科技、军工企业，但由于缺乏市场和信息，相当长的一段时间陷入发展困境。通过制造型服务业的承接，可以明显地将不同区域的经济个体有效联系起来，构成完整的产业链或价值链，推进中西部地区发展，实现国内经济平衡发展①。支持西部地区发展有特色的生产型服务业，加快产业转移承接地服务配套设施建设，实现制造业和服务的协同发展。支持企业由生产加工为主向生产加工、品牌营销、研发设计并重的制造服务型企业转型。

三、西部地区战略性新兴产业引领制造业转型升级的理论模式

根据西方发达国家的经验，欠发达地区产业升级一般采用渐进式与跨越式产业升级模式，我国西部地区战略性新兴产业引领制造业转型升级也应采用渐进式与跨越式相结合的转型升级模式。

从原因来看，一是西部地区制造业总体层次较低，如果仅采用渐进式模式，西部产业发展仅根据西部地区产业现有基础而升级，必然导致西部地区制造业仍然会落后于全国尖端水平和世界尖端水平，与国际先进水平仍然有较大的代差，也必然制约西部地区产业附加价值的提升，制约西部地区竞争力的提升，也制约西部地区发展水平的提升，西部地区也将难以赶上发达地区水平。二是如果仅采用跨越式产业升级模式，西部地区一味追求高端产业，高端产业发展与原有传统产业脱节，将使高端产业缺乏支撑，是目前国家和西部地区财力难以支持的，也是西部地区科技能力难以支撑的；并且这些高端产业由于具有探索性，发展仍然具有不确定性，是否能获得市场认可、是否具有竞争力、是否能带动西部地区产业转型升级仍有待市场验证；同时，西部地区部分传统制造业仍有一定的市场和竞争力，如果突然放弃这些产业将导致西部地区原有竞争力加速消失，而新兴的高新技术产业又未能形成带动力，将使西部地区面临更大的发展困境。并且西部地区的广大中小城市，由于发展条件欠缺，特别是科技创新能力有限，劳动力素质不高，实际难以发展高端的战略性新兴产能产业；这些地区将长期发展传统制造业，而通过先进适用技术改造提升传统制造业的生产能力、适度发展先进制造业是其转型升级的主要方向，而不是一味地发展战略性新兴产业、高技术产业。

而采用跨越式与渐进式结合的产业升级模式，即在西部广大地区，在保持原有产业的竞争力的基础上，渐进式推进产业转型升级，并以此为基础，发展新兴制造业，可以进一步提升西部制造业的竞争力，不致使西部制造业竞争力的衰退。同时，在西部地区适合的区域，采用跨越式制造业升级模式，发展高端战略性新兴产业，并逐步将这些制造业培育为西部地区制造业的支撑，引领西部地区制造业发展，增强西部地区的竞争力。

---

① 何哲，孙林岩. 中国制造业服务化［M］. 北京：清华大学出版社，2012：114.

因此，西部地区战略性新兴产业引领制造业转型升级宜采用跨越式与渐进式结合推进模式。首先，西部制造业可以实现跨越式发展，推进制造业的转型升级。西部可以跨越式发展先进的战略性新兴产业。西部地区战略性新兴产业的发展要以全国为基础，不应逾越全国的产业发展阶段，即西部地区制造业可以逾越西部地区发展阶段，但必须以全国制造业发展基础为条件，因此西部地区战略性新兴产业的发展必须得到国家支持方能成功。为此，西部地区可以超越其制造业整体发展阶段，跨越式发展战略性新兴产业，这些战略性新兴产业将成为西部地区制造业的支柱，引领西部地区制造业转型升级，同时成为西部地区经济发展的引擎；另一方面，西部部分条件适合的城市或地区，虽然某些战略性新兴产业缺乏基础，但通过国家支持或区域正确的发展策略引导，可以跨越式培育和发展某些战略性新兴产业，引领区域制造业转型升级，引领区域发展。其次，西部广大地区仍然要通过渐进式为主的升级模式，推进制造业的转型升级。可以通过渐进式模式推进高新技术产业基础条件好的地区发展战略性新兴产业；可以在原有制造业基础较好的地区，通过制造业升级发展战略性新兴产业；还可以通过渐进式模式，推进传统制造业的转型升级，提升制造业竞争力。

就西部个别城市或区域来看，根据渐进式和跨越式发展模式，与战略性新兴产业和传统制造业的组合，可以形成四种制造业升级模式，如表4-1所示。

表4-1　　　　　　　　西部地区制造业转型升级的4种模式

模式 产业	跨越式	渐进式
战略性新兴产业	跨越式发展战略性新兴产业	渐进式发展战略性新兴产业
传统制造业	跨越式推进传统制造业转型升级	渐进式推进传统制造业转型升级

首先，西部省会城市、少数地级中心城市等，虽然原有产业基础薄弱，战略性新兴产业基础不强，但战略性新兴产业发展可以超越城市原有的产业基础，发展较为高端的战略性新兴产业，但这些较为高端产业的战略性新兴产业的发展也是不超越全国或西部地区的制造业基础。即这些高端产业是全国或西部地区制造业升级发展的必然结果，只是将这些产业布局在条件适合的西部城市或区域，使这些城市或区域的制造业发展呈现跨越式升级特征。由于产业高端，这些城市将成为西部地区制造业的引擎。其次，西部部分中心城市，特别是高科技产业和高端制造业基础较为雄厚的省会城市和地级中心城市，可以通过渐进式产业升级，发展战略性新兴产业，推进制造业的调整。再次，西部广大地级中心城市、中小城市、县域地区，传统制造业比重大，制造业层次低，科技实力也不强，这些地区主要通过渐进式升级，充分利用战略性新兴产业技术，提升原有制造业的创新能力、绿色发展能力、信息化水平、产品质量、出口水平等，提升原有制造业的竞争力。最后，西部部分地级中心城市、中小城市、县域地区也可以以原有的制造业为基础，在条件许可的情况

下，充分利用战略性新兴产业技术，遵循制造业演进规律，跨越式发展较为高端的先进制造业，但这些先进制造业并不是全国或西部的最高端制造业，不是战略性新兴产业，只是相对本区域过去的传统制造业，跨越了一些阶段。因此，这一类制造业可以通过承接发达地区制造业转移实现跨越式发展，迅速推进区域制造业的转型升级。在西部地区，也只有在西部地区中心城市制造业转型升级、战略性新兴产业发展到一定规模后，这些中心城市才能不会与中小城市、县域地区竞争，才能给予中小城市制造业转型升级留下更多的产业选择余地和发展空间，给予这些地区更多的承接发达地区先进制造业转移的机会；西部中心城市才能将其较为先进的传统制造业、先进制造业向西部的中小城市转移，引领这些中小城市、县域地区制造业转型升级和跨越式发展。

四、西部地区战略性新兴产业引领制造业转型升级路径

（一）产业发展路径

1. 通过发展战略性新兴产业，引领制造业结构升级

战略性新兴产业具有技术含量高、创新能力强、产业链长、带动力强、附加价值高、竞争力强、环境友好的特点，因此，通过发展战略性新兴产业，提高战略性新兴产业在制造业中的比重，从而可以提升制造业的创新能力、绿色发展能力、信息化发展能力、品牌发展能力、国际竞争能力，推进西部制造业的转型升级。

一是在条件适合的区域，充分利用原有的高新技术产业基础，通过转型重点发展战略性新兴产业，提升战略性新兴产业的支柱作用，提高战略性新兴产业的比重，提升区域制造业产业层次和竞争力。西部地区一些城市，如成都、西安、绵阳等城市，高科技产业发达，成都的电子信息、飞机制造、装备制造、生物医药等产业基础强大，在全国有一定地位；而西安的飞机制造业在全国领先；绵阳的电子信息产业、新材料等产业具有优势。这些高科技产业就是战略性新兴产业，这些城市要继续强化原有高新技术产业的发展，不断提升战略性新兴产业的比重，推进制造业的转型升级和高端化。

如在生物医药产业领域，西部地区中药材资源丰富，四川、贵州、云南等省市是我国中药材生产大省，许多地区中药制药具有优势；同时西部地区少数民族多，少数民族药物具有特色，如苗族、壮族、蒙古族、维吾尔族、藏族等民族医药，一些民族医药对某些疾病具有特殊疗效，许多还有待开发。西部也涌现了云南白药、贵州百灵、桂林三金、太极集团等优秀制药企业。为了开发苗族医药，2014 年 12 月，贵州益佰制药、贵阳医学院、贵阳中医学院三家联合共建"国家苗药工程技术研究中心"获得科技部批准，将为苗族药物开发提供国家创新平台。西部其他地区也有条件建立这样的民族医药国家级创新平台。因此，西部地区应加强生物药品的开发，努力将生物药品制造发展成为西部多数地区的优势产业。

　　二是在条件适合的区域，新培育和发展战略性新兴产业。这些区域虽然某个战略性新兴产业基础薄弱，但由于具有发展战略性新兴产业的机遇和条件，仍然可以发展原有基础薄弱的战略性新兴产业。重庆市原有的产业中，电子信息产业并不强，基础薄弱。但重庆市是中央直辖市，科技力量强大，具有强大的集聚能力，工业基础好，人才资源丰富，劳动力资源充足。由此重庆市将电子信息产业作为产业发展重点，通过大力引进国内外优势电子信息产业制造企业，引进了富士康、惠普、广达、英业达、IBM 等国际性的著名 IT 企业入驻重庆，给重庆提供了高达 30 多万的电子信息产业的就业岗位，重点发展笔记本电脑、手机生产等。近年来，重庆市电子信息产业飞速发展，取得了巨大的成效，电子信息产业已成为重庆市仅次于汽车行业的第二大制造业行业和最大的制造业出口行业，对重庆市经济和制造业的带动明显，引领作用明显。自贡市原来没有航空制造业，2013 年后，先后引进中航工业和捷克共和国通用飞机项目，开始发展通用飞机制造，航空工业成为自贡新的高端制造，推进了自贡制造业向战略性新兴产业转型。特别是西部许多地区太阳能、风能、生物质能资源丰富，一般开发条件较好，只要资金充足、政府批准，可以广泛发展新能源产业。新能源产业可以成为西部多数地区战略性新兴产业的切入点。

　　三是利用原有制造业的基础，通过产业链延伸，培育战略性新兴产业，不断提高区域战略性新兴产业的比重，实现由传统制造业为主的产业结构向以战略性新兴产业为支柱的产业结构转变。西部许多地区原有制造业有一定基础，可以通过原有制造业深化发展，培育和衍生出战略性新兴产业。西部地区化学工业有一定基础，一些化学工业企业，可以转型开发新材料产品，从而转型为战略性新兴产业企业；一些冶金工业企业，通过深化发展，也可以转型开发金属新材料产品；一些汽车及其零部件工业企业，可以根据新能源汽车要求，逐步增加新能源汽车及零部件生产，从而逐步转型为新能源汽车企业；一些装备制造企业，可以转型生产高端装备、节能环保装备产品，从而转型为高端装备和节能环保企业。

　　特别是西部许多地区黑色冶金和有色冶金较有优势，如云南、广西、新疆、内蒙古等省级区域的许多地区，这些地区可以依托冶金工业，开发先进结构材料、高性能复合材料等新材料。通过原有制造业转型升级发展战略性新兴产业，要不断增加企业战略性新兴产业比重，并推动部分企业由传统企业向高技术企业的转型，从而实现制造业的转型升级。

　　在省级中心城市、部分高科技城市，重点发展战略性新兴产业，应逐步控制一般传统制造业，逐步形成以战略性新兴产业为主导的产业体系，成为引领西部制造业转型升级的重要依托，带动西部其他地区制造业的转型升级。而西部地区其他城市，主要是地级行政中心城市、部分县级中心城市，可以根据各地产业特色，适度发展战略性新兴产业，从而带动这些城市制造业的转型升级。

2. 通过发展战略性新兴产业，引领传统制造业高级化

（1）西部地区战略性新兴产业引领制造业高级化的路径

战略性新兴产业是高技术产业，这些产业与传统制造业均有较大关联，通过关联，战略性新兴产业可以更好地带动制造业的转型升级。

一是通过战略性新兴产业装备制造业，推进制造业的转型升级。其中，通过战略性新兴产业装备传统制造业，不断提高传统制造业产品质量、产品种类、技术水平和生产效率，提高传统产业创新能力、绿色发展能力、智能化水平，推进传统产业向绿色低碳、智能化发展，从而实现传统产业的转型升级。西部地区冶金、化工、能源、食品、纺织、建材等产业具有一定优势，这些产业具有充分利用战略性新兴产业装备和技术、实现转型升级的潜力。余热发电装备应用于钢铁、冶金工业等，可以提高冶金工业的能源利用效率，推进冶金工业的循环经济发展。火电产业用循环流化床装备发电，不仅可以提高火电能源利用效率，而且可以减少污染物质的排放，也可以回收部分资源，极大地提高火电的绿色发展能力。新材料可以广泛应用于装备工业、冶金工业、纺织服装工业等，提升这些产业的生产效率、产品质量和竞争力。互联网、物联网、大数据技术可以广泛应用于传统产业，提高传统产业设计、生产、营销水平，从而可以提高传统产业创新能力、生产效率、产品质量。

二是通过战略性新兴产业与传统制造业产业链直接与间接关联，推进西部地区传统制造业的转型升级。

战略性新兴产业原材料或零部件也多直接或间接来自传统产业，而战略性新兴产业技术、产品要求高，因此对传统制造业的原材料或零部件也有更高的要求，也将促进传统制造业的发展和转型升级。同时，战略性新兴产业的良好发展，可以扩大西部地区传统制造业的市场，也能更好地带动西部地区传统制造业的发展。

充分利用战略性新兴产业产品，推进传统制造业转型升级。战略性新兴产业产品一般较为高端，一些战略性新兴产业产品是基础材料或零部件，具有更好的性能，能为制造业广泛利用。西部地区传统制造业应尽力利用战略性新兴产业产品为原材料或零部件，可以更好地提升传统制造业的产品质量，提升企业绿色发展水平，提升传统制造业的竞争力，同时也有利于战略性新兴产业的发展。新材料、新能源、生物等产业可以广泛作为制造业的上游产业，有助于提升传统制造业的竞争力。新材料产品可以作为金属制品、机械装备工业的原材料，能极大地推动这些产业发展。

西部地区传统产业集群，根据集群发展的需要，可以利用战略性新兴产业技术，尽力配套战略性新兴产业企业，以提高传统产业集群的竞争力。虽然西部地区制造业也可以利用国内外战略性新兴产业引领转型升级，但西部地区战略性新兴产业与西部地区制造业由于地理上的接近，对西部地区制造业具有更大的引领作用，并且西部的战略性新兴产业可以与制造业形成相互推动机制，对西部地区具有更大的带动意义。

（2）西部地区主要战略性新兴产业对传统制造业的引领机制

通过重点发展战略性新兴产业，西部地区战略性新兴产业规模将不断扩大，对

西部传统制造业具有一定的引领作用。

节能环保产业。高效节能设备的生产，可以带动上游产业黑色冶金、有色冶金、电子信息、机械装备等产业的发展，而节能环保设备应用于黑色冶金、有色冶金、化工工业、石油加工、发电、非金属矿产品制造等高耗能行业，将极大地推进产业的节能降耗。而高耗能行业在西部地区分布极为广泛，是西部多数地区的支柱产业。节能环保产品在这些高耗能产业中的应用，必将推动西部地区高耗能产业的节能降耗，推动产业的循环、低碳和绿色发展。矿产资源的综合利用、工业固体废物、废气、废液回收和资源化利用也是属于战略性新兴产业，其发展必将促进采掘业、各制造业的资源循环利用水平，也将极大提升资源的综合利用水平，不仅有利于保护生态环境，也将极大地减少浪费，因此有利于采掘业、各制造业和其他工业的成本节约，将极大地提升西部地区制造业和工业的竞争力。

新一代信息技术。新一代信息技术可以广泛应用于传统制造业各行业，推进制造业的智能化、信息化。新一代信息技术应用于设计，可以加速传统制造业的新产品的生产、工艺的改善和生产效率的提升；新一代信息技术应用于制造业的生产，可以提高生产效率、提高产品质量，提高制造业的自动化水平；新一代信息技术应用于产品销售，帮助企业更好地掌握市场信息，提高企业产品的销售量。因此，新一代信息技术的发展，能够更好带动西部地区传统制造业的升级。

高端装备制造业。高端装备制造业上游产业主要有有色冶金、黑色冶金、化学原料生产、塑料制品、金属制品等产业，因此高端装备制造的发展，可以带动相关传统制造业的发展。而该产业中的智能装备制造业，则可以广泛应用于制造业各行业，推进制造业的数字化、智能化，提高生产效率和产品质量。工业机器人广泛应用于工业各领域，如汽车、饮料食品、化工、塑料橡胶、金属制品等，将极大地提高传统制造业的生产能力。西部地区高端装备有一定的基础，而西部地区与高端装备制造关联产业多，高端装备制造业的发展可以很好带动西部地区原材料深加工产业的发展，促进西部地区传统制造业发展，推进相关制造业的转型升级。

新能源产业。新能源产业的上游装备产业涉及有色冶金、黑色冶金、化学原料生产、塑料制品、非金属制品、金属制品、机械装备等产业，这些产业在西部地区均有一定基础和优势，新能源产业的发展，可以带动西部这些传统产业的发展。同时新能源产业的发展，可以推进新能源的开发，加快西部制造业对新能源的利用和开发，推进西部地区制造业的绿色、低碳发展。

新材料产业。新材料产业的原料包括有色金属、黑色金属、非金属制品、塑料和纤维等，因此，新材料产业的发展可以带动西部具有优势的有色金属、黑色金属、非金属制品等传统制造业的发展。而新材料的产品可以广泛引用于西部地区冶金、机械装备、汽车、电子、纺织、医药等产业，将极大地提升传统制造业的生产质量、生产效率，推动传统制造业的绿色发展、低碳发展。

新能源汽车。新能源汽车的上游产业包括黑色金属、有色金属、金属制品、橡胶和塑料、电气机械、电子产品制造业、仪器仪表等产业，这些上游产业既有传统产业、也有战略性新兴产业，因此发展新能源汽车，将带动西部传统制造业和战略性新兴产业的发展。

3. 通过发展战略性新兴产业，引领制造业发展环境升级

（1）通过发展战略性新兴产业，引领制造业市场升级

战略性新兴产业在区域制造业中占比的增加，必将带动西部地区制造业的较快发展，带动西部地区制造业的规模扩大。战略性新兴产业的发展，将有助于提升西部制造业的产品质量，一定程度改变西部地区制造业产品落后的传统观念，助推西部地区制造业的市场扩张。通过产业关联，利用战略性新兴产业可以直接和间接带动西部地区传统制造业的发展，扩大西部地区传统制造业的生产规模和市场规模，从而带动西部地区传统制造业的不断扩大，有利于西部地区传统制造业生产成本的降低和产业竞争力的提升。同时，战略性新兴产业的发展有利于提升西部传统制造业产品价格，因而有足于提高传统制造业的附加价值。

（2）通过发展战略性新兴产业，引领制造业服务环境升级

战略性新兴产业的产业高端、有新的需求，必将催生产业服务环境的提升。战略性新兴产业的发展，将带动区域金融、物流、研发设计、广告、信息与互联网服务、人才培训、会展、中介服务等生产服务环境的改善，催生诸多新型现代服务，将极大地改善西部地区生产性服务环境。同时，西部地区战略性新兴产业的发展，将助推西部高新技术产业开发区的建设，助推西部各类特色开发区的建设，助推西部地区诸多开发区升级为省级或国家级开发区，使各地能够获得更多的优惠政策，改善制造业的发展环境。战略性新兴产业的发展，推进西部创新、创业平台的建设，也将助推西部地区制造业创新创业环境的改善。

同时，七大战略性新兴产业均涉及服务行业，其中节能环保产业涉及资源循环利用和节能环保综合管理服务、新一代信息技术涉及高端软件和新型信息技术服务、生物产业涉及生物技术应用、高端装备产业涉及卫星应用服务和专业化设计服务等、新能源产业涉及新能源产业工程及研究技术服务、新材料涉及新材料研究与技术服务、新能源汽车涉及新能源汽车研发服务等。战略性新兴产业服务业的发展必将极大地改善制造业的生产服务环境，也必将极大推动制造业的产业升级。同时战略性新兴产业与传统服务业、传统制造业的结合，也将催生新的生产性服务业，也将极大地改善战略性新兴产业制造业的服务环境，有利于助推制造业的转型升级。

（3）通过发展战略性新兴产业，引领制造业产业层次的升级

产业层次也是产业发展环境，区域产业层次高，更容易承接更高层次的产业。战略性新兴产业的发展，本身就是制造业产业层次的升级。战略性新兴产业发展将极大地改善中小城市的产业发展环境，提升其制造业结构层次。十多年前，西部地区工业化水平低，各地在工业化发展过程中对产业的选择具有盲目性，发展的制造业多为传统制造业、传统工业，各地都在为工业化展开竞争。由于省会城市、较大

的地级中心城市相对于西部其他地区具有一定优势，能够引进一些相对高端、有一定技术的传统制造业，这样，这些省会城市和地级中心城市就对其他地区制造业发展产生挤出效应，其他地区制造业只能发展层次更低的原材料工业，甚至只能发展采矿业等非制造业产业，难以承接发达国家、发达地区较为先进的制造业转移，造成西部中小城市、县域地区招商困难、制造业发展困难的境况。

西部地区在发展条件相对较好的省会城市、主要地级中心城市重点发展战略性新兴产业，将使这些城市摆脱与西部其他区域在制造业领域低水平竞争的困境，将技术较为先进的传统制造业留给西部中小城市、县域地区发展，将为这些地区留下更大的发展空间，而不是像过去的挤压。因此，一方面，西部地区中小城市、县域地区可以比过去更有机会承接发达地区、发达国家先进制造业的转移，而不一定局限在原材料工业；另一方面，西部省会城市、主要地级中心城市由于发展战略性新兴产业，也会将部分技术相对较高的制造业向西部中小城市，县域地区辐射、转移。因此，西部中小城市、县域地区发展制造业的空间更大，环境更好，将极大地促进这些地区制造业的转型升级。西部省会城市、主要地级市等区域战略性新兴产业的发展，将带动与之配套的传统制造业的发展，这些传统制造业一般是技术相对先进的制造业；由于受发展空间、资源等因素限制，这些传统制造业一般不会布局在省会城市等中心城市，只能布局在其周边区域，这也将推动周边中小城市、县域地区制造业的转型升级，提升其产业发展层次。

同时，西部地区战略性新兴产业的发展，将极大地提升西部地区的产业配套环境，使西部地区产业配套更加完善，产业配套更加高端，将使西部地区制造业集聚能力更强，能够吸引更多的、更加高端的制造业企业投资落户，不仅将极大地推动战略性新兴产业的发展，而且也将极大地推动传统产业的高级化和规模化。

(二) 区域发展路径

根据发达国家的经验，虽然发达国家欠发达地区主要以高新技术产业为引领，但这些原来欠发达地区不是仅发展高新技术产业，而是形成了以高新技术产业为支柱的制造业体系。除了发展一批高科技产业外，仍然大量发展传统制造业和其他产业。并且这些高科技产业主要布局于中心城市和科技城市，而广大地区仍然发展传统制造业，但正是少数中心城市和科技城市的高科技产业的带动，使发达国家欠发达地区摆脱落后面貌，赶上了发达地区。如美国中西部地区的高科技产业主要集中于硅谷（圣何塞）、洛杉矶、旧金山、西雅图、休斯敦、图森、科罗拉多斯普林斯等中心城市，带动了美国中西部地区的发展；而法国西南部的飞机产业主要集中于图卢兹，带动了法国西南部地区的发展；英国苏格兰地区的高科技产业主要集中于格拉斯哥和爱丁堡，带动了苏格兰地区的发展。我国西部地区通过战略性新兴产业引领制造业转型升级。首先，西部地区不是仅发展战略性新兴产业，而是要通过战略性新兴产业的发展，要带动一批传统制造业转型升级，使西部地区形成以战略性新兴产业为支柱，以传统制造业为补充的制造业体系；其次，西部地区制造业发展较多，这些产业在西部地区并不是杂乱无章分布的。

1. 培育和建设一批战略性新兴产业城市

以战略性新兴产业引领西部制造业转型升级，就需要在西部地区培育和建设一批战略性新兴产业城市，这些城市制造业重点发展战略性新兴产业。由于产业高端，站在产业前沿，这些城市将是西部发展的引擎，成为西部地区摆脱落后的依托，带动西部地区发展。这些城市主要依托国家级开发区，包括国家级高新区、国家级经济技术开发区、国家级城市开发区新区、经济特区、自贸区等发展战略性新兴产业。

2. 建设一批制造业升级城市和区域

西部所有地区不可能都发展战略性新兴产业，仍然需要发展传统制造业，仍有广大市场，仍有大量就业，只是市场增长缓慢；并且战略性新兴产业也需要以传统制造业为依托、配套，从战略性新兴产业的角度，传统制造业也需要。西部地区大量中小城市、城镇，经济较为落后，制造业较为传统，甚至仍然缺乏制造业，这些城市由于科技条件有限，发展战略性新兴产业难度大，但可以依据当地资源、有利条件发展传统制造业。其中部分城市根据发展条件可适度发展一些战略性新兴产业。这类城市应重点利用战略性新兴产业改造传统制造业、发展先进制造业等，提升传统制造业的层次和竞争力。承载这些产业的区域主要是各地省级开发区、市县级开发区。

3. 建立一批战略性新兴产业引领制造业转型升级的集聚区

这类区域拥有一批战略性新兴产业城市和传统制造业城市，城市之间产业关联密切，形成以战略性新兴产业城市为支柱、为引领，以周边城市和县域地区为支持、为辅助的经济核心区。成为带动西部地区发展的经济核心区。

（三）企业发展路径

1. 大力培育和发展战略性新兴产业企业，引领制造业转型升级

一是通过培育和创立战略性新兴产业企业推进制造业转型升级。未来的国家竞争、区域竞争、产业竞争，就是创新竞争，创新力强、创新活跃的地区将站在产业发展的制高点，成为国家、区域、产业的引擎。区域技术创新包括原始创新和模仿创新，而对区域发展更为重要的是原始创新。原始创新的技术具有区域扎根性，对区域带动力更大。西部地区战略性新兴产业的发展应加强对战略性新兴产业企业的培育和创业支持，应主要依托本地企业原始创新发展战略性新兴产业。支持西部地区高新技术企业、战略性新兴产业企业的发展壮大，支持西部战略性新兴产业企业不断开拓新领域，研发新产品。特别要给予西部地区战略性新兴产业财政资金、税收优惠、贷款担保等支持。

同时鼓励西部地区战略性的新兴产业企业的孵化与创立。要发挥西部地区各级高新技术产业开发区、经济技术产业开发、科技园区、总部经济区、大学科技园等开发区孵化器的作用，不断培育战略性新兴产业企业。同时鼓励国有和民营企业在西部地区建立科技企业孵化器，并给予支持。为此应增加西部地区高新技术产业开

发区、经济技术产业开发区、科技园区、大学科技园等开发的数量，特别是增加国家级开发区数量；增加西部地区国家级科技企业孵化器数量；有条件的地级行政区中心和部分县域地区均应至少设立一个科技企业孵化园区，加强风险投资资金的引入，各级政府应增加风险投资、创新创业资金的投入。

二是通过本地企业转型升级发展战略性新兴产业，引领制造业转型升级。西部地区有大量本地传统制造业企业，一些企业具有转型发展战略性新兴产业的基础，应鼓励和帮助这些企业在保持原有优势的前提下，转型升级发展战略性新兴产业产品，不断增加战略性新兴产业产品数量；或者企业直接淘汰原有产品、转型发展战略性新兴产业产品，从而演变成为战略性新兴产业企业。

西部地区有色冶金企业多，可以转型发展新材料，发展更适合市场需求的高端产品、新产品。攀钢集团在开发钢铁的基础上，大力开发钒钛产品，钒钛产品逐步成为攀钢集团的支柱产品。西部地区汽车及零部件生产企业，可以进一步开发新能源汽车及其零部件生产，逐步增加产量。西部地区的发电装备企业，可以开发太阳能、风能、生物能、核电等发电设备，逐步增加新能源设备产量。四川的东方电气集团在原有火电的基础上，开发了太阳能、风能、核能等发电设备，战略性新兴产业产品不断增加。东方电气集团的东方锅炉厂，开发了循环流化床锅炉，使发电企业极大地减少了污染的排放，提高了煤炭燃烧效率，为发电企业节能降耗提供了重要的装备。

三是通过引进企业推进战略性新兴产业发展。西部地区战略性新兴产业在发展本地企业基础上，仍然要尽力利用本地优势，引进外地战略性新兴产业企业，尽快推进本地战略性新兴产业的跨越式发展。近年来，重庆市引进了富士康、惠普、仁宝等电子信息制造业企业，使重庆市电子信息产业取得了突飞猛进的发展。西安也引进了三星集团建设芯片，投资超过70亿美元，极大地推动了陕西电子信息产业的发展。

2. 加强企业的兼并重组，引领企业转型升级

通过战略性新兴产业的引领，逐步提升西部地区的产业和企业的利润率，从而刺激西部地区企业的兼并重组，以此提升企业和产业的竞争力。通过企业的兼并重组，提升企业的规模经济效益、提高企业技术水平、提高企业的竞争力，从而提高企业的利润率。

鼓励同行业企业的兼并重组，通过兼并重组，扩大企业规模，提高市场占有率，促进企业的规模经济效益，提高企业的绿色发展能力，提高企业的竞争力。企业规模扩大，具有更强的投资能力，具有更为强大的资金进行企业技术改造，可以投资更为先进的产业，甚至投资战略性新兴产业；企业规模大，具有更多资产参与企业并购，更容易扩大企业规模；企业规模大，更有实力实行清洁生产、发展循环经济、低碳经济，走绿色发展道路；企业兼并重组后，企业规模扩大，企业可以建立研发机构，或者有更强的实力投资科技研发，提升企业的科技竞争力；企业规模大，具

有更强的品牌效益。

鼓励企业跨行业兼并重组。通过跨行业兼并重组，可以提升企业范围经济，加速产业融合，促进产业间的关联发展。跨行业的兼并重组甚至能催生新业态、新产业。鼓励战略性新兴产业对传统制造业企业的兼并和收购，鼓励传统制造业企业对战略性新兴产业企业的兼并与收购，通过这样的收购，可以更好地促进战略性新兴产业与战略性新兴产业的关联，提高传统制造业和战略性新兴产业的互动发展水平，提高传统制造业的竞争力。

3. 加强企业技术改造，提升企业竞争力

通过引进先进技术，提高企业生产设计水平、生产效率、产品质量，提高资源利用效率，推进企业清洁生产，发展循环经济、低碳经济。鼓励战略性新兴产业企业不断研发、创新技术，推进战略性新兴产业产品追赶世界先进水平，或保持世界先进水平。鼓励传统制造业企业不断技术创新，利用战略性新兴产业技术，提升企业产品质量、生产效率和绿色发展能力。支持企业开发战略性新兴产业产品，提高企业产品质量。

4. 引进先进企业，关闭落后产能

加大优势企业的引进力度。加强对战略性新兴产业企业的引进，充实本地战略性新兴产业发展。加大对传统优势制造业企业的引进，这些企业具有产业生产技术先进、生产效率高、资源利用效率高、产品市场前景好等优势，通过引进这些企业，可以提高区域传统制造业企业的生产技术。

同时，淘汰落后产能。深化供给侧结构性改革，关闭仍然利用淘汰技术产业的企业，特别淘汰比同类企业污染更大、资源利用效率更低、产品质量比同类企业更低等落后产能。同时在一些地区，特别是中心城市，逐步淘汰或转移落后产业、衰退产业，特别要淘汰或转移一些高能耗产业、高污染、高消耗产业，留更大的空间、更多的资源支持战略性新兴产业、先进制造业发展，促进产业转型升级。

第二节 以战略性新兴产业引领西部地区制造业转型升级的主要产业及其布局

一、西部地区战略性新兴产业引领制造业转型升级主要产业选择的原则

（一）新兴产业和先进制造原则

西部地区战略性新兴产业引领制造业转型升级，因此选择的主要产业一定要技术含量较高且具有较好的增长潜力、具有较大的增长空间、具有较强的带动作用、能成为国民经济支柱产业的潜力，这就是战略性新兴产业和先进制造业。战略性新兴产业本身是幼稚或兴旺产业，技术含量较高、市场潜力大、附加价值较高，具有

较好的发展前景。先进制造业也具有技术含量高、附加价值高等特点。西部地区只要形成了以战略性新兴产业和先进制造业为支柱的产业，将使西部在一定时期内保持产业的先进性，使西部地区制造业赶上东部地区水平，将极大地带动西部地区制造业和国民经济的发展，提升西部地区的自我发展能力。目前，我国原材料产业已经饱和，正在面临去产能、去库存的调整，市场前景堪忧。这些产业进入门槛低、附加价值低且资源消耗多、对环境影响大，这类产业在西部地区发展较有优势，但由于产业劣势，应逐步限制。

（二）优势产业原则

西部地区选择的部分产业主要还是应以现有产业为基础，特别是一些产业，西部已有优势，西部地区应充分利用制造业优势，深化发展，继续强化优势。目前，西部地区的有色冶金、装备制造、化工、电子信息、汽车等有一定优势，应继续发展这些制造业。特别是通过优势，开发新产品、发展市场需求潜力大的高科技产品、战略性新兴产业产品。如充分利用有色冶金产业，发展金属新材料产业；充分利用汽车制造优势，发展新能源汽车、智能汽车等；依靠化工产业，发展新材料等产业；依靠装备制造，发展高端装备制造、智能装备制造产品等。

（三）国家支持原则

由于西部发展条件与东部、中部和东北地区相比，存在一定的差距，这也是西部地区经济落后的原因。由于西部地区相对落后，地方财政、民间资本远远不如东部地区，没有国家支持，西部地区难以缩小与东部地区的差距。因此，西部地区应选择的主要战略性新兴产业和制造业应该能够更容易获得国家支持的行业，这样国家对特定战略性新兴产业和制造业的支持就会演变为对西部地区的支持，将极大地推动西部地区战略性新兴产业和制造业发展。这也将是西部地区制造业转型升级的重要机遇，也将是西部地区制造业获得突破发展的必要条件。如果西部地区战略性新兴产业和制造业完全依靠原有基础，西部地区战略性新兴产业和制造业将难有突破，转型升级难度加大。目前能得到国家持续的、较多支持的先进制造业、战略性新兴产业主要是军工产业、前沿性的高新技术产业。西部地区军工产业有深厚的基础，军工产业又是国家长期支持的产业，所以军工产业适合在西部地区重点发展。西部地区地域广阔，也适合发展军工产业。近年来，大数据产业发展迅速，贵州省得到国家支持，大数据产业发展迅速，成为目前我国唯一的大数据产业发展试验区，必将支持贵州新一代信息技术的发展，贵州可能成为我国大数据产业发展的中心。

（四）发展条件原则

西部地区有一些特定的发展条件，可以支持战略性新兴产业和高端制造业发展。西部地区风能、太阳能资源丰富，我国风能和太阳能资源最丰富的几个省级行政区均位于西部地区，西部地区可以利用丰富的风能、太阳能资源，大力发展新能源开发，成为我国的新能源生产中心。依靠新能源资源开发，西部地区可以大力发展新能源装备制造业，因此，可以建成为我国新能源装备制造业中心。西部地区煤炭资源丰富，也可以发展煤炭清洁利用技术。西部地区生物资源丰富、生物种类多样，可以利用生物资源，发展生物产业。

二、战略性新兴产业引领西部制造业转型升级的主要产业

西部地区制造业要形成较强的自我发展能力，必须要通过战略性新兴产业引领西部地区制造业转型升级，必须要打造一批具有国际、国内影响的、有较强竞争力的优势产业。为此，西部地区需要打造一批具有国际竞争优势的战略性新兴产业，打造多个具有国内竞争优势的战略性新兴产业和先进制造业，使西部地区形成以国际竞争优势的战略性新兴产业为核心引领、以国内竞争优势战略性新兴产业为补充、以国内竞争优势先进制造业为基础的制造业体系，形成战略性新兴产业与传统制造业高度关联、国际竞争优势产业与国内竞争优势产业相互推动的产业格局，形成一批全国和全球的产业中心。

（一）培育数个具有国际影响力的战略性新兴产业

西部制造业要形成较强的自我发展能力，必须要大幅度提高西部地区制造业的出口能力，这就要求西部地区要培育一批具有国际先进水平的制造业。该类产业不仅在国内技术领先，具有较高的市场占比，而且生产技术在国际上处于领先水平，产品在国际市场上也具有较高的影响力和占比。如果西部仅具有在国内有竞争优势的产业，缺乏具有国际竞争优势的产业，西部地区将仍然难以形成较强的自我发展，也将难以赶上具有较多国际竞争优势产业的东部地区。根据国际经验，发达国家和发达地区均具有较强的国际参与度，拥有多个具有国际竞争的优势产业。西部地区要提高自我发展能力，培育一批具有国际竞争优势的产业是必要的。由于该类产业具有国际影响力，因此技术具有国际先进水平，而国际先进水平难以通过模仿获得，只能通过自主创新开发，因此该类制造业主要通过自主创新、培育新兴产业企业发展。根据西部地区现有的条件和未来国家支持的可能，西部地区制造业主要打造航空航天、军工、电子信息、新能源、新材料等产业，努力将这些产业培育为我国该类产业的发展中心，进一步培育为西部地区开拓国际市场的国际优势产业，并成为引领西部发展的关键产业、核心产业。

1. 航空航天产业

航空航天产业为高端装备制造业产业，是世界制造业的王冠。西部是我国航空航天产业的重点地区。2013 年，西部地区航空航天及设备制造业产业就业人员为15.88 万人，资产总计 1 616.4 亿元，实现主营业务收入 925.3 亿元，分别占全国的46.77%、34.58% 和 32.43%，分别居全国第 1 位、第 2 位和第 2 位。特别是西部地区陕西、四川、贵州等省份，航空航天及设备制造业就业人员分别居全国第 1 位、第 2 位和第 12 位，资产总计分别居全国第 1 位、第 3 位和第 9 位，主营业务收入分别居全国第 1 位、第 4 位和第 11 位，三省均为我国航空航天产业大省。西部的重

庆、云南、甘肃等省级行政区航空航天产业也有一定基础。西部地区也形成了西安、成都、汉中、宝鸡、安顺等多个航空航天产业制造中心。航空航天产业是目前西部地区在全国最有优势的高科技产业，产业链完整，形成了从人才培养、研发、各种飞机零部件及整机生产的产业链，产品种类齐全，集群效应明显，生产包括战斗机、民用客机、通用飞机、直升机等多种飞机。西部地区已成为我国飞机产业集群最为完善的地区，科技研发能力在全国领先，部分飞机及零部件生产居于世界领先水平。特别是，目前西部地区航空航天制造业基本为国内企业，人才和技术储备全国领先，创新能力强，带动效益明显优于引进较多外国航空航天企业的东部地区，因此西部地区航空航天制造业优势明显。

航空航天产业是国家支持产业，西部重点发展该产业，国家对该产业的重点支持，自动转化为对西部地区的区域支持。法国就是通过对空客的支持带动了原来相对落后的西南部的发展，我国也可以通过对航空航天产业的支持带动西部地区的发展。更重要的是，航空航天产业是战略性新兴产业、高科技产业，科技含量极高，附加价值极高，为当前世界制造业的顶尖产业，将长期为国际高科技产业，在国际上也只有少数国家才能发展。航空航天产业链长，对零部件、原材料要求高，发展该产业，将极大地引领西部地区制造业上升到一个新的高度。

目前，我国经济发展迅速，对民航飞机、通用飞机需求日益增加，国内需求增长迅速；并且，国际上随着发展中国家的迅速崛起，广大发展中国家对民用飞机、通航飞机需求增长迅速，我国飞机由于拥有较低的价格、较高的性价比，受到广大发展中国家的欢迎，将为西部地区民用飞机发展提供广阔的市场。而西部地区军用飞机，将随着我国军用飞机性能的提升、我国国力的提升，在国内、国际市场均将上升到一个更高的高度，为西部军用飞机提供广阔的市场。

目前，西部地区多个地区对航空航天制造业极为重视。陕西是我国少有的航空与航天产业链完整的省级行政区，其航空航天技术国际领先，拥有我国当前最大的航空航天产业基地，下一步需要加强在民营领域的应用，扩大国际市场的占有率。四川航空工业生产技术也在全国领先，拥有一批飞机整机与零部件设计、生产企业，是我国少有的航空与燃机产业链完善的省级区域。四川也提出了重点发展航空与燃机的规划，力争打造成我国重要的航空与燃机生产基地。

目前，西部地区航空、航天制造业的发展，仍然需要国家加大对西部地区投资，进一步强化西部地区在我国航空、航天产业发展中的中心地位、引领作用。国家应在西部建立大型商用客机生产基地，以大型商用客机的生产带动制造业的升级。努力增加西部地区飞机专业化生产基地，建立多个通用飞机生产基地。大力开发无人机。鼓励从国外引进飞机制造业企业，国家应更多地将从国外引进的大型商用客机生产基地和其他飞机制造企业布局在西部地区；西部地区应利用其完善的配套设施积极引进国外民用飞机制造企业，加强西安、成都、宝鸡、安顺等地飞机基地的建设。在西部条件适合的地点，建设专业化的飞机城，引领飞机的研发、创新、零部件开发等，建成我国乃至世界飞机研发、设计、生产中心。加大对西部航天科技的开发和支持，支持航天技术的民用开发。

2. 军工产业

军工产业主要是高技术产业，多数产业是战略性新兴产业，涉及新材料、高端装备、新一代信息技术、新能源等，其发展对引领区域制造业转型升级具有重要意义。军工产业一般科技含量高，装备当今世界最先进的科技，因此，产业附加价值高；军工产业产业链较长，带动能力强，一般尽力在国内配套，能更好地带动西部地区多个制造业的发展；军工产业一般是自主创新产业，能更好地带动地区制造业升级。西部地区国土广大，具有极高的战略价值，适合发展军工产业。在中华人民共和国成立后，国家在西部地区布局了一批军工企业，特别是"三线"建设，西部地区成为我国军工工业布局的重点。当前，西部地区的重庆、四川、贵州、陕西、青海等省市布局了一大批军工产业。目前，西部地区军工产业已形成完善的产业链，生产各种武器、弹药、侦察设备、后勤装备等。军工生产是国家支持产业，国家对该产业的支持自动转化为对西部地区的支持，有利于提升西部地区的自我发展能力。

随着我国国力的增强，我国经济、军事实力不断提高，在全球的政治、经济影响力大幅度提高，国家对军工产品的需求也将不断提高，我国军工生产将带来更大的飞跃，将极大地刺激西部地区军工产业的需求。同时，随着我国的国际影响力的上升，军工技术的提升，国际市场对我国的军工产品的需求也将不断上升，我国军工产品在国际市场的占比将极大提升，也将提升我国西部地区的军工制造业市场。军工产业也将逐步成为西部地区的重要支柱产业。

军工产业的发展，将对西部地区新材料、化学工业、装备制造等产业提出新的要求，必将带动这些产业的升级与发展，从而带动相关制造业的转型升级。同时，西部军工产业对配套产业的要求，将带动一批东部地区产业到西部地区投资落户，增大西部地区制造业规模。同时，西部军工产业的发展，军工需求的提高，可以激发民用企业发展军工产品。目前国家也支持民用企业发展军工产品，支持民用企业的军民融合发展，对西部地区军工产业的发展具有重要的推动作用。

军工产业技术含量高，许多军工技术实际可以应用于民用。如我国北斗导航系统可以应用于民用，并且还可以帮助我国各类用户摆脱美国 GPS 的限制，使我国用户更安全；核技术可以应用于民用，用于发电、治疗疾病等。依托西部地区军工技术，支持军工企业和民品企业利用军工技术开发民用产品，将极大地提升西部地区制造业的产品质量、创新能力，促进西部地区制造业的转型升级。

国家应进一步加大对西部地区军工产业的支持，充分利用西部地区国土广大、自然条件多样的优势，更多地布局军工企业。美国正是通过对其西部地区军工产业的支持，特别是通过政府军事采购向其西部地区倾斜，极大地带动了美国西部地区的发展，美国西部地区最终赶上及超过东部地区发展水平，美国西部也成为美国军工产业生产中心。国家可以在西部地区布局更多的军民融合产业园，支持形成全国军工产业集聚区，集聚全国相关的科技资源，支持西部地区军工产业发展，支持西部地区军民融合互动发展，带动西部地区制造业转型升级。支持西部科技企业开发军工产品，支持全国其他地区科技企业到西部地区开发军工产品。鼓励国家级军工企业增加在西部的投资。国家应增加对西部地区军工企业的科技研发与生产投入，尽可能将新设立的军工研究机构、大型生产项目布局在西部地区，支持在西部地区设立有关院校，增加对西部地区军工产业的人才支持。支持各类科技人员创业开发军工产品。帮助西部地区军工产品走向国际市场，积极向有关国家推销西部地区军工产品。鼓励将位于东部地区的国家级军工企业总部迁移到西部地区，更好地带动西部地区军工产业的发展。

3. 电子信息产业

西部地区电子信息产业有较强的基础，特别是与军工有关的电子信息研究、设计和制造较为雄厚，我国著名的电子类专业大学——电子科技大学和西安电子科技大学分别位于西部地区的成都和西安。近年来，重庆市、四川省和陕西省电子信息产业发展较快，芯片、笔记本电脑、智能手机等生产名列全国前茅，贵州省大数据开发也在全国领先。并且新一代信息技术也是战略性新兴产业，电子信息产业也是制造业的装备产业，是制造业实现智能化、数字化的基础。

从表4-2中看出，西部地区电子及通信设备制造业、计算机及办公设备制造业均有一定规模，其中前者在全国四大区域中居第3位，而后者在全国四大区域中居第2位。2013年西部地区电子及通信设备制造业、计算机及办公设备制造业合计主营业务收入为7 229.5亿元，略低于中部地区，但出口达到4 250.7亿元，却高于中部地区。考虑到西部地区经济规模相对中部略低，西部的电子信息产业仍然具有相对优势。西部的电子信息产业与军工产业关系密切，具有良好的发展前景。

表4-2 2013年我国四大区域电子及通信设备制造业、计算机及办公设备制造业比较

地区	电子及通信设备制造业		计算机及办公设备制造业		合计	
	主营业务收入（亿元）	出口（亿元）	主营业务收入（亿元）	出口（亿元）	主营业务收入（亿元）	出口（亿元）
西部	3 144.7	752.3	4 084.8	3 598.4	7 229.5	4 350.7
东部	48 065.6	24 312.6	18 387.3	13 713.1	66 452.9	38 025.7
中部	7 473.2	3 261.8	612.7	268.8	8 085.9	3 530.6
东北	1 005.6	264.3	129.4	60.4	1 135	324.7

资料来源：国家统计局，国家发展和改革委员会，科学技术部. 中国高技术产业统计年鉴——2014 ［M］. 北京：中国统计出版社，2014. 根据有关数据整理。

西部地区已形成一定的电子信息产业优势，如表4-3所示。成都在软件、信息安全、芯片与集成电路、计算机生产等领域全国领先；重庆打造亚洲最大的笔记本电脑研发生产基地和国内最大的离岸数据开发中心。贵阳正在打造"中国数谷"，在大数据领域创造多个全国第一。西安在物联网产业、半导体照明（LED）产业等

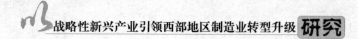

多个产业方面优势。南宁发展云计算和云存储、三维、三维矢量云软件、物联网等产业有优势；绵阳是西部最大的数字视听研发与生产基地。因此，西部地区电子信息产业已形成点多、面广、产业链完善、产业强等优势，发展新一代信息技术优势，有条件成为我国重要的新一代信息技术生产基地。

表 4-3　　　　　　　　　　西部地区主要城市的电子信息产业的优势产业

地区	主要优势
成都	软件产值居全国第三位，信息安全、芯片与集成电路、电脑生产
重庆	打造亚洲最大笔记本电脑研发生产基地和国内最大离岸数据开发处理中心
贵阳	中国数谷，全国第一个大数据交易中心，全国第一个大数据发展聚集区
西安	物联网产业、高端软件与集成电路产业、激光产业、通信产业、新型显示产业、半导体照明（LED）产业
南宁	云计算和云存储、三维、三维矢量云软件、物联网等产业
绵阳	数字视听、物联网等

资料来源：根据各地战略性新兴产业规划资料整理。

但与东部地区相比，西部地区电子信息产业还存在生产基地少、生产规模不足、研究与开发能力弱、出口规模不大、品牌企业缺乏等不足。

充分利用成都、重庆、西安、绵阳、贵阳等的城市优势，突出专业化发展，重点发展芯片、物联网、软件、大数据、智能产品等的研发与生产。再新培育一批电子信息产业生产基地，增加西部地区电子信息产业生产规模，努力打造成渝地区、关中-天水地区、黔中地区、北部湾地区等电子信息产业集聚区，同时在这四个地区之外，培育数个电子信息生产中心，形成西部的电子信息生产体系。大力吸引国内和世界 500 强电子信息产业企业到西部投资。加强西部地区新一代信息技术开发的孵化、创新、创业。同时大力开发智能产品，如笔记本、智能手机、智能电视等的生产与开发。加强西部地区电子信息产业的研究与开发，增加西部地区电子信息产业类国家级孵化器、国家重点实验室、国家工程技术研究中心等创新创业中心、研究与开发中心的数量。培育西部地区电子信息产业品牌，争取培育多个具有世界影响的品牌和更多全国性品牌。

加快信息技术在战略性新兴产业和传统制造业中的应用，不断提高电子信息产业应用水平。加强智能产品与其他制造业生产的融合，加大智能产业的开发引用，生产更多高端智能产品，如智能家电、智能机器人、智能汽车、智能装备等。加快西部地区信息技术与军工生产的融合，通过军工生产的需求提高西部地区的信息技术水平，同时通过西部地区信息技术水平的提高支持军工技术的提高。大力加快西部地区电子信息产业国际化水平，努力提高西部地区芯片、电脑、智能手机、智能家电、软件等产品的出口水平，提高其在国际市场的占有率，提升西部电子信息产业在国际上的知名度。

4. 新能源产业

西部地区新能源产业有一定基础，目前西部地区光伏产业、风力发电设备、核电、清洁煤利用等产业在全国领先，有东方电气、金风科技、中国西电等新能源及电力设备企业。并且西部地区风力资源、太阳能资源、煤炭资源、石油资源、天然气资源、生物资源等均较为丰富，为发展新能源提供了坚实的基础；西部地区国土广大，为新能源开发提供了广阔的空间。截至 2013 年，新疆、甘肃、宁夏、内蒙古风力发电装机分别为 1 833 万千瓦、703 万千瓦、377 万千瓦、347 万千瓦，分别居全国第 1、3、8、9 位，西部地区风力发电开发在全国优势明显。截至 2013 年，甘肃、青海、新疆、宁夏、内蒙古太阳能光伏电站装机分别为 431.7 万千瓦、310.3 万千瓦、250.7 万千瓦、161.4 万千瓦和 140.5 万千瓦，居全国前 5 位，占全国光伏发电站装机的 79.8%，西部优势更为明显。2014 年，西部地区内蒙古、陕西、贵州、新疆、宁夏煤炭生产分别达到 9.94 吨、5.22 吨、1.85 吨、1.45 吨、0.86 吨，分别居全国第 1、3、4、6、9 位。上述几个省、自治区均是全国产煤佼佼者，这也有利于清洁煤利用。能源是经济的基础，而新能源革命对经济、对制造业、对生态环境将产生深远的影响，对引领制造业转型升级具有重要意义。

目前，西部地区新能源资源开发仍然不足，但西部拥有世界最丰富的风能、太阳能资源，开发前景广阔；西部地区新能源装备生产与开发也滞后，目前我国太阳能、风能设备生产企业主要分布于东部，西部地区明显偏少；西部地区新能源开发创新不足，与市场的要求、资源开发的要求仍然有一定的差距；常规能源的清洁利用技术与市场要求仍然有差距，与发达国家也有较大差距，如我国燃料电池技术与发达国家差距明显。

西部地区应充分利用新能源资源丰富、新能源开发领先的优势，大力发展新能源产业。充分利用西部地区丰富的太阳能、风能资源等新能源资源，大力开发风电、太阳能发电、太阳能资源等新能源，增加西部地区新能源生产在能源生产中的比重，提高西部地区新能源生产在全国新能源生产中的比重，力争使西部成为我国新能源生产和输出中心。国家应增加西部地区风电场、太阳能发电基地的数量。大力开发清洁煤、燃料电池技术，逐步使西部地区成为我国常规能源清洁利用技术和开发的中心。同时，大力支持新能源领域的开发研究、创新、创业。支持新能源装备的生产和技术的提升。充分利用西部地区新能源资源与市场的优势，大力引进新能源装备与生产企业，进行新能源资源的开发和设备生产。支持西部地区新能源设备开拓国际市场，不断扩大西部地区新能源设备和技术在国际市场中的份额，逐步将西部地区新能源产业发展成为我国新能源产业发展中心和西部地区支柱产业。

5. 新材料产业

新材料种类多样，用途广泛，新材料产业是基础产业，也是战略新新兴产业，许多产业需要新材料支撑，新材料的进步将极大地推动诸多产业的转型升级，如装备工业、生物医药工业、电子信息产业、军工产业、包装工业等，极大地推动相关产业产品质量的提升和原材料的节约等。西部地区资源丰富，蕴藏多种有色金属、稀有金属，如内蒙古的稀土、四川攀西地区的钒钛等资源就有世界影响，广西铝土、青海和云南的多种有色金属资源也极为丰富。这些稀有、有色金属为西部地区发展新材料产业提供了极大的资源支撑。同时西部地区化学工业基础雄厚，具有发展合成新材料的基础。

特别是西部地区有色金属工业规模大。表4-4为2013年西部省级区域十种有色金属产量及在全国的地位。2013年，全国前10位的有色金属生产省级区域中，西部地区占7个，其中甘肃和云南生产规模居全国第3位和第4位。2013年，西部地区10种有色金属产量达到2 098.55万吨，占全国47.56%，超过东部、中部和东北地区产量。巨大的有色金属生产规模，为西部地区发展先进结构新材料产业提供了坚实的基础。

表4-4　　　　2013年西部地区省级区域十种有色金属产量及在全国的地位

地区	产量（万吨）	在全国位次	地区	产量（万吨）	在全国位次
内蒙古	288.28	6	西藏	0.01	28
广西	120.69	15	陕西	167.54	9
重庆	34.01	22	甘肃	323.54	3
四川	76.04	18	青海	238.31	8
贵州	123.52	14	宁夏	164.04	10
云南	303.62	4	新疆	258.95	7

资料来源：中华人民共和国国家统计局工业统计司. 中国工业统计年鉴——2014［M］. 北京：中国统计出版社，2015. 根据有关数据整理。

西部地区应充分利用本地优势，支持新材料开发。西部地区原有原材料产业多，支持原有原材料企业转型升级，开发新材料产业，不断增加新材料的比重，最后实现传统企业向高科技企业、战略性新兴产业企业的转型。支持西部地区新材料的研发、创新创业。国家应支持西部有关地区建立各具特色的新材料国家级工程技术中心、国家级新材料产品质检中心、产业联盟等，支持西部地区新材料研发、创新和标准制定。同时，支持西部地区新材料占领国际市场。如充分利用西部的钒钛、稀土等稀有资源，开发高端新材料，延长产业链，提高产业附加价值，占领国际市场，将西部建成为世界重要的新材料产品研发与生产中心。充分利用西部地区新材料产业的开发，吸引国内外新材料下游产业落户西部地区开发新产品，扩大西部地区新材料产业市场。

（二）培育数个具有国内影响力的战略性新兴产业

该类制造业具有国内影响力，但由于受产业技术、产业规模、产业支撑、产业政策、国内发展环境等因素影响，因此近期难以具备世界影响力，但由于西部地区在国内具有一定产业优势且具有良好的发展条件，可以培育为具有国内影响力的制造业。该类产业由于不具备国际影响力，因此出口有限，为了更快地发展该产业，应重点以自主创新为主、结合承接产业转移支持该类产业迅速壮大，引领西部地区制造业的转型升级。

1. 节能环保产业

节能环保产业顺应世界环境保护潮流，市场需求增长迅速，是世界新兴产业，发展非常迅速。西部地区国土广大，又处于我国上风、河流上游地区，环境保护任务重，为节能环保产业发展提供了巨大的市场空间；西部地区采矿业规模庞大、原材料工业多、高耗能行业多，农业生产规模也较大，发展资源循环利用产业具有广阔的前景，其中矿产资源综合利用、工业固体废物、废气、废液回收和资源化利用、城乡生活垃圾综合利用、农林废弃物资源化利用、水资源循环利用和节水等产业具有较大的市场空间。2013 年，西部地区采掘业销售产值达到 20 667.43 亿元，超过东部、中部和东北地区，所以，西部地区矿产资源综合利用具有更大的空间和需求市场。污水治理、垃圾治理等污染治理工程各地均需要，西部城市多、人口多，对环保产业需求也较大。西部地区工业转型升级也需要节能环保。2013 年，西部地区五大高耗能制造业销售产值达到 46 018.98 亿元，虽然低于东部和中部地区，但西部五大高耗能制造业销售产值占西部制造业销售产值比重达到 41.48%，大大高于东部、中部和东北地区，从这方面来说，西部地区转型升级压力大，但也为节能环保产业创造了巨大的市场；从另一方面来说，节能环保也将为西部地区工业转型升级提供巨大的产业支撑。

西部地区高效节能产业、先进环保产业等均有一定的基础，如高效锅炉、循环流化床锅炉、低温余热余压发电、垃圾焚烧发电、污水治理等设备生产具有一定优势，多种高效节能通用设备制造业、高效节能专用设备制造业、高效节能电气机械器材制造、新型建筑材料制造业等节能环保产业有一定基础。因此，从市场需求和产业基础看，西部地区具有发展节能环保产业的良好前景，应加大节能环保产业发展。

国家可以逐步地、适度提高环境标准，激发节能环保市场，可以激发企业、个人对节能环保产品的采购，也可以激发节能环保产业的创新与发展。增加国家和各级政府对环境的投入，提高对节能环保产品的需求。由于西部处于我国河流上游地区、盛行风向上风区，是我国生态屏障区，西部生态环境对我国生态极为重要，国家应加大对西部地区环境保护的投入。国家应加大西部地区对矿山、森林、草原、农田、流域等区域生态环境建设的投入，尽快恢复和保护这些区域生态环境；加大对西部地区城镇、企业污染治理和循环经济建设的投入，减少城镇与企业污染对全国的影响。西部各地区应根据本地特色和优势，发展节能环保装备产业，主要发展高效节能通用设备、高效节能专用设备、高效节能电气机械制造、高效节能工业控制装备制造、环境保护专用设备制造业等，努力使西部地区成为我国节能环保装备生产中心并支持西部地区企业的循环经济发展和转型升级。国家应增加在西部设立节能环保装备产业园（基地）、生态工业园、循环经济产业园、低碳经济示范区等。

支持在西部地区节能环保领域建设国家工程技术中心、国家重点实验室等，建设科技企业孵化基地。

2. 生物医药产业

生物医药产业是战略性新兴产业和高科技产业，具有附加价值高、知识含量高、消耗资源少等特点。西部地区生物资源与中药材资源在全国有明显优势，有条件建设成为我国生物医药产业生产中心。云南、四川是我国高等植物种类最多的两个省，发展生物产业具有明显优势；四川、云南、广西、贵州是我国中药材种类最为丰富的几个省，中药材产量大，优势明显，对推动我国具有自主知识产权的中药的研发与生产有重要意义。2013年，西部地区生产中成药91.66万吨，占全国33.69%，而同期东部、中部和东北地区中成药分别生产51.51万吨、91.21万吨和31.67万吨，西部地区中成药产量略微超过中部，居全国第一，是全国中成药的生产中心；其中西部的四川、广西、贵州、重庆分别生产36.75万吨、25.28万吨、8.24万吨和8.22万吨，分别居全国第1、4、10和11位，西部地区生产中药优势明显。同时西部地区少数民族多，许多少数民族有其特殊的医疗方法和药物体系，如藏中药、苗族药物、维吾尔族药物、苗药、壮族药等，为西部民族药物的开发提供了良好的基础。随着经济的巨大发展，人民对身体健康日益重视，生物医药市场需求增长迅速，为西部地区生物医药产业提供了良好的市场。西部地区生物医药产业形成一定优势，培育了云南白药、成都地奥、重庆太极、贵州神奇、西藏药业等医药集团，形成了一批自主知识产权产品，成都地奥等药品还获得了国际权威认证，可以出口世界各地。

西部地域面积大，生物资源丰富，生物燃油制造、生物农业用品生产、农业生物技术应用产业、生物研究与服务等方面也具有较大的发展空间，而这些产业在西部地区也有一定基础。陕西等地的生物工程设备制造业也具有一定优势。总之，西部地区生物产业形成体系，具有良好的发展前景。

要充分利用西部地区生物资源和中药资源丰富，发展生物药业，特别要利用中药、生物资源开发具有自主知识产权的药物。四川、贵州、云南、广西、重庆、西藏、青海等省市，均应根据其特色优势，建立各类生物医药产业园。支持西部少数民族地区建立民族医药产业园区。支持西部各地和少数民族地区建立国家级民族医药工程技术中心、国家重点实验室等，支持新药研发、医药企业孵化。鼓励西部地区生物医药企业兼并重组，鼓励优势生物医药企业对其他医药企业的兼并、收购；通过兼并重组提高生物医药企业的研发能力、生产能力、市场开发能力，增强企业竞争力，培育多个在全国乃至世界具有重要影响力的生物医药企业集团。通过这些开发，努力将生物产业发展成为西部地区支柱产业，建成我国最大的中药生产基地。

3. 装备制造业

装备制造业是制造业的基础产业，一个国家装备制造业的水平可以衡量该国制造业水平，因此，装备制造业是衡量制造业水平的重要指标。在我国，涉及装备制造业的制造业有通用设备制造业、专用设备制造业、汽车制造业、铁路船舶航空航天和其他运输设备制造业、电气机械和器材制造业。2013年，这五个行业销售产值达到21.26万亿元人民币，占全国工业的20.86%，占全国制造业的23.74%，因此装备制造业在国民经济中占有重要地位。装备制造业中，高端装备为战略性新兴产业。在西部地区，装备制造业发展不足。2013年，西部地区装备制造业销售产值达到2.15万亿元，占西部工业的14.85%，占西部制造业的19.40%，西部地区装备制造业销售产值占工业和制造业比重均低于全国平均水平；与东部、中部和东北地区相比，西部地区装备制造业销售收入规模、占工业和制造业比重均为全国最低的，如表4-5所示，说明西部地区装备制造业发展明显不足、相对滞后。但西部地区装备制造业有一定基础，有东方电气、中国西电、二重等著名企业。西部地区装备制造业与西部地区军工产业、航空航天产业、新材料产业有密切的关系，该产业本身规模庞大，吸纳就业多，对吸纳西部地区就业、增强西部地区自我发展能力、支撑西部地区相关产业发展均有重要意义。国家在深入西部大开发中已明确支持西部地区装备制造业。

表4-5　　　　　　2013年西部与东部、中部和东北装备制造业比较

地区	装备制造销售产值（万亿元）	占各地工业比重（%）	占各地制造业比重（%）
西部	2.15	14.85	19.40
东部	12.98	22.20	24.27
中部	3.96	19.50	22.70
东北	2.17	24.98	28.86
全国	21.26	20.86	23.74

资料来源：中华人民共和国国家统计局工业统计司.中国工业统计年鉴2014.北京：中国统计出版社，2015.

西部地区装备制造业虽然不能大规模出口，但一些尖端的装备制造业可以出口，占领国际市场。并且西部地区面积广大，产业体系完善，对装备制造业需求大。西部地区应不断提高传统装备制造业技术水平，不断推进企业由传统装备制造向高端装备制造转型。努力发展高端装备制造业，除重点发展航空、航天产业外，重点发展轨道交通装备产业和智能制造业装备产业。特别应结合智能化、信息化，不断提高装备产品的智能化水平，大力发展智能装备。继续发展重大成套设备制造业。重点发展四川、重庆、陕西、云南等省市装备制造业，支持西部各省、自治区发展装备制造业。结合西部各地区工业特点，发展与当地工业关联的装备制造业，特别是高端装备制造业；如结合西部地区采矿业多的特点，发展智能化采矿成套设备；充分利用西部激光产业优势，发展各种激光设备。增加西部地区国家级装备制造业产业化基地数量，丰富西部地区装备制造业载体。大力承接东部沿海地区、发达国家装备制造产业转移，不断提高西部地区装备制造业规模。加强西部地区装备制造业研发，不断提高西部地区装备制造业科技含量、产品质量和市场竞争力。

4. 传统汽车与新能源汽车产业

西部地区汽车产业有一定优势。2013年，西部地区汽车产量达到506.19万辆，占全国的22.88%，其中广西、重庆、四川汽车产量分别达到186.91万辆、183.97万辆和80.34万辆，分别居全国第4、5和12位。2015年，重庆市汽车产量突破300万辆，达到304万辆，跃居全国第一位。西部有一些大型的汽车厂，如重庆的长安汽车、广西的柳州汽车、陕西的陕汽，四川通过引进和发展，拥有一汽大众、一汽丰田、吉利汽车、吉利沃尔沃、神龙汽车、中国重汽、四川现代等汽车生产企业。西部地区发展汽车产业具有一定的优势。

西部地区人口众多，汽车需求量也大，有利于西部汽车产业的发展。汽车产业规模大，产业链长，对带动西部地区原材料、电子信息、新材料等制造业均有重要意义，并对增加西部地区就业、增加西部地区人气、增强西部地区经济实力具有不可估量的作用。由于西部地区地处内陆，整车运输成本较高，因此，西部地区整车出口受运输制约明显，不利于出口国际市场。但西部市场极为广大，为西部汽车产业发展提供广大的空间。

随着近年来新能源汽车的诞生，汽车产业又分化为传统汽车和新能源汽车产业。新能源汽车与汽车产业关系密切，新能源汽车与传统汽车基础零部件相同，因此，西部地区可以在汽车工业发展的基础生发展新能源汽车。西部地区新能源汽车已经起步，重庆、四川、广西等省市已经开始批量生产新能源汽车。对于新能源汽车的关键零部件锂电池、电容器等，西部生产也有优势。西部地区对新能源汽车需求也开始起步，公共交通、民用新能源汽车有一定的需求量，增长较快。当前，全球各国、各地区新能源汽车发展都处在起步阶段，处在同一起跑线，西部地区具有发展新能源汽车的机遇。新能源汽车技术含量高，产业链长，对拉动地区经济发展具有重要意义；同时新能源汽车对节约能源、发展低碳经济、净化空气具有重要意义，世界各地需求也较快。四川已将新能源汽车作为四川五大高成长战略性新兴产业之一，而重庆、广西、陕西等省均提出了重点发展新能源汽车的战略措施，因此，西部地区一定要抓住新能源汽车发展机遇，将新能源汽车发展成为西部地区支柱产业。新能源汽车的发展也将更好地带动西部地区传统汽车产业的发展，也将有助于西部地区汽车工业继续保持在全国的地位。无人驾驶智能汽车已经开始起步，西部地区长安集团已展开研发，四川的一些科研单位也开始研发，有的已取得初步成就。要加强对智能汽车的研发支持，力争西部地区智能汽车走在全国前列。加强汽车智能技术与新能源汽车、传统汽车的融合，支持汽车产业的发展。

西部地区汽车产业仍然要加强发展，在发展整车的同时，重视汽车零部件的生产，特别是要重视关键零部件的生产，完善西部汽车产业链。加强重庆、成都、柳州、西安、昆明等中心城市汽车产业的发展，充分利用西部中心城市优势，加强西部地区对汽车整车及零部件的引进。将重庆、成都建设成为我国重要汽车研发与创新中心。鼓励沿海地区汽车产业向西部地区转移，大力吸引发达国家汽车企业在西部地区落户。

同时，西部地区应加大对新能源汽车的支持力度，支持现有汽车企业开发新能源汽车。给予新能源汽车及主要零部件企业一定的财政支持，给予购买新能源汽车、充电桩设备等一定的财政支持，给予新能源汽车用电一定优惠。支持新能源汽车配件生产，支持建设新能源汽车产业联盟。支持政府机关和城市公共交通优先使用新能源汽车。支持新能源汽车配套产业的发展，支持新能源汽车的研发、设计等，支持发展智能化的新能源汽车。努力将新能源汽车发展成为西部新的增长点、新支柱产业。

（三）培育一批具有国内影响的传统制造业

该类产业由于受条件的限制，产业技术水平也相对较低，西部地区发展该类产业难以在国际市场取得突破，但该类产业在西部地区有一定基础，对满足西部地区消耗和全国市场有一定作用，并且该类产业当前就业量大，对西部地区就业也有一定的作用；该类产业规模大，对增加西部地区生产总值，带动西部地区发展有一定价值。该类产业一些是战略性新兴产业，一些是传统产业。但广大传统制造业具有与战略性新兴产业融合发展的空间，要么是战略性新兴产业的基础产业、要么是战略性新兴产业下游产业；本身也具有转型升级的空间，也对西部地区制造业转型升级具有重要意义。该类制造业重点通过加强与战略性新兴产业关联，通过利用战略性新兴产业装备，发展战略性新兴产业上下游产品，重点以本地企业升级为主，结合承接产业转移，支持产业转型升级。

1. 饮料食品产业

饮料食品工业是基础制造业，也是人类永远需要的产业。食品饮料产业是西部地区传统优势产业，部分省区特色明显。2013 年，云南的烟草制造业销售产值达到1 463.3 亿元，占全国的 16.78%；生产卷烟 3 787.8 亿支，占全国的 14.79%，均居全国第一。同年，四川的饮料制造业销售产值达到 2 334.8 亿元，占全国的15.41%；白酒产量 336.4 万吨，占全国 21.35%，也均居全国第一位。贵州白酒也名列全国前茅。2013 年，广西、云南的成品糖产量分别达到 1 010.6 万吨和 238.1万吨，占全国比重分别为 63.45% 和 14.95%，分别居全国第 1 位和第 2 位；内蒙古和陕西乳制品产量分别达到 300.27 万吨和 184.01 万吨，分别占全国 11.39% 和6.98%，分别居全国第 1 位和第 5 位。西部地区食品资源种类多样、丰富，拥有粮食、水果、蔬菜、调味品、茶叶饮料、烟草、糖类等多种资源，能够生产各类食品饮料原材料产品，利于食品饮料的开发。而西部地区一些特色农产品产量也居全国前列，为饮料食品产业提供了良好的资源基础，如 2013 年，云南和四川茶叶产量分别为 30.2 万吨和 22.0 万吨，分别占全国的 15.70% 和 11.43%，分别居全国第 2 位和第 3 位；陕西、新疆、广西水果产量分别达到 1 764.4 万吨、1 326.9 万吨和1 433.4 万吨，分别居全国第 4 位、第 6 位和第 7 位，其中陕西省苹果产量达到942.8 万吨，占全国产量的 23.76%，居全国第 1 位，新疆葡萄产量 223.9 万吨，占全国产量的 19.39%，居全国第 1 位；而云南的热带瓜果在全国久负盛名。西部地区食品饮料产业吸纳就业多，对增加西部地区居民收入、满足西部地区居民生活有重要意义。西部地区也涌现了一批饮料食品优秀企业，卷烟业有昆明卷烟厂、玉溪卷烟厂等；白酒有茅台、五粮液、泸州老窖、古蔺郎酒等；乳品产业有蒙牛、伊利等。并且食品饮料企业还成了一些地区的支柱产业，如昆明、玉溪、宜宾、泸州、呼和浩特、贵港等城市。除此之外，西部地区少数民族多，特色民族食品、地方特色食品也有一定市场，这些都有利于食品饮料产业的发展。

西部各地，特别是广大非省会城市、县级区域，应加大对食品饮料产业的支持。支持西部地区传统优势食品饮料产业深化发展，保持其在我国的优势地位。特别支持西部优势饮料食品产业国际化，扩大西部食品饮料企业出口。西部地区饮料食品产业仍然要不断扩大规模，不断开发新产品。要充分利用西部地区民族、民间工艺，开发新的食品、休闲饮品等。同时应加大西部地区饮料食品产业的兼并重组，组建一批国家龙头型、有国际影响力的饮料食品企业，如组建有国际影响的白酒企业、烟草企业或食品饮料类综合集团，提升西部食品饮料产业的国际影响力。支持西部食品饮料类企业参与国外投资，培育食品饮料类企业跨国公司。要不断加快饮料食品类企业对新装备的应用，不断提高食品饮料企业的生产效率和生产质量。同时，加大食品饮料类企业的污染排放的治理，通过绿色生产、低碳生产、循环生产等手段，减少食品饮料类企业资源浪费和污染排放，提高食品饮料类产业资源利用效率。努力扩大西部地区饮料食品工业在国内市场占有率，不断开拓国际市场，努力提高国际市场份额。

2. 石油化工产业

西部地区石油化学工业有一定基础。从化工原料看，西部地区化工原料丰富，一些产品生产居全国前列。2013 年，陕西、新疆石油产量分别为 3 688 万吨和2 792.5 万吨，分别居全国第 3 位和第 4 位，陕西、新疆、四川天然气产量分别为371.6 亿立方米、282.9 亿立方米和 214.3 亿立方米，分别居全国第 1、第 2 和第 3位；内蒙古煤炭产量居全国第 1 位，陕西和贵州也居全国前列。从生产看，西部地区除西藏外，各省级行政区均有一定规模的石化、化工等产业，2013 年，陕西、新疆石油化工产业销售产值分别达到 1 838.3 亿元和 1 712.0 亿元，分别居国内第 6 位和第 8 位，有兰州炼油厂、克拉玛依炼油厂、延长石油集团、中石化成都炼油厂等石化企业，还有正在新建云南昆明炼油厂。西部地区化学原料及化学制品制造业也有一定基础，四川的天然气化工和盐化工、内蒙古、陕西和贵州等省的煤化工、云南和广西的日用化工、青海的盐化工等在全国有一定地位，一些产品生产在国内领先。2013 年，云南、贵州、四川硫酸产量分别达到 1 336.7 万吨、634.2 万吨和604.1 万吨，分别居全国第 1 位、第 4 位和第 5 位；贵州、四川、青海、新疆、云南化肥产量分别达到 533.4 万吨、473.7 万吨、425.2 万吨、361.8 万吨和 341.9 万吨，分别居全国第 3 位、第 5 位、第 7 位、第 8 位和第 9 位，优势十分明显。石油化工化学工业是基础产业，西部人口众多，产业体系庞大，西部石油化工产品具有广阔的市场。另外，石油化工产品与战略性新兴产业关系密切，是一些战略性新兴产业的上游产业，其发展对西部地区战略性新兴产业发展有极大的推动作用，而西部地区战略性新兴产业的发展也将极大地引领西部地区该产业的创新发展。

支持西部地区依靠本地资源，通过深加工发展化工产品，特别通过深加工，开发高端化工产品。支持化工产业的创新与创业，推进化工产业的高端化。支持有关企业建立研发机构、创新联盟，开发高端产品。支持石油加工及化工企业兼并重组。支持石油化工产业发展战略性新兴产品，如新材料产品，不断提高战略性新兴产品的比重，支持部分化工企业由传统产业向战略性新兴产业的转型。支持西部石油加工及化工产业利用战略性新兴产业产品和装备，提高西部石油加工及化工产业的生产效率和产品质量。支持西部地区石油化工产业利用节能环保装备，提高资源利用效率，发展循环经济，减少污染排放。努力将西部石油加工及化工产业发展成为西部地区具有全国影响力的支柱产业。

3. 冶金工业

西部地区冶金工业基础较为雄厚，西部地区形成了一批冶金工业城市，如攀枝花、包头、白银、金川、个旧等。从黑色冶金看，西部地区有包头钢铁、攀枝花钢铁、重庆钢铁、酒泉钢铁等著名钢铁企业集团。虽然西部黑色冶金在全国占比不高，但总量仍然庞大。2013 年，广西、四川、云南钢材产量均超过 2 000 万吨，内蒙古、陕西、新疆、重庆、甘肃钢材产量均超过 1 000 万吨。从有色金属看，2013 年，甘肃、云南、内蒙古、新疆、青海、陕西十种有色金属产量均位居全国前 10 名之列，西部地区有色金属生产在全国优势极为明显。

西部地区黑色和有色冶金资源丰富，具有发展黑色和有色冶金的基础。2013 年，四川、内蒙古铁矿基础储量分别达到 26.6 亿吨和 20.99 亿吨，分别居全第 2 位和第 4 位，广西和贵州锰矿基础储量分别达到 8 441.5 万吨和 4 247.8 万吨，分别居全国第 1 位和第 2 位，西藏、甘肃、内蒙古、新疆铬矿储量分别为 169.2 万吨、123.6 万吨、56.3 万吨和 44.0 万吨，依次居全国前 4 位，四川、广西、甘肃钒矿基础储量分别达到 576.2 万吨、171.5 万吨和 89.9 万吨，依次居全国前 3 位，四川原生钛铁矿基础储量达到 19 887.2 万吨，占全国 90.57%；内蒙古、云南、四川、新疆和甘肃铅矿基础储量分别达到 508 万吨、210.7 万吨、90.67 万吨、81 万吨和 77.6 万吨，分别居全国第 1 位、第 2 位、第 4 位、第 5 位和第 6 位，五省区储量合计达到 968 万吨，占全国 61.3%；内蒙古、云南、甘肃、四川锌矿基础储量分别达到 962.3 万吨、905.3 万吨 313.7 万吨和 231.8 万吨，依次居全国前 4 位，四省区合计 2 413.1 万吨，占全国 64.1%；广西、贵州铝土矿基础储量分别达到 46 631.8 万吨和 13 205 万吨，分别居全国第 1 位和第 4 位，二者合计达到 59 836.8 万吨，占全国 60.9%。由此可见，西部地区的黑色和有色金属矿储量居全国前列，一些金属矿物在全国具有垄断优势。西部地区能源资源丰富，特别是水电资源、新能源资源等廉价、清洁能源资源丰富，为发展高质量的冶金产品提供了资源保障。黑色和有色金属资源的结合，有利于西部地区发展高质量、富有特色的合金新材料。冶金工业是制造业的基础，为战略性新兴产业、其他传统产业提供原材料，西部地区冶金工业的发展将有利于支持西部地区制造业的转型升级。西部地区冶金矿产资源一般分布于边缘地区，冶金工业的发展将有利于这些边缘地区的发展。

支持西部地区冶金产业的发展，特别是要充分利用西部地区金属资源丰富的特点，生产高端冶金材料。支持在矿产资源地建立深加工企业，设立专业化的冶金工业园区或高新技术产业开发区，支持在金属矿产资源丰富区设立特色金属矿开发与利用研究机构。支持冶金企业开发冶金新材料，开发战略性新兴产业产品。支持冶金企业的兼并重组，培育大型、具有国际影响的冶金龙头企业。支持冶金企业到国外投资、开发国外金属矿产资源、开拓国际市场。支持冶金企业智能化发展，提高生产的智能化水平。支持冶金企业发展循环经济、低碳经济，提高资源自用效率，减少污染排放，减少二氧化碳排放。

4. 纺织服装工业

纺织服装工业（包括制鞋，本节下同）具有吸纳就业多、环境污染少的特点。目前，我国经济规模最大的四个省，广东、江苏、山东、浙江是我国纺织服装工业规模最大的四个省级区域，可见纺织服装工业对区域经济的带动、加速推进区域工业化意义较大。当前，西部地区纺织服装工业规模还相对小，但西部地区制造业转型升级、西部地区工业化的推进，需要纺织服装工业的发展。目前，西部地区也有条件适度发展纺织服装工业。西部地区纺织服装产业有一定基础，四川成都是中国女鞋之都，四川及西部一些地区也形成了一些纺织集聚区，如四川三台县、富顺县等。新疆是我国最大的棉花生产基地，2013 年，生产棉花 351.8 万吨，占全国生产总量的 55.85%。西部一些区域劳动力资源较多，较为廉价，有利于发展纺织服装企业。而沿海地区由于劳动力成本上升，不得不转移部分纺织服装产业。纺织服装产业也是污染较少的产业，利于西部地区环境保护，发展该产业，有利于西部地区推进制造业绿色发展。根据沿海地区的广东、江苏、浙江、山东等省均经历纺织服装大发展阶段的经验启示，西部，或者西部部分区域也需要经历该阶段，以加快推进区域工业化。

充分利用新疆棉花生产的优势，在新疆建设纺纱织布企业。在西部地区人口较多的四川、重庆、贵州、广西、云南、陕西等省级区域，重点选择人口相对较多、资源相对贫乏的县级区域或地级中心城市，发展纺织服装产业，建设专业化的纺织服装产业园。西部纺织服装产业的发展，重点通过承接东部地区纺织服装产业转移的形式发展。加快西部地区纺织服装产业园与东部地区相关与园区合作，对东部地区用地紧张的纺织服装产业园，可以考虑通过东部纺织服装产业园在西部地区建设纺织服装产业飞地的形式加强东西部纺织服装产业的合作。大力引进龙头企业，带动纺织服装产业的发展。西部地区也可以考虑引进国际品牌，加快西部地区纺织服装产业的发展。力争通过承接纺织服装产业转移，大力提升西部地区工业的就业率，从而提升西部地区工业化率。

二、产业布局

（一）不同类型地区制造业转型升级的产业选择

1. 西部省会城市和部分地级市①

西部除了内蒙古外，各省级行政中心城市（简称省会城市，下同）均是该省区人口最多、经济规模最大的城市，也是各省科技、文化中心。因此，西部地区以战略性新兴产业引领制造业转型升级，首先应重点发展战略性新兴产业，而西部地区发展战略性新兴产业首选地区应为各省会城市。因为省会城市是各省科技中心，大学相对较多，一般是各省大学最多的城市，创新在各省相对最为活跃，有利于率先推进西部制造业从要素支撑向创新驱动转型，优先在西部地区发展战略性新兴产业；这些省会城市，一般是各省产业最为高端的地区，也是各省高端产业最为集中的地区，原来也发展了一些高科技产业，因此具有发展战略性新兴产业的基础；西部地区省会城市投资环境相对较好，也有利于优先承接发达地区或发达国家战略性新兴产业的产业转移。并且以省会城市为中心，发展高端的战略性新兴产业，有利于带动全省制造业转型升级。因此，西部省会城市应重点发展战略性新兴产业。各省会城市应根据自身特点，选择适合的战略性新兴产业重点发展，实现由传统产业为主的制造业结构向以战略性新兴产业为主的制造业结构转型升级。成都、重庆、西安等城市应重点发展新一代信息技术、飞机制造业、高端装备、新能源汽车、生物医药等较为高端的战略性新兴产业。昆明、兰州、乌鲁木齐市、贵阳、南宁等城市重点发展新能源装备、节能环保、新材料等产业，一些城市也可以发展新一代信息技术、飞机制造业等产业。这些城市主要通过深化原有高新技术产业发展和科技企业的自主孵化、创新创业而发展战略性新兴产业，也可以通过原有传统制造业转型升级发展战略性新兴产业。同时，这些城市也可以通过承接国内外发达国家或地区战略性新兴产业转移、引进战略性新兴产业企业等方式培育和发展战略性新兴产业。在一些战略性新兴产业基础相对薄弱的省会城市，需要中心城市挖掘潜力，培育战略性新兴产业。

另外，西部部分地级市，如绵阳、自贡、宝鸡、遵义、包头、柳州、桂林等城市由于工业历史悠久，原有工业基础较强，或者科技实力较强，高新技术产业也有一定基础，也应重点发展战略性新兴产业。这些城市战略性新兴产业主要通过原有产业、企业转型升级、深化发展、拓展业务发展起来，实现由传统产业为主向战略性新兴产业为主的转型升级。其中有部分城市，原有产业较为高端，本身就是战略性新兴产业，则需要加强重点发展，使产业规模扩大。如安顺的飞机制造业、绵阳

---

① 主要指市辖区和分担主城区城市主要功能的县域地区。

的电子信息本身就是高端制造业，当前需要扩大该类产业规模，提升产品质量、扩大市场。

列入西部地区重点发展战略性新兴产业的中心城市除了省会城市无条件入选外，其他入选的地级中心城市应拥有高新技术产业开发区、国家高新技术产业化基地、国家新型工业化产业示范基地中的两类，其中国家新型工业化产业示范基地的示范产业应是战略性新兴产业，或与战略性新兴产业高度相关产业，包括装备制造业、新能源等，同时由于军民结合（或军民融合）的产业也较为高端，也列为战略性新兴产业。西部地区重点发展战略性新兴产业的城市如表 4-6 所示，共 31 个城市。

表 4-6　　　　　　　　　　西部地区重点发展战略性新兴产业的城市

省级区域	城市	主要条件		
		省会城市	国家级高新技术产业开发区	国家新型工业化产业示范基地	国家高新技术产业化基地
内蒙古	呼和浩特	首府	呼和浩特金山高新技术产业开发区	无	无
	包头		包头稀土高新技术产业开发区	有色金属（稀土新材料）·包头稀土高新技术产业开发区、军民结合·包头青山区	包头国家装备制造高新技术产业化基地、包头国家稀土新材料高新技术产业化基地
广西	南宁	首府	南宁国家高新技术产业开发区	无	无
	柳州		柳州国家高新技术产业开发区	汽车产业·柳州市、装备制造业（工程机械）·柳州柳南区	柳州国家工程机械高新技术产业化基地、柳州国家新材料高新技术产业化基地、柳州国家预应力机具高新技术产业化基地
	桂林		桂林国家高新技术产业开发区	电子信息·桂林	桂林国家微波与光通讯高新技术产业化基地、桂林国家特种轮胎及装备制造高新技术产业化基地
重庆	中心城区	直辖市	重庆国家高新技术产业开发区	电子信息（物联网）·重庆南岸区、汽车·重庆北部新区	重庆国家镁合金高新技术产业化基地、重庆国家移动通讯高新技术产业化基地、重庆国家化工新材料高新技术产业化基地、重庆国家功能新材料高新技术产业化基地、重庆两江新区新能源汽车高新技术产业化基地、重庆国家绿色装备制造高新技术产业化基地、重庆高性能齿轮高新技术产业化基地
	璧山		璧山国家高新技术产业开发区	军民结合·璧山工业园	无

表4-6(续)

省级区域	城市	省会城市	国家级高新技术产业开发区	国家新型工业化产业示范基地	国家高新技术产业化基地
四川	成都	省会	成都国家高新技术产业开发区	电子信息·成都高新技术产业开发区、汽车产业·成都经济技术开发区	成都国家生物医用材料与医疗器械高新技术产业化基地、成都国家高性能纤维高新技术产业化基地、成都新能源装备高新技术产业化基地
	绵阳		绵阳国家高新技术产业开发区	电子信息(数字视听)·绵阳高新技术产业开发区、军民结合·绵阳科技城	绵阳国家新材料高新技术产业化基地
	德阳		德阳高新技术产业开发区	装备制造·德阳市	德阳国家新材料高新技术产业化基地
	自贡		自贡高新技术产业开发区	装备制造(节能环保装备)·自贡高新区	自贡国家新材料高新技术产业化基地
	攀枝花		攀枝花钒钛高新技术产业开发区	钢铁(钒钛)·攀枝花市	无
	乐山		乐山高新技术产业开发区	无	乐山国家硅材料开发与副产物利用产业化基地
	泸州		泸州高新技术产业开发区	无	泸州国家高性能液压件高新技术产业化基地
	广元			军民结合·广元	广元国家先进电子产品及配套材料高新技术产业化基地
贵州	贵阳	省会	贵阳高新技术产业开发区	军民结合·贵阳经济技术开发区,新材料·贵阳高新技术产业开发区	贵阳经济技术开发区国家军民结合装备制造高新技术产业化基地、贵阳国家新材料高新技术产业化基地、贵阳国家电子元器件高新技术产业化基地
	遵义			军民结合·遵义经济技术开发区	遵义国家新材料高新技术产业化基地
云南	昆明	省会	昆明高新技术产业开发区	新材料(稀贵金属)·昆明高新技术产业开发区,军民结合昆明经济技术开发区	昆明国家稀贵金属新材料、昆明国家乘用车柴油机、昆明国家铁路大型养路机械
	玉溪		玉溪高新技术产业开发区	生物医药·玉溪红塔工业园	无
西藏	拉萨	首府	无	高原绿色食品·拉萨经济技术开发区(藏药)	无

表4-6(续)

省级区域	城市	主要条件			
		省会城市	国家级高新技术产业开发区	国家新型工业化产业示范基地	国家高新技术产业化基地
陕西	西安	省会	西安高新技术产业开发区	汽车产业·西安经济技术开发区、军民融合（航天）·西安市、航空产业·西安市、电子信息·西安高新技术产业开发区、软件与信息服务·西安高新区软件园	西安国家新材料高新技术产业化基地、西安国家光电子高新技术产业化基地、西安国家通讯高新技术产业化基地、西安国家半导体照明高新技术产业化基地
	宝鸡		宝鸡高新技术产业开发区	汽车产业（专用车及零部件）·陕西蔡家坡经济技术开发区、有色金属（钛材及深加工）宝鸡高新区	宝鸡国家钛材料
甘肃	兰州	省会	兰州高新技术产业开发区	军民结合·兰州经济技术开发区	兰州石化新材料
	白银		白银高新技术产业开发区	新材料·白银高新技术产业开发区	白银国家新材料
	金昌		无	金属新材料·金昌市	金昌国家新材料
青海	西宁	省会	青海高新技术产业开发区	有色金属精深加工·西宁东川工业园	西宁太阳能光伏
	格尔木			盐湖化工及金属新材料·青海海西州	海西盐湖特色材料
宁夏	银川	首府	银川高新技术产业开发区	装备制造·银川经济技术开发区	无
	石嘴山		石嘴山高新技术产业开发区	金属新材料·石嘴山	石嘴山国家镁合金开发与应用、石嘴山国家稀有金属材料
新疆	乌鲁木齐	首府	乌鲁木齐高新技术产业开发区	装备制造（能源装备）乌鲁木齐经济技术开发区，电子信息（太阳能光伏）乌鲁木齐高新技术产业开发区	乌鲁木齐国家有色金属新材料、乌鲁木齐国家风电、乌鲁木齐国家光伏发电设备。
	昌吉		昌吉高新技术产业开发区	装备制造业（能源装备）昌吉高新区	昌吉国家输变电装备、昌吉国家现代节水材料
	石河子		石河子高新技术产业开发区	无	石河子国家新材料高新技术产业化基地

2. 一般地级市①和条件较好的县域地区

一般地级市，是地级中心城市，有一定制造业基础，这些城市也是传统制造业

---

① 主要为市辖区。

发展较多的地区。一些城市的制造业具有一定特色，形成了传统优势，如宜宾的白酒产业、曲靖的烟草等。而一些发展水平相对较高的县级区域，制造业规模较大，也具有一定的特色。这类城市和县域地区数量多，是西部地区传统制造业发展主体地区。这类区域重点是充分利用战略性新兴产业产品和技术装备传统产业，提高产品质量、提高生产效率，提高产业的绿色发展水平，突出特色优势，培育产业集群，从而使传统制造业转型升级为先进制造业，提高产业竞争力。

这类地区在保持原有制造业优势、不断推进传统制造业转型升级基础上，也应充分利用传统优势产业，深化发展，通过升级尽力发展战略性新兴产业，也有利于传统制造业竞争力的提升。西部许多地区有色冶金较有优势，可以充分利用有色冶金基础发展新材料产业；充分利用机械工业，发展高端装备、节能环保装备、新能源装备等产业；在医药、食品工业基础上，发展生物医药产业。

这类地区产业也应尽力发展与战略性新兴产业关联产业，通过发展与本地和其他中心城市战略性新兴产业、先进制造业关联制造业，提高产品质量，扩大产品市场，提高制造业竞争力。

因此这类地区，主要通过制造业深化发展培育战略性新兴产业，通过战略性新兴产业装备传统制造业等提升传统产业竞争力，部分地区可以形成以战略性新兴产业和特色制造业为支撑的产业结构。

3. 一般县域地区

一般县域地区，产业基础薄弱，基本还没有形成具有优势的产业。这些地区人才不足，由于综合条件与中心城市差距较大，人才流失较为严重。这些地区创新能力弱。这些条件决定了一般县域地区难以发展战略性新兴产业，主要应发展传统制造业。但可以通过战略性新兴产业对其的引领，推进传统制造业的转型升级。

一是围绕县域特色优势，选择技术相对较高、环境友好的传统制造业培育主业，打造产业集群，形成优势制造业。原则上不再扩张高耗能、高消耗型制造业的产能，禁止采用淘汰技术培育支柱产业。可以通过承接中心城市、发达地区的先进制造业培育主业。二是努力发展与战略性新兴产业关联产业，特别与中心城市战略性新兴产业关联的产业。通过战略性新兴产业的引领，带动传统制造业的转型升级。通过发展直接和间接为中心城市战略性新兴产业提供原材料和零部件的产业，依托战略性新兴产业产品的畅销，带动传统产业产品的销售，这在一定程度上也能带动传统制造业的发展。另一方面，要发展直接或间接利用战略性新兴产业产品为原材料或上游产品的制造业，提升传统制造业的产品性能，促进传统制造业的转型升级。三是充分利用战略性新兴产业装备传统产业，提升传统制造业的生产效率、产品质量、绿色发展能力，应用新一代信息技术，提高传统制造业的智能化水平。

综上所述，西部地区战略性新兴产业引领制造业转型升级将形成三类不同功能的区域，如表4-7所示。省会城市和部分条件较好的地级中心城市，重点发展战略性新兴产业；一般地级中心城市和部分条件较好的县域地区，重点通过转型升级发展先进制造业、尽力发展战略性新兴产业和战略性新兴产业关联产业；一般县域地区重点发展战略性新兴产业关联产业和传统制造业。这样，通过中心城市战略性新兴产业的带动，引领西部制造业转型升级。

表4-7　战略性新兴产业引领西部地区制造业转型升级中三类区域主要功能分工

区　域	主要功能和发展重点	各类制造业发展			
		战略性新兴产业	先进制造业	战略性新兴产业关联制造业	传统制造业
省会城市和部分地级中心城市	重点发展战略性新兴产业	重点发展	适度发展	适度发展	控制发展
一般地级中心城市和部分县级区域	重点利用战略性新兴产业推动区域先进制造业转型升级，尽力发展战略性新兴产业	尽力发展	重点发展	尽力发展	控制发展
一般县级区域	重点发展与战略性新兴产业、先进制造业关联制造业	适度发展	尽力发展	重点发展	适度发展

（二）培育西部战略性新兴产业引领制造业转型升级集聚区

1. 打造引领西部的制造业核心区

将成渝地区、关中—天水地区、北部湾地区发展为带动西部发展的核心地区。

（1）成渝地区

成渝地区位于西部中心，北部为西北地区，南部为西南地区的云南、贵州、广西等省级行政区，西部为西藏、青海等省级行政区，辐射西部位置适中；而本区域依托西部人口、经济规模最大省——四川省和西部唯一的直辖市——重庆市，经济基础在西部地区最为雄厚。目前，成渝地区是西部地区经济规模最为强大的经济核心区，成渝城市群是目前西部唯一国家级城市群。重庆市和成都市均是国家中心城市，两个城市均进入我国人口和经济规模10大城市之列，2014年，重庆市和成都市地区生产总值分别为14 265.4亿元和10 056.6亿元，分别位列我国城市第6位和第9位。绵阳是我国唯一的科技城，科技力量雄厚。成渝地区人口众多，有近1亿人口。该区域制造业较为雄厚，汽车、电子信息、军工、航空航天、装备制造、食品饮料等产业在全国名列前茅。该区域已经成为西部发展的标志，如果该区域自我发展能力未形成，西部地区也难以形成自我发展能力。所以，要提升西部自我发展能力，首先要提升该区域的自我发展能力，方能带动西部地区自我发展能力的提升。

该区域战略性新兴产业重点培育新一代信息技术、高端装备、新能源汽车、新材料，力争将这四个战略性新兴产业培育为对世界有影响力的产业，产品在世界市场占有一席之地。积极培育生物医药、节能环保、新能源等战略性新兴产业，努力提升这些产业在国家的影响力。大力发展军工产业，推进军民融合发展，形成军民互动发展的良性格局。在战略性新兴产业引领下，重点推进食品饮料、石油化工、冶金工业、纺织服装的转型升级，努力将这些产业培育为国内重要的产业。

成都、重庆核心区、绵阳、自贡等中心城市应重点发展战略性新兴产业，形成以战略性新兴产业为支柱的中心城市，重庆核心区重点发展新能源汽车、新一代信息技术、高端装备、新材料等战略性新兴产业；成都市重点发展新一代信息技术、新能源汽车、高端装备、节能环保、新能源等战略性新兴产业；其中重庆的两江新区和成都的天府新区，应成为战略性新兴产业发展的核心，战略性新兴产业集聚区，成为引领该区域和西部地区制造业转型升级的引擎。绵阳重点发展新一代信息技术、新能源汽车等战略性新兴产业；自贡市重点发展新材料、节能环保、高端装备等战略性新兴产业。成渝经济区其他地级中心城市，重点发展战略性新兴产业或先进制造业，先进制造业重视利用战略性新兴产业产品和技术装备发展或与战略性新兴产业关联发展。广大县域地区重点发展先进制造业，通过以战略性新兴产业装备传统制造业、发展与战略性新兴产业关联产业，引领制造业转型升级。

（2）关中—天水地区

该地区是西北地区最大的经济核心区，是西北地区经济的引擎，包括西安、咸阳、宝鸡、渭南、铜川、天水等中心城市，其中西安是西北地区最大城市，也是丝绸之路经济带的起点。该区域杨凌是我国唯一的农业高新技术产业示范区、农业科学城。关中—天水地区是培育西北地区自我发展能力的基础，要提升西北地区自我发展能力，必须以关中—天水地区为引擎。

该区域应重点培育航空航天产业、新一代信息技术、新能源、生物等战略性新兴产业，其中要特别做大做强航空航天产业，努力成为我国航空航天产业发展中心、成为世界著名的航空航天产业研发与制造基地。除此之外，还应重点发展汽车、军工等产业。

该区域西安、咸阳、宝鸡、杨凌等城市应重点发展战略性新兴产业，其中西安重点发展航空航天产业、电子信息产业、装备制造业等，西咸新区为区域战略性新兴产业发展核心，引领该区及西北地区发展。咸阳重点发展装备制造业；宝鸡重点发展装备制造业、新材料、生物医药等产业，其重型汽车及零部件、数控机床、精密磨床、航空航天电子仪器仪表、飞行安全设备、传感器、纺机纺电、石油钻采与运输设备、铁路装备、钛材等新材料、生物医药等产品在全国甚至世界都具有较高知名度，市场占有率高；杨凌重点发展生物产业。

（3）北部湾地区

北部湾地区包括南宁、北海、钦州、防城港、崇左、玉林等城市，是西部地区唯一拥有海岸的地区，并且与越南接壤，是我国最接近东南亚的经济核心区。该区域是西南地区最近的出海口，发展区位条件较好。该区域制造业基础并不好，但由于在西部区位条件特别，具有良好的发展前景。区域人口超过 2 000 万，具有建成经济核心区的人口基础。

该区域战略性新兴产业重点发展发展新一代信息、高端装备、新材料等产业，传统制造业重点发展石油化工、冶金、食品制造等产业。其中南宁市重点发展新一代信息技术、新材料、装备制造等产业；玉林重点发展高端装备等产业；位于沿海的北海、钦州、防城港，应充分利用港口优势，发展临海制造业，建成为广西乃至西部地区重要的出口基地。其中北海重点发展电子信息、石油化工、黑色冶金等产业。通过战略性新兴产业引领制造业转型升级，将该区建成为面向东南亚的重要制造业产品出口基地。

2. 带动各省的产业核心区

将兰州—西宁地区、呼和浩特—包头—鄂尔多斯—榆林地区、银川地区、天山北麓地区、滇中地区、黔中地区、桂北地区、攀西—六盘水地区、拉萨—日喀则地区等培育为引领西部各区域发展的核心地区。这些区域经济规模相对较小，主要引领各区域产业制造业转型升级。

（1）呼和浩特—包头—鄂尔多斯—榆林地区

该经济区煤炭、石油、天然气、铁矿、稀土等资源极为丰富，举世瞩目，其中本地稀土为世界垄断性资源。在煤炭开发的引领下，21世纪以来经济飞速发展，经济规模已较大，成为新兴的经济核心区，拥有呼和浩特、包头、鄂尔多斯、榆林等城市。该区域战略性新兴产业重点开发新能源、新材料产业、装备制造业，传统制造业主要有饮料食品、毛纺、煤化工、石油化工等产业。其中呼和浩特和包头重点发展战略性新兴产业，呼和浩特重点发展电子信息、生物、装备制造、新能源等战略性新兴产业；包头重点发展新材料、装备制造业等战略性新兴产业。鄂尔多斯重点发展新能源、煤化工、羊绒等产业，并发展与煤炭开发有关的装备制造业等产业，重视新技术在煤化工、煤炭开采、煤发电等产业中的应用，重视传统产业的转型升级。榆林重点发展煤化工、石油化工等产业。

（2）兰州—西宁地区

该区域为甘肃和青海省的重点核心地区。包括兰州和西宁两个省会城市，还包括白银、定西市、海东市和临夏回族自治州等。该区域战略性新兴产业重点发展新能源、新材料等产业。新能源重点发展风电、太阳能装备。传统产业重点发展石油化工、冶金工业等，重视战略性新兴产业在传统产业中的应用。兰州、西宁重点发展战略性新兴产业，其中兰州重点发展电子信息、装备制造业、石油化工、医药制造业、新能源等产业；兰州新区是国家级城市开发区新区，应重点发展战略性新兴产业。西宁市在发展冶金、纺织、机械、食品、化工、建材等传统产业的基础上，培育新材料、生物、高端装备、新能源等战略性新型产业。白银市在发展冶金工业、化工产业基础上，重点发展新材料等战略性新兴产业。海东市在有色冶金、黑色冶金、食品饮料、医药工业、非金属矿物制品业基础上，重点发展新材料、生物等战略性新兴产业。

（3）天山北麓地区

该区域包括乌鲁木齐、石河子、昌吉等城市，是新疆的经济中心。原有产业主要有冶金、石油化工、新能源装备等产业。该区域战略性新兴产业重点发展新能源、新材料、生物、新一代信息技术等产业，传统产业重点发展石油化工、纺织、食品等产业，重视战略性新兴产业在传统产业中的引用，加快深化纺织产业发展，在纺织基础上大力发展服装产业。乌鲁木齐市已形成石化、冶金、纺织、机械制造、建材、医药、食品、电子信息等产业，在传统产业基础上，应重点发展新材料、新能源装备、高端装备、生物医药、新一代信息技术等产业。其中新一代信息技术要重点开发适应各少数民族需要的民族软件，以适应新疆多民族对电子信息技术的需求；医药重点发展以维吾尔族药物为重点的民族药物；新能源重点开发风能、太阳能利用设备制造和风能、太阳发电等开发。

（4）银川平原地区

该区域包括银川、吴忠、石嘴山、中卫、乌海、阿拉善盟等城市，核心为银川平原，自然条件较好。该区域的冶金、化工、机械、新能源等产业在全国有一定地位。区域战略性新兴产业重点发展新能源、新材料、装备制造业、生物等产业，传统产业重点发展冶金、化工、纺织、民族食品等。

银川是宁夏回族自治区的首府城市，重点发展新能源装备、新材料、装备制造等战略性新兴产业，引领区域制造业转型升级；石嘴山制造业重点发展新材料、煤化工等产业。吴忠市重点发展食品饮料、冶金、仪器仪表等产业。中卫市重点发展冶金、化工、建材等产业，在此基础上，培育新材料等战略性新兴产业。乌海市重点发展冶金、建材、化工等产业，在此基础上重点发展新材料等战略性新兴产业。

（5）滇中地区

该区域位于云南省中部，有昆明、玉溪、曲靖、楚雄等城市，为云南的经济核心区。该区域的生物医药、冶金、航空机械、卷烟、食品等产业有一定优势。昆明是云南省省会城市，工业基础较好，战略性新兴产业重点发展新材料、生物医药、航空装备制造等产业；适度发展传统制造业，重点发展冶金、卷烟、食品等产业。玉溪市重点发展卷烟、冶金工业，在此基础上培育生物、新材料等战略性新兴产业；曲靖市制造业重点发展卷烟、冶金、食品、化工等产业，战略性新兴产业重点发展新材料、生物等产业；楚雄传统制造业重点发展卷烟、冶金、化工、绿色食品等产业，战略性新兴产业重点发展生物医药、新能源、新材料等产业。

（6）黔中地区

该区域位于贵州省中部，包括贵阳、安顺、遵义、凯里、都匀等城市。该区域是贵州省的核心地区，主要产业有电子、航空、生物医药、白酒、冶金等。近年来，贵阳的大数据产业发展迅速，成为我国大数据产业发展的中心。贵阳重点发展战略性新兴产业，主要发展新一代信息技术、生物医药、航空航天等，特别要重视苗药的开发；遵义战略性新兴产业重点发展航空、新一代信息技术等，传统制造业重点发展白酒等产业；安顺战略性新兴产业重点发展航空、生物医药等产业，传统制造业重点发展化工、汽车、食品等产业；凯里战略性新型产业重点发展新一代信息技术、生物医药、新材料等，传统制造业重点发展电子、纺织、冶金、建材等产业。都匀重点发展生物、食品、机械装备、建材、化工等产业，战略性新兴产业在重点发展生物医药、新材料等。贵安新区是国家批准建立的国家级城市开发区，应成为本地战略性新兴产业和制造业转型升级的示范地区，重点发展航空航天产业、新一代信息技术等产业。

（7）桂北地区

该区域位于广西北部，有柳州、桂林等城市，城市规模分别列广西第2位和第3位，是广西经济的重心之一。该区域工业基础雄厚，战略性新兴产业发展前景良好，战略性新兴产业规模较大，战略性新兴产业对传统制造业引领作用明显。柳州市已形成以汽车、机械、冶金为支柱产业，制药、化工、造纸、制糖、建材、纺织等产业并存发展的工业体系，工业基础雄厚，战略性新兴产业重点发展新能源汽车、新材料、高端装备、生物等；桂林市已经形成电子信息、医药及生物制品、先进装备制造、生态食品等优势产业，战略性新兴产业重点发展新一代信息技术、生物、新能源、新材料等，战略性新兴产业成为区域产业发展重点。

（8）攀西—六盘水地区

该区域包括攀枝花、凉山州、昭通、六盘水等城市，该区域资源丰富，有钒钛磁铁矿、煤炭、水能等资源。该区域冶金工业、煤炭工业、水电、特色食品具有优势。该区域要继续重视资源开发，特别要重视资源深加工。在冶金工业基础上，重点培育新材料产业；充分利用本地阳光充足、多风的优势发展太阳能、风能等新能源资源开发。重视传统产业的转型升级，重视冶金工业的循环经济，重视农产品资源的深加工，发展优质、绿色食品。

（9）拉萨—日喀则地区

该区域是西藏的经济中心，有拉萨市和日喀则市。目前藏医药产业在全国有一定知名度。继续充分利用本地优势，发展以藏医药开发为重点的生物医药产业；同时，充分利用本地太阳能、地热资源丰富的特点，积极开发新能源。

第三节　以战略性新兴产业引领西部地区制造业转型升级的保障措施

一、中央政府的支持

（一）国外的经验

发达国家也曾面临欠发达区自我发展能力不足的问题。如美国在第二次世界大战前，经济高度集中于东部地区，特别是大西洋沿岸和五大湖区，而广大西部地区、南部地区经济相对落后。在20世纪30年代以来，特别是第二次世界大战后，为了发展西部和南部,美国联邦政府制定了许多帮助中西部和南部地区发展的政策,其中就有重点支持美国中西部和南部地区高科技产业发展的政策。20 世纪 30 年代以来,美国中西部地区能够从美国的落后区演变为美国高科技产业集聚区,与美国联邦政府的支持有极大关系。美国联邦政府主要通过军事采购等形式,支持中西部地区发展。美国的军事采购主要是高科技产品,美国联邦政府通过军事采购加速了美国高科技产业向中西部和南部地区的转移。第二次世界大战期间,美国大量军事采购来自中西部地区。自 1952 至 1962 年,位于美国中西部的华盛顿州、加利福尼亚州、夏威夷州、阿拉斯加州、犹他州和科罗拉多州等州的军事采购交易和国防部付给的工资占州外来收入比重不低于 25%,内华达州、亚利桑那州、新墨西哥州、堪萨斯州、俄克拉荷马州和德克萨斯州也有 15～24%。20 世纪 70 年代,亚利桑那州、加利福尼亚州、华盛顿州、堪萨斯州、犹他州和科罗拉多州高技术就业占全部就业比重均位列美国前 10 名,同时,这六个州在 50 年代全都进入了依赖防务经费的前 10 名。① 因此美国中西部和南部地区兴起了大量的以军工产业为核心的城市,也极大地推动了美国中西部和南部地区的高科技产业发展。到现在,美国的高科技、新兴产业城市主要分布于西部。如“硅谷”位于圣何塞,实际已成为美国和全球高科技产业中心,是全世界科技创新最有活力的科技城市和高科技产业城市,著名的苹果公司、谷歌公司、英特尔公司、惠普公司均来自于这里。西雅图是美国另一个高科技城市,著名的波音飞机公司和微软公司均位于这里。休斯敦是美国宇航中心和医疗中心,洛杉矶是美国和全球的电影产业中心,著名的好莱坞就位于这里,洛杉矶也是美国著名的飞机制造业中心。位于美国西南部亚利桑那州的图森是美国著名的导弹、飞机零件、计算机制造中心。

第二次世界大战后,原德国西部地区经济存在明显的南北差异,北部地区是老工业基地,经济较为发达,而南部地区工业基础薄弱,经济相对落后。西德政府为了发展南方地区,在加强南部地区基础设施、基础产业发展的同时,重点在南部地区发展汽车、电子、飞机、宇航等高科技产业,德国的汽车工业基地主要在斯图加特,著名的德国电子工业企业——西门子就位于德国南部的慕尼黑,慕尼黑还是德国航空航天中心。当前德国慕尼黑已经成为德国的“硅谷”,是德国科技创新最活跃的城市。为了支持南方城市科技产业发展,德国政府给予创新企业 25%～50% 的创新支持资金②。1970 年,法国为了支持其落后的西南部地区的发展,更是将国家标志企业欧洲空中客车飞机公司的总部布局在位于西南部地区的图卢兹,带动了西部地区的发展。发达国家的经验说明,欠发达地区要发展,首先是要选择高科技产业、新兴产业,即最先进的制造业,引领欠发达地区发展。其次,发达国家政府用政策和法律支持欠发达地区高科技产业、新兴产业的发展。选择了产业,却没有政府政策和法律支持,欠发达地区产业发展就难以成功。

---

① 卡尔艾博特. 大城市边疆——当代美国西部城市 [M]. 北京:商务印书馆, 1998:71-72.
② 宋坚. 德国经济与市场 [M]. 北京:中国商务出版社, 2003:132-133.

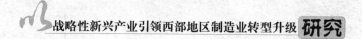

（二）加大中央政府对西部地区战略性新兴产业引领制造业转型升级的政策支持

1. 制定战略性新兴产业引领西部制造业转型升级的规划

首先，中央要制定西部地区战略性新兴产业规划。特别支持西部地区航空航天、新能源装备及新能源开发、生物及中药材开发与生产、大数据、3D 打印、互联网、物联网、信息安全、软件、新能源汽车、节能环保等产业的发展，在这些领域内的产业优先开发，重点规划，加大支持力度。确定这些产业空间布局，安排重点开发地区和城市，逐步使这些地区和城市发展成为我国该产业开发的中心。在西部的省会城市和主要地级中心城市，重点规划战略性新兴产业，成为引领西部制造业转型升级的核心地区。规划西部地区战略性新兴产业集聚区，引领西部地区发展。

其次，制定西部地区战略性新兴产业引领传统制造业转型升级规划。重点制定加快西部地区装备制造业、冶金工业、石油化学工业、食品饮料工业、建材工业等产业升级规划，通过传统产业与战略性新兴产业的关联，充分利用战略性新兴产业的技术与装备，推进传统制造业转型升级。支持加快西部地区传统产业与战略性新兴产业的关联发展。以战略性新兴产业为中心，组建产业集群，以战略性新兴产业和产业集群的发展推进相关传统制造业的转型升级和发展。组建以传统产业为核心的产业集群，嫁接战略性新兴产业，推进传统产业集群的转型升级。

2. 制定支持西部地区战略性新兴产业引领制造业转型升级的政策

（1）财政与资金支持

中央政府应加大在财政上支持西部地区战略性新兴产业发展力度，对西部重点发展的战略性新兴产业给予财政专项支持，对重点领域战略性新兴产业的企业的孵化、创立、科技创新等给予适当支持。同时给予传统产业转型升级一定的支持。支持中央商业银行、政策银行给予西部地区重点发展战略性新兴产业企业优惠、低息、无息贷款，支持商业银行加大西部战略性新兴产业项目商业贷款力度。支持金融机构在西部地区建立风险投资基金。优先支持西部科技企业在证券市场融资，每年给予西部地区在证券市场首次融资的科技企业数量在全国的占比不低于西部地区人口占全国比重数量，提高西部地区科技企业上市融资机会。在条件适合的情况下，可以设立西部地区高科技产业银行，重点支持西部高科技产业融资和发展。

（2）开发区域支持

为了支持西部地区战略性新兴产业发展，国家应在开发区设立方面进一步加大对西部地区的支持。开发区是产业的载体，是产业的核心，是区域经济增长的核心。国家应放宽对西部地区国家级高新技术产业开发区和国家级经济技术开发区设置标准，增加西部地区国家级高新技术产业开发区和国家级经济技术产业开发区的数量，同时增加西部地区国家级出口加工区、国家级保税区的数量。增强西部地区战略性新兴产业载体数量。目前西部地区已有重庆两江新区、陕西西咸新区、兰州新区、贵安新区和四川天府新区等国家级城市开发新区，国家还应继续在有条件的城市增设国家级城市开发新区。2016 年 8 月，国家同意在四川、重庆和陕西设立了自由贸易区，下一步还应增加西部自由贸易区数量，增加西部设立自由贸易区的城市数量，改善西部地区制造业发展环境，推进这些城市战略性新兴产业的发展和传统制造业的转型升级，推进西部地区制造业的出口。为了加快西部地区融入"一带一路"，可以在西部地区设立丝绸之路国际合作产业园区，作为西部地区参与丝绸之路经济带的重要载体，推进西部地区对丝绸之路沿线国家企业的引进，同时也加快西部本地企业参与丝绸之路合作的步伐，也推进西部制造业转型升级。加大对西部地区中外合作产业园区、中外合作创新平台的支持，增加这类国际合作园区、平台的数量。

（3）创新支持

加快西部地区战略性新兴产业的创新。支持西部城市建立国家级战略性新兴产业孵化器、创新创业平台。支持西部地区风险投资基金的设立。支持西部地区大学、研究机构、企业科技人员在战略性新兴产业领域的创新创业，支持大学生创新创业。支持大学、科研机构、企业合作，建立战略性新兴产业创新联盟，放宽西部地区战略性新兴产业领域国家级创新联盟设立标准，增加西部地区战略性新兴产业国家级创新联盟的数量。放宽西部地区建立国家级企业技术中心和国家级工程技术中心的标准，支持西部战略性新兴产业企业建立国家级企业技术中心、国家级工业技术中心，使西部地区国家级企业技术中心和工程技术中心占全国的比重达到西部地区人口占全国比重。西部地区已有绵阳科技城和杨凌农业科技城，在西部地区条件适合的地区还应增设战略性新兴产业领域的科技城或科技园区，并对科技城给予资金、税收支持。

放宽西部地区大学和科研机构设立与战略性新兴产业相关的硕士和博士点的标准，增加西部地区大学、研究机构设立战略性新兴产业相关的硕士、博士点、博士后流动站的数量，其数量在全国的占比不应低于西部地区人口比重。增加西部国家级大学科技园区的数量。在西部地区高等教育薄弱的地区，增加高等学校数量。利用国家财政支持中东部地区国家985工程和211工程等重点大学到西部地区设立分校、研究院等，特别要支持北京大学、清华大学等著名大学到西部地区设立分校、研究院等，支持西部各省级区域重点大学到西部非省会城市设立大学分校、分院、研究机构等，充分利用名校带动西部的高等教育、创新研究等。支持西部地区大学开设与区域战略性新兴产业、制造业关联的专业教育与研究，培养相关人才，支持地区经济发展。放宽西部地区战略性新兴产业人员职称评审限制，增加西部地区战略性新兴产业高层次科技人员数量。

加快西部地区战略性新兴产业发展，需要国家对相应的基础设施投入。在西部地区设立国家级的研究机构，如在西部设立国家级的新能源、各种新材料、各种生物资源开发、各民族医药、高端装备、新一代信息技术等产业研究中心，支持创新资源向西部地区转移。同时建立相应的国家级培育机构，支持国家级产业中心的培育。

（4）产业与市场支持

支持国家新培育的战略性新兴产业重点布局于西部地区，支持需要国家长期补贴、支持和购买的战略性新兴产业新项目、新企业布局于西部地区，这样国家对新兴产业的产业政策自动转化为支持西部发展的区域政策，将极大地支持西部战略性新兴产业的发展。对于西部重点发展的战略新兴产业及西部各城市重点发展的、具有全国优势的特色战略性新兴产业，国家应支持在西部地区设立特定产业国家级展销中心、特定产业产品质检中心、特定产业国家级会展与节庆活动等，提升西部战略性新兴产业的知名度及产业权威性。

扩大国家对西部地区战略性新兴产业产品的购买，优先向外国推销西部地区战略新兴产业产品。支持西部地区战略性新兴产业企业参与"一带一路"合作。

（5）税收支持

美国对大型企业、科技企业一般有税收优惠，支持了美国科技产业、科技企业的发展，如表4-8所示。大型企业、科技企业代表着国家实力，是国家参与国际竞争的龙头，对这些企业税收优惠有利于国家竞争力的提升。制定西部地区战略性新兴产业的税收支撑政策。对创新创业企业给予较长时间的免税支持。给予战略性新兴产业给予更多的所得税、增值税优惠。

表4-8　　　　2011年美国10家公司应缴税金和实际向联邦政府缴纳情况

排名	公司	税前收入（亿美元）	应缴税金（亿美元）	应缴税率（%）	实缴税金（亿美元）	实际税率（%）
1	埃克森美孚	733	311	42	15	2
2	雪佛龙	476	206	43	19	4
3	苹果	342	83	24	39	11
4	微软	281	49	18	31	11
5	摩根大通	267	78	29	37	14
6	沃尔玛	244	79	33	46	19
7	富国银行	237	74	31	34	14
8	康菲石油	230	105	46	19	8
9	国际商用机器	210	51	25	2.68	1
10	通用电气	201	57	29	10	5

资料来源：邓正红. 再造美国：美国核心利益产业的秘密重塑与软性扩张. 北京：企业管理出版社，2013：55-56.

（6）支持西部地区军民融合产业发展

美国是世界军民融合最为成熟的国家，长期通过军用技术开发引领民营科技开发，占据世界军品和民品制造的顶端，引领世界潮流。美国鼓励军民技术融合，在20世纪90年代，美国国防部和国会发布了10多份文件，多次提到要注重技术的军民两用性。为此，美国取缔部分军标，提高军民两用产品的通用化水平，为军民融合消除壁垒；并且鼓励基础研究，夯实技术基础，为军民技术融合寻求长足动力，政府和市场合力推动企业军民融合。市场机制推动军工企业与民营企业融合，鼓励军工企业上市、参与企业并购；扶持中小企业为军方开发产品，推动大型军工企业进行重组；军方积极配合推动军民需求融合①。美国许多企业，包括美国的国际著名企业和世界 500 强企业，就是同时生产军品和民品，美国联邦政府投资先进的军品开发，而开发的技术属于企业，因此企业将这些军用技术又应用于民品生产，极大地提升了民品质量，引领民品市场，使美国制造引领世界潮流，而先进民品的开发又支持了企业的发展，先进的制造基础又为军品生产提供了坚实的基础。美国的波音飞机公司既生产民用客机，又生产军用飞机，在 20 世纪 50 年代初，波音飞机一度陷入艰难，正是朝鲜战争的爆发，美国军用飞机采购增加，使波音飞机渡过了难关。

西部地区军工产业发达，是我国军工产业发展的中心。随着我国的国际地位的提高，我国军工产品在国际市场的份额必将提升，对西部地区军工产业发展具有重要的推动作用。最关键的是，军工产业技术领先，是前沿产业，是高科技中的高科技，是战略性新兴产业。而且西部地区面积广大，适合军工产业的发展。支持西部地区军工产业发展，支持新兴的军工产业研究、试验与生产基地布局在西部。支持西部地区军民融合产业的发展，通过军民融合、军工引领民用、民用支持军工等方式发展战略性新兴产业。可以在绵阳、广元等城市设立国家军民融合综合配套改革试验区，加强军工与民用产业的互动发展。支持民营企业开发军工产品，支持军工技术应用于民用产品开发；支持军工企业生产民用产品，带动西部地区民用产业的发展。在西部地区扶持一批跨军品和民品生产的龙头企业，实现军民技术、产品的融合发展和相互推动发展，实现以军促民、以民促军的协调发展。通过军民融合发展，带动全国军工研究人才向西部地区集聚，推进西部地区军工和民用产业的发展。

二、西部各级地方政府推进战略性新兴产业引领制造业转型升级的保障措施

战略性新兴产业引领制造业转型升级，仅有中央政府的支持远远不够，西部各级地方政府还应该积极地推进本地战略性新兴产业引领制造业的转型升级。为此，西部地区条件适合的地区要支持战略性新兴产业发展，支持传统制造业向战略性新兴产业方向转型；增加政府财政支持力度；支持建设以企业、产业创新为核心的区域创新体系，努力培育本地高新技术企业；支持发展产业集群；大力发展招商引资；大力建设高新技术产业开发区、经济技术开发区等，加快国家级和省级开发区的引领示范作用。

（一）支持战略性新兴产业发展和传统制造业转型升级

1. 西部省级及有条件的区域应制定战略性新兴产业发展和制造业转型升级规划

西部地区省级及有条件的区域包括各省级区域、地级区域、部分县级区域，这

---

① 黄朝峰. 战略性新兴产业军民融合式发展研究［M］. 北京：国防工业出版社，2014：54-60.

些区域应制定战略性新兴产业发展和制造业转型升级规划。目前，西部各省级区域制定了战略性新兴产业规划，部分地级行政区也制定了规划，但大部分地级行政区和县级行政区缺乏相应规划。各地级行政区域及部分经济条件较好的县级区域应制定战略性性新兴产业规划。特别要明确各区域战略性新兴产业重点发展产业，发展途径、政府扶持措施等，为战略性新兴产业发展指明方向。同时各区域应制定制造业转型升级规划，制造业转型升级一定要与战略性新兴产业结合起来。对制造业的创新、国际化、产品质量、智能化发展、节能减排等应有更高的规划和进步，推进区域制造业转型升级。重视以低碳技术引领能源生产消费革命，以生物技术引领健康领域变革，以智能技术引领制造业变革，以新一代信息技术引领互联网变革①。

2. 支持战略性新兴产业发展

战略性新兴产业是引领西部制造业转型升级的基础和方向，西部有条件的各级区域应重点支持战略性新兴产业的发展。省会城市和部分地级市制造业应以重点发展战略性新兴产业为主，新的制造业项目要以战略性新兴产业为主，适度控制传统制造业项目的发展，或原则上不再新建传统制造业项目；其余地级行政区和有条件的县级区域以战略性新兴产业和传统制造业兼顾发展，但有条件应尽力发展战略性新兴产业，努力提升战略新兴产业比重。

支持省会城市及各地发展战略性新兴产业，支持各地通过引进企业、孵化企业、科技人员创新创业培育战略性新兴产业。特别支持传统产业向战略性新兴产业转型，这样既可以减少传统制造业，也增加战略性新兴产业比重。这种产业升级发展的战略性新兴产业一般有坚实的基础，战略性新兴产业地位更加牢固。

3. 支持传统制造业转型升级

传统制造业是当前西部地区的支柱产业，但西部地区传统制造业面临市场空间小、技术水平低、资源消耗多、环境污染大、出口能力弱、创新能力不足、发展潜力有限等问题。支持战略性新兴产业引领制造业转性升级。支持西部地区传统制造业与战略性新兴产业关联，充分利用战略性新兴产业技术，促进传统制造业发展。支持西部省会城市和重点地级中心城市的技术先进的传统制造业向其他地级市和县级区域转移，提高西部地区市县区域的传统制造业水平。支持西部地区市县区域通过承接产业转移提升制造业的结构层次和生产技术。支持西部市县区域传统制造业的生产技术改造和结构升级，大力发展生产技术含量较高制造业或先进制造业。

(二) 支持建立以企业和产业创新为核心的区域创新体系

1. 加大企业创新支持力度

利用政府财政支持企业和产业创新，区域创新资金向企业和产业倾斜。增加R&D 经费，中心城市 R&D 创新资金占区域地区生产总值的比重应提高到 3% 以上，一般地级市提高到 2% 以上，不断提高创新的比重。加大对企业创新的投入，通过

---

① 徐宪平. 中国经济的转型升级 [M]. 北京：北京大学出版社，2015：111-118.

财政、税收优惠等手段支持企业开发新产品、新工艺。支持有条件的企业建立研发机构，已有研发机构的企业提升层次。鼓励企业建立市级、省级、国家级企业技术中心、工程技术中心；鼓励企业设立地方特色型、专业型、全国唯一型工程技术中心，并努力升级为国家级工程技术中心。帮助市级战略性新兴产业企业技术中心、工程技术中心升级为省级或国家级。鼓励西部地区大专院校和科研机构结合地区特色和地区优势设立创新型企业或公司。鼓励西部地区企业与各地大专院校和研究机构联合设立研究与开发机构、新建创新型企业、组建产业联盟，参与制定行业、产品标准等。鼓励企业增加 R&D 活动的投入，鼓励制造业企业委托大专院校、科研机构的参与企业的创新产品研发，支持大专院校、科研机构参与企业的 R&D 活动。鼓励建立创新型、总部型企业，开发新产品。建立完善的科技转让市场，为区域科技转化提供完善的载体。

2. 支持战略性新兴产业创新创业平台的建设

围绕区域战略性新兴产业发展，建立完善的科技企业孵化体系，帮助科技企业的孵化、创新、创业。支持各类主体设立创客空间，鼓励本地和外地企业和科研院所科技人员创新创业。在条件具备的区域可以设立区域创新城、创新园、科技城、科技园、科学城等专业化创新载体，为区域创新提供良好的创新环境和氛围，完善创新服务体系和制度。支持区域的大学设立大学科技园，鼓励大学师生创新创业。支持各省级区域至少培育一个创新示范区，支持创新、创业。以创新平台为支撑，支持科技创新、产品创新、品牌创新、产业组织创新、商业模式创新、管理创新。鼓励设立区域风险投资基金，支持其不断发展壮大，支持企业的创新创业。

3. 支持创新人才的培养和引进

鼓励本地高等院校开设与本地战略性新兴产业相关的专业，帮助本地高等院校提升战略性新兴产业专业办学层次，升级开设本科、硕士、博士点、博士后流动站等层次的教育，为本地战略性新兴产业培养应用人才和研究人员。引进国内外著名大学在区域内设立分校、工业研究院等，提升外地院校对本地战略性新兴产业的支撑能力。努力加大省级区域政府、地级行政区政府等地方政府对地方大学的财政支持，支持大学人才引进、大学校园建设和学科建设，努力创办一流大学、一流大学学科、特色型优势专业等，努力提升大学的知名度。

（三）增加政府对战略性新兴产业和制造业转型升级的财政与金融支持

1. 增加对战略性新兴产业和制造业转型升级的财政支持

西部地区战略性新兴产业较弱，利用西部地方财政支持战略性新兴产业发展是实现制造业转型升级的必然选择。合理的财政支持具有巨大的放大效应，可以带动大量的企业资金投入发展战略性新兴产业和制造业转型升级。发挥政府财政的杠杆作用，以少量的财政资金撬动民间的大量资金发展战略性新兴产业。利用财政支持区域重点战略性新兴产业的创新创业与发展，给予战略性新兴产业创新项目一定的财政支持，特别给予战略性新兴产业首台（套）设备或产品一定的财政支持。为战略性新兴产业创新创业提供免费或低廉的场所。给予战略性新兴产业税收优惠，可以给予地方税部分减免。加强财政支持传统制造业企业技术改造、转型升级的力度，支持传统制造业企业装备和利用新技术提高企业效益、降低污染排放，支持企业淘汰落后产能，通过对落后产能关、停、并、转，促进传统制造业转型升级。

2. 努力帮助战略性新兴产业和制造业转型升级融资

利用财政帮助战略性新兴产业企业贴息和低息贷款，帮助企业融资。支持商业银行给予战略性新兴产业企业优先贷款。支持建立金融中介担保机构，为战略性新兴产业企业和制造业转型升级提供金融担保。支持战略性新兴产业企业和制造业企业优先上市融资。

（四）改善制造业发展环境

1. 支持发展产业集群

产业集群具有较强的竞争力、创新能力和经济效益，也是提高产品质量、提升国际化程度的重要途径。产业集群具有技术创新强、创新扩散强、创新应用快的特点，是制造业转型升级的重要途径之一。支持西部产业集群发展、打造以区域专业化产业为核心的产业集群，是西部推进制造业转型升级的重要途径。

打造以战略性新兴产业为主的产业集群，在推进战略性新兴产业发展的同时，可以带动一批传统产业转型升级和发展。打造以传统制造业为核心的产业集群，将极大地提升传统制造业的创新能力、绿色发展能力、出口能力等，同时促进传统产业利用战略性新兴产业技术提升产业集群水平。打造以战略性新兴产业和传统产业融合的产业集群，推进战略性新兴产业和传统制造业转型升级。各省级行政区域至少培育1~2个具有世界影响力的战略性新兴产业产业集群；各地级行政区应培育1~3个有全国影响力的重要产业集群，各县级行政区应培育2~3个有区域重要影响力的产业集群。

2. 大力建设开发区

各地区地方政府应积极建设开发区，努力建设高新技术产业开发区、经济技术开发区、出口加工区、保税区。努力促进本地高新技术产业开发区、经济技术开发区等开发区升级为国家级。国家级开发区不仅可以提升区域形象，而且能够获得国家更多优惠政策，对地区经济发展有极大的促进作用。原则上，西部地区省会城市和部分地级中心城市，应设立国家级高新技术产业开发区和经济技术开发区，一般地级中心城市和少数发达县级区域可设立国家级高新技术产业开发区和经济技术开发区的一种。而西部有条件发展制造业的县均应至少设立一个省级开发区，并培育一个主业。

由于西部地区土地资源广阔、劳动力资源相对丰富且价格略低，西部地区也具有一定的市场，因此西部地区对东部地区制造业企业有一定的吸引力，一些东部企业希望到西部投资设立企业，但这些企业由于规模受限，独立到西部投资存在诸多不确定因素。因此西部地区各地应多与东部发达地区地方政府合作建设开发区，推进东部地区企业向西部地区转移。同时发达国家企业希望开拓西部地区市场，西部中心城市也可以与发达国家开展国家间合作，建立国家间合作平台，如中国与新加坡第三个国家合作项目就落户重庆市，而成都则建设了中法（国）生态产业园、中德（国）产业园、中韩（国）创新产业园等国家间合作产业园；也可以建立西部地方政府与发达国家政府建立合作平台，如四川与新加坡合作的新川科技园就落户成都高新区，重点发展生物等产业。

通过开发区推进西部地区制造业的招商引资和创新创业。各地应依托本地大学，设立大学科技园，并尽力升级为国家级，提高区域创新能力，也提高区域对产业的承载能力。促进国家级和省级开发区的引领示范带动作用。

3. 大力改善生产服务环境

生产性服务业是制造业发展的环境，完善的生产性服务环境是制造业的发展的基础，是制造业转型升级的必要条件。西部各地应大力发展金融业，支持银行、证券、保险、中介担保等金融机构发展，支持这些金融机构为制造业企业服务。大力发展物流运输，特别应在开发区，配合建设物流园区，为制造业提供便捷的、专业化的、低廉的物流服务。支持与区域专业化制造业相关的专业市场的建设与发展，为区域制造业产品提供更好的展示平台。支持与区域专业化制造业相关的会展业发展，开发相关节庆活动。支持广告、设计、法律、咨询、会计等服务业的发展。支持与区域制造业关联的专业化培训机构、职业教育的发展，为区域制造业培训专业化人才。支持与区域专业化制造业相关的高等教育的发展，支持和引进相关大学和科研机构的设立和发展，为区域提供科技支撑。支持相关技术转让市场的建立。

4. 大力发展招商引资

西部地区战略性新兴产业引领制造业转型升级，仅依靠西部地区，难度仍然很大。应通过招商引资加快发展西部战略性新兴产业，同时加快制造业转型升级速度。

西部地区制造业招商引资，应适应转型升级，禁止承接低端、低技术、低附加价值、高耗能产业，重点承接高端、高技术、高附加值价值、低能耗、低耗资源产业。努力承接国内外战略性新兴产业转移，将极大地壮大西部地区战略性新兴产业、提升西部地区战略性新兴产业占比。努力承接国内外先进制造业转移，也将极大地促进西部地区制造业转型升级。各地根据本地产业集群、专业化产业发展招商，大力发展面向发达省市、发达国家和地区的专业化产业园，提高产业园区的服务水平和配套能力。

不断完善和丰富西部地区的招商方式。为了提高招商能力，西部各地政府应主动、积极参与招商，到发达地区、发达国家主动联系有关企业。西部各地政府应在发达地区、重点发达中心城市设立常驻招商机构，积极寻找招商信息。积极利用本地企业、人员的商业关系、亲缘、乡缘、朋友关系招商，支持企业、中介机构招商。地方政府应加大对招商活动的奖励。

（五）积极支持产业融合发展

1. 支持战略性新兴产业与传统制造业的融合发展

由于新技术、新兴产业不断涌现。新兴产业与新技术不断与传统产业交叉、融合，形成新业态、新形态，促进了产业融合。产业融合是指不同产业或同一产业不同行业相互渗透、相互交叉，融合为一体，并逐步形成新兴产业的发展过程。产业融合可分为产业渗透、产业交叉和产业重组。产业融合有利于促进产业创新，也有利于新兴产业的形成和发展，因此也是制造业创新的重点领域，有利于提升产业竞争力，产业融合过程就是产业转型升级的过程。

支持西部地区高新技术或先进实用技术在传统产业领域的应用，形成先进制造业，如智能装备制造业等。支持新一代信息技术在制造业的应用，发展智能化生产、开发智能化产品。支持"互联网+制造业"发展模式，通过互联网设计企业产品，通过互联网管理产品生产，通过互联网管理产品，通过互联网销售企业产品，在产品中融入互联网技术。

促进战略性新兴产业企业与传统产业企业融合。支持战略性新兴产业企业与传统制造业企业的相互兼并、收购与重组；支持战略性新兴产业与传统制造业企业的合作；支持区域内、区域间战略性新兴产业与传统产业之间的融合。支持传统制造业通过产业融合发展高端产品。支持产业集群内企业之间的融合发展，通过资产重组组建大型的龙头企业。

2. 支持制造业与服务业的融合发展

产品从设计开始，要通过组织原材料、产品生产、物流运输、广告营销、批发零售等环节后才到消费者，到消费者后还需要售后服务支持，因此，从整个产品周期看，很多环节需要服务业直接参与，而且服务业的增值、利润一般远远超过制造业环节。如果制造业企业能把握商机，延伸发展相关服务业，将极大地提升制造业企业的增值空间；并且也将使制造业企业直接面对消费者，拉近生产企业与客户的距离，使生产企业能够更好地了解市场，生产更加符合市场要求的产品。制造业服务化主要体现为需求服务化、功能服务化、组织服务化和环境服务化。

受制于服务业发展的制约，西部地区制造业服务化发展明显不足。因此，大力支持制造业与服务业的融合，发展服务型制造业是西部制造业转型升级的重要手段。特别是西部地区地域广阔、运输成本高；少数民族多、需求复杂多样，对发展服务型制造业更有前景。支持各地制造业与服务业的融合，发展服务型制造业。鼓励制造业企业向服务领域拓展。支持制造企业开展设计、物流、外包、营销等服务活动，支持企业发展建立直销店。特别支持电子商务与制造业企业融合发展，支持企业以电子商务发展，销售本企业产品。支持制造企业由提供制造产品向客户提供方案角色转变；支持制造业企业向消费者提供个性化定制服务，鼓励制造业企业开展客户全程参与设计服务，为消费者提供更满意的制造业产品。鼓励有条件的服务业企业开展制造业产品生产。支持制造业企业与服务业企业通过兼并、重组、合作实现融合，组建跨产业的制造—服务型企业集团。

（六）支持企业发展与品牌建设

1. 支持企业发展

西部地区大企业、名企业偏少，新兴企业也偏少，一定程度制约了西部地区战略性新兴产业发展，也制约了制造业的转型升级。建立、完善战略性新兴产业创新、创业的机制，增加战略性新兴产业发展主体。支持企业发展，对于区域龙头企业，可以用特殊优惠政策支持发展。通过融资、减税、改善发展环境等措施帮助中小企业。鼓励企业上市融资，支持企业做大做强。鼓励企业通过兼并重组做大做强，提升企业的创新能力和绿色发展能力、提升企业产品质量、提高企业利润，增强企业的竞争力，从而提升其在制造业的竞争力。除西藏等个别省级行政区外，西部其余省级行政区应该培育 1~3 个有世界影响力的本地企业，而各地级行政区应培育 2~4 个有全国影响的企业。

2. 支持民营企业发展制造业

民营企业具有市场趋利性，投资活跃。面对复杂多变的市场经济，民营企业转型发展快，适应能力更强。支持民营企业投资制造业，有利于制造业转型升级，提升制造业的竞争力能力。给民营制造业企业降低税负，减少民营企业负担。对重点民营制造业企业一定的资金支持。为民营制造企业塑造良好的融资环境，支持商业银行给予制造业民营企业贷款，支持向制造业民营企业提供低息贷款，支持政策性资金向制造业民营企业倾斜；支持中介担保机构为制造业民营企业担保。支持民营企业优先上市融资，提升制造业民营企业的实力和知名度。给予新创立的民营企业提供一定的资金支持，支持民营科技企业的创立。减少设立民营科技企业的办事环节，完善服务。

3. 积极培育西部地区制造业品牌

品牌是提升制造业的发展的重要依托，是制造业的无形资产和软实力。西部地区制造业软实力偏弱是西部地区制造业发展的重要障碍，也是西部地区制造业转型升级的障碍。大力培育西部地区制造业品牌是西部地区制造业转型升级的重要途径。培育品牌需要以提高产品质量为基础，而产品质量以产品生产技术为基础。因此，要提升西部地区制造业的技术，加强制造业生产管理，同时培育品牌。实施名企战略，培育名企，给予名企一定的支持；实施名品战略，给予名牌产品支持。各省级行政区应培育 1~3 个有世界影响力的制造业品牌，而各地级行政区可培育 2~4 个全国性制造业品牌，各县级区域可培育 1~3 个有区域影响力的品牌。

（七）逐步调整落后产能

当前，我国原材料产业产能过剩明显，特别是黑色冶金、有色冶金、建材产业等。而且这些行业又是高耗能、高污染行业。这些行业也是西部地区的优势产业，西部地区过剩更为明显，西部地区的污染、生态破坏，很大程度上是这些行业造成的。因此，对这些行业，应加以限制甚至是压缩产能。这些行业中，资源利用效率低、对环境污染大、经济效益低的产能要逐步淘汰；逐步采用当前世界最先进技术改造这些原材料行业，逐步使其由污染型向环境友好型转变，由资源消耗型向资源节约型转变。尽力腾出更大的空间发展科技含量更高的制造业。

西部地区制造业普遍效率低下，主要表现在制造业总体资源利用率相对低、污染排放较多、产品质量不高、生产技术水平不高、生产效率低，这些问题在食品工业、纺织服装工业、化学工业、石油加工、装备制造等也均有体现。要根据国家标准，逐步淘汰这些行业的落后产能，通过关、停、并、转等实现产业转型升级。

下篇　专题分析

第五章 战略性新兴产业引领西部地区制造业集群发展研究

西部地区制造业集群偏少、偏弱，这也是西部地区制造业竞争力弱的重要原因。西部地区长期忽视产业集群的发展是西部地区制造业集群偏少、偏弱的外部原因；而西部地区偏原料型的制造业结构，产业链短，产业技术含量低，是西部地区产业集群难以形成的内部原因。战略性新兴产业技术含量高、产业链长、对企业协作要求高。西部地区通过战略性新兴产业引领制造业转型升级，通过发展战略性新兴产业、高端制造业，不断提高传统制造业技术水平，有利于提升西部地区制造业集群发展水平，从而提升西部地区的制造业竞争力。

第一节 战略性新兴产业与制造业集群发展理论及文献综述

一、产业集群发展理论

产业集群的研究最早可以追溯到马歇尔。马歇尔（1920）解释了基于经济外部性的企业在同一区位集中的现象，发现了经济外部性与产业集群的密切关系，认为产业集群是外部性导致的。韦伯（Alfred Weber，1929）最早提出聚集经济的概念，他在分析单个产业的区位分布时首次使用了聚集因素，并从工业区位理论的角度阐释了产业集群现象。随后，罗煦（AugustLosch，1954）、佛罗伦斯（P. Sargant Florence，1948）对聚集经济进行了进一步的阐述。克鲁格曼是第一位把产业集聚与国际贸易因素紧密联系起来研究的知名经济学家，而且他不承认马歇尔提出的技术外溢因素的普遍意义，认为这个因素只会在高技术产业领域的产业集聚中产生效应。

迈克尔·波特从竞争战略的研究角度，研究了产业集群发展的问题，并在1990年出版的《国家竞争优势》一书中明确提出了产业集群的概念。迈克尔·波特指出产业集群是在特定区域中，一组在地理上集中的、相互联系的公司和关联的机构等组成的群体，他们同处或相关于一个特定的产业领域，由于具有共性和互补性而联系在一起①。之后产业集群理论逐渐被各界学者广泛关注、研究。

从上述理论的研究中可以看出：由于产业集群在一定空间范围高度集中，有利于降低企业的生产成本和交易成本，提高其规模经济和范围经济的效益，从而增强产业和企业的市场竞争力。

二、战略性新兴产业与制造业集群发展文献综述

（一）制造业集群发展研究

姚洁等（2009）认为当今世界经济发展的现实表明，产业集群能够提升市场的竞争优势②。

王心娟等（2014）认为产业集群作为一种新的产业模式，还有待在实践中不断完善、理论研究上不断深入。他从 SDN 的视角分析了胶东半岛制造业产业集群进一步发展壮大所必需的产业结构、信息资源、人才资源等要素以及政府职能③。

曾昭宁，林岚（2007）指出改革开放以来，全国四大地区产业集群发展水平的差异成为区域装备制造业差距拉大的最重要因素之一，东部沿海地区发展迅速，而东北和西部地区发展滞后④。

景侠等（2011）在分析黑龙江省高端装备制造业集群发展存在的问题时，指出存在着发展模式单一、管理体制落后、产业链条短、创新意识淡薄等问题，应通过体制和产品创新，带动装备制造业整体升级，实现技术产品化、装备成套化、配套本地化⑤。

严飞（2009）在研究湖北现代制造业集群发展模式时，认为政府可通过帮助集群塑造信任合作的社会文化环境，构建集群科技创新平台，形成具有较强创新能力的科技创新网络等政策扶持，加快湖北现代制造业的发展⑥。

侯利坤，王苗苗（2012）在研究山西省装备制造业集群发展时，得出装备制造业的集群发展与地区经济的发展速度和发展质量有着紧密的联系⑦。

赵丽洲（2011）深入剖析了对辽宁装备制造业及其产业集群，认为存在集群核心企业的组织形式制约了集群竞争力提升、集群配套中小企业发展缓慢，本地配套率低、技术创新水平低下削弱了装备制造业集群的产业联系等问题，急需加快解决⑧。

① Michael Porter M. The Competitive Advantage of Nations［M］. New York：The Free Press，1990.

② 姚洁，李磊. 山东半岛制造业集群发展研究［J］. 中国证券期货，2009（10）：97.

③ 王心娟，綦振法，郭健. 胶东半岛制造业集群发展研究［J］. 华东经济管理，2014（1）：26-29.

④ 曾昭宁，林岚. 西部装备制造业产业集群的若干问题研究［J］. 经济问题探索，2007（6）：106-110.

⑤ 景侠，李振夺. 黑龙江省高端装备制造业集群发展研究［J］. 商业经济，2011（9）（9）：5-6.

⑥ 严飞. 湖北现代制造业集群发展模式研究［J］. 当代经济，2009（1）：110-111.

⑦ 侯利坤，王苗苗. 基于区位商的山西省装备制造业集群发展研究［J］. 科技情报开发与经济，2012（4）：99-101.

⑧ 赵丽洲. 辽宁装备制造业集群发展存在的问题及对策［J］. 经营管理者，2011（9）：17-18.

　　林岚（2006）指出为了更好地发展和培育陕西装备制造业产业集群，应该充分发挥政府和市场两只手的作用，做强做大重工业型（含军民结合型）的产业集群，壮大龙头企业，促进中小企业的发展；做好产业集群的布局规划工作，创造良好的产业配套环境①。

　　王泽宇、韩增林（2008）运用主成分分析的方法研究了沈阳市装备制造业综合发展水平，指出在发展装备制造业的同时，大力发展生产性服务业，从而提升装备制造业集群的发展水平②。

　　俞毅（2007）分析了外资对浙江电子信息制造业集群发展的影响，认为外商直接投资增强了浙江电子信息制造业集群对整体经济发展的关联效应、增强了浙江电子信息产业的横向溢出，而且在一定程度上弥补了该行业研究开发所需要的资金支持③。

　　王辑慈、林涛（2007）从我国外向型制造业集群的发展实际出发，以新的视角分析了我国集群发展和研究方向，指出我国集群形成的内在机制和国际背景都不同于发达国家的创新性集群，我国集群发展的任务不是继续打造单纯追逐低成本的集群，而是孵育创新性的集群④。

　　巩前胜、吴丹凤（2011）从理论上分析了装备制造业集群发展的影响因素，在此基础上构建了装备制造业集群发展的影响因素模型，并运用陕西省相关资料对此模型进行了实证分析。结果表明，基础设施财政支出占财政总支出的比重、装备制造业能源消费总量占生产总量的比重、大中型企业占装备制造业企业数的比重等因素对装备制造业集群发展的影响显著⑤。

　　综合来看，文献对于制造业集群发展的研究主要体现在以下几个方面：一是产业集群发展对于制造业的快速发展意义重大，也能够提高区域的竞争优势；二是近年来我国制造业产业集群发展取得了较大的成就。从全国四大区域来看，东部地区制造业产业集群发展水平较高，中西部较低，尤其是西部地区；三是我国制造业产业集群还存在着总体竞争力缺乏、综合效益不高、技术研发体系不完善、组织协同效率低等问题；四是对于提高制造业产业集群发展水平的政策措施研究较多。但也存在一些不足：对于西部地区制造业产业集群研究偏少、对产业集群发展模式研究较少，等等。

　　（二）战略性新兴产业集群发展研究

　　刘志阳、程海狮（2010）指出战略性新兴产业集群是一些战略性新兴企业通过

---

　　①　林岚. 陕西省装备制造业产业集群发展思路研究［J］. 陕西省经济管理干部学院学报，2006（4）：63-66.

　　②　王泽宇，韩增林. 沈阳市装备制造业集群发展研究［J］. 世界地理研究，2008（3）：140-149.

　　③　俞毅. 外资对浙江电子信息制造业集群发展的影响［J］. 国际经济合作，2007（12）：47-50.

　　④　王辑慈，林涛. 我国外向型制造业集群发展和研究的新视角［J］. 北京大学学报（自然科学版），2007（2）：1-8.

　　⑤　巩前胜，吴丹凤. 装备制造业集群发展的影响因素实证研究：基于陕西省的分析研究［J］. 西安石油大学学报（社会科学版），2011（3）：20-24.

发挥示范和辐射作用，吸引区域更多的战略性新兴企业和相关配套机构加入而形成的集群。它是集群的一种特殊形式①。

郝戌等（2012）指出战略性新兴产业发展的一个重要趋势是产业集聚，因此要深入地研究产业集聚与战略性新兴产业的关系②。

卢涛等（2015）认为发展战略性新兴产业和产业集群是加快我国经济转型升级、实现"创新驱动"发展战略和建设创新型国家至关重要的战略决策③。

周正平等（2013）认为战略性新兴产业具有全局性、前瞻性、很强的带动效应、关联效应等特性，适合产业集群的发展路径④。

胡星（2011）认为科技园区是战略性新兴产业集群衍生和发展的载体，而产业集群又是科技园区更富生机与活力的存续方式，二者良性互动。推动园区经济向集群经济转变，是战略性新兴产业发展的趋势⑤。

卢阳春（2015）在研究战略性新兴产业集群发展的资金资源整合机制时，指出战略性新兴产业具备高新科技主驱动性、新兴市场高需求性、产业多关联性、发展高风险性和自我循环强化等特点，其科学有序发展，也必须通过集群式发展途径，并与区域经济发展形成互动，才能形成持续的动态竞争优势，适应市场经济的挑战⑥。

王欢芳（2012）在研究战略性新兴产业集群发展的路径时，指出集群式发展是实现我国战略性新兴产业升级的有效路径⑦。

尹猛基（2014）认为战略性新兴产业的特征和发展方向正好与产业集群具有的技术创新能力强、共生机制好、整体效益高等优点一致⑧。

杨丽（2014）认为对战略性新兴产业集群式发展的理论认知，可从网络组织理论、区域创新系统理论与新产业区理论三方面来探讨⑨。

余雷（2013）认为产业集群的本质是网络，其竞争力是通过网络竞争力来表现的，要发展战略性新兴产业集群，提高战略性新兴产业的核心竞争力，首先需要认识战略性新兴产业集群网络的发展规律。⑩

综合来看，文献对于战略性新兴产业集群发展的研究主要体现在以下几个方面：

---

① 刘志阳，程海狮. 战略性新兴产业的集群培育与网络特征［J］. 改革，2010（5）：36-42.

② 郝戌，杨荣耀. 内蒙古战略性新兴产业与产业集群互动［J］. 全国商情，2012（6）：13-15.

③ 卢涛，乔晗，汪寿阳. 战略性新兴产业集群发展政策研究［J］. 科技促进发展，2015（1）：20-25.

④ 周正平，冯德连，孔海强. 皖江城市带战略性新兴产业发展的集群路径研究［J］. 长春工业大学学报（社会科学版），2013（1）：17-20.

⑤ 胡星. 依托科技园区推动战略性新兴产业集群发展［J］. 经济研究导刊，2011（31）：192-196.

⑥ 卢阳春. 战略性新兴产业集群发展的资金资源整合机制［J］. 西南民族大学学报（人文社会科学版），2015（3）：144-150.

⑦ 王欢芳，何燕子. 战略性新兴产业集群式发展的路径探讨［J］. 经济纵横，2012（10）：45-48.

⑧ 尹猛基. 战略性新兴产业集群式发展及其政策支撑体系研究［J］. 商业经济，2014（8）：1-3.

⑨ 杨丽. 战略性新兴产业集群式发展评述［J］. 环渤海经济瞭望，2014（12）：44-48.

⑩ 余雷，胡汉辉，吉敏. 战略性新兴产业集群网络发展阶段与实现路径研究［J］. 科技进步与对策，2013（8）：58-62.

一是对战略性新兴产业集群内涵的探讨，认为它是集群的一种特殊形式，产业集群是战略性新兴产业发展的趋势；二是战略性新兴产业集群的重要性和意义；三是对战略性新兴产业集群发展路径和政策措施的研究。但是对于战略性新兴产业引领制造业集群发展，以及引领的方向和措施研究得较少，这是本文重点研究的内容。

第二节　西部地区战略性新兴产业与制造业产业集群分析

一、西部地区战略性新兴产业与制造业产业集聚度测量

一般来说，产业集聚度在一定程度上能够反映地区产业集群的状况。本章通过测量西部地区战略性新兴产业与制造业产业集聚度从而反映其产业集群发展状况。对于如何测量与评估产业集聚度，目前还没有固定统一的方法。常用的方法有：空间基尼系数法、产业分布指数法、产业区位商测度法（又称地方专业化指数法）、网络测度法和综合能力指数法等。这些方法各有利弊，适于不同的研究目的和条件。考虑本文研究目的和条件，我们将使用产业区位商测度法，即通过计算产业区位商对西部地区战略性新兴产业与制造业及其细分产业的集聚度进行测量与评估。

产业区位商的计算公式为：

$$LQ_{ij} = \frac{\dfrac{q_{ij}}{q_i}}{\dfrac{q_j}{q}}$$

式中，LQ_{ij}表示i地区j产业在全国的区位商；q_{ij}表示i地区j产业的相关指标（例如资产总计、行业增加值、销售产值、就业人数等）；q_i表示i地区所有产业的相关指标；q_j表示全国j产业的相关指标；q表示全国所有产业的相关指标。一般来说，LQ_{ij}的值越大，即区位商越大，区域某产业集聚水平就越高，反之，产业集聚水平就越低。当$LQ_{ij}>1$时，表明该产业在某一地区的集聚度高于全国平均水平，出现了产业集聚的特征，产业集聚集群发展水平较高；当$LQ_{ij}<1$时，表明该产业在某一地区的集聚度低于全国平均水平，不具备产业集聚特征，产业集聚集群发展水平较低。本文中制造业和战略性新兴产业区位商的指标分别选取工业销售产值、资产总计。

（一）西部地区制造业产业集聚度测量

1. 西部地区及其他三大区域产业集聚度测量

由上述区位商的公式，定义地区制造业的区位商＝（地区制造业销售产值/地区所有行业工业销售产值）/（全国制造业销售产值/全国所有行业工业销售产值），

通过计算可得西部地区及其他三大区域制造业区位商，其结果如表5-1。从中可知：一是在全国四大区域中，东部地区制造业区位商最大（1.04），产业集聚集群发展水平最高；西部地区最小（0.93），产业集聚集群发展水平最低。二是在全国四大区域中，只有东部地区制造业区位商大于1，表明东部地区制造业集聚度高于全国平均水平，出现了产业集聚的特征；而中部地区、东北地区、西部地区制造业区位商小于1，表明这几大区域集聚度低于全国平均水平，不具备产业集聚特征，产业集聚集群发展水平较低。值得说明的是中部地区（0.99）、东北地区（0.98）、西部地区（0.93）制造业区位商都略小于1，如果继续加快制造业集聚集群发展，会很快出现产业集聚的现象。

表5-1　　　　　2014年西部地区及其他三大区域制造业区位商及排名

地区	区位商	排名
东部地区	1.04	1
中部地区	0.99	2
东北地区	0.98	3
西部地区	0.93	4

数据来源：中华人民共和国国家统计局工业统计司. 中国工业经济统计年鉴——2015［M］. 北京：中国统计出版社，2016.

2. 分行业产业集聚度测量

通过计算西部地区31个制造业部门区位商，其结果如表5-2所示，可以发现：

一是西部地区制造业部门产业集聚集群发展不平衡。在西部31个制造业部门中，烟草制品业区位商最大（2.32），纺织服装、服饰业最小（0.21），两者相差2.11，差距较大，表明烟草制品业产业集聚度水平最高，产业集聚集群发展水平最高，在全国具有较大的比较优势；而纺织服装、服饰业产业集中度水平最低，产业集聚集群发展水平最低，在全国没有比较优势。

二是西部地区有12个制造业部门产业集聚集群发展水平较高，在全国具有比较优势。在西部地区31个制造业部门中，有烟草制品业，石油加工、炼焦和核燃料加工业，有色金属冶炼和压延加工业，酒、饮料和精制茶制造业，铁路、船舶、航空航天和其他运输设备制造业，黑色金属冶炼和压延加工业，其他制造业，食品制造业，非金属矿物制品业，农副食品加工业，汽车制造业和医药制造业等12个制造业部门区位商大于1，即这12个制造业部门产业集聚度高于全国同类制造业部门产业集聚度水平，出现了产业集聚的特征，在全国具有比较优势；其余制造业部门产业集聚度低于全国同类制造业部门产业集聚度水平，没有出现产业集聚的现象，在全国不具备比较优势。

三是西部地区形成的产业集聚集群的制造业部门主要以资源和资源深加工行业为主。在西部地区区位商大于1的12个制造业部门中，资源和资源深加工行业较多，如冶金、食品饮料等产业，包括烟草制品业，酒、饮料和精制茶制造业，有色金属冶炼和压延加工业，石油加工、炼焦和核燃料加工业，黑色金属冶炼和压延加工业，其他制造业①，食品制造业，非金属矿物制品业和农副食品加工业等九个行业，而技术含量较高的行业仅有三个，分别是铁路、船舶、航空航天和其他运输设备制造业，汽车制造业和医药制造业。而且九个资源和资源深加工行业区位商值的大小总体上排名较靠前，而三个技术含量较高的行业排名则较靠后，也就是说，西部地区制造业产业集聚集群的行业主要以资源和资源深加工行业为主，高技术行业产业集聚集群偏少。

四是西部地区形成的产业集聚集群的制造业部门带有明显的高耗能特征。在西部地区区位商大于 1 的 12 个制造业部门中，工业六大高耗能产业占了四个，分别是有色金属冶炼及压延加工业，石油加工、炼焦及核燃料加工业，黑色金属冶炼及压延加工业和非金属矿物制品业，且四个行业区位商值的大小排名较靠前，也就是说，西部地区制造业产业集聚集群的行业带有明显的高耗能特征。

表 5-2 　　　　　　　 2014 年西部地区 31 个制造业部门区位商及排名

制造业部门	区位商	排名
烟草制品业	2.32	1
酒、饮料和精制茶制造业	2.08	2
有色金属冶炼和压延加工业	1.53	3
石油加工、炼焦和核燃料加工业	1.39	4
铁路、船舶、航空航天和其他运输设备制造业	1.15	5
黑色金属冶炼和压延加工业	1.14	6
其他制造业	1.12	7
食品制造业	1.12	8
非金属矿物制品业	1.1	9
农副食品加工业	1.06	10
汽车制造业	1.03	11
医药制造业	1.02	12
木材加工和木、竹、藤、棕、草制品业	0.9	13
废弃资源综合利用业	0.83	14
化学原料和化学制品制造业	0.8	15
印刷和记录媒介复制业	0.75	16
造纸和纸制品业	0.75	17
计算机、通信和其他电子设备制造业	0.7	18

① 西部地区其他制造业主要是日用杂品、煤制品制造等行业，故本章把其归入到资源和资源深加工产业中。

表5-2（续）

制造业部门	区位商	排名
金属制品、机械和设备修理业	0.69	19
家具制造业	0.68	20
专用设备制造业	0.6	21
橡胶和塑料制品业	0.6	22
金属制品业	0.58	23
通用设备制造业	0.55	24
电气机械和器材制造业	0.49	25
纺织业	0.43	26
仪器仪表制造业	0.41	27
皮革、毛皮、羽毛及其制品和制鞋业	0.34	28
化学纤维制造业	0.31	29
文教、工美、体育和娱乐用品制造业	0.25	30
纺织服装、服饰业	0.21	31

资料来源：中华人民共和国国家统计局工业统计司. 中国工业经济统计年鉴——2015［M］. 北京：中国统计出版社，2016.

3. 分省份产业集聚度测量

由区位商的公式，定义各省份制造业的区位商=（各省份制造业销售产值/各省份所有行业工业销售产值）/（西部地区制造业销售产值/西部地区所有行业工业销售产值），通过计算可得西部地区及其他三大区域制造业区位商，其结果如表5-3。从中可知：

一是西部地区制造业产业集聚集群发展不平衡，已形成"两极"分化的趋势。在西部12个省份中，重庆制造业区位商最大（1.25），内蒙古最小（0.80），两者相差0.45，差距较大，表明重庆制造业产业集聚度水平最高，在西部地区具有较大的比较优势，内蒙古制造业产业集聚度水平最低，在西部地区没有比较优势。而且排名前五的省份（区位商大于1），制造业区位商之间的差距并不大（区位商最大的差距为0.21）；而排名靠后的省份（区位商小于1）制造业区位商之间的差距也不大（区位商最大的差距为0.14），表明西部地区制造业产业集聚集群发展水平已形成"两极"分化的趋势。

二是重庆、广西、四川、云南、甘肃是西部地区制造业主要集聚区。重庆、广西、四川、云南、甘肃制造业区位商分别为1.25、1.21、1.18、1.05、1.04，都大于1，即这五个省份制造业产业集聚度明显高于西部平均水平，产业集聚集群发展水平较高，在西部具有比较优势，是西部地区制造业主要集聚区。

表 5-3　　　　　　　　　　2014 年西部 12 个省份制造业区位商及排名

省份	区位商	排名
重庆	1.25	1
广西	1.21	2
四川	1.18	3
云南	1.05	4
甘肃	1.04	5
陕西	0.94	6
青海	0.92	7
宁夏	0.89	8
新疆	0.88	9
贵州	0.88	10
西藏	0.85	11
内蒙古	0.80	12

数据来源：国家统计局，国家发展和改革委员会，科学技术部. 中国高技术高技术产业年鉴——2015. 北京：中国统计出版社，2015. 根据有关数据计算。

（二）西部地区战略性新兴产业集聚度测量

我国高技术产业包括电子及通信设备制造，计算机及办公设备制造，航空、航天器及设备制造，医药制造，医疗仪器设备及仪器仪表制造等五大类[①]。虽然战略性新兴产业与高技术产业在细类行业划分上的侧重点上有所不同，但却有所重叠，比如两者都涵盖医药产业、高端装备制造、航空航天制造、电子信息制造业等，且两者具有类似的特征，皆具有创新性、成长性、阶段性和地域性等特征，对我国经济社会发展产生重大的影响。综合考虑数据的可得性和合理性，因此采用高技术产业的数据来替代战略性新兴产业的数据来对我国西部地区战略性新兴产业集聚度进行测量。

1. 分行业产业集聚度测量

通过计算西部地区战略性新兴产业行业区位商，其结果如表 5-4 所示，可以发现：西部地区在航空、航天器及设备制造业，计算机及办公设备制造业和医药制造业等战略性新兴产业行业区位商大于 1，即这三个行业产业集聚度高于全国同类战略性新兴产业行业产业集聚度水平，出现了产业集聚的特征，产业集聚集群发展水平较高，在全国具有比较优势。特别是航空、航天器及设备制造业，区位商很大，达到 3.48，产业集聚集群发展水平很高，在全国具有很大的比较优势。因此，这三个行业也是引领西部地区传统制造业集群发展的主要产业。

―――――――――

① 与国家统计局、科技部主编的《高技术产业统计年鉴》中对高技术产业行业的划分一致。

表 5-4　　　　　　　　年西部地区战略性新兴产业区位商及排名

行业	区位商	排名
航空、航天器及设备制造业	3.48	1
计算机及办公设备制造业	1.47	2
医药制造业	1.42	3
医疗仪器设备及仪器仪表制造业	0.66	4
电子及通信设备制造业	0.57	5

数据来源：国家统计局，国家发展和改革委员会，科学技术部. 中国高技术高技术产业年鉴——2015. 北京：中国统计出版社，2015. 根据有关数据计算。

2. 分地区产业集聚度测量

由上式区位商的公式，定义西部地区各省份战略性新兴产业的区位商＝（各省份战略性新兴产业资产总计/各省份工业资产总计）/（西部战略性新兴产业资产总计/西部工业资产总计），通过计算可得西部地区 12 个省份战略性新兴产业区位商，结果如表 5-5。从中可知：

一是西部地区战略性新兴产业集聚集群发展严重不平衡。在西部 12 个省份中，四川战略性新兴产业区位商最大（1.94），新疆最小（0.11），两者相差 1.83，差距很大，表明四川战略性新兴产业集聚度水平最高，在西部地区具有较大的比较优势，新疆战略性新兴产业集聚度水平最低，在西部地区没有比较优势。

二是四川、重庆、陕西、贵州是引领西部地区传统制造业集群发展的主要地区。四川、重庆、陕西、贵州战略性新兴产业行业区位商分别为 1.94、1.74、1.68、1.05，都大于 1，即这四个地区战略性新兴产业集聚度高于西部平均水平，产业集聚集群发展水平较高，在西部具有比较优势，是引领西部地区传统制造业集群发展的主要地区。

表 5-5　　　　　　2014 年西部 12 个省份战略性新兴产业区位商及排名

省份	区位商	排名
四川	1.94	1
重庆	1.74	2
陕西	1.68	3
贵州	1.05	4
西藏	0.76	5
广西	0.72	6
云南	0.48	7
甘肃	0.44	8
宁夏	0.26	9
青海	0.23	10

表5-5(续)

省份	区位商	排名
内蒙古	0.2	11
新疆	0.11	12

数据来源：国家统计局，国家发展和改革委员会，科学技术部.中国高技术高技术产业年鉴——2015.北京：中国统计出版社，2015.根据有关数据计算。

二、西部地区战略性新兴产业与制造业产业集群发展现状

（一）西部地区已形成一些战略性新兴产业和制造业集聚区

依托西部各省高新区或经济开发区，西部地区目前形成了数个有特色的战略性新兴产业和制造业集聚区，如陕西在西安综合性国家高技术产业基地形成了软件与集成电路、航空、航天、节能环保等的产业集群，聚集了盛赛尔、泰为软件、中软国际、兴源电子等国内外知名企业；重庆高新技术产业开发区，形成了以电子信息为龙头的高新产业集群，成了全球最大笔记本电脑生产基地；银川经济技术国家级开发区，形成了从单晶硅生产到切片、电池组件较为完整的新材料产业链条，目前已建成全球最大单晶硅切片生产基地；成都高新技术产业形成了以微电子技术为主导的IT产业，从前端研发到终端制造，拥有了一条完整的电子信息产业链，中国电子信息产业"第四极"的目标正逐步实现；等等（见表5-6）。这些战略性新兴产业和制造业集聚区是引领西部地区传统制造业转型升级的"排头兵"。

相比东部地区，我国西部地区制造业产业集群偏弱，且制造业产业集群以劳动和资本密集型为主，技术和知识密集型的产业集群偏少；制造业产业集群高素质人才缺乏、产业配套不完善、公共产品供给不足。加快西部地区制造业转型升级，要壮大制造业集群发展。

表5-6　　　　西部地区主要战略性新兴产业和制造业集聚区

地区	集聚区	产业集群
陕西	西安综合性国家高技术产业基地	形成了软件与集成电路、航空、航天、节能环保等产业集群
	宝鸡国家高新技术产业开发区	形成了以钛及钛合金为基础的新材料产业集群
四川	成都高新技术产业开发区	形成了以微电子技术为主导的IT产业（含软件）、以中医药现代化为重点的生物医药产业和以先进制造技术为特征的精密机械制造产业等产业集群
	绵阳科技城	形成了以新型显示与数字视听、军工电子等产业集群
	德阳高新技术产业开发区	形成了以装备制造为核心的产业集群
	乐山国家高新技术产业开发区	形成了以多晶硅材料为核心的新材料和光伏新能源产业等产业集群

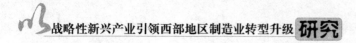

表5-6（续）

地区	集聚区	产业集群
重庆	重庆高新技术产业开发区	形成了以电子信息为龙头的高新产业集群，以石墨烯为核心的新材料产业集群
云南	昆明国家高新技术产业开发区	形成了以稀贵金属为核心的新材料产业基地
青海	青海国家高新技术开发区	形成了以青藏高原特色生物资源与中藏药产业集群
新疆	乌鲁木齐高新技术开发区	形成了风能、太阳能等新能源装备研发、制造集聚区
甘肃	金昌新材料产业国家高技术产业基地	形成了以有色金属新材料为主导的产业集群
宁夏	银川经济技术国家级开发区	形成了从单晶硅生产到切片、电池组件较为完整的新材料产业链条
贵州	贵阳高新技术开发区	形成了以航空发动机研发生产、节能环保成套设备制造为核心的高端制造产业集群。
广西	南宁高新技术产业开发区	利用丰富的亚热带作物资源，形成了生物制品、生物材料、生物制药等生物工程及健康产业集群

资料来源：根据西部各省（市、区）"十二五"战略性新兴产业发展规划整理。

（二）全国各地正在开展战略性新兴产业集聚发展试点工作

我国在战略性新兴产业培育和发展初期，就注重其集群集聚发展。产业集群发展是我国战略性新兴产业发展的重要方式。2012年国家发展改革委、财政部两部委联合下发了《关于推进区域战略性新兴产业集聚发展试点工作的指导意见（试行）》，指出率先在湖北、广东、江苏、安徽、深圳五省市开展战略性新兴产业集聚区试点，并给予资金支持，支持年度为2013—2015年。2014年两部委再次下发《关于组织实施战略性新兴产业区域集聚发展试点的通知》（以下简称《通知》）的文件，进一步扩大了战略性新兴产业集聚区试点范围。此次国家批复了北京、上海、厦门、石家庄、哈尔滨、长沙、杭州、淄博、株洲、景德镇、新乡和金昌等12个战略性新兴产业集聚区试点地区，支持年度为2015—2017年（见表5-7）。与第一次试点不同，第二次试点缩小了战略性新兴产业的领域和方向。《通知》明确指出各省市要在新一代信息技术、高端装备制造、生物、新材料等4个产业领域、15个方向下，自主选择1~2个具有区域特色、突出优势和发展潜力的子领域作为集聚方向，开展集聚试点工作[①]。从两批试点产业集聚区试点数量来看，新一代信息技术产业8个、生物医药产业7个、新材料产业4个、高端装备制造业3个、新能源汽车产业1个、新能源产业1个。至此，我国战略性新兴产业集聚区已初步形成了以东、中部为主的点状式分布格局。2013年以来，我国试点的战略性新兴产业集聚区已取得显著成效，发展速度快、产业效益好，部分试点地区还实现了重点领域的突破。

---

① 国家发改委、财政部关于组织实施战略性新兴产业区域集聚发展试点的通知［EB/OL］. 国家发改委网站，网址：http://www.scdrc.gov.cn/dir45/177835.htm.

表 5-7   国家战略性新兴产业集聚区试点情况

第一批试点	新一代信息技术产业	安徽合芜蚌新型显示产业
		深圳下一代信息网络
		广东新一代显示技术领域
		武汉光电子器件及激光产业
		南京智能电网产业
	生物产业	深圳生物基因、高端生物医学工程
		广东蛋白类生物药及植（介）入器械领域
		武汉生物诊疗制剂及服务产业
		江苏泰州生物医药
	新材料产业	宜昌非金属功能材料产业
	新能源汽车产业	广东新型动力电池领域
	新能源产业	盐城海上风电产业
第二批试点	新一代信息技术产业	北京新一代电子信息产业
		上海集成电路产业
		杭州高端软件及应用系统产业
	生物产业	厦门生物医药产业
		石家庄高端生物医药
		哈尔滨生物医药产业
	高端装备制造业	江西景德镇直升机产业
		长沙智能成套装备产业
		湖南株洲轨道交通装备制造业
	新材料产业	山东淄博新型功能陶瓷材料
		河南新乡新能源材料及电池材料产业
		甘肃金昌有色金属产业

资料来源：根据本研究整理。

（三）西部地区七大战略性新兴产业集聚集群发展布局情况

从全国四大区域来看（如表 5-8 中所示），东部地区的节能环保产业、新一代信息技术产业、生物产业、高端装备产业具有明显的比较优势，尤其是新一代信息技术产业和高端装备产业，其产值分别占到全国 80.44%、77.89% 的比重；中部地区的节能环保产业、新一代信息技术产业、生物产业具有相对的比较优势；而西部地区的高端装备制造业和新能源产业则具有较强的比较优势，尤其是新能源产业，其产值占到全国近一半的比重，是全国新能源产业的主要集聚区。

表5-8　　　　　　　我国战略性新兴产业在四大区域的占比情况（%）

四大区域	节能环保产业	新一代信息技术产业	生物产业	高端装备制造业	新能源产业
东部地区	54.91	80.44	59.37	77.89	25.59
东北地区	14.14	4.23	8.30	4.16	3.11
中部地区	17.48	9.40	24.15	6.97	22.43
西部地区	13.47	5.93	8.17	10.99	48.87

资料来源：薛澜，周源. 战略性新兴产业创新规律与产业政策研究 [M]. 北京：科学出版社，2015：94.

注：由于缺乏新材料产业和新能源汽车产业方面的数据，在此不作统计分析。

西部地区七大战略性新兴产业产业集聚集群发展布局情况，具体如下：

1. 节能环保产业

在七大战略性新兴产业中，西部地区节能环保产业发展水平相对比较薄弱，主要集聚在四川、重庆、宁夏、陕西等地。另外，相比东部地区，西部地区节能环保产业大企业、大集团太少，龙头企业规模不大，实力有限，对区域节能环保产业带动能力较弱。从节能类企业来看，在2014年度节能服务公司百强榜单企业名录中，西部地区四川有3家、宁夏有2家，陕西、云南、贵州、重庆各有1家，共计9家（见表5-9）。从资源再生类企业来看，在2014年中国再生资源百强排行榜企业名录中，西部地区重庆有5家，新疆有2家，陕西、宁夏、甘肃各有1家，共计10家（见表5-10）。

表5-9　　　　　　　　2014年度节能服务公司百强榜单西部企业名录

省份	名次	企业名称	节能量（吨标准煤）
四川	19	四川点石能源投资有限公司	154 406
	55	东方日立（成都）电控设备有限公司	43 131
	73	四川圣典节能服务有限公司	15 257
宁夏	20	宁夏耀诚文节能科技有限公司	131 723
	100	宁夏赛文节能股份有限公司	3 983
陕西	39	陕西康晋投资节能环保技术咨询服务有限公司	55 204
云南	42	云南云迈新能源开发有限公司	50 733
贵州	68	贵州景顺环保节能技术有限公司	23 059
重庆	74	重庆川然节能技术有限公司	12 982

资料来源：中国工业节能与清洁生产协会，2014年9月。

表 5-10　　　　　2014 年中国再生资源百强排行榜西部企业名录

省份	名次	企业名称	2014 年销售额（亿元）
重庆	9	重庆中钢投资（集团）有限公司	40.53
	16	重庆市湘龙废旧物资回收有限公司	21
	20	重庆市再生资源（集团）有限公司	10.36
	72	重庆市长寿区恒昌报废汽车回收有限公司	1.4
	90	重庆跃顺铝业有限公司	0.5
陕西	28	西安市物资回收利用总公司	6.73
新疆	30	新疆金业报废汽车回收（拆解）有限公司	6.18
	38	新疆再生资源集团有限公司	5.68
宁夏	59	宁夏供销社再生资源有限公司	2.39
甘肃	86	张掖市再生资源回收有限责任公司	0.71

资料来源：中国再生资源回收利用协会，2015 年 7 月。

2. 新一代信息技术产业

西部地区是我国重要的电子信息产业集聚区。近年来，西部"金三角"电子信息产业集聚区迅速崛起，四川已成为中西部最强大的电子信息产业生产基地和中国大陆信息产业第四极，而成都则是四川电子信息产业的主力军；重庆走出了一条"整机加零部件"的模式，基本建成了全球最大的笔记本电脑生产基地；西安是我国西部最大的智能终端生产基地。从 2015 年中国电子信息百强企业来看，西部地区四川、重庆各有 2 家，陕西有 1 家，共 5 家（见表 5-11）。

表 5-11　　　　　2015 年中国电子信息百强企业西部名录情况

省份	名次	企业名称
四川	6	四川长虹电子集团有限公司
	24	四川九州电器集团有限责任公司
陕西	43	陕西电子信息集团有限公司
重庆	54	中国四联仪器仪表集团有限公司
	55	中冶赛迪集团有限公司

资料来源：工业和信息化部，2015 年 9 月。

3. 生物医药产业

生物医药产业被誉为 21 世纪的"朝阳产业"，随着人类对健康的需求和生活质量的要求不断提高，将会推进生物医药产业迅速发展。西部地区依托其区域环境、原料资源和市场等优势，生物医药产业已初步形成了一定的集聚发展效应。据 2014年度中国医药工业百强企业名单，西部地区四川、宁夏各 2 家，陕西、云南、贵州、重庆各 1 家，共计 9 家。从其所属省市可以看到，西部地区生物医药产业主要集聚云南、四川等地。

4. 高端装备制造业

高端装备制造业处于价值链高端和产业链核心环节，已经成为现代产业体系的脊梁和推动工业转型升级的重要引擎。目前，我国高端装备制造业已初步形成了东北、环渤海、珠三角、中部和西部地区五大产业集聚区。在西部地区高端装备制造业中，航空制造业实力较强，其企业主要分布在四川、陕西、贵州等地。在 2014 年中国十大通用飞机整机生产公司中，西部地区有 2 个，分别是西安飞机国际航空制造股份有限公司、成都飞机工业（集团）有限责任公司；在 2014 年中国十大航空发动机整机制造及维修公司中，西部地区有 4 个，分别是贵州黎阳航空发动机（集团）有限公司、成都发动机（集团）有限公司、四川海特高新技术股份有限公司、四川国际航空发动机维修有限公司。

5. 新能源产业

依托资源禀赋和产业基础，西部地区新能源产业发展迅速，特色明显。其中，西北地区的新疆、内蒙古、甘肃等地是我国重要的新能源应用基地。据中国风能协会的数据显示，2014 年西北累计风电装机容量 9 122.6MW，是所有区域中容量最大的地区。西南地区的四川、重庆成为我国重要的硅材料基地，其中四川集中了全国多晶硅产能的 30% 和产值的 20%[①]。该区域也是我国核电装备制造基地，东方电气集团占据了国内核电核岛核心设备约 50% 的市场。

6. 新材料产业

我国新材料产业现阶段已形成"东部沿海集聚，中西部特色发展"的空间布局。西部地区依托丰富的原材料资源，依托高技术产业基地或园区，主要承担上游原材料的生产，形成了数个新材料产业集群。其中，四川依托攀枝花国家高新技术产业开发区形成了以新型金属材料钒钛为特色的产业集群；新疆依托乌鲁木齐高新区形成了以有色金属为特色的产业集群；内蒙古依托包头高新区形成了以新型金属材料稀土为特色的产业集群（见表 5-12）。

表 5-12　　　　　　　　　西部地区新材料产业集群发展状况

地区	高技术产业基地或园区	产业集群	重点企业
新疆	乌鲁木齐高新区	以有色金属为特色的产业集群	新疆众和、新鑫矿业、昊鑫锂业、恒盛铍业等
内蒙古	包头高新区	新型金属材料稀土为特色的产业集群	东方希望稀土铝业、稀奥科镍氢动力电池、韵升强磁材料等
四川	攀枝花国家高新技术产业开发区	新型金属材料钒钛为特色的产业集群	国钛科技攀钢钛业、柱宇钒钛等
甘肃	金昌新材料高技术产业基地	新型金属材料镍钴为特色的产业集群	金川集团、新川化工公司等

---

① 中国电子信息产业发展研究院. 2014—2015 年中国战略性新兴产业发展蓝皮书［M］. 北京：人民出版社，2015：124.

表5-12(续)

地区	高技术产业基地或园区	产业集群	重点企业
陕西	宝鸡新材料国家高技术产业基地	新型金属材料钛为特色的产业集群	宝钛集团、西北有色金属研究院、宝鸡力兴钛业、国核宝钛锆业、宝鸡欧亚化工设备制造厂等
广西	柳州高新区	新型金属材料铟为特色的产业集群	华锡集团、铟泰科技、广西德邦科技、柳州英格尔金属、柳州立银金属材料等

资料来源：中国电子信息产业发展研究院. 2014—2015 年中国战略性新兴产业发展蓝皮书［M］. 北京：人民出版社，2015：140. 根据有关资料整理。

7. 新能源汽车产业

西部新能源汽车主要集中在重庆，其代表企业是长安。另外，四川龙泉聚集了一大批国际知名汽车企业，龙泉已把发展新能源汽车作为改造提升传统汽车的主攻方向，明确了传统汽车和新能源汽车同时发展的战略规划。

第三节　西部地区战略性新兴产业引领制造业
集群发展的方向与途径

一、西部地区战略性新兴产业引领制造业集群发展的主要方向

相比传统产业集聚区，我国战略性新兴产业集聚区具有项目集中、资源集约、功能集成等优势，具有战略性、创新性、主导性和生态性等显著特征[1]。具体来看，西部地区战略性新兴产业引领制造业集群发展的主要方向是：空间集聚、技术升级、组织优化、专业化提升。

（一）空间集聚

在现实中，有的产业在空间上是高度集聚的，而另一些产业却是分散的，比如相对而言，战略性新兴产业在空间上比制造业的集聚程度高；在 31 个制造业部门中，各个行业在空间上的集聚程度同样不一样，上文对西部地区 31 个制造业部门产业集聚度的测度发现，烟草制品业最高，纺织服装、服饰业最低。同一产业在不同地区在空间上的集聚程也是不一样，比如上文对西部地区及其他三大区域制造业产业集聚程度的测度，东部地区制造业集聚程度最高，西部地区最低。

上文的实证分析表明，西部地区在航空、航天器及设备制造业，计算机及办公设备制造业和医药制造业等战略性新兴产业行业在空间上的集聚程度较高，应通过战略性新兴产业引领西部地区制造业在空间上实现更高的集聚，从而带动西部地区

---

① 王欢芳，陈建设，宾厚. 促进战略性新兴产业集聚区发展的对策研究［J］. 经济纵横，2015（6）：27-30.

制造业集聚集群发展。西部地区战略性新兴产业引领制造业空间集聚，主要是指在战略性新兴产业的形成和发展过程中，战略性新兴产业凭借其技术、知识、人才密集以及政策等方面的优势，吸引相关制造业在园区集聚。具体来说主要有两种方式：

1. 原有工业园区的空间集聚

这种空间集聚的方式，即把战略性新兴产业布局在原有工业园区，从而凭借战略性新兴产业的优势吸引更多的制造业部门在园区集聚。这种方式的关键是战略性新兴产业应该布局在哪类工业园区。现代产业布局一般都分布在产业园，产业园是以发展现代制造业为主体形成的产业集聚区，包括工业园区（主要以经济技术开发区、高新技术产业开发区、保税区为主）、出口加工区、专业性产业集聚区、现代农业园区[①]。根据科技、资源和环境因素，笔者认为战略性新兴产业应主要布局在国家级高新区。这种考虑主要基于一是国家级高新区是目前我国知识、技术、人才最为密集的开发区，而且以发展高新技术产业和在传统产业基础上应用新工艺、新技术为主，有些产业与战略性新兴产业或重叠，或相似，或高度关联，比如电子信息技术、航空航天技术、高效节能技术、医药科学，等等。西部地区战略性新兴产业主要布局在国家级高新区内，能够在有限的资源条件下以更短的时间、更快的速度、更高的效率发展好战略性新兴产业、促进传统制造业转型升级。二是战略性新兴产业的投资是一个投入大、见效慢的行业，重新规划大批战略性新兴产业集聚区在西部现有条件下很难大范围、大规模地实现。所以，就工业园区来讲，西部地区应把战略性新兴产业布局在国家级高新区。而且国家级高新区自身也会引致一些制造业的集聚。

2. 国家级新区工业园区的空间集聚

这种空间集聚的方式，即重新规划布局发展形成战略性新兴产业集聚区，然后凭借战略性新兴产业的优势吸引制造业部门在园区集聚。西部地区重新规划布局战略性新兴产业，可主要布局在国家级新区。相比一般区域，国家级新区环境更优、要素成本更低、辐射带动作用更大，已成为国内外投资的洼地，经济发展强劲，是经济的重要引擎和增长极，发展战略性新兴产业有雄厚的基础和依托。西部地区目前有6个国家级新区，可考虑规划战略性新兴产业集聚区，扶持战略性新兴产业发展。比如，四川天府新区就新规划了新川创新科技园，主要布局了信息技术、移动互联网、生物科学、生物医学工程和生产性服务业等战略性新兴产业。由于国家级新区规划的高起点和高标准，在国家级新区布局战略性新兴产业，不仅会把当地原有分散的制造业企业集聚起来，而且会吸引东部发达地区甚至国外制造业企业的集聚。

（二）技术升级

从国内外文献来看，技术升级主要包括以下五点：①设备的更新改造；②新型

① 孙久文. 区域经济规划［M］. 北京：商务印书馆，2004：166-167.

材料的适用；③新能源的适用；④新工艺的启用或原工艺的改造；⑤人员素质的提高（主要是指生产要素质量的变化）[①]。改革开放特别是 21 世纪以来，西部地区制造业技术升级成果显著，然而总体技术升级能力不强的局面依然没有改变，具体表现在二次技术升级多、一次技术升级少，渐进性技术升级多、突破性技术升级少，持续性技术升级多，颠覆性技术升级少。

在战略性新兴产业的培育和发展过程中，二次技术升级与一次技术升级，渐进性技术升级与突破性技术升级，持续性技术升级与颠覆性技术升级等多种类型的技术升级同时并存，相互交融。应通过战略性新兴产业的高新技术引领西部地区制造业加快技术升级，如信息技术在电子信息、装备制造业等产业领域的运用，使传统制造业朝"互联网+制造业"的方向转型；节能技术在废弃资源循环再利用、冶金、化工、建筑以及六大高耗能产业等领域的运用；生物技术在医药、生物产业等领域的运用。

从我国七大战略性新兴产业来看，在技术升级方面，高端装备制造、新一代信息技术、节能环保等产业的培育和发展有利于制造业设备的更新改造；新材料、新能源等产业的发展有利于制造业新型材料的适用；新能源产业、新能源汽车产业的发展有利于制造业新能源的适用；而生物技术、高端装备制造、新一代信息技术、节能环保、新能源、新材料等产业则有利于新工艺的启用或原工艺的改造。西部地区战略性新兴产业引领制造业技术升级，需要加大对西部地区技术研发活动的直接和间接资助、加大对知识和技术的扩散力度、建立和完善知识产权和专利保护的法律法规、建立西部地区技术提成机制、强化人才顶层设计、加强战略性新兴产业和传统产业相关专业人才的培养、加大战略性新兴产业人才引进力度，等等。

（三）组织优化

在一定时期内，组织方式的优化或者创新可能往往比产品和技术的创新更重要，企业组织的优化会极大地提高劳动生产力。战略性新兴产业不同于传统制造业，战略性新兴产业发展除依靠产品和技术创新外，更强调通过产业组织优化更好地整合和利用全球资源。在产业组织优化上，战略性新兴产业比传统制造业整合全球资源的能力更强、创新能力更强、交易费用和协调成本更低，如工业数字化，实现了数字工厂、无人车间、职能机器人、敏捷制造、偏平化管理等，是一种全新的产业组织形态，颠覆了传统制造业的组织形态。因此，应发挥战略性新兴产业组织优化的优势来引领制造业组织优化。

（四）专业化提升

提升制造业的专业化水平对于增强制造业的竞争力很关键。近年来，西部地区制造业专业化呈现出几个特征：一是与东部地区相比，西部地区制造业专业化程度较低，与东部地区差距大；二是虽然相比东部沿海地区，西部地区制造业专业化发

---

① 王云平. 产业技术升级对产业结构调整的影响［J］. 经济研究参考，2005（40）：2-6.

展水平较低,但是近年来西部地区制造业专业水平得到了明显提升;三是西部地区制造业专业化程度差异很大,四川、重庆、陕西等省、市制造业专业化程度较高,而宁夏、新疆等自治区则较低;四是西部地区制造业部门专业化程度差异也很大,烟草制品业,铁路、船舶、航空航天和其他运输设备制造业,汽车制造业和医药制造业等制造业部门专业化程度较高,而文教、工美、体育和娱乐用品制造业,纺织服装、服饰业,皮革、毛皮、羽毛及其制品和制鞋业等制造业部门专业化程度则较低。总之,西部地区制造业专业化程度较低,亟须提升。

归纳一些文献的研究,影响制造业专业化的因素主要包括原料、劳动力、交通、市场、政策、自然环境,等等。战略性新兴产业属于高新技术产业,聚集了大量优质的原料、劳动力,而且市场前景广阔,目前也有一些优惠政策予以扶持,其专业化水平较高、专业化的潜力也很大,应发挥战略性新兴产业专业化的优势和潜力来提升制造业的专业化水平。

二、西部地区战略性新兴产业引领制造业集群发展的主要途径

西部地区战略性新兴产业引领制造业集群发展,需要在战略性新兴产业集聚试点,发展战略性新兴产业集群、发展产业联盟、大力建设高新技术产业开发区等工业园区、提升工业园区的硬实力和软实力等方面来加强。具体来看有以下四个方面:

(一)开展战略性新兴产业集聚试点工作,大力发展战略性新兴产业集群

2012 年以来,我国开展了战略性新兴产业集聚发展的试点工作(试点区域没有西部地区),2014 年又进一步扩大了试点的范围(这次试点区域中西部有一个地区——甘肃金昌,集聚领域是有色金属产业)。从试点地区战略性新兴产业发展情况来看,效果很好。

西部各省份可参考国家战略性新兴产业集聚试点好的经验和做法,结合自身发展情况独立开展战略性新兴产业集聚试点工作,这方面四川、重庆已经走在前头。具体思路是:西部各省份以省会城市和有条件的重点城市为主体,以地区战略性新兴产业发展规划提出的重点核心产业为基础,在我国七大战略性新兴产业领域,选择 1~2 个具有地区优势、特色和发展潜力的重点方向作为产业集聚方向,开展集聚试点工作。待试点工作取得成效后,总结经验和做法,往更多的区域、领域推广。

需要强调的是,当前传统制造业一般集聚在传统工业园区,对战略性新兴产业集聚地的选择应尽可能靠近传统工业园区,或者对传统工业园区进行升级,使其改造成现代工业园区,再集聚战略性新兴产业。总之,要培育战略性新兴产业与传统制造业耦合发展的空间。

(二)发展产业联盟

作为一种新型的产业组织形式,产业联盟是我国现阶段产业经济组织形态的一种重要补充,对于产业发展、企业成长特别是高新技术企业的快速成长具有重要意

义。目前我国产业联盟大部分集中在电子信息、新材料、高端装备等高新技术领域，因此，战略性新兴产业发展产业联盟有较好的基础，西部地区要加快战略性新兴产业联盟发展。发展产业联盟，能够使战略性新兴产业通过技术、知识等生产要素的外溢引导制造业提高生产效率，比如，新一代信息技术、高端装备制造业引导传统装备制造业进行智能化、信息化改造，电动汽车产业引导汽车产业高能效、低能耗、低排放的方向发展等。

西部地区战略性新兴产业发展产业联盟，一是要在发挥市场决定性作用的基础上，积极发挥政府的主导作用；二是提高联盟竞争和合作管理水平。西部地区战略性新兴产业联盟的建立，需要建立有效的联动机制，实现信息共享；建立风险监控和预警机制，等等，从而实现"1+1>2"的效果。三是提升西部地区战略性新兴产业企业的核心竞争力，增强与大型国外公司结成产业联盟的匹配能力，降低技术引进和技术开发的成本，联合开发新产品和新工艺，创新商业模式，从而提高西部地区战略性新兴产业企业的国际竞争力。

（三）大力建设高新技术产业开发区等工业园区

高新技术产业开发区等工业园区是战略性新兴产业集聚发展的载体。目前西部地区已建成很多高新技术产业开发区，但是相比东部沿海地区，数量和规模还不够，还需要发展一批。西部地区培育和发展战略性新兴产业，首先可依托已有的高新技术开发区开展制造业转型升级、发展战略性新兴产业，形成产业集聚集群发展。其次，西部各省份相比东部沿海地区高新技术产业开发区，不仅综合实力偏弱，其总体数量也有很大的差距。因此，还需要重新规划建设一批高新技术产业开发区或者把原有省级高新技术产业开发区升级为国家级级别，这样便于开展战略性新兴产业集聚试点工作。

（四）提升工业园区的硬实力和软实力

战略性新兴产业能否集聚关键看工业园区实力的大小，只有把工业园区建设好了，产业才会形成集聚，进而实现集群发展。相比传统产业，战略性新兴产业集聚集群发展，对工业园区提出了更高的要求。工业园区的实力包括硬实力和软实力，其中硬实力包括园区的区位、所在园区的城市吸引力、基础设施、产业配套、科技人才等，软实力包括当地政务服务水平、政策扶持、体制机制的灵活性等。从总体来看，西部地区工业园区硬实力和软实力都需要加强，特别是软实力，与东部沿海地区存在不小的差距。

第六章 战略性新兴产业引领西部地区制造业创新发展研究

创新是提升区域自我发展能力的关键，不管是模仿创新还是自主创新，都将促进区域产业结构升级、促进区域产品质量提升、促进区域产业管理水平的提升，有利于提升区域产业竞争力，有利于提升区域劳动生产率。制造业是创新的主要领域，当前，全球70%左右的创新活动来源于制造业。而我国的创新投入中，70%左右的创新活动也是发生在制造业领域。而战略性新兴产业是制造业的新兴产业，也是制造业创新最为活跃的领域，是制造业创新的重点。与东部相比，西部地区创新相对较弱，这也是西部经济发展水平相对较低、自我发展能力相对弱的重要原因。西部地区通过重点发展战略性新兴产业，引领西部地区制造业创新，也能引领西部其他领域的活动创新，缩小西部地区与东部地区的创新差距，推进西部地区制造业转型升级，从而促进西部地区自我发展能力的提升。

第一节 战略性新兴产业与创新发展理论

从产业发展演进规律来看，一个新兴产业或者高新技术产业出现和发展壮大的一个重要因素是创新驱动。战略性新兴产业作为一种特殊的新兴产业和高新技术产业也是如此。在新常态背景下，一些学者（曾繁华[①]、陈柳钦[②]、刘晖等[③]）对战略性新兴产业创新驱动发展进行了分析和研究，其结论大致是：创新驱动是区域战略性新兴产业培育和发展的关键，是战略性新兴产业保持活力的核心，也是驱动其持续健康发展的保障。目前，国家 R&D 活动中约70%左右是由企业支出，其中主要是战略性新兴产业或高新技术产业企业。

[①] 曾繁华，王飞. 技术创新驱动战略性新兴产业跃迁机理与对策：基于全球价值链视角 [J]. 科技进步与对策，2014（23）：51-55.

[②] 陈柳钦. 战略性新兴产业自主创新问题研究 [J]. 中国地质大学学报（社会科学版），2011（3）：56-61.

[③] 刘晖，刘铁芳，乔晗，等. 我国战略性新兴产业创新驱动发展路径研究——基于北京市生物医药行业的经验总结 [J]. 管理评论，2014（12）：20-28.

我国战略性新兴产业在培养和发展之初，就注重创新驱动发展。2010年10月10日，国务院发布《国务院关于加快培育和发展战略性新兴产业的决定》（国发〔2010〕32号），将战略性新兴产业定位为世界主要国家抢占新一轮经济和科技发展制高点的重大战略，明确指出：战略性新兴产业以创新为主要驱动力；坚持创新发展，将战略性新兴产业加快培育成为先导产业和支柱产业；增强自主创新能力是培育和发展战略性新兴产业的中心环节。可见，无论是从理论还是从实践来看，战略性新兴产业发展需要以创新为支撑。

与此同时，战略性新兴产业反过来也能够引领创新。世界著名经济学家熊彼特先生在《经济发展理论》一书首次提出了"创新理论"，他认为新的技术、新的市场、新的原料来源、新的组织方式等因素容易带来创新发展。而从这几个因素来看，战略性新兴产业都符合：战略性新兴产业是高新技术产业，会给产业经济发展带来新技术；战略性新兴产业市场前景广阔，能够满足消费者新的需求；战略性新兴产业包括节能环保和新材料等产业，这些产业的培育和发展将带来新的原料来源的诞生；战略性新兴产业不同于过去一般产业的组织方式，它的运行是靠新的组织方式来维持，组织方式具有创新性。所以，战略性新兴产业拥有创新的基因，它将引领产业创新发展。

目前在我国战略性新兴产业主要以制造业为主的情况下[①]，战略性新兴产业将极大地引领制造业创新发展。因为在某种程度上，战略性新兴产业可以被视为新兴产业，制造业被视为传统产业。新兴产业创新性更强、战略性更高、技术含量更高、市场潜力更大。显然，新兴产业能够引领传统产业创新发展，也就是说战略性新兴产业也能够引导制造业创新发展。战略性新兴产业在成长和发展过程中，一方面吸收制造业原有的劳动力、技术、资本、土地等生产要素，不断倒逼和引导制造业转型升级。另一方面，当战略性新兴产业需要依赖制造业的基础进行发展时，通过技术外溢促使制造业的创新能力和生产效率逐步提升，引导制造转型升级。一般来说，战略性新兴产业引领制造业创新发展，主要包括技术创新、组织创新、商业模式创新、政策创新等几个方面。

总的来说，战略性新兴产业需要创新驱动发展，而战略性新兴产业自身的属性反过来又将引领创新发展。

第二节　西部地区制造业创新发展现状、存在的主要问题与面临的障碍

创新能力是国家竞争力的核心，也是企业竞争力的核心，制造业是我国研发活

---

① 据作者测算，在我国七大战略性新兴产业细分行业中，有68.8%的产业涉及制造业。

动的主体，也是科技创新的主要载体。在我国增强创新能力的过程中，科技创新是制造业发展的主要力量，制造业的研发能力具有至关重要的作用。企业是技术创新的主体。制造业企业，特别是大中型制造业企业，其技术创新能力如何，不仅关系到企业自身的生存和发展，更直接关系到"十三五"创新创业战略能否有效实施以及经济结构战略性调整、经济增长模式以及供给侧改革能否顺利实现。

一、西部地区制造业创新发展的现状

（一）从创新投入与产出来看，西部地区科技发展迅速

自 2000 年西部大开发以来，西部科技迅速发展。2014 年西部地区研究与试验发展（R&D）人员全时当量为 465 582 人年，是 2000 年的 2.2 倍；研究与试验发展经费内部支出 1 559.97 亿元，是 2000 年的 11.1 倍；而三种专利申请受理数、三种专利申请授权数分别是 304 711 件、138 702 件，是 2000 年的 22.6 倍、14.9 倍（见表 6-1）。在核工业、航空航天、兵器和军工电子等国防电子工业技术领域，西部在全国占有一席之地。近年来，中央进一步加大了国家科技计划对西部地区的倾斜支持力度，批复建设了云南观赏园艺、甘肃种子加工装备等一批国家工程技术研究中心，西部地区科技进步水平提升幅度大。总体来说，西部地区培育和发展战略性新兴产业具备一定的科技和人才的支撑[①]。

表 6-1　　　　　　西部地区 2014 年与 2000 年主要科技指标对比情况

主要指标	2000 年份	2014 年
研究与试验发展（R&D）人员全时当量（人年）	208 859	465 582
研究与试验发展（R&D）经费内部支出（亿元）	140.83	1 559.97
三种专利申请受理数（件）	13 481	304 711
三种专利申请授权数（件）	9 333	138 702
三种专利有效数（件）	—	410 598

资料来源：国家统计局、科学技术部：《中国科技统计年鉴（2001）》《中国科技统计年鉴（2015）》
注：三种专利指发明、实用新型、外观设计。

（二）西部各类创新平台建设成效显著

制造业创新平台的建设是区域自主创新能力建设的重要内容，也是区域实现创新驱动发展战略的基础条件。制造业创新平台建设包括国家级新区、高新区、国家级经济技术开发区、孵化器、产业联盟等方面的设立和建设。近年来，西部地区在制造业创新平台建设上取得了显著成就。

1. 国家级新区

从国家级新区发展来看，西部地区自 2010 年在重庆设立第一个国家级新区——

---

① 严文杰. 西部战略性新兴产业引领制造业转型升级研究［D］. 成都：西南财经大学，2016.

两江新区以来，到目前为止西部已有 6 个国家级新区，分别是重庆的两江新区、甘肃的兰州新区、陕西的西咸新区、贵州的贵安新区、四川的天府新区和云南的滇中新区。西部国家级新区数量是全国总数的 1/3。国家级新区承担着国家重大发展和改革开放的战略任务，是区域核心增长极与科技创新高地。因此，近年来西部国家级新区的设立和发展将促进西部制造业创新平台的建设。

2. 高新区和国家级经济技术开发区

从高新区和国家级经济技术开发区发展来看，近年来，中央在西部地区新设立了一批高新区和国家级经济技术开发区，区域分布更广泛。据统计，2010 年之后国家在西部地区新设立了 14 个高新区、28 个国家级经济技术开发区（见表 6-2），其数量大于 2010 年之前国家在西部地区设立的高新区和国家级经济技术开发区的数量总和。截至 2015 年，我国西部地区高新区和国家级经济技术开发区数量分别达到 33 个、49 个，占全国的 22.8%、22.4%。一般而言，高新区和国家级经济技术开发区代表了国内外高新技术发展的方向，包括空间科学和航空航天技术，微电子科学和电子信息技术，材料科学和新材料技术，能源科学和新能源，生物医学工程等。两者都属于功能性区域，侧重于技术经济方面的优惠，致力于高技术产业和新兴产业的发展，既是战略性新兴产业培育和发展的孵化器，也是引领传统制造业转型升级的重要策源地。近年来西部地区高新区和国家级经济技术开发区的迅猛发展加快了西部制造业创新平台的建设[①]。

表 6-2　2010 年以来在西部地区新设立的国家级高新技术产业开发区和国家级经济技术开发区

高新技术产业开发区 （14 个）	璧山、榆林、安康、渭南、玉溪、自贡、乐山、泸州、德阳、白银、青海、银川、石嘴山、昌吉。
国家级经济技术开发区 （28 个）	呼伦贝尔、巴彦淖尔、长寿、广安、德阳、遵义、曲靖、嵩明杨林、陕西航空、陕西航天、金昌、天水、石嘴山、库尔勒、奎屯独山子、遂宁、绵阳、广元、汉中、格尔木昆仑、五家渠、阿拉尔、淮东、甘泉堡、宜宾临港、神府、酒泉、张掖。

资料来源：根据科技部《国家高新技术产业开发区名单》、商务部《国家级经济技术开发区名单》整理而来。

从企业孵化器来看，根据清科研究中心发布的报告显示，近年来西部国家级孵化器数量增长较快，截至 2014 年，西部国家级孵化器数量已达 82 家，其中陕西有 21 家、四川有 19 家、重庆有 9 家。这些国家级企业孵化器加快了西部科技成果的转化，促进了制造业创新发展。

3. 产业联盟

此外，西部产业联盟近些年也保持迅猛发展，如四川成都在 2015 年成立了西部创业创新联盟，搭建了创业创新平台，吸引了来自制造业、金融业、健康服务业、

---

① 严文杰. 西部战略性新兴产业引领制造业转型升级研究［D］. 成都：西南财经大学，2016.

旅游业等行业 40 多家企业的参与；陕西 2016 年联合宁夏、甘肃、青海、新疆、河南、内蒙古等省、自治区及丝绸之路经济带沿线国家和地区 100 多家产、学、研机构在西安成立了丝绸之路创新设计产业联盟，促进"中国制造"向中国创造发展；重庆成立了制造 2025 创新服务联盟；云南成立了产业技术创新战略联盟；等等。这些产业联盟的成立将进一步加快西部制造业创新发展。

（三）实施了促进制造业创新发展的诸多政策措施

近年来，西部各省为促进传统制造业转型升级和制造业创新发展，在资本、技术、人才等方面出台了不少政策，特别是 2015 年国家发布《中国制造业 2025 行动计划》（以下简称行动计划）之后，西部各省根据本省制造业发展的实际情况，结合行动计划制订并实施了各自的行动计划或方案。如四川省在《中国制造业 2025 四川行动计划》（以下简称四川行动计划）中指出将力争到 2025 年机器人产业增加值达到 100 亿元；以纯电动汽车为主攻方向发展新能源汽车；瞄准第五代移动通信技术（5G）产业"顶层设计"。并提出了四川行动计划的十大重点任务，其中第一个就是提高四川制造业自主创新能力，包括着力突破产业发展关键技术、提升工业设计能力、推进科技产业深度融合。其中，在着力突破产业发展关键技术上，四川要建设技术成果供需交流平台和重点科技成果试验基地，布局建设一批重大创新成果应用示范基地和科技产业园区；在提升工业设计能力方面，四川要培育一批专业化、开放型的工业设计企业，建设一批国家级、省级工业设计中心和工业设计示范基地，将成都国家自主创新示范区、天府新区、绵阳科技城等建成国内一流的制造业创新策源地；在推进科技产业深度融合上，四川要建设财政股权投资基金、银行信贷资金、社会专业化产业投资基金相互结合的产业化金融支持体系。

再如重庆为提高制造业的创新能力，将着力构建以企业为主体的技术创新体系，并实施了四项工程：重大技术攻关工程、技术改造牵引工程、质量品牌战略、绿色发展工程。

陕西省在《中国制造 2025 陕西实施意见的通知》中明确提出了九大任务，其中第一项任务也是制造业创新发展：突出制造业创新驱动，构建制造业开放式创新体系。并提出了突破关键核心技术、加强科技成果转化、完善制造业创新体系等三个方面的政策措施。其他各省在制造业创新发展方面也提出了目标和诸多政策措施，详见表 6-3。

表 6-3 西部部分省级行政区域在制造业创新发展方面的目标与政策措施

省市	制造业创新发展目标	政策措施
四川	实施制造业创新中心建设，建设 76 家国家级孵化器，727 家省级以上企业技术中心	着力突破产业发展关键技术、提升工业设计能力、推进科技产业深度融合
重庆	构建以企业为主体的技术创新体系	实施重大技术攻关工程、技术改造牵引工程、质量品牌战略、绿色发展工程等四项工程

表6-3(续)

省市	制造业创新发展目标	政策措施
陕西	突出制造业创新驱动,构建制造业开放式创新体系	突破关键核心技术、加强科技成果转化、完善制造业创新体系
云南	制造业创新能力显著增强	建立完善以企业为主体,市场为导向,政、产、学、研、用相结合的制造业创新体系;完善科技成果转化激励机制,鼓励企业和社会资本建立一批从事技术集成和工程化的试验基地。继续组织实施省级科技重大专项,重点支持关键核心技术研发
甘肃	到2020年,力争创建10个以上国家或国家地方联合工程(技术)研究中心,10个国家企业技术中心,100个省级企业技术中心,3个省级以上制造业创新中心。到2025年,力争创建5个省级以上制造业创新中心,形成1个国家级制造业创新中心。	突破和引进吸收关键核心技术、完善制造业创新服务体系、推进科技成果转化应用、提高工业设计创新能力

二、西部地区制造业创新发展存在的主要问题

(一) 西部地区制造业创新投入总量不足、强度不够

西部大开发以来,西部地区制造业在创新投入上具有一定的优势,同时也存在一些问题。

1. 西部地区制造业创新投入的总量指标在全国均比较靠后

如表6-4所示,2014年,西部地区制造业创新投入的总量指标在全国均比较靠后,总体呈现出"远低于东部、略低于中部、略高于东北"的特征。其中,在西部地区,四川和重庆制造业创新投入总量较大。

西部地区有研发机构和R&D活动的制造企业数分别占全国制造业总数的7.02%和8.13%,远远落后于东部地区(76.37%和72.41%),略低于中部地区(14.70%和16.61%),高于东北地区(1.90%和2.84%)。其中,四川省有研发机构和R&D活动的制造企业总数分别占西部地区制造业总数的25.52%和24.09%,位居西部地区首位,在全国排名分别为第11位(有研发机构企业数)和12位(有R&D活动的企业数);重庆有研发机构和R&D活动的制造企业总数分别占西部地区制造业总数的17.46%和18.80%。

西部地区制造业研发机构经费支出和R&D经费支出分别占全国的8.43%和10.09%,也是远远落后于东部地区(75.62%和67.87%),略低于中部地区(12.93%和16.60%),高于东北地区(3.02%和5.44%)。其中,四川制造业研发机构经费支出和R&D经费支出分别占西部地区制造业总数的26.80%和21.33%,位居西部地区首位;重庆制造业研发机构经费支出和R&D经费支出分别占西部地区制造业总数的19.89%和17.78%。

表6-4　　　　2014年西部地区及其他三大地区制造业创新投入的总量指标

地区	有研发机构的企业数（个）	有R&D活动的企业数（个）	研发机构经费支出（万元）	R&D经费支出（万元）	研究人员（人）	R&D人员（人）	仪器和设备原价（万元）
全国	47 689	63 676	62 576 304	97 223 267	832 475	3 632 627	48 715 631
东部地区	36 422	46 109	47 321 215	65 984 253	499 974	2 376 699	33 440 336
中部地区	7 012	10 579	8 090 752	16 137 686	168 771	675 030	7 891 013
东北地区	905	1 808	1 889 571	5 291 775	57 168	184 377	2 050 862
西部地区	3 350	5 180	5 274 766	9 809 553	106 562	396 521	5 333 419
重庆	585	974	1 049 097	1 743 657	14 466	64 348	790 738
四川	855	1 248	1 413 827	2 092 652	22 681	100 614	1 602 005
贵州	162	234	359 455	427 990	6 305	20 771	302 154
云南	338	500	342 860	548 186	4 617	21 698	376 764
西藏	3	10	265	3 751	74	270	142
陕西	396	768	663 073	1 718 336	24 024	75 835	827 791
甘肃	239	353	252 340	566 220	8 156	21 121	249 968
青海	35	45	46 340	98 946	615	3 336	72 114
宁夏	130	148	102 030	193 978	1 730	10 110	121 304
新疆	156	179	221 422	401 962	3 266	10 644	236 046
内蒙古	153	268	383 922	1 129 680	13 479	35 169	411 801
广西	298	453	440 137	884 195	7 149	32 605	342 592

数据来源：国家统计局，科学技术部. 中国科技统计年鉴——2015［M］. 北京：中国统计出版社，2015. 根据有关数据整理。

西部地区制造业研究人员和R&D人员分别占全国的12.80%和10.92%，远远落后于东部地区（60.06%和65.43%），也低于中部地区（20.27%和18.58%），高于东北地区（6.87%和5.08%）。其中，四川制造业研究人员和R&D人员分别占西部地区制造业总数的21.28%和25.37%，位居西部地区首位；重庆制造业研究人员和R&D人员分别占西部地区制造业总数的13.58%和16.23%。

西部地区制造业仪器和设备原价占全国制造业仪器和设备原价总额的9.93%，远远落后于东部地区（67.95%），也低于中部地区（16.73%），高于东北地区（5.39%）。其中，四川制造业仪器和设备原价占西部地区制造业总数的21.32%，位居西部地区首位；重庆仪器和设备原价占西部地区制造业总数的18.11%。

2. 西部地区制造业创新投入的强度多个指标在全国比较靠后

如表6-5所示，2014年，西部地区制造业创新投入的强度多个指标在全国比较靠后，总体呈现出"低于东部、与中部相当、高于东北"的特征。

表6-5　　　2014年西部地区及其他三大地区制造业创新投入的强度指标

地区	有研发机构的企业占全部企业比重（%）	有R&D活动的企业占全部企业比重（%）	研究人员占R&D人员比重（%）	研发机构经费支出占主营业务收入比重（%）	R&D经费占主营业务收入（%）
全国	12.62	16.85	22.92	0.57	0.88
东部地区	16.41	20.77	21.04	0.75	1.04
中部地区	8.54	12.88	25.00	0.35	0.71
东北地区	3.57	7.14	31.01	0.22	0.62
西部地区	6.92	10.69	26.87	0.33	0.62
重庆	9.50	15.81	22.48	0.57	0.95
四川	6.44	9.41	22.54	0.37	0.55
贵州	4.16	6.01	30.36	0.41	0.49
云南	8.93	13.22	21.28	0.33	0.52
西藏	3.09	10.31	27.52	0.02	0.32
陕西	7.79	15.12	31.68	0.34	0.88
甘肃	11.47	16.94	38.62	0.28	0.62
青海	6.16	7.92	18.43	0.21	0.44
宁夏	11.11	12.65	17.11	0.29	0.55
新疆	6.30	7.23	30.68	0.24	0.43
内蒙古	3.47	6.07	38.33	0.19	0.57
广西	5.48	8.33	21.93	0.23	0.47

数据来源：国家统计局，科学技术部. 中国科技统计年鉴——2015［M］. 北京：中国统计出版社，2015. 根据有关数据整理。

从创新机构的设立密度和创新活动的执行密度来看，2014年西部地区仅有6.92%的制造企业设立了自身的科技机构，开展R&D活动的企业比例为10.69%，低于全国的平均水平（12.62%和16.85%），远远落后于东部地区（16.41%和20.77%），与中部地区相近（8.54%和12.88%），高于东北地区（3.57%和7.14%）。西部地区除个别省份某些指标外，绝大多数省份全部指标均低于全国平均水平，表明西部地区在全国并未处于领先地位，落后较为明显；同东部沿海发达省份相比，更是相距甚远。

从制造业创新人才的投入密度来看，西部地区制造业的研究人员占R&D人员比重为26.87%，高于全国平均水平（22.92%）和东部地区（21.04%），和中部地区（25.00%）相近，低于东北地区（31.01%）。甘肃（38.62%）和内蒙古（38.33%）更是居于高位，西部地区自主创新人才储备结构较为合理。

从制造业创新经费的投入强度来看，西部地区制造业的研发机构经费支出和R&D经费占主营业务收入的比重分别为0.33%和0.62%，低于全国的平均水平（0.57%和0.88%），远远落后于东部地区（0.75%和1.04%），与中部地区相近

（0.35%和0.71%），高于东北地区（0.22%和0.62%）。西部地区制造业创新经费的投入远远不足，导致制造业处于领先地位的创新成果较少。

（二）西部地区制造业创新产出较低

1. 西部地区制造业新产品生产能力较差

如表6-6所示，2014年西部地区制造业创新的新产品情况在全国排名也比较靠后，整体呈现出"远低于东部，略低于中部，高于东北"的特征。其中，在西部地区，重庆和四川制造业创新的新产品情况较好。

表6-6　　　　　2014年西部地区及其他三大地区制造业创新的新产品情况

地区	制造业新产品销售收入（万元）	制造业主营业务收入（万元）	制造业新产品销售收入占制造业主营业务收入比重（%）
全国	1 428 952 968	11 068 841 595	12.91
东部地区	1 002 710 011	6 343 057 574	15.81
中部地区	247 158 487	2 287 398 820	10.81
东北地区	62 242 361	855 090 660	7.28
西部地区	116 842 109	1 583 294 541	7.38
重庆	36 107 819	183 973 711	19.63
四川	27 112 961	379 907 417	7.14
贵州	4 083 736	87 047 123	4.69
云南	5 182 591	105 396 133	4.92
西藏		1 171 413	0.00
陕西	11 267 648	195 521 986	5.76
甘肃	7 193 529	91 662 097	7.85
青海	85 659	22 466 163	0.38
宁夏	1 912 824	35 265 051	5.42
新疆	4 837 892	93 212 288	5.19
内蒙古	5 573 230	198 752 497	2.80
广西	13 484 220	188 918 663	7.14

数据来源：国家统计局，科学技术部.中国科技统计年鉴——2015［M］.北京：中国统计出版社，2015.根据有关数据整理。

西部地区制造业新产品销售收入和制造业主营业务收入占全国制造业新产品销售收入和主营业务收入总额的8.18%和14.30%，远远落后于东部地区（70.17%和57.31%），略低于中部地区（17.30%和20.67%），高于东北地区（4.36%和7.73%）。其中，重庆制造业新产品销售收入和主营业务收入分别占西部地区制造业总数的30.90%和11.62%；四川制造业新产品销售收入和主营业务收入分别占西部地区制造业总数的23.20%和23.99%。

西部地区制造业的新产品销售收入占主营业务收入比重为7.38%，低于全国平均水平（12.91%），远远落后于东部地区（15.81%），略低于中部地区（10.81%），与东北地区相近（7.28%）。重庆制造业的新产品销售收入占主营业务收入比重高达19.63%，位列西部首位。

　　2. 西部地区制造业专利创造能力不强

　　如表6-7所示，2014年西部地区制造业专利情况在全国排名同样比较靠后，总体呈现出"远远落后于东部地区，稍低于中部地区，高于东北地区"的特征。其中，西部地区的四川和重庆制造业创新的专利情况较好。

　　西部地区制造业R&D项目数和新产品开发项目数占全国制造业R&D项目数和新产品开发项目数总额的11.39%和11.04%，远远落后于东部地区（68.49%和69.44%），稍低于中部地区（15.69%和15.57%），高于东北地区（4.44%和3.95%）。其中，四川制造业R&D项目数和新产品开发项目数分别占西部地区制造业总数的28.28%和32.23%，位居西部地区首位；重庆制造业R&D项目数和新产品开发项目数分别占西部地区制造业总数的20.20%和20.68%。

表6-7　　　　　　　　2014年西部地区及其他三大地区制造业专利情况

地区	R&D项目数（个）	新产品开发项目数（个）	专利申请数（个）	发明专利申请数（个）	有效发明专利数（个）
全国	342 507	375 863	630 561	239 925	448 885
东部地区	234 573	261 001	447 973	169 431	328 461
中部地区	53 742	58 527	103 055	38 870	63 911
东北地区	15 196	14 837	18 735	8 050	13 991
西部地区	38 996	41 498	60 798	23 574	42 522
重庆	7 879	8 580	12 908	3 696	6 272
四川	11 027	13 374	19 661	7 800	15 893
贵州	1 682	1 802	4 051	1 918	3 146
云南	2 102	2 123	3 137	1 281	2 865
西藏	30	16	18	6	44
陕西	6 668	6 684	7 354	3 171	6 675
甘肃	1 894	1 817	2 558	778	1 265
青海	156	130	384	111	246
宁夏	1 136	1 049	1 160	611	675
新疆	897	1 025	2 458	805	1 111
内蒙古	2 265	1 570	2 269	974	1 660
广西	3 260	3 328	4 840	2 423	2 670

　　数据来源：国家统计局，科学技术部. 中国科技统计年鉴——2015［M］. 北京：中国统计出版社，2015. 根据有关数据整理。

西部地区制造业专利申请数和发明专利申请数占全国制造业专利申请数和发明专利申请数总额的 9.64% 和 9.83%，远远落后于东部地区（71.04% 和 70.62%），稍低于中部地区（16.34% 和 16.20%），高于东北地区（2.97% 和 3.36%）。其中，四川制造业专利申请数和发明专利申请数分别占西部地区制造业总数的 32.34% 和 33.09%，位居西部地区首位；重庆制造业专利申请数和发明专利申请数分别占西部地区制造业总数的 21.23% 和 15.68%。

此外，西部制造业创新发展还存在一些其他问题。在制造业创新平台建设方面，虽然西部地区近年来发展速度快，取得的成果也很显著，但是相比东部地区差距还很明显，如西部地区高新区和国家级高新技术产业园区的数量均只有东部地区的一半，也略低于中部地区，而产业联盟、孵化器无论从数量还是从影响力来看，更是远远落后于东部地区。在制造业创新制度方面，受市场经济发展水平不高的限制，西部制造业创新制度僵化、缺乏灵活度，开放度也不够。在制造业创新政策方面，一个较为严重的问题是制造业创新政策缺乏连续性，也缺乏针对性。

三、西部地区制造业创新发展中面临的障碍

通过对西部地区制造业创新现状的分析可以看出，西部地区的制造业创新发展在全国四大地区中总体上位次比较靠后，这与西部地区的经济地位基本符合。西部地区作为我国区域发展战略的重要一极，制造业创新发展的很多方面明显落后于全国平均水平和发达地区，面临诸多方面的障碍。

（一）缺失长效合作机制

缺失长效合作机制是制约我国制造业创新的一个重要因素，这一点在西部地区表现得尤为明显。西部地区在产、学、研相关资源方面缺失长期合作的机制，综合配套齐全的创新力量尚未真正形成合力。具体来看，产、学、研缺乏中长期的合作，缺乏资本、知识、人才的长期联结，而是拘泥于个别项目的短期合作，合作时限与项目验收同步。一些企业仍然比较封闭，把创新看作企业内部的事情，不能有效利用相关高校和科研院所的科技资源。

（二）企业创新管理失当

在我国西部地区，多数企业包括制造业企业没有能够遵循创新体系建设的标准来对组织机构进行改革，也没有对员工进行创新意识的培养，创新建设的培训和指导滞后。另一方面，在创新项目的立项、监督、检查、成果鉴定及转化等整个程序中，缺乏一套行之有效的管理体制，往往把创新成果束之高阁，并没有把创新成果的技术价值、商业价值和经济效益结合起来，这导致创新人员的主观能动性得不到有效发挥。总体来看，与我国三大地区相比，特别是与东部沿海地区相比，西部地区制造业企业创新管理意识较为落后，亟须加强。

（三）专利保护有待加强

专利保护不够是阻碍制造业创新发展的一个全国性的问题。我国一些制造业企业对专利和创新没有积极性的一个重要原因是没有严密的法律保证，这使得侵犯专利的行为的机会成本较低，使得侵权、仿冒行为得不到有效地制止和惩罚，严重抑制了制造业企业的创新活动。如果侵权、仿冒的行为得不到有效地遏制，将会严重影响企业对专利和创新的积极性。因此，我国专利、知识产权保护法律法规亟待完善，并需要严格执行。但是从另一方面来说，专利法律法规的完善也并非一日之功，要学会在现有法律法规的框架下，更好地申请和保护好自身的专利，使专利转化为成果，转化为利润。相比东部地区，西部地区专利申请、保护的意识略差，这主要与西部地区市场经济发展水平不高以及国有企业占比大、民营企业发展不充分有较大的关系。

另外，西部地区对国有企业和民营企业等各类企业创新奖励机制存在显著差异，也阻碍了民营制造业企业的创新积极性。

第三节　战略性新兴产业引领西部制造业
创新发展的主要内容和措施

一、战略性新兴产业引领西部制造业创新发展的主体和主要内容

（一）战略性新兴产业引领西部制造业创新发展的主体

战略性新兴产业引领西部地区制造业创新发展的主体应主要是制造业企业，即应主要通过市场推进西部战略性新兴产业引领制造业创新发展，同时需要取得中央政府和西部各级政府的支持和帮助。具体来看，要以制造业企业为核心，加快创建西部制造业创新体系，如大学、研究机构、工程技术中心、企业技术中心、高新技术产业开发区、科技孵化器、创新联盟等，通过战略性新兴产业引领制造业由资源依赖向依靠创新转型、由依靠产品数量向依靠产品质量转型升级、由依靠政府购买向依靠市场转型升级，等等。

（二）战略性新兴产业引西部领制造业创新发展的主要内容

一是战略性新兴产业引领西部制造业技术创新。战略性新兴产业是新兴科技与新兴产业深度融合的产物，其发展具有典型的创新驱动特征[①]。西部地区培育和发展战略性新兴产业，应注重推动重大技术突破，注重增强核心竞争力，充分发挥国家重大科技专项的作用，推动战略性新兴产业的重大技术突破。

二是战略性新兴产业引领西部制造业制度创新。战略性新兴产业作为一种新的

---

① 王新新. 战略性新兴产业技术突破的要点分析［N］. 人民日报，2011-12-22（007）.

产业形态，具有高投入、高风险和高收益等不同于传统产业的"三高"特征，产业处于孵化期或初创期，具有独特的产业生命周期、形成与发展规律，其发展模式、影响因素及其对制度需求、制度创新机制与模式与传统产业差异较大，政府的政策引导与制度保障显得相当重要①。战略性新兴产业所需的制度是各种制度相互配合、互相协调形成一个制度系统。该制度系统具有整体性、结构性、开放性等特征，以一定的组织或方式有机组合起来，彼此作用、相互联系，并与外界环境交换信息和能量。因此，要加快战略性新兴产业引领西部制造业制度创新。

三是战略性新兴产业引领制造业商业模式创新。商业模式最早由 Bellman 等于1957 年在其关于商业博弈的构建一文中提及②。管理学大师彼得·德鲁克（1994）曾经指出："当今企业之间的竞争已不再是产品之间的竞争，而是商业模式之间的竞争。"随着信息化和经济全球化进程的不断推进，制造业商业模式创新的作用对于引领制造业转型升级，加快经济发展方式转变越来越突出。所以，战略性新兴产业引领西部制造业创新发展，还需要加快商业模式的创新。

此外，战略性新兴产业还可以引领制造业组织方式创新、政策创新，等等。

二、战略性新兴产业引领西部制造业创新发展的主要措施

（一）选择适合西部地区的战略性新兴产业来引领制造业发展

1. 选择具有较强创新力的产业

战略性新兴产业属于创新密集型产业，必须具有足够的创新力，包括科技创新、产业组织创新、商业模式创新、产品创新等。具体表现为经济系统内部由于产品、技术、市场、资源配置、生产组织等创新所引发的"革命性"变化。总的来说，西部地区在选择具有创新力产业方面，要具有超前意识和敢为人先的精神，不盲从发达国家（地区）以及我国东部沿海发达地区，选择符合西部地区经济社会发展实际的新兴产业、高科技产业作为战略性新兴产业。在新能源、高端装备制造等一些产业基础较好的领域率先突破，赢得主动，抢占未来经济科技竞争的战略制高点，使战略性新兴产业逐步成为西部地区经济发展的主导力量，从而支撑和引领经济社会走上创新驱动、内生增长的发展道路。

2. 选择具有较强引领力的产业

战略性新兴产业必须在未来能够对产业发展和经济社会发展具有较强的引领和带动作用，能够代表未来产业发展的方向，成为产业发展的主流。经济社会发展的历史表明，知识产业、信息产业和网络革命引领人类社会进入信息化时代。为此，响应国家"互联网+"的号召，选择对西部地区经济发展具有较大带动作用的产业

---

① 李晓利. 大数据与工业创新设计的碰撞［N］. 中国信息化周报，2015-11-16（018）.

② Bellman R，Clark CE，Malcolm DG，etal. On the construction of a multi-stage，multi-person business game ［J］. Operations Research，1957，5（4）：469-503.

作为战略性产业，努力推进新一轮产业结构调整和优化升级。

3. 选择具有较强聚集力的产业

西部地区战略性新兴产业还必须具有较强的产业聚集力，感应系数大、影响力系数大，能够围绕核心技术形成庞大的产业集聚或者产业集群，带来更多的就业岗位，不仅产生经济效益，也能够产生社会效益。因此，应选择不仅市场发展前景和空间大，而且与居民生活和社会生产密切相关的产业。这些产业的发展会带动相应的上下游产业发展，从而形成联动的产业体系，形成诸多产业集聚或者产业集群，成为经济社会发展的强引擎。

综合来看，通过运用定量分析方法——因子分析法和定性分析方法，筛选出西部地区制造业需要创新发展的重点行业：计算机、通信和其他电子设备制造业，汽车制造业，非金属矿物制品业，铁路、船舶、航空航天和其他运输设备制造，石油加工、炼焦和核燃料加工业，医药制造业等。这些行业将是战略性新兴产业引领其创新发展的主要行业。

（二）扶持战略性新兴产业，提升西部地区制造业自主创新能力

1. 做好宏观层面的战略布局

当前，全球和全国行业存在产能出现过剩现象，战略性新兴产业重复建设和雷同现象较为严重。这就要西部地区布局发展战略性新兴产业时，应从全球和全国的视野统筹考虑，包括统筹规划产业布局、结构调整、发展规模和建设时序，不布局产能过剩严重、与国家发展战略性新兴产业的宗旨相背离的战略性新兴产业，否则，必然会阻碍战略性新兴产业的发展。

2. 消除制度障碍

（1）深化人才管理体制改革，加快培养创新型人才建设

西部地区有一定的科教资源，特别是四川、陕西、重庆等省份科教资源较为发达，但是在人才管理体制方面却面临诸多障碍，而战略性新兴产业的创新发展需要在人才管理体制上灵活多变。为此，今后西部地区一是要改革教育体制，特别是高等院校，从应试教育转向创新型教育，加强校企合作，为战略性新兴产业发展输送急需的各类人才。二是贯彻落实国家高层次人才引进战略，制订战略性新兴产业各部门各领域高层次人才引进计划，加大奖励创新机制，完善人才福利待遇，从而吸引更多高层次人才到西部从事战略性新兴产业技术研发或创业。

（2）加强区域、行业、部门的综合协调，健全联动机制

过去，我国在产业发展过程中的行业、部门联动机制已经建立，但是战略性新兴产业涉及的行业、部门更加复杂，面临的环境也不一样，不同的战略性新兴产业之间因管理体制、行业标准不同，难以实现协同发展。因此，在借鉴和总结过去产业发展联动机制的基础上，要建立和完善战略性新兴产业自身的协调发展机制，实现西部地区部门、行业之间的有机协调，高效沟通，使各种战略性新兴产业所涉及的体制、制度、政策、规划形成合力，促进战略性新兴产业各领域的协同发展。

3. 制定和落实相关配套政策措施

（1）落实高新技术产业的税收优惠政策和措施

西部地区战略性新兴产业培育和发展之初，中央政府和西部各级政府要加大对战略性新兴产业的创新产品给予税收优惠或减免，降低成本，减少企业经营风险。要严格认定高新技术企业，一旦认定为高新技术企业，就要按照税法规定享受优惠税率、投资减免等优惠政策。截至 2015 年，我国西部地区高新区和国家级经济技术开发区的数量分别达到 33 个、49 个，占全国总数的 22.8%、22.4%。西部地区首先应在这些高新区和国家级经济技术开发区对战略性新兴产业实行税收优惠政策和措施。

（2）落实消费补贴政策和措施

战略性新兴产业的培育和发展最终要落实到消费市场。近年来，西部消费市场快速发展。战略性新兴产业产品市场前景无疑是广阔的，为了加快西部战略性新兴产业市场的开发，西部地区行业协会应注重加强对消费者消费理念和意识的超前培育，鼓励和引导消费者扩大对战略性新兴产业领域产品的现实需求，让消费者得到更多实惠。

（三）加强西部制造业创新体系建设

西部地区应采取政府资助，企业、科研院所和高校共建的原则，建立制造业创新合作体系。

一是创新主体。西部地区要通过财政补贴、金融支持等手段，鼓励新兴企业建立研发机构，加大研发投入力度，引导新兴产业增加研究开发投入，提高自主创新能力。鼓励技术中心向社会开放，提供技术支持服务，促进关键技术和共性技术的研发与应用。建立以骨干企业牵头组织、科研院所协同合作机制，培育技术中介服务机构，发挥知识密集型服务业的支撑作用。

二是创新战略联盟。产业技术创新战略联盟能够有效避免传统"产、学、研结合"的组织形式松散、行为短期化、形式化等缺陷，西部可围绕新兴产业技术创新的关键问题，开展技术合作，突破新兴产业发展的核心技术。

三是科技制度。创新的跨领域特征使得技术合作、技术联盟以及虚拟组织相继出现，协作型、网络型创新成为创新的主流模式。西部应更好地协调跨部门、跨地区、军民之间的科技合作，加强科技资源的统筹和整合，提高整合科技资源、组织重大科技活动的能力，形成科技工作联合、协作和集成的局面，促进全国性的跨学科科技交流与合作。

（四）从要素培育、管理体制和企业三个方面加强创新

1. 要素培育制度创新

（1）融资制度创新

战略性新兴产业培育和发展过程中需要多种金融工具，而且各金融工具之间应相互配合，互为支撑。

一是创业投资。创业投资既是科技与经济结合的润滑剂，又是推动经济发展的原动力。西部地区一方面应建立创业投资引导基金，发挥杠杆作用，引导社会资金的流入，实现创业资本的社会化、多元化，广泛吸引有资金实力、有承担风险能力的家庭或个人参与风险投资，扩大创业投资的社会基础。另一方面规范投资主体行为，完善创业投资运作规范，建立系统的、完善的创业投资法律体系，保护创新者的知识产权和投资人的权益。

二是商业银行。支持商业银行适时、适度的介入新兴产业，营造双赢的局势。通过构建贷款担保、贴息贷款、贷款证券化等风险保障机制降低商业银行对新兴企业的贷款风险。西部地区要改善评估、评审和管理办法，创新对新兴企业和项目的贷款形式，采取灵活的金融政策，探索灵活多样的金融支持。

三是私募股权。私募股权基金有利于产业结构的调整和产业自主创新能力的提升。西部地区要明确私募股权基金的认定标准、投资主体、投资范围、退出机制及监管等，确保其快速、有序发展；加强私募股权基金中间服务机构的建设，加强专业人才队伍的建设，构建完整的私募股权基金产业链；通过多部门协同联合监管和行业自律监管，维护行业整体形象，并进行强有力的约束。

（2）人力资源制度创新

战略性新兴产业对知识和技术的依赖性更大，知识密集程度更高，从而对掌握知识与技术的主体要求更高，需要多技术、多门学科、多种专业所组成的综合型人力资源。

一是产、学、研联合。西部地区通过产、学、研联合培养制度，充分利用社会资源，调动社会力量，发挥新兴产业、高校和科研机构的积极性与主动性，推进产、学、研之间的交流与合作。突出公共性、公益性和示范性特点，通过为企业提供服务，获得企业的资金支持、设施设备支持，提高职业培训和技能人才培养水平，加快高技能人才队伍建设。

二是激励机制。人力资源一般需要产权激励、地位激励和文化激励等多元化的激励机制。通过股权、期权的配置，使员工在工资福利之外，还能分享企业未来的一部分剩余收益及衍生利益。西部地区要建立双轨晋升机制，对核心科技人才、学科带头人、技术骨干委以重任，使科技人员晋升的通道畅通，突出知识群体的地位和作用，增强知识群体对企业整体素质的引导力。

2. 管理体制创新

（1）财税制度创新

西部地区应通过对技术研发、科技成果转化的投入，发挥财政支持的引导作用和杠杆作用，增强科技进步的经济导向功能，降低及补偿研发风险和投资风险。

一是财政制度创新。建立健全新兴企业自主创新平台。综合运用政府采购、财政补贴、偿还性资助等多种方式，对新兴产业的技术创新活动给予重点支持，发挥财政资金对新兴产业市场的引导作用。

二是税收制度创新。西部要形成层次分明、重点突出、整体协调的多元化的税收扶持政策体系，采取加速折旧、投资抵免、准备金制度等政策，实现优惠环节的侧重点向中间环节转变而不是单纯注重对结果的奖励，发挥税收政策资源的最大效能。

（2）产业政策创新

一是产业结构优化。战略性新兴产业内部，具有较强的互动效应。西部地区新能源、高端装备制造等战略性新兴产业发展较好，而新能源汽车、新材料、生物医药、新一代信息技术等战略性新兴产业发展水平则较低。西部地区要保持战略性新兴产业内部结构的合理性，协调好战略性新兴产业部门之间的发展比例，优化内部结构。注重战略性新兴产业与传统产业耦合发展的协调以及通过财税政策的有效引导，提供支撑性的行动协调系统，形成有效的激励和约束机制，构建产业间"结构合理、协调发展"的格局。

二是产业组织创新。西部地区可选择性地扶持实力雄厚、拥有自主知识产权、带动作用强的大型企业集团，将其做强做大，提高产业集中度。鼓励并推进新兴企业兼并、重组及纵向分工网络的形成，提高产业集中度和产品研发能力，促进大、中、小企业之间共生网络的形成，增强抵御市场和国际风险的能力。

三是产业布局调整。西部应充分考虑西部地区产业及资源禀赋，结合地方的资源优势、市场优势和原来产业的优势，发挥国家级新区和国家高新区作为战略性新兴产业发展的主要策源地、主要培育平台和关键发展载体的功能，促进战略性新兴产业基地向绿色化、特色化、集群化方向发展，形成西部各地"各具优势、优势互补、结构合理"的战略性新兴产业协调发展格局。

3. 企业制度创新

（1）人力资本创新

陕西、四川、重庆等西部地区人力资本较为充足。未来，西部地区企业要加强人力资本的创新。可以通过如下途径：给予对公司未来发展有非常重要影响的雇员在未来一定期限内以预先确定的价格和条件购买本公司一定数量股份的权利。通过股票期权制度、员工持股计划等产权制度的实施，让人力资本所有者拥有一定的企业剩余索取权，有效抑制经营者的短期行为。既能吸引大量的高级人才，又能极大地调动员工的积极性和主动性。

（2）知识产权创新

企业是技术创新的主体，西部地区企业在技术创新的同时，应强化知识产权保护意识，重视知识产权管理，建立和完善企业内部知识产权管理制度。通过设立专门的知识产权管理机构，建立与推行"专利池"制度，配备具有专业素质的管理人员，并加强对非专业人员的培训工作，提高知识产权保护的法律意识，有效利用现有的知识产权资源，发挥知识产权制度的最大效益。

第七章　战略性新兴产业引领西部制造业
外向型经济发展与承接产业转移升级研究

外向型经济是相对于自然经济或封闭经济而言的，它以重视对外贸易、参与国际分工、扩大商品出口和积极利用外资来发展本地经济为特征，是西部地区经济进一步发展的必要趋势和要求。由于西部地区特殊的自然地理条件和相对闭塞的交通，西部地区的制造业具有国内投资比例高、国有经济比重相对大、中央投资项目相对多的典型特点。在经济新常态中，西部地区要实现制造业的转型升级，必须充分利用外资，大力发展外向型经济，并同时提振产业发展质量，做好承接发达地区的产业转移。

第一节　战略性新兴产业引领西部地区制造业
外向型经济发展研究

一、西部地区战略性新兴产业与外向型经济

在发展经济学上，按照限制或发展对外贸易两个基本不同的方向，将经济发展模式分为内向和外向两大类型。外向型经济具有三个方面的特征：参与国际分工、生产力要素组合具有国际性、生产过程国际化①。对西部地区而言，发展外向型经济与东部发达地区相比存在诸多不利，因此，不能完全照抄照搬沿海发达地区的模式，必须找准自身的比较优势，提升自身的发展能力和国际竞争力，逐步树立西部地区自身的国际形象和品牌，以期实现自身的可持续发展。

（一）战略性新兴产业国际化进程逐步加快是西部地区面临的大背景

战略性新兴产业是发达国家和地区优先发展的国际性产业，也是未来的支柱产业或主导产业。在很多领域，战略性新兴产业有广泛的合作机遇，而且其市场需求前景广阔，在市场、产品等方面具有巨大的市场潜力和市场拓展能力，能够满足大

---

① 张庆仁. 列国外向型经济战略选择［J］. 山东社会科学，1988（3）：10-15.

幅度增长的市场需求。显然，战略性新兴产业的外向型特征很明显。因此，要大力培育和发展战略性新兴产业，通过战略性新兴产业引领制造业外向型经济发展。这种"引领"不是要加大传统劳动密集型制造业的发展，更不是提高劳动密集型产品的出口比重，而是一方面引领传统制造业释放其产能，解决近年来我国一些传统行业产能过剩的局面；另一方面引领高新技术产业外向型发展，加快资本、技术、知识密集型产品的出口，提高其在制造业产品出口中的比重。

从以往的国际经验看，经济危机往往催生新的技术和新的产业。自2008年以来的国际金融危机导致世界性经济衰退，各国特别是世界主要国家纷纷加快对新兴技术和产业发展的布局，把争夺经济、科技制高点作为战略重点，把科技创新投资作为最重要的战略投资，力争通过发展新技术、培育新产业，创造新的经济增长点。可以预见，未来的一定时期内新兴产业将成为推动世界经济发展的主导力量。

（二）西部地区战略性新兴产业与外向型经济发展

目前，我国已经是世界第一出口大国，我国出口占全球的份额约占13%左右。虽然近年来在全球经济复苏缓慢、外贸进出口低成本比较优势不断削弱等不利因素的影响下，我国出口总值增速放缓，但出口仍然是拉动我国经济增长和发展的一个不可或缺的因素。在我国商品出口中，制造业产品出口占总出口额的比例在95%左右，显而易见，制造业产品的出口代表了我国的出口。因此，制造业外向型发展对我国经济发展依旧很重要。西部地区外向型经济规模偏小，与东部地区存在巨大差距。

战略性新兴产业是社会发展需求和新兴技术驱动下快速兴起的产业，代表着全球目前的科技创新最高水平和未来产业发展的大致方向，对各国产业结构的优化调整和经济发展模式的转变具有重要作用。战略性新兴产业以重大技术创新和满足发展需求为依据，对区域经济和社会的大局具有带动引领作用，相对而言，其市场潜力比传统产业更大、发展速度也更快。主要特征是：技术含量高、市场潜力大、带动系数大、综合效益好。产业发展需要消耗的能源和资源少，生产效率高，能够推进经济发展方式的转变。

我国近年来实现对传统产业的升级改造、大力布局战略性新兴产业，一方面是应对经济发展放缓的策略，另一方面是适应经济新常态所必需做出的努力。西部地区要顺利实现制造业转型升级，一方面需要以战略性新兴产业为引领，大力培育和发展战略性新兴产业，另一方面还需要加大"走出去"的步伐，实现产业发展的国际化。这是因为：西部地区发展战略性新兴产业及外向型经济具有迫切性。一是为了使西部地区能应对未来国际竞争的要求。受到经济衰退的制约，全球经济进入一个战略转型期，美国、日本等发达国家纷纷制定新的发展战略，世界新科技革命和产业革命又进入一个新的历史性突破关头。能否把握新科技革命发展和全球经济调整的历史契机，顺应世界经济科技发展方向，有所作为，将在很大程度上决定西部地区在未来的经济发展地位。二是西部地区走新型工业化道路的根本要求。西部地区资源富集、生态环境优美但脆弱的现实情况决定未来必须走新型工业化道路。

西部地区发展战略性新兴产业，一方面需要对传统产业进行改造升级、实现经济发展方式的转变，另一方面需要更大规模和更多数量的企业走出国门，实现国际合作与经贸往来，在更大的舞台上展现西部地区的魅力和发展前景。

目前，西部地区传统产业升级转型难、新兴产业又有陷入低端化发展的倾向，而陷入这些困境的深层次原因，我们经过深入调研分析，主要是因为新兴产业发展不足，不能较好实现对传统产业的退出及升级改造，而且在发展新兴产业时大部分地区沿用了过去发展传统加工业和经济贸易的方式。

二、西部地区实施制造业外向型发展战略的意义

英国著名经济学家诺克斯曾经指出，对外贸易是"经济发展的发动机"。事实上，随着经济全球化进程的日益加快，对外贸易在经济社会发展中所发挥的作用也越来越重要，我国也不例外。对于西部地区而言，发展外向型经济①意义同样重大。

一是发展对外贸易，带动经济发展。改革开放以来，出口成为拉动我国经济增长的"三驾马车"之一，对于促进我国经济增长、解决就业、开展国际交流与合作等方面起到了非常重要的作用，如图7-1所示。虽然出口对我国经济增长的贡献率不及投资和消费，但它是促进我国经济增长不可或缺的一部分。近年来我国经济增速逐步下滑与国际市场萎缩带来的出口放缓有很大的关系。西部地区同样如此。显然，出口对于带动经济发展的作用重大。国外资本主义国家经济发展的历程、亚洲"四小龙"经济崛起，以及改革开放以来我国东部沿海发达地区经济腾飞同样可以证明：外向型经济特别是制造业外向型经济持续快速稳定的发展已经成为一个国家和地区经济发展的主要动力。二是参与国际分工，发展外向型经济有利于发挥西部地区在资源、劳动力、商务成本等方面的比较优势，有利于提升本土企业的竞争力。三是发展外向型经济有利于利用外资发展西部地区的经济，有利于技术引进和知识分享。四是发展外向型经济会倒逼西部地区制造业结构的升级。外向型经济与国际市场联系紧密。当前，生物医药、航空航天、电子信息等高新技术产业和战略性新兴产业市场前景广阔，国际市场对其产品需求量大，而这些产业的产品国际市场供给需求缺口大，如果西部地区要加大外向型经济的发展，就必然会加大高新技术产业和战略性新兴产业的发展，这有利于西部地区制造业结构的转型和升级。

---

① 制造业是我国产业经济发展的主体，本章的外向型经济主要是指制造业外向型经济，下同。

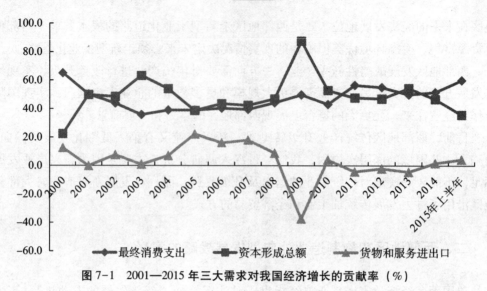

图 7-1　2001—2015 年三大需求对我国经济增长的贡献率（%）

三、西部地区制造业外向型经济发展现状

近年来，西部地区加大了对外开放的力度，制造业外向型经济发展取得了显著成就。鉴于数据的可获得性，本章用出口交货值的大小来衡量西部地区外向型经济发展的程度。

（一）西部地区制造业出口交货值情况

1. 西部地区出口交货值不高

如表 7-1 所示，在全国四大区域中，2014 年东部地区制造业出口交货值达到 91 676 亿元，占全国的比重最大，达到 81.69%；其次分别为中部地区（9.3%）、西部地区（5.76%）、东北地区（3.25%）。从总体来看，西部地区出口交货值规模扩大，占全国的比重由 2006 年的 2.5% 提高至 2014 年的 5.76%，提高 3 个多百分点，西部地区制造业外向型经济得到进一步发展。虽然西部地区出口交货值与东西部地区进一步缩小，但是西部地区外向型经济发展依旧比较薄弱，与东中部的差距仍然明显，2014 年西部地区出口交货值相当于东部地区的 7.05%，相当于中部地区的 61.94%。西部地区制造业外向型经济亟待进一步发展。

表 7-1　2014 年西部地区及其他三大区域制造业出口交货值及占全国的比重

地区	出口交货值（亿元）	占全国的比重（%）
东部地区	91 676	81.69
中部地区	10 431	9.30
东北地区	3 652	3.25
西部地区	6 461	5.76

数据来源：中华人民共和国国家统计局工业统计司. 中国工业统计年鉴——2014［M］. 北京：中国统计出版社，2015. 根据有关数据计算。

2. 西部地区分行业制造业部门外向型经济差异较大

如表 7-2 所示，西部地区 31 个制造业部门外向型经济发展呈现出几个显著特征：

一是西部地区制造业部门外向型经济发展不平衡。在西部 31 个制造业部门中，计算机、通信和其他电子设备制造业出口交货值占比最大，达到 59.3%，废弃资源综合利用业占比最小，几乎为零，两者差距较大。表明计算机、通信和其他电子设备制造业外向型经济发展水平最高，在西部具有较大的优势；而废弃资源综合利用业外向型经济发展水平最低，在西部没有优势。而且，计算机、通信和其他电子设备制造业一个行业的出口交货值占比接近 60%，比其余 30 个制造业部门还要多。也就是说，西部地区制造业出口主要靠计算机、通信和其他电子设备制造业。

二是西部地区外向型经济发展较好的制造业部门以高技术产业为主。西部地区制造业出口交货值占比排名前五的部门，分别是计算机、通信和其他电子设备制造业，铁路、船舶、航空航天和其他运输设备制造业，化学原料和化学制品制造业，专用设备制造业，汽车制造业。其中，除化学原料和化学制品制造业之外，其余四个部门都属于高技术行业，这四个部门出口交货值占所有行业的比重将近 70%。也就是说西部地区制造业出口以高技术行业为主，高技术行业外向型经济发展水平较高。

三是西部地区优势产业外向型经济发展水平较高。西部地区的优势产业[①]主要是黑色金属冶炼和压延加工业，汽车制造业，农副食品加工业，有色金属冶炼和压延加工业，化学原料和化学制品制造业，非金属矿物制品业，计算机、通信和其他电子设备制造业，这七个行业的总产值占西部地区制造业总产值的 55.7%。这与西部地区制造业出口交货值占比排名前七的部门基本一致（除黑色金属冶炼和压延加工业、非金属矿物制品业外）。也就是说，西部地区优势产业外向型经济发展水平较高。

表 7-2　　　　2014 年西部地区 31 个制造业部门出口交货值及其份额

排名	制造部门	出口交货值（亿元）	占制造业的份额（%）
1	计算机、通信和其他电子设备制造业	3 859	59.3
2	铁路、船舶、航空航天和其他运输设备制造业	307	4.72
3	化学原料和化学制品制造业	275	4.23
4	专用设备制造业	200	3.07
5	汽车制造业	172	2.64
6	有色金属冶炼和压延加工业	157	2.42
7	农副食品加工业	152	2.34

① 优势产业主要通过行业工业总产值占制造业工业总产值的比重来判断，下同。

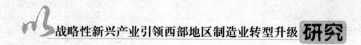

表7-2(续)

排名	制造部门	出口交货值（亿元）	占制造业的份额（%）
8	电气机械和器材制造业	135	2.07
9	黑色金属冶炼和压延加工业	132	2.03
10	通用设备制造业	124	1.91
11	纺织业	116	1.79
12	食品制造业	108	1.66
13	皮革、毛皮、羽毛及其制品和制鞋业	103	1.58
14	非金属矿物制品业	97	1.49
15	医药制造业	87	1.34
16	酒、饮料和精制茶制造业	82	1.26
17	文教、工美、体育和娱乐用品制造业	79	1.21
18	金属制品业	57	0.88
19	橡胶和塑料制品业	55	0.85
20	木材加工和木、竹、藤、棕、草制品业	48	0.74
21	纺织服装、服饰业	46	0.71
22	仪器仪表制造业	20	0.31
23	化学纤维制造业	19	0.29
24	造纸和纸制品业	17	0.26
25	印刷和记录媒介复制业	16	0.25
26	烟草制品业	16	0.25
27	家具制造业	13	0.2
28	其他制造业	12	0.18
29	石油加工、炼焦和核燃料加工业	2.67	0.04
30	金属制品、机械和设备修理业	0.28	0
31	废弃资源综合利用业	0.1	0

资料来源：中华人民共和国国家统计局工业统计司. 中国工业统计年鉴——2014［M］. 北京：中国统计出版社，2015. 根据有关数据计算。

3. 西部地区各省级区域制造业部门外向型经济发展明显的不平衡

如表7-3所示，西部地区分省份制造业部门外向型经济发展呈现出一些特点：一是西部地区外向型经济发展水平发展不平衡，已形成分化的趋势。在西部12个省份中，重庆制造业出口交货值占比最大（41.9%），西藏最小（0.0%），两者差距较大。从总体上来看，西部地区重庆、四川、广西、陕西外向型经济发展水平发展较好，四个省份制造业出口交货值占西部地区的90.0%左右，是西部地区制造业出口的主要地区。而甘肃、宁夏、新疆、青海、西藏外向型经济发展水平发展较差，五个省、区制造业出口交货值仅占西部地区的3.5%左右。表明西部地区制造业外向型经济发展水平已形成分化的趋势。二是西部地区制造业外向型经济发展水平较好的省份与西部地区制造业大省的地位相符，也就是说制造业发展较好的地区，外向型经济发展水平也较好。

表7-3　　　　2014年西部12个省、区制造业出口交货值及占西部的比重

排名	省份	出口交货值（亿元）	占西部的比重（%）
1	重庆	2 725	41.9
2	四川	1 908	29.3
3	广西	724	11.1
4	陕西	479	7.4
5	内蒙古	186	2.9
6	云南	145	2.2
7	贵州	123	1.9
8	甘肃	84	1.3
9	宁夏	83	1.3
10	新疆	48	0.8
11	青海	3.7	0.1
12	西藏	0.4	0.0

数据来源：中华人民共和国国家统计局工业统计司. 中国工业统计年鉴——2014［M］. 北京：中国统计出版社，2015. 根据有关数据计算。

（二）西部地区外商投资企业发展情况

外商投资企业是地区出口的主体，是外向型经济发展的重要推动力。因此，在分析西部地区制造业外向型经济发展现状时，有必要探讨一下外商投资企业的发展现状。

1. 西部地区外商投资企业投资情况

（1）西部地区外商投资企业投资有一定基础

如表7-4所示，在全国四大区域中，截至2014年东部地区外商投资企业投资总额达到28 812亿美元，占全国的比重最大，达到75.9%；其次分别为中部地区3 370亿美元，比重为8.9%、西部地区3 235亿美元，比重为8.5%、东北地区2 560亿美元，比重为6.7%。西部地区外商投资企业投资总额大于东北地区、略小于中部地区，但与东部地区差距很明显。

从总体来看，西部地区外商投资企业投资总额规模扩大，占全国的比重由2006年的6.0%提高至2014年的8.5%，提高2.5个百分点，西部地区制造业外向型经济得到进一步发展。虽然西部地区外商投资企业投资总额与东部地区进一步缩小，但是与东中部的差距仍然明显，到2014年，西部地区外商投资企业投资总额相当于东部地区的11.2%，西部地区制造业外商投资企业投资总额仍然偏小。

表 7-4　截至 2014 年西部地区及其他三大区域外商投资企业投资总额①及占全国的比重

地区	投资总额（亿美元）	占全国的比重（%）
东部地区	28 812	75.9
中部地区	3 370	8.9
东北地区	2 560	6.7
西部地区	3 235	8.5

数据来源：中华人民共和国国家统计局. 中国统计年鉴——2015 ［M］. 北京：中国统计出版社，2015. 根据有关数据计算。

（2）西部地区各省级区域外商投资企业投资差异较大

如表 7-5 所示，外商投资企业在西部省份投资总额差异明显。到 2014 年，在西部 12 个省份中，四川外商投资企业投资占比最大（25.6%），西藏最小（0.4%）。相对而言西部地区四川、重庆、陕西、广西经济总量大，投资环境较好，吸引了外商投资企业的大量投资，四个省份外商投资企业投资总额占西部地区 71.9% 的份额，是西部地区外商投资企业重点投资的地区。而新疆、甘肃、宁夏、青海、西藏外商投资企业投资较少，五个省份外商投资企业投资总额仅占西部地区的 7.4%。从总体上来看，西部地区外商投资企业投资总额较大的省份与西部地区经济大省、制造业大省的地位相符。也就是说经济发展越好的地区、制造业发展越强的地区，往往越容易吸引外商投资企业投资。

表 7-5　截至 2014 年西部 12 个省、区外商投资企业投资总额及占西部的比重

排名	省份	投资总额（亿美元）	占西部的比重（%）
1	四　川	828	25.6
2	重　庆	675	20.9
3	陕　西	447	13.8
4	广　西	374	11.6
5	内蒙古	264	8.2
6	云　南	253	7.8
7	贵　州	155	4.8
8	新　疆	76	2.3
9	甘　肃	68	2.1
10	宁　夏	52	1.6
11	青　海	31	1
12	西　藏	13	0.4

数据来源：中华人民共和国国家统计局. 中国统计年鉴——2015 ［M］. 北京：中国统计出版社，2015. 根据有关数据计算。

---

①　现有统计数据中对投资总额的划分并没有细化至地区制造业，外商投资企业投资总额数据具有较好的代表性，下同。

2. 西部地区外商投资企业出口占比较大

如表 7-6 所示，在西部地区及其他三大区域工业企业出口交货值中，均是外商及港澳台工业企业占规模以上工业企业出口交货值的比重最大，西部地区为63.7%，东部地区 67.7%、中部地区 48.0%、东北地区 49.1%。这说明外商及港澳台投资企业是西部地区及其他三大区域工业企业出口的主体，也表明要加快制造业外向型经济的发展必须利用好外商及港澳台投资企业，吸引他们到西部地区投资，利用好他们的资本、技术、人才。其中，外商投资工业企业出口交货值占规模以上工业企业出口交货值的比重，西部地区为 36.2%，东部地区 43.1%、中部地区10.1%、东北地区 41.3%。值得说明的是，一是中部地区和西部地区港澳台投资企业出口交货值比重较大，分别为 37.9%、27.4%，特别是中部地区，港澳台投资工业企业出口交货值比重是所有经济类型最大的，这说明中部地区和西部地区很受港澳台投资工业企业的青睐，港澳台投资工业企业愿意到中西部地区投资发展；二是东部地区和中部地区私营工业企业出口比重也较大，分别为 16.1%、19.8%，表明两个地区私营企业发展具有活力，外向型经济发展较好；三是东北地区国有及国有控股工业企业出口比重较大，也与东北国有企业偏多有很大的关系。

表 7-6　2014 年西部地区及其他三大区域工业企业各经济类型出口交货值比重（%）

地区	国有及国有控股企业	集体企业	有限责任企业	股份有限企业	私营企业	外商及港澳台投资企业
东部地区	5.4	0.30	10.3	5.3	16.1	67.7
中部地区	14.0	0.04	20.3	9.7	19.8	48.0
东北地区	41.4	0.90	22.0	9.7	14.0	49.1
西部地区	15.2	0.08	18.1	6.0	10.5	63.7

资料来源：中华人民共和国国家统计局工业统计司. 中国工业统计年鉴——2014［M］. 北京：中国统计出版社，2015. 根据有关数据计算。

（三）西部地区经济外向型发展与全国平均水平相比存在较大差距

为了定量测度西部地区经济发展的外向性程度，这里引入外向贡献度指数的概念。

外向贡献度指数＝外资贡献度指数＋创汇度指数＝实际利用外资额/全社会固定资产投资额×100%＋创汇总额/国内生产总值×100%

上式中的创汇总额这个指标主要包含商品的出口创汇、地区接待国际旅游的创汇、技术服务贸易的创汇、对外承包工程的创汇、劳务合作的创汇、设计咨询的创汇等，基于当前我国各地的统计数据以商品出口的创汇和接待国际旅游的创汇为主，所以在此我们用商品出口创汇和国际旅游创汇的数据进行计算。

根据上述公式，我们对 2015 年西部各省区市的外向贡献度进行计算，得出表7-7 的结果。

表7-7　　　2015年西部地区外向贡献度指数及其与全国平均水平的比较

省市	国际旅游创汇（亿美元）	全社会固定资产投资（亿美元）	地区生产总值（亿美元）	实际利用外资额（亿美元）	商品出口创汇额（亿美元）	外向贡献度指数（%）
广西	8.07	2 535.59	2 625.48	33.57	280.26	12.30
贵州	—	1 668.53	1 640.94	25.24	96.65	—
青海	0.38	510.41	377.79	1.60	15.90	4.62
陕西	16.00	3 152.81	2 839.35	57.82	143.52	7.45
甘肃	0.14	1 347.91	1 060.98	1.1	56.58	5.43
内蒙古	9.60	2 160.12	2 817.62	33.7	350.30	14.33
云南	28.76	2 042.09	2 143.42	22.6	166.26	10.20
重庆	14.69	2 418.80	2 456.21	107.65	551.90	27.53
四川	11.80	4 058.33	4 703.61	104.4	321.33	9.65
新疆	—	1 676.45	1 457.00	8.57	175.06	
宁夏	0.21					
西藏	—					
西部汇总	60.89	21 571.04	22 122.40	396.25	2 157.76	11.86
全国	1 137.00	87 812.50	105 735.62	1 263	22 071.09	23.39

数据来源：根据各地区2015年国民经济和社会发展统计公报计算得出。其中，西藏和宁夏2015年数据暂缺，所以西部汇总数据中不包括这两个地区的数据。

从表7-7可以明显看出，西部地区的经济外向发展不足。西部地区由于商品出口创汇、吸引国际旅游创汇及其实际利用外资的能力与全国平均水平相比有较大差距，因此，经过综合分析计算得出的结果显示：2015年西部地区的经济外向贡献度指数明显低于全国平均水平。西部地区除了贵州、新疆、宁夏和西藏数据不全没法计算外，其余地区的经济外向贡献度指数是11.86%，低于全国平均水平（23.39%）11.53个百分点。也就是说，2015年西部地区的外向贡献度指数不到全国平均水平的一半。

四、制约西部地区制造业外向型经济发展的因素

（一）交通基础设施落后

对硬环境而言，相比较于东部发达地区和中部地区，西部地区的区域经济基础薄弱，吸引投资的硬环境不优，加上西部地区地域广袤、地形地貌复杂多样，致使交通运输和邮电通信等基础设施系统与东部地区相比一直落后，但近年来西部地区在高速公路建设、高速铁路建设、机场建设、沿江沿河港口建设等方面全面提速，使得交通的通达性和通畅性有了很大程度的提升。但是，外商直接投资还是受制于西部地区地理区位的限制，成为西部地区制造业外向型发展的瓶颈。交通基础设施落后是制约西部地区制造业外向型经济发展的一个关键因素。相比东部地区，由于

受地理位置、自然地貌和资本投入等方面的限制，西部地区在铁路、公路等交通基础设施建设上较为滞后，与东部地区存在较大差距。通过表7-8的分析可得，西部地区2014年铁路密度、公路密度分别相当于东部地区的19.9%、21.7%，而高速公路密度仅有东部地区的15%左右。交通基础设施建设滞后抑制了西部地区的交通运输业，运输制约使西部地区客货运距相对较短、影响西部对外经济协作、影响东部产业向西部转移、影响西部的工业结构，等等①。如2014年西部旅客平均运距98.85千米，相当于东部地区的87.2%；而货运平均距离差距更大，西部货物平均运距225.01千米，仅是东部地区的39.9%。客货运距短，说明西部地区产品运输成本相对高，协作距离短，不利于制造业的发展。交通运输业发展的不足又直接限制了西部地区物流等生产性服务业的发展，而生产性服务业的发展对于制造业外向型经济的发展具有巨大的影响。所以，西部地区交通基础设施落后严重制约了制造业外向型经济发展。

表7-8　　东西部基础设施密度和客货运输平均运距比较（2014年）

地区	铁路密度（千米/万平方千米）	公路密度（千米/百平方千米）	高速公路密度（千米/百平方千米）	旅客平均运距（千米）	货物平均运距（千米）
东部	289.4	120.39	3.64	113.4	564.49
西部	57.6	26.12	0.56	98.85	225.01

数据来源：中华人民共和国国家统计局. 中国统计年鉴——2015［M］. 北京：中国统计出版社，2015. 根据有关数据计算。

（二）西部地区发展外向型经济面临不利的区位条件和地貌因素的制约

现代社会对外贸易运输仍然以海洋运输为主。我国东、中、西部主要依据距海洋远近而划分，东部地区临海，中部地区近海，西部地区远离海洋。显而易见，这样的区位分布使东部地区在发展外向型经济上具有先天的优势，而西部地区则是先天不足。再加上西部地区深居内陆，且西部地区以丘陵、山地、高原地貌为主。过去西部地区发展对外贸易，一般先要克服长距离的陆地运输，然后通过东部地区沿海港口周转，最后通过海洋运输把货物分配到世界各地，大大增加了西部的运输成本和出口成本，这是西部对外贸易较少的重要原因，西部地区发展外向型经济面临不利的区位条件和地貌因素的影响。近年来，虽然西北地区准备通过陆上新丝绸之路发展与中亚、欧洲的对外贸易，西南地区准备通过丝绸之路发展与东南亚、西亚以及欧洲的对外贸易，但是目前通道没有完全打开，对外贸易以陆路运输（铁路运输）为主的时代还没有来临，并且丝绸之路沿线铁路线偏少，还难以满足西部地区对外经济交流的需求。

（三）产业结构不合理，高级化程度也较低

由于西部地区交通和区位地貌因素的限制，再加上国际市场传统产品市场需求

① 陈钊. 运输制约与西部产业选择思路［J］. 重庆工商大学学报（西部经济论坛），2004（5）：27-30.

已经饱和，西部地区发展外向型经济，只有发展运输节约型产业、高新技术产业。如表 7-9 所示，在西部地区 31 个制造业部门总产值排名前八①的部门中，分别有黑色金属冶炼和压延加工业，汽车制造业，农副食品加工业，有色金属冶炼和压延加工业，化学原料和化学制品制造业，非金属矿物制品业，计算机、通信和其他电子设备制造业，石油加工、炼焦和核燃料加工业。在这八个行业中，只有化学原料和化学制品制造业，计算机、通信和其他电子设备制造业算得上运输节约型产业，这两个行业工业总产值仅占制造业工业总产值的 14.71%；汽车制造业，计算机、通信和其他电子设备制造业则属于高技术产业，两个行业工业总产值占制造业工业总产值的 15.24%。而黑色金属冶炼和压延加工业、有色金属冶炼和压延加工业、非金属矿物制品业和石油加工、炼焦和核燃料加工业属于高耗能产业，也属于产能过剩行业，且其产品不易运输，但是这 4 个行业工业总产值占制造业工业总产值的 30.23%，这样的行业比重太大，显然不利于西部地区制造业外向型经济发展。另外，西部地区电气机械和器材制造业（3.80%）、医药制造业（2.99%）、专用设备制造业（2.67%）、铁路、船舶、航空航天和其他运输设备制造业（2.12%）、废弃资源综合利用业（0.37%）等高技术行业占比不大。总的来说，在西部地区制造业产业结构，运输节约型产业和高技术产业工业总产值占比低，而传统产业和高耗能产业工业总产值占比高，产业结构不合理、高级化程度也较低。因此，这样的产业结构制约了西部地区制造业外向型经济的发展。

表 7-9　　　　　　2014 年西部地区 31 个制造业部门工业总产值及其占比

排名	制造业部门	工业总产值（亿元）	工业总产值占比（%）
1	黑色金属冶炼和压延加工业	11 355.99	9.34
2	汽车制造业	9 955.32	8.19
3	农副食品加工业	9 845.12	8.10
4	有色金属冶炼和压延加工业	9 706.48	7.98
5	化学原料和化学制品制造业	9 318.53	7.66
6	非金属矿物制品业	8 975.11	7.38
7	计算机、通信和其他电子设备制造业	8 569.61	7.05
8	石油加工、炼焦和核燃料加工业	6 731.89	5.53
9	酒、饮料和精制茶制造业	5 294.58	4.35
10	电气机械和器材制造业	4 624.95	3.80
11	通用设备制造业	3 841.42	3.16

---

① 一般行业工业总产值占比大于 5% 的产业才有可能被定义为地区支柱产业。2014 年西部地区 31 个制造业部门中，工业总产值占比大于 5% 的行业有 8 个，因此这里选取排名前八的制造业部门来分析。

表7-9(续)

排名	制造业部门	工业总产值 （亿元）	工业总产值占比 （%）
12	橡胶和塑料制品业	3 652.62	3.00
13	医药制造业	3 645.12	2.99
14	专用设备制造业	3 252.55	2.67
15	食品制造业	3 177.94	2.61
16	烟草制品业	3 114.46	2.56
17	金属制品业	2 954.38	2.43
18	铁路、船舶、航空航天和其他运输设备制造业	2 573.03	2.12
19	纺织业	2 275.52	1.87
20	木材加工和木、竹、藤、棕、草制品业	1 797.81	1.48
21	造纸和纸制品业	1 504.17	1.24
22	文教、工美、体育和娱乐用品制造业	921.47	0.76
23	印刷和记录媒介复制业	764.15	0.63
24	家具制造业	748.08	0.62
25	皮革、毛皮、羽毛及其制品和制鞋业	683.88	0.56
26	纺织服装、服饰业	668.6	0.55
27	废弃资源综合利用业	449.29	0.37
28	仪器仪表制造业	448.6	0.37
29	其他制造业	432.29	0.36
30	化学纤维制造业	257.14	0.21
31	金属制品、机械和设备修理业	77.99	0.06

数据来源：根据西部各省统计年鉴（2015）汇总计算而得。

（四）缺乏大企业、大集团

研究表明，大企业、大集团在促进地区出口、发展外向型经济方面贡献很大，如西部地区及其他三大区域工业大企业[①]出口交货值占规模以上工业出口交货值的比重都超过了50%，其中西部地区工业大企业出口交货值占70.0%、中部地区占62.8%，东部地区占55.6%，东北地区占49.3%。西部地区大企业对地区出口的拉动作用明显，但是西部地区大型工业企业绝对数较少，仅有1 552个，相当于中部地区的78.6%、东部地区的26.5%，如图7-2所示，缺乏大企业、大集团。因此，西部地区外向型经济的发展也受大企业、大集团数量少的制约。

————————

① 现有统计数据中对我国大、中、小型企业的划分并没有细化至制造业，工业大企业数据具有较好的代表性。

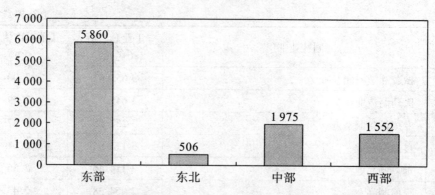

图 7-2 我国西部地区及其他三大区域大型工业企业单位数（个）

此外，相比东部地区，西部地区产业配套发展不成熟、投资发展环境还不够完善、政府服务意识不高、企业"走出去"的意愿不够强等，这些因素也限制了西部地区制造业外向型经济的发展。

五、战略性新兴产业引领西部制造业外向型经济发展的对策

（一）调整制造业结构，发展高技术产业和战略性新兴产业

1. 西部需要高新技术和战略性新兴产业开拓国际市场

上文对西部地区制造业产业结构进行了分析，西部地区制造业产业结构制约了西部地区制造业外向型经济的发展。而西部地区不临海的区位劣势也制约了西部外向型经济的发展，这也是西部地区当前外向型经济落后于东部地区的最为关键的制约因素。因此，西部地区可以通过调整产业结构，重点通过发展战略性新兴产业和高新技术产业，最大限度减少运输对西部地区发展外向型经济的制约。因为战略性新兴产业和高技术产业，一般属于运输节约型产业，产品技术含量高、附加价值高，运输成本在产品成本中的占比不高，产品对运费相对不敏感。因此，发展这些产业产品，即使通过沿海港口转运出口，也能获得一定的竞争力；同时，这些高附加价值产品，一般重量轻，很多通过空运实现出口，而通过空运出口，西部与东部在运输成本、运输距离方面没有差别，并且由于西部地区距离欧洲、中东、中亚、北非等市场比东部地区近，可能还略微有优势；战略性新兴产业和高科技产业产品可以通过丝绸之路沿线铁路、公路等交通运输向欧洲、中亚、中东等地出口，比海运更快、节约时间，也有一定的优势。从目前西部地区制造业产品出口结构看，西部地区主要出口行业为计算机、通信和其他电子设备制造业，铁路、船舶、航空航天和其他运输设备制造业，化学原料和化学制品制造业，专用设备制造业，汽车制造业，主要为技术含量高的战略性新兴产业、高科技产业，这也证明了西部地区只有通过发展战略性新兴产业、高科技产业才能发展外向型经济。为此，西部地区外向型经济应建立以战略性新兴产业和高科技产业为引领的外向型经济模式。目前，我国经

济正在转型升级，制造业产品出口正在由加工贸易型向自主创新型转型，出口产品也正在由低端产品、低附加值型向高端产品、高附加价值型转型，这为西部地区制造业转型升级、提升西部地区制造业的国际化水平提供了难得的机遇。

2. 通过战略性新兴产业引领制造业发展外向型经济

西部地区应加快运输节约型产业和高技术产业的发展，提升其在工业总产值中的比重，以此推进西部地区外向型经济的发展。为此，西部地区应重点发展战略性新兴产业。以新一代信息技术为引领，重点发展西部地区已有优势的计算机、通信和其他电子设备制造业，继续扩大该产业的出口规模；以航空、航天产业为引领，重点发展铁路、船舶、航空航天和其他运输设备制造业，努力使西部地区建成为我国航空、航天产业生产中心、出口基地，世界重要的航空、航天产业生产基地；以高端装备制造业、新能源汽车为引领，努力发展专用设备、通用设备、汽车制造业、电气机械及器材制造业等装备制造业，推进装备制造业的智能化水平，努力扩大这些产业的出口；努力发展新材料、新能源产业，引领西部地区化学原料和化学制品等制造业的发展，努力将西部地区建成为我国新能源产业生产中心、重要的新能源设备制造业出口基地、重要新材料生产基地。大力发展生物产业，将西部建成为我国重要的中药、民族药品生产中心和重要的出口基地。通过战略性新兴产业的发展，提高西部地区战略性新兴产业比重，将极大地推进西部地区外向型经济的发展。

（二）加快传统产业的转型升级

1. 加快对传统产业的改造升级

根据《西部地区产业发展竞争力报告》的解释，西部地区对于传统优势产业进行改造十分必要。因为这些具有竞争力的资源密集型行业多属于高耗能高污染的重工业，除了未来将面临资源的约束以外，也面临环境约束的压力。因此，西部地区在加快发展产业的同时，要进一步理顺和处理好政府与市场的关系，以优化资源配置为前提，对西部地区多数为政府掌控的国资背景企业，亦即西部地区以资源开发型为主的传统优势产业进行混合所有制改造，以企业为主体参与市场竞争。

目前，我国正在进入产业转型升级攻坚阶段，中央政府提出立足于亚欧大陆，主要面向中亚、并向西亚和欧洲拓展，西南地区面向南亚、东南亚，并向非洲拓展的"向西开放"发展思路和"南向开放"发展思路，如中国-东盟自由贸易区建设、大湄公河次区域合作、孟中印缅经济走廊建设和丝绸之路经济带等，都是西部地区面临的机遇，因此，未来西部 12 省区市在"十三五"期间规划发展战略性新兴产业的同时，更应重视用新技术、新视角对传统产业实施改造升级。事实上《中国制造 2025》提出的十大重点领域（新一代信息通信技术产业、高档数控机床和机器人、航空航天装备、海洋工程装备及高技术船舶、轨道交通装备、节能与新能源汽车、电力装备、新材料、生物医药及高性能医疗器械、农业机械装备）中，有 7 个是传统产业改造优化提升和衍生而成长为先进制造业的。受产业基础、科技要素、创新人才等因素影响，西部一部分地区发展战略性新兴产业较难实现与当地工业体系很好的对接。因此，西部地区应该加强对传统产业的技术改造和升级，未来可以将新兴产业的新技术和新产品植入传统产业里，推动传统产业的更新换代。比如纺织工业是老的传统产业，但采用新材料、新工艺，便能使纺织工业推陈出新。

通过改造提升传统产业和高耗能产业，降低传统产业和高耗能产业在工业总产值中的比重，从而促进西部地区产业结构合理化和高级化。西部地区应围绕相关制造业部门发展高技术产业和战略性新兴产业，比如：围绕计算机、通信和其他电子设备制造业发展电子核心基础产业；围绕食品制造业，石油加工、炼焦和核燃料加工业，化学原料和化学制品制造业发展生物制品制造产业；围绕铁路、船舶、航空航天和其他运输设备制造发展航空装备产业、卫星及应用产业、轨道交通装备产业；围绕汽车制造业发展新能源汽车整车制造、新能源汽车装置、配件制造；等等。

2. 利用西部比较优势资源培育一批特色优势产业，形成优势产业集群

西部地区在能源、资源开发、装备制造、农副产品及其精深加工、生态资源开发等方面都具有比较优势，各地要充分利用这些优势，积极培育起自己有特色的产业，形成优势产业集群，以促进集约化生产经营，通过提高资源的综合利用水平，降低能耗、减轻污染，提升产业竞争力。

3. 推动东部地区外向型加工产业向西部地区转移

东部地区外向型加工产业的转移将为西部地区提供与全球经济融合发展的机遇[①]，也将促进西部地区传统制造业的转型升级。但是西部地区能否抓住这个机遇，关键在于西部地区能否在基础设施建设、产业配套发展、投资软硬环境、政策创新、市场环境改善、政府服务意识等方面进一步提高，为承接东部地区的外向型加工产业做好准备。

（三）培育大企业、大集团，支持企业走出去

西部地区应围绕高技术产业和战略性新兴产业培育具有国际竞争力的大企业、大集团。一个产业要想发展，离不开龙头企业的支撑，龙头企业是激活产业链发展的"火车头"。西部地区要加快外向型经济的发展，同样离不开龙头企业的支撑。为此，西部地区可围绕高技术产业、战略性新兴产业，逐类有序地培育各龙头企业。以西部地区四川为例，四川新一代信息技术产业可以英特尔、仁宝、纬创成都分公司、艾普、长虹、九洲等企业为龙头；高端装备制造产业以二重、东汽、东电等企业为龙头；节能环保产业以华西能源、环能德美、东方锅炉、东方机电、中昊晨光等企业为龙头；等等（见表7-10）。

表7-10　　　　四川围绕七大战略性新兴产业培育龙头企业的思路

七大战略性新兴产业	龙头企业
新一代信息技术	英特尔、仁宝、纬创成都分公司、艾普、长虹、九洲等
节能环保	华西能源、环能德美、东方锅炉、东方机电、中昊晨光等

① 高煌. 我国区域外向型经济发展：差异、问题、对策［J］. 中国软科学，2010（1）：193-201.

表7-10（续）

七大战略性新兴产业	龙头企业
高端装备制造	二重、东汽、东电等
生物	地奥、康弘、华神、科伦等
新能源	天威、汉能等
新材料	中蓝晨光、新筑股份等
新能源汽车	四川汽车工业股份公司、联腾动力控制技术公司等

资料来源：据本研究整理。

（四）扩大对外开放的支持政策

西部地区经济欠发达，很大程度上，是因为外向型经济偏弱。而外向型经济偏弱固然与区位条件、自然地貌、基础设施等因素有关，但是也与西部地区经济开放意识不够、开放政策不到位有很大的关系。西部地区制造业外向型经济发展一方面需要借助外部先进技术来改造传统产业，另一方面需要利用外部市场来化解产能过剩，去库存化、去产能化。发展战略性新兴产业西部地区更是离不开外部的支持，技术、人才、资本、市场等都需要与国内外地区开展交流与合作。所以，西部地区制造业外向型经济发展需要扩大对外开放，特别是要融入"一带一路"建设，提前做好政策支持。

"一带一路"，即丝绸之路经济带和21世纪海上丝绸之路，是习近平总书记2013年在访问中亚、东盟时提出的战略构想。其中，"丝绸之路经济带"的战略重点是面向中亚、西亚开发，延伸至欧洲部分，着力发展陆路经济，主要战略支点分布在西北地区和西南内陆地区[①]，覆盖西北地区的内蒙古、新疆、青海、宁夏、陕西和西南地区的四川、重庆、西藏、云南、广西。"海上丝绸之路"的战略重点是面向东盟和南亚国家，向西辐射至西亚、北非和欧洲等各大经济板块，覆盖东部沿海地区的山东、江苏、浙江、福建、广东、海南等省。

"一带一路"是在我国产能、外汇资产过剩，我国工业和基础设施过于集中沿海，我国油气、矿产资源对外依存度高，邻国与我国加强经济合作的愿望普遍上升等背景下提出的。融入"一带一路"，对于西部地区制造业外向型经济发展具有诸多的意义：一是有利于开拓国际市场。从制造业转型升级来看，有利于传统产业化解产能过剩；从战略性新兴产业来看，目前世界各国战略性新兴产业发展水平大多处于同一起跑线，国际市场越早开发越有利于占据先发优势。二是有利于开展产业交流与合作。从制造业转型升级来看，有利于传统产业的转移，实现与"一带一路"沿线国家产业互补；有利于技术研发、资本运营、人才交流等方面的合作。从战略性新兴产业来看，其发展在同一起跑线上交流与合作的空间很大。西部地区融入"一带一路"倡议，开展国内外经济合作，需要做好政策支持。

---

① 朱廷珺. 西部地区建设"一带一路"的关键环节［J］. 中国国情国力，2015（4）：46-48.

1. 制定西部融入"一带一路"倡议发展规划

国务院西部地区开发领导小组办公室要与西部各省份一起做好和"一带一路"沿线国家经济合作规划。西部地区融入"一带一路"倡议，要与东部地区区别对待。从总体上来看，西部地区主要是陆地地区，唯一靠海的省份是广西，应主要利用"丝绸之路经济带"实行对外开放（主要是向西开放），大力发展陆路经济。同时，利用"海上丝绸之路"实行对内开放（主要是向我国东南沿海地区开放）。在规划中，尤其要统筹协调做好西部各省份与"一带一路"沿线国家经济合作的比较优势和战略定位，避免西部各省份"内斗"，影响竞争与合作的效率。从区位优势来看，西北地区更靠近中亚、西亚沿线国家和俄罗斯，应围绕这些区域和国家做好战略定位，比如内蒙古可建设向北开放的重要窗口，新疆可深化与中亚、南亚、西亚等国家交流合作，形成丝绸之路经济带上重要的交通枢纽、商贸物流和文化科教中心，等等。西南地区更靠近东南亚、南亚，应围绕东南亚、南亚沿线国家做好战略定位，比如：云南可打造湄公河次区域经济合作新高地，建设成为面向南亚、东南亚的辐射中心；广西可构建面向东盟区域的国际通道，打造西南、中南地区开放发展新的战略支点；西藏可推进与尼泊尔等国家边境贸易和旅游文化合作；等等。

2. 发展西部地区基础设施

交通、能源等基础设施互联互通是"一带一路"建设的优先领域[①]。西部大开发虽然使西部地区的基础设施建设取得显著成就，但相比东部地区仍显落后，远远不能支撑"丝绸之路经济带"的正常运行，亟须加强。目前，西部地区建设基础设施还面临着生态环境脆弱、基础设施建设资金不足和投资风险大、基础设施发展不平衡等一系列问题，其政策也应围绕解决基础设施布局、资金来源、协调与生态环境的关系等问题来细化。

3. 做好"三大金融支持"

资金融通是"一带一路"建设的重要支撑。西部地区要融入"一带一路"倡议，推进"一带一路"建设，需要金融的支持。具体来看，西部地区要争取"三大金融支持"：首先，"互联网金融"的支持。互联网金融是传统金融在互联网技术支撑下的升级，是"互联网+"在金融领域的体现。互联网金融的发展将为"一带一路"沿线国家和地区，包括西部地区实体经济的发展起到更为有力的支持作用；其次，资本市场的支持。资本市场一方面为西部地区"一带一路"建设提供稳定的资本基础，另一方面西部地区"一带一路"建设需要资本市场发挥资源配置的作用和资本管理的功能[②]；最后，亚洲基础设施投资银行（简称"亚投行"）的支持。亚投行的成立宗旨是重点支持亚洲地区基础设施建设，促进亚洲地区建设的互联互通和经济一体化进程。西部地区要通过亚投行的支持为西部地区基础设施融资提供

---

① 国务院关于《中国制造2025》的通知［EB/OL］. 财政部网，网址：http://www.mof.gov.cn/ zhengwux-inxi/zhengcefabu/201505/t20150519_1233751.htm.

② 林川，杨柏，陈伟. 论与"一带一路"倡议对接的六大金融支持［J］. 西部论坛，2016（1）：19-26.

便利。

4. 大力发展边境贸易，积极创造条件向边境自由贸易区方向发展

西部地区与俄罗斯、哈萨克斯坦、蒙古、巴勒斯坦、印度、尼泊尔、缅甸、老挝、越南、泰国等十几个国家接壤，经贸关系的互补性很强。所以，西部地区可以通过大力发展边境贸易，进而争取到国家支持，将部分有条件的边境贸易区逐步扩大为边境自由贸易区，通过进出口关税和非关税措施的减免，突破贸易壁垒，加大相互的经贸开放度。这会更加有利于西部地区的制造业和战略性新兴产业拓展周边市场，以降低交易成本，扩大制造业的外向发展规模。

第二节　战略性新兴产业引领西部地区制造业 承接产业转移升级分析

一、承接产业转移对西部制造业发展的重要意义

产业发展理论和实践表明，欠发达国家和地区承接发达国家和地区的产业转移，特别是对高技术产业和新兴产业的承接，对于加快欠发达地区战略性新兴产业发展和制造业的转型升级具有重要意义。西部地区承接产业转移，主要包括承接发达国家和地区，以及我国东部地区产业转移。承接产业转移对西部地区制造业发展具有重要意义。

（一）有利于西部制造业经济的发展和制造业转型升级

产业兴，则区域兴。制造业是地区工业经济发展的主体。目前，西部地区处于工业化中期，工业特别是其中的制造业发展潜力巨大。虽然改革开放以来，特别是新世纪以来，西部地区承接产业转移加重了西部地区生态环境的破坏和资源的一些浪费，但是从总体来说，利大于弊，不仅促进了西部地区制造业经济的发展，而且解决了大量的就业问题。统计数据显示，2014 年西部地区制造业工业总产值已达到12.2 万亿元；制造业用工人数 1 110 万人，占工业从业人员的比重已提高到76.7%。21 世纪以来，西部地区从发达国家和地区以及我国东部地区承接了大量的产业转移，这些产业的发展明显加快了西部地区制造业的发展，最典型的就是计算机、通信和其他电子设备制造业。2000 年以来，西部地区的重庆、成都、西安等地从国内外引进了英特尔、富士康、戴尔、仁宝、联想等一大批国际知名的电脑生产制造商及研发公司，培育了 IT 产业，IT 产业从弱到强，西部地区逐渐成为我国重要的电子信息产业集聚区。近年来，西部"金三角"电子信息产业集聚区迅速崛起，四川已成为中西部最强大的电子信息产业生产基地和中国大陆信息产业第四极，而成都则是四川电子信息产业的主力军；重庆走出了一条"整机加零部件"的模式，将基本建成全球最大的笔记本电脑生产基地；西安是我国西部最大的智能终端生产基地。

数据显示，2014年西部地区计算机、通信和其他电子设备制造业总产值8 570亿元，是2000年的20倍。还有汽车制造业，西部的重庆、四川、陕西等地引进了大众、丰田、沃尔沃等一批世界500强企业，西部地区的汽车制造业得到了快速发展，截至2014年年底，西部地区汽车制造业总产值已达到9 955亿元，占工业总产值比重达到8.2%。

西部地区承接产业转移，也有利于加快制造业的转型升级。近年来，西部地区特别注重对高新技术产业和战略性新兴产业的承接，如计算机、通信和其他电子设备制造业，汽车制造业，电气机械和器材制造业，医药制造业，专用设备制造业，铁路、船舶、航空航天和其他运输设备制造业，废弃资源综合利用业等行业，对这些行业的承接将有利于西部地区制造业结构的调整，有利于高新技术产业和战略性新兴产业引领传统制造业转型升级。

（二）有利于西部制造业企业提升竞争力

西部地区承接发达国家和地区以及我国东部地区的产业转移，有利于制造业技术、资本、知识和人才的流入。一方面国际大企业、大集团的入驻给西部地区带来了先进的技术和人才，特别是先进理念，西部本土企业通过广泛参与产业分工和交流，直接提升了西部本土企业的竞争力，一个明显的结果是西部大企业、大集团数量增加。西部大企业、大集团数量的增加和竞争力的提升，将直接带动相关制造业部门的发展，同时将引领小企业的发展，从而提升制造业企业的竞争力。另一方面国际大企业、大集团的入驻，会加快与西部本地大企业、大集团的竞争，倒逼西部本土大企业、大集团加快创新，从而间接提升企业竞争力，使西部的制造业加快迈向价值链"微笑曲线"的两端。比如近年来成都电子信息行业引进了英特尔、戴尔等大批世界500强企业，电子信息行业的竞争更加激烈，刺激了四川本土企业长虹、九洲等大企业、大集团的转型升级，长虹、九洲创新成果显著，企业竞争力也大幅提升。

二、西部地区制造业承接产业转移的主要问题

西部大开发以来西部地区在承接发达国家和地区以及我国东部产业转移方面，虽然带来了一些负外部性，如生态破坏、资源浪费、寻租等，但总体来说利大于弊，西部地区承接发达国家和地区以及我国东部产业转移极大地促进了西部地区区域经济社会的发展。目前，西部地区制造业承接产业转移还存在一些问题。

（一）制造业承接产业转移存在重复现象，导致一些行业产能过剩

西部地区在产业承接过程中，一是事前缺乏系统规划和评估、规划不合理，没有遵循本地区资源、资本、技术禀赋的实际情况，更没有避开与东南亚地区和我国中部地区之间的激烈竞争，甚至没有避开西部地区之间的竞争，对于发达国家和我国东部地区的产业转移"来者不拒"。认为发达国家和我国东部地区的产业都是好

产业、好项目。其结果是西部地区承接的产业不仅与东南亚国家相同，甚至西部各地区之间也相同，导致承接产业转移存在重复现象，不仅在市场上没有竞争力，而且使钢铁、水泥、玻璃、陶瓷等一些传统行业产能过剩严重，反而限制了地区经济的发展。更为糟糕的是，有一些承接的产业转移，由于缺乏系统的规划和评估，产业配套缺乏或者不成熟，导致承接的产业"束之高阁"，浪费了大量的财力、人力。

（二）承接的传统行业多，高技术产业和战略性新兴产业少

产业承接和产业转移的理论和实践证明，发达国家和地区产业转移到欠发达国家和地区，除政治因素外，主要是由于欠发达国家和地区发展这个产业的某些优势要好于发达国家和地区，虽然欠发达国家和地区可能在区位优势、人力资源、技术等方面不如发达国家和地区，但是欠发达国家和地区的优势或来自优惠政策，或来自资源禀赋，或来自要素成本的降低等。总之，如果产业转移到欠发达国家和地区能够给企业带来更多的利润，产业转移就会发生。很明显，由于欠发达国家和地区在技术、资本、人力等方面的劣势，如果在其他要素方面没有更大的优势，承接的高技术产业和战略性新兴产业必然就会有限。

西部大开发以来，总体来看西部地区制造业承接的传统行业多，比如陶瓷、钢铁、水泥、服装、鞋类，等等，而高技术产业和战略性新兴产业则较少。但是如果分时期来比较，从西部各省市工业园区产业规划来看，2000—2010 年西部地区制造业承接的传统行业明显较多，2010 年之后，西部地区承接的高技术产业和战略性新兴产业明显增加，比如汽车、生物医药、高端装备、电子信息、节能环保等。这其中除了西部地区经过多年发展之后自身的优势增强以外，一个重要的原因是西部地区政府发展理念发生转变，抓大项目、好项目，宁愿发展慢一点，也要实现经济、社会、生态的平衡。

西部地区如果承接传统产业转移过多，既不利于劳动力充分就业，可能也不利于战略性新兴产业的培育和成长。过去，西部地区承接的传统行业过多，而高技术产业和战略性新兴产业偏少，而这在一定程度上是可以避免的。当前，西部各地区正逐步意识到这个问题。今后，西部地区制造业应重点承接高技术产业、战略性新兴产业、先进制造业，同时加快传统制造业的转型升级，只有这样，西部地区才可能赶上东部地区的经济发展水平。

（三）环境污染和资源消耗比较严重

西部地区制造业承接的产业转移虽然促进了西部地区经济社会的发展，但是却导致环境污染和资源消耗比较严重。由于制造业承接产业转移带来的环境污染和资源消耗无法量化，这里我们采用工业"三废"来量化，可以在一定程度上说明问题。

如表 7-11 所示，西部地区工业废气排放量从 2006 年的 80 285 亿立方米上升到 2013 年的 184 281 亿立方米，增长了一倍多。其次，虽然西部地区 2011 年以来一般

工业固体废物倾倒丢弃量①呈下降趋势，相比 2011 年，2013 年西部地区固体废物倾倒丢弃量下降了 66%，但是西部地区在四大区域中固体废物污染最严重。在能源消费上，据计算，西部地区 2014 年单位工业总产值能耗为 0.53 吨标准煤/万元，而同期东部地区仅有 0.19 吨标准煤/万元，西部地区单位工业总产值能耗是东部地区的 2.8 倍。这反映出西部地区工业生产能源消耗大、生产方式粗放、技术含量低，同时也说明西部地区制造业以资源加工产业为主、产业结构层次低。因此，未来西部地区制造业承接产业转移，决不能以牺牲环境和消耗资源来换取经济的发展，应多承接一些高技术产业和战略性新兴产业，实现经济、社会与生态三者的统一。

表 7-11 西部地区及其他三大区域工业"三废"排放总量和占比情况

指标	东部		东北		中部		西部	
	2013 年	2006 年	2013 年	2006 年	2013 年	2006 年	2013 年	2006 年
废水（万吨）	1 030 756	1 212 610	168 738	178 846	495 090	499 612	403 814	510 878
废水占比（%）	49.1	50.5	8.1	7.5	23.6	20.8	19.2	21.2
废气（亿立方米）	275 097	146 495	49 869	38 538	160 114	65 672	184 281	80 285
废气占比（%）	41.1	44.3	7.5	11.6	23.9	19.8	27.5	24.3
固体废物（万吨）	1.6		9.1		3.3		115.3	
固体废物占比（%）	1.2		7		2.6		89.2	

数据来源：根据《中国环境统计年鉴（2014）》计算而来。

根据环境保护部 2015 年半年发布的数据显示，我国总体来说，化学需氧量、氨氮、二氧化硫及氮氧化物等集中主要污染物的排放呈现逐渐降低的势头，环境污染势头得到一定程度的遏制。但西部地区的降幅远低于全国平均水平，以二氧化硫的排放量为例，根据环保部的统计数据，2015 年上半年我国总的二氧化硫排放量为 989.1 万吨，与 2014 年同期相比降低 4.63%；其中东部地区的排放量为 344.94 万吨，中部地区为 277.5 万吨，西部地区为 366.66 万吨。西部地区的排放总量已经超过中东部地区，位列全国第一，占全国二氧化硫排放总量的 37.07%，而同期西部地区生产总值占全国的比重为 20.4%，因此，二氧化硫的排放与西部地区的经济总量相比是极其不相称的。也就是说，西部地区在发展产业的过程中付出了更多环境污染的代价。

（四）大量承接转移产业造成西部地区发展成本的上升可能危害到产业的后续发展

发达地区转移产业的目的，一方面是要为新兴产业发展挪出空间，摆脱传统产业的束缚，谋求产业结构的进一步优化；另一方面是为了利用西部地区相对低廉的发展成本，如劳动力成本、资本融入成本、政策红利，等等。而随着西部各地对转移产业的承接，竞争的加剧，西部地区相对低廉的发展成本逐渐上升，承接而来的

---

① 固体废物排放统计指标和标准 2011 年以来发生了较大变化，统计指标由以前的"工业固体废物排放量"改为"一般工业固体废弃倾倒丢弃量"，故这里未以 2006 年作为基期与 2013 年相比较。

产业面临发展成本上升的问题，会使得产业发展的难度增加、利润降低，使西部地区原有的优势不复存在，结果可能导致承接而来的产业发展受阻，西部原有的产业发展又受到挤压，不仅没能促进西部经济社会的发展，反而制约其发展。

三、战略性新兴产业引领西部地区制造业承接产业转移升级的措施

"十三五"时期，我国工业经济发展面临"一带一路"倡议实施、"中国制造2025"战略推进、全面深化改革的机遇，但也面临着国内外不确定性因素将进一步增加，工业经济增长依旧面临较大压力等问题。战略性新兴产业是未来我国经济发展的新动力。

战略性新兴产业发展是世界各国和地区争相发展的产业，我国也是如此。对于发达国家和地区而言，都想通过发展战略性新兴产业在新一轮产业革命和科技革命中再一次抢占制高点；对于发展中国家和地区而言，则是希望通过发挥后发优势，执新一轮产业革命和科技革命之牛耳，从发达国家手中夺取以前未曾拥有的制高点。对于我国区域经济发展而言，东部地区是经济发达地区，西部地区是经济欠发达地区。东部地区希望通过发展战略性新兴产业，加快赶超世界发达国家和地区的经济、科技水平，西部地区则希望以战略性新兴产业的培育发展为战略突破口实现跨越式发展，加快赶超东部地区。西部地区制造业在处于新一轮承接产业转移的关键时期，应发挥优势，以战略性新兴产业引领制造业转型升级。

（一）不同类型地区采取不同的发展模式培育壮大战略性新兴产业

发展战略性新兴产业是我国制造业转型升级的重要方向和手段，是"中国制造"走向"中国创造"的必由之路，也是在全球新一轮技术革命中抢占制高点的关键。"十二五"时期，我国东部地区北京、上海、江苏、深圳等省市通过发展战略性新兴产业，带动了制造业的转型升级，推动了区域经济的发展。"十三五"时期，随着我国经济转型和产业升级的加快推进以及"中国制造2025"的贯彻实施，我国战略性新兴产业将迎来黄金发展时期。鉴于我国区域经济和城乡经济发展不平衡的现实，要培育壮大战略性新兴产业，实现2010年国务院提出"到2020年战略性新兴产业增加值占国内生产总值的比重力争达到15%左右"的目标。"十三五"时期，西部地区应培育壮大战略性新兴产业，在不同类型地区采取不同的发展模式，如中心城市和有条件的城市，可重点发展以战略性新兴产业为主导的高端产业；一般地级市和有条件的县域地区，主要通过产业深化发展培育战略性新兴产业、发展先进制造业；一般县域地区，重点通过战略性新兴产业装备传统产业提升产业竞争力，努力发展与战略性新兴产业关联的产业。只有把战略性新兴产业发展好了，才能发挥战略性新兴产业引领西部地区制造业承接产业转移升级的作用。

（二）加强生产要素和承接产业转移方式的创新

产业边界变得模糊了，只有那些具备要素优势的欠发达地区，才可能有效地承

接发达地区的先进产业转移①。西部地区战略性新兴产业要引领西部地区制造业承接产业转移升级，需要加强生产要素的创新，从而扩大生产要素的优势。

生产要素创新，主要包括技术、资本、劳动力等要素创新。从学理上讲，这三者也是供给侧的几大要素。战略性新兴产业发展和传统制造业转型升级需要生产要素的创新。对战略性新兴产业而言，没有生产要素的创新，没有优质要素的集聚，其培育和发展无疑是空中楼阁；对传统制造业而言，没有先进技术的改造，没有高科技人才的支持，其转型升级也只是纸上谈兵。在国家新一轮西部大开发中，政策、资源等要素资源不会受到太多约束，但是技术、资本、人才等优质要素比较缺乏。从经济学的角度看，政策主要涉及供给、需求、规制三个方面，对生产要素创新的政策支持的研究也将沿着这条思路进行。

1. 技术创新支持政策

在资源约束条件下，技术创新是实现经济增长的核心路径，也是战略性新兴产业培育、发展和传统制造业转型升级的起点。世界主要发达国家或地区在战略性新兴产业培育和发展过程中，始终强调技术创新的作用，并出台了一系列的技术创新政策。比如，美国政府直接或间接资助战略性新兴产业技术研发活动、推动技术的商业化活动、支持对知识与技术的学习和扩散，日本对企业的研发活动给予税收减免和贷款优惠等多种方式刺激新的市场需求；欧盟对低碳绿色产业的技术投入；等等。西部地区技术创新存在着技术研发投入资金规模偏小、技术产业化偏低、高科技人才匮乏、创新动力不足等问题。一是加强对西部地区技术研发活动的直接和间接资助；二是加大对知识和技术的扩散力度；三是建立和完善知识产权和专利保护的法律法规；四是建立西部地区制造业技术提成机制，如表7-12。

表7-12　　　　　　　　西部地区技术创新支持政策分类

	供给政策	需求政策	规制政策
技术创新	①中央政府在新一轮西部大开发中对西部地区技术研发的资金资助 ②西部各级政府与大学、科研机构、民营企业签订研发合同，进行全额或部分资助 ③对技术研发单位实行研发支出税收减免 ④对那些给市场带来新技术的企业进行税收抵免或生产补助 ⑤设定技术标准 ⑥加强对技术人员的教育和培训	①政府采购 ②对企业购买新技术的支出进行税收抵免或返还 ③对技术知识进行汇编和扩散 ④宣传新产品和新技术 ⑤加强对消费者的教育和培训	①建立和完善知识产权和专利保护的法律法规 ②建立西部地区技术提成机制

资料来源：杨长湧. 美国支持国内技术创新政策研究［J］. 经济研究参考，2012（20）：006.

---

① 程必定. 产业转移"区域黏性"与皖江城市带承接产业转移的战略思路［J］. 华东经济管理，2010（4）：24-27.

2. 人才支持政策

西部地区承接产业转移的目的是推动本区域经济社会的快速发展、高质量发展，因此，在承接产业转移的过程中，要重点承接人才、技术等高级生产要素。

西部地区劳动力丰富，但高科技人才和经营管理人才极其匮乏；人才政策已形成，但不够完善，未形成整体合力；人才激励机制已初步建立，但力度不大，缺乏吸引力；人才培养模式已初见成效，但不尽合理，存在校企供求脱节现象。这些状况显然不利于西部地区战略性新兴产业和传统制造业的转型升级。因此，可强化人才顶层设计、加强战略性新兴产业和传统产业相关专业人才的培养、加大战略性新兴产业人才引进力度。

3. 资金支持政策

战略性新兴产业是资本密集型产业。西部地区发展战略性新兴产业、制造业的转型升级都需要大笔的资金投入，而西部地区多年来投资短缺，资金并不充裕，靠西部地区自身的力量解决资金来源很不现实，这是西部地区发展战略性新兴产业和制造业转型升级的一大难题。资本本身是趋利的，哪里有利润就会流向哪里，哪里利润大就会流向哪里。从长远看，战略性新兴产业领域无疑具有非常大的投资潜力，但是其前期投入大，且利润见效慢，这让不少企业望而却步。解决资金问题，需要政府运用多种政策和手段。可从增加政府财政支持、通过财政杠杆吸引民间资本、加强地区财税、金融、信贷等政策工具的关联性等方面入手。

（三）避开与东南亚国家和我国中部地区之间的竞争

随着全球产业革命和科技改革的演变以及世界各国经济发展环境的改变，产业转移和产业承接面临的条件和环境也发生了巨大的变化。对于产业转移的国家和地区而言，随着全球劳动力、原材料、土地等生产要素成本的上升和对环境保护的力度加大，迫使其寻找生产要素成本更低、政策更优惠、环保标准更低的国家和地区；对于产业承接的国家和地区而言，对环境保护的力度更大、资源消耗的标准更严、产业承接的技术含量和知识密度的要求更高。

在这种背景下，西部地区承接发达国家和地区以及我国东部产业转移面临东南亚国家和我国中部地区之间的挑战。同东南亚国家相比，这种挑战主要表现在：在投资硬软环境相差无几的情况下，越南、泰国、印尼等东南亚国家劳动力、土地等生产要素成本更低；在新一轮西部大开发中，国家对西部地区的环境保护要求更高，而东南亚国家要求相对较低；西部地区深入我国内陆，远离海洋，而东南亚一些国家临海，西部地区区位优势不及这些东南亚国家。同我国中部地区相比，这种挑战主要表现在：改革开放以来，区域优惠政策在促进我国地区经济社会发展中起到了巨大的作用，但现在国家给予的"优惠政策"几乎各个区域都有，如西部地区有西部大开发政策，中部地区则有中部崛起政策。两者比较之下，西部地区所谓的"优惠政策"就大打折扣；西部地区在经济实力、产业基础、科技人才等方面与中部地区有一定的差距；在以海洋运输为主导的对外贸易模式下，西部地区区位优势不及中部地区，西部地区远离海洋，中部地区近海，离东部地区更近，也更有利于与发达国家开展经济贸易活动；西部地区地貌以丘陵、山地、高原为主，中部地区以平原为主，中部地区更有利于开展工业经济活动，特别是在装备制造业方面。因此，西部地区承接发达国家和地区以及我国东部产业转移面临东南亚国家和我国中部地区的挑战。

第八章 战略性新兴产业引领西部地区制造业绿色发展研究

"十二五"以来，我国制造业始终保持稳步发展的势头，总体规模位居世界前列，综合实力和国际竞争力显著增强，近年来西部各地都将制造业发展作为地区经济发展数量和质量提升的主战场。在西部地区发展制造业提振经济实力的同时，我们应当看到，传统制造业在将西部丰富的资源转变为产品以及在产品的使用过程中，消耗了大量的资源并对环境造成了一定程度的污染。在当前各国日益重视生态环境建设的背景下，绿色发展已成为热点，中国也明确将发展绿色低碳经济列为国家战略。在这样的大背景下，西部地区通过制度创新、技术创新、战略性新兴产业的培育促使制造业转型升级、绿色发展，从而减少资源环境消耗，实现环境保护和经济发展齐头并进的目标已成为各地的共识。制造业是西部地区国民经济的支柱产业，制造业是否具有"绿色元素"对整个国民经济的持续健康发展意义重大。所以，西部地区的制造业必须由过去那种依靠要素驱动和以污染环境为代价的发展方式，转向在战略性新兴产业的引领下依靠技术创新驱动的绿色发展轨道。

第一节 战略性新兴产业引领西部地区制造业绿色发展的意义及面临的困难

一、战略性新兴产业引领西部地区制造业绿色发展的意义

（一）绿色制造的概念界定

绿色制造是与绿色经济紧密联系的一个概念。绿色经济是综合性表述，包含着环境友好、循环发展、资源节约、低碳发展等取向及特征。我们可以把环境友好型的经济发展模式统称为绿色经济发展模式。根据这样的概念表述，我们也可以将环境友好型的制造业统称为绿色制造。具体来讲，绿色制造是一个综合考虑环境影响和资源消耗因素的现代制造模式，其目标是实现产品从设计、制造、包装、运输、使用到报废处理的整个产品生命周期中，碳排放很小，对环境的负面影响很小，资源利用率极高，并使企业经济效益和社会效益协调优化。由上述定义可见，绿色制

造涉及产品生命周期的全过程，也涉及企业生产经营活动的各方面，是供应、制造、消费等各个子系统的集成，各个子系统之间存在相互依存与影响关系，要求各个子系统主体均遵循"与环境相容"的原则，因而是一个复杂的系统工程问题。

绿色发展是人类社会发展的大势所趋。西部地区培育战略性新兴产业，进而引领制造业绿色发展。一方面要求对落后技术、高污染排放、市场发展前景暗淡的制造业实施转型升级，甚至淘汰出局；另一方面，由于战略性新兴产业具有天然的绿色发展、低碳发展的"基因"而需要重点布局和扶持发展，使其在未来的西部地区制造业绿色发展中发挥重要的作用。

（二）西部地区由战略性新兴产业引领制造业实现绿色发展的意义

绿色发展是当前国际经济发展的重大议题。生态环境脆弱、经济相对落后的西部地区更需要走绿色发展的道路。因为，西部地区的经济、环境和人力资本及其面临的挑战对全国绿色现代化目标的实现至关重要。同时，在确定未来的发展方式上西部地区又面临重要机遇。政府财政投入、工业发展和技术革新目标的设定、自然资源利用及土地开发规划的制定等都会对西部地区的发展与经济、自然、社会和人力资本的提升带来重要影响。因此，西部地区要坚持"十三五"规划确定的绿色发展道路，在新兴产业布局、承接东部发达地区的产业转移、传统制造业改造升级等方面融入绿色发展理念，否则，不仅不能实现西部地区经济社会发展的追赶跨越，还可能使西部地区的经济社会发展付出更为沉重的生态环境代价。

西部地区培育战略性新兴产业引领制造业绿色发展的重要意义包括很多方面的内容，简单讲至少体现在以下几个方面：

第一，西部地区地处我国多条大江大河的源头，生态地位十分突出。由于西部地区经济社会发展与东部发达地区的差距，西部各地都具有发展经济的迫切需要，而生态环境脆弱的现实情况又让西部地区不得不面临艰难抉择。因此，推行制造业的绿色发展是西部地区保持生态地位、在全国生态环境保护方面发挥重要作用的现实选择。

第二，传统制造业在西部地区造成的资源、环境、生态影响是不容忽视的。由于资源分布和区域经济布局的特点，不管是西部地区原有产业还是承接发达地区的转移产业，在很大程度上都有一定的资源依赖性和粗放性。这种发展方式使得西部的部分地区面临资源、环境、生态、社会发展的严峻形势，如水土流失、水体污染、垃圾处理能力不足、生态产业发展不足等问题。这种以环境资源为代价的传统发展模式亟待转变。在西部地区快速推进工业化、城镇化、发展经济的进程中，同时面临着消除贫困、控制污染、修复生态系统等各方面的压力。很多长期积累的环境矛盾还没解决，新的问题又不断出现，尽管西部各地已经做出了很大努力，但节能减排、保护环境、恢复生态的形势依然严峻。因此，大力培育战略性新兴产业，并以此推动绿色发展，不仅是西部地区转变经济发展方式、调整经济结构的自主行动，也是应对环境资源压力的重要举措，更是西部地区实现全面小康目标的宏伟目标，破解发展瓶颈，实现追赶跨越式发展的必然选择和客观要求。

第三，绿色发展有助于提升西部地区经济社会的可持续发展能力。这是因为：一方面，绿色发展有助于开拓西部地区新的增长领域，提高西部地区制造业的国际国内竞争力和影响力；另一方面，随着社会经济的发展，民众对生态产品的需求越来越强烈，绿色制造契合了西部地区资源、环境、生态的现实情况，契合了生态文明建设的理念、目标和要求，契合了民众对良好生态强烈需求的愿望，尤其契合了公民环境觉悟普遍提高和对绿色产品的新要求。

第四，西部地区大力培育战略性新兴产业，据此引领制造业绿色发展，对西部地区而言意义重大。因为，一方面，西部地区在战略性新兴产业的引领下，经济发展的速度及追赶发达地区的脚步会越来越快，甚至在某些新兴领域可以迅速地占领制高点，以解各地对经济发展速度的渴求；另一方面，战略性新兴产业本身对环境资源的节约和友好使得西部脆弱的生态系统得以休生养息，并对传统制造业形成扩散效应进而影响其发展模式，提升传统制造业的创新能力，使得西部地区逐步走上环境友好、创新驱动的良性发展道路。

二、西部地区战略性新兴产业引领制造业绿色发展面临的困难

（一）西部地区制造业发展水平不高，绿色发展面临生态压力

1. 制造业发展水平的区域比较

（1）制造业发展规模的区域比较

一般而言，一个地区制造业产值占全国的比重反映了该地区制造业的发展规模及其在全国的地位。[①] 表8-1 为2003年和2015年各省区市制造业或工业增加值占全国的比重。由于数据搜集比较困难，2015年我们用工业增加值占全国的比重近似说明西部各省、市、区制造业发展在全国的相对水平。因为从全国的平均水平看，2015年规模以上工业增加值实现利润总额中，制造业所占份额是87.50%，所以这种近似替代是可以在一定程度上说明问题的。其中江苏省、安徽省、江西省、广东省、贵州省和宁夏回族自治区只统计到规模以上工业增加值的数据，因此，我们以规模以上增加值进行了近似计算。如果将制造业或工业增加值占全国的比重按照4%和2%为界，将全国30（无西藏统计数据）个省、市、区进行分类：第一类，制造业或工业规模较大的省、市、区，其制造业或工业增加值占全国的比重超过4%；第二类，制造业或工业规模居中的省、市、区，其制造业或工业增加值占全国的比重大于2%，但小于4%；第三类，制造业规模较小的省、市、区，其制造业或工业增加值占全国的比重低于2%。那么，从表8-1 的数据可以看出，西部地区除了四川省以外，没有一个省区市属于制造业或工业规模较大的省、市、区；属于制造业或工业规模中等的省份也只有内蒙古、广西、重庆和陕西四个省、市、区，其余都属于规模偏小的省、市、区。

---

① 姚芳，孙林岩，周密. 中国制造业的区域比较 [J]. 西安交通大学学报（社会科学版），2008(1)：19.

表 8-1   2003 年和 2015 年各省、市、区制造业或工业增加值占全国的比重

省份	2003 年制造业增加值		2015 年工业增加值	
	占全国的比重（%）	人均制造业产值相对全国的水平（全国为100）	占全国的比重（%）	人均工业增加值相对全国的水平（全国为100）
北京	3.204	284.289	1.599	100.811
天津	3.307	422.575	3.049	269.589
河北	3.420	65.296	5.514	101.584
山西	1.150	44.847	6.286	234.672
内蒙古	0.778	42.234	3.467	188.872
辽宁	3.959	121.527	—	—
吉林	2.075	99.191	2.644	131.365
黑龙江	1.188	40.232	—	—
上海	8.919	673.647	3.105	175.851
江苏	11.848	206.744	7.132*	122.302
浙江	10.102	278.971	5.762	142.284
安徽	1.787	36.034	4.287*	84.392
福建	3.459	128.136	4.793	170.769
江西	0.944	28.688	3.174*	95.110
山东	9.342	132.293	11.316	157.186
河南	2.749	36.749	7.032	101.458
湖北	2.886	62.144	5.037	117.735
湖南	1.643	31.865	4.844	97.675
广东	18.048	293.215	13.239*	166.914
广西	1.107	29.450	2.768	68.617
海南	0.226	36.086	0.212	31.865
重庆	1.457	60.166	2.427	110.056
四川	2.730	40.555	5.278	87.996
贵州	0.584	19.503	1.550*	60.086
云南	0.751	22.182	1.714	49.449
陕西	1.169	40.954	3.334	120.237
甘肃	0.539	26.743	0.776	40.860
青海	0.089	21.624	0.390	90.745
宁夏	0.178	39.629	0.425*	86.941
新疆	0.355	25.830	1.175	68.091

注：1. 数据来源：根据《中国工业经济统计年鉴》《中国统计年鉴》、各地 2015 年经济社会发展统计公报按当年价格计算整理得出。

2. 带 * 的数据为规模以上工业增加值。

为了更进一步说明问题，我们列表8-2来对比。从表可以看出，2015年与2003年相比，制造业或工业增加值占全国比重规模较大的省份增加了河北、山西、安徽、福建、河南、湖北、湖南和四川，而上海从一类阵营调整到了第二类；北京、上海、浙江、广东等省份的人均制造业或工业增加值相对于全国平均水平来讲下降幅度都较大，而中西部地区的山西、安徽、河南、湖北、湖南、四川等部分省份上升较快。这一方面说明北京、上海等地的转型升级力度较大，另一方面说明东部地区向中西部地区的产业转移在这12年中有较快速地增长。

表8-2　　　　　　　2003年和2015年各省、市、区制造业规模分类

年份	规模	省份个数	产值份额	省、市、区
2003年	较大	5	62.45	上海、江苏、浙江、山东、广东
	中等	9	25.06	北京、天津、河北、辽宁、吉林、福建、湖北、河南、四川
	较小	16	12.49	山西、内蒙古、黑龙江、安徽、江西、广西、湖南、海南、重庆、贵州、云南、陕西、甘肃、青海、宁夏、新疆
2015年	较大	12	71.68	河北、山西、江苏、浙江、安徽、福建、山东、河南、湖北、湖南、广东、四川
	中等	8	21.34	天津、内蒙古、吉林、上海、江西、广西、重庆、陕西
	较小	8	6.98	北京、海南、贵州、云南、甘肃、青海、宁夏、新疆

注：2003年制造业规模划分根据制造业增加值指标占全国比重划分，2015年制造业规模划分根据工业增加值指标占全国比重划分。

（2）制造业发展水平的区域比较

按照人均制造业或工业增加值与全国平均水平的对比，我们也把各省、市、区的制造业或工业发展水平分为几种类型。

以表8-1中2015年人均工业增加值相对于全国水平数值来比较，130以上的地区归为高水平发展区域；100~130归为发展水平较高的区域；100以下则归为较低发展水平的区域。由此可以看出，制造业或工业发展水平高的省、市、区包括：天津、山西、内蒙古、吉林、上海、浙江、福建、山东和广东九个。较高发展水平的省、市、区包括：北京、河北、江苏、河南、湖南、重庆和陕西六个。较低发展水平的省、市、区则是：安徽、江西、湖南、广西、海南、四川、贵州、云南、甘肃、青海、宁夏和新疆。详见表8-3。

表 8-3　2003 年和 2015 年各省级行政区域制造业相对于全国平均水平的分类

年份	根据发展水平分类	省份个数	省份
2003 年	发展水平较高的省、市、区（超全国平均水平 30% 及以上）	7	北京、天津、上海、江苏、浙江、山东、广东
	发展水平中等的省、市、区（超全国平均水平 30% 以内）	2	辽宁、福建
	发展水平较低的省、市、区（低于全国平均水平）	21	河北、山西、内蒙古、吉林、黑龙江、安徽、江西、河南、湖北、湖南、广西、海南、重庆、四川、贵州、云南、陕西、甘肃、青海、宁夏、新疆
2015 年	发展水平较高的省、市、区（超全国平均水平 30% 及以上）	9	天津、山西、内蒙古、吉林、上海、浙江、福建、山东、广东
	发展水平中等的省、市、区（超全国平均水平 30% 以内）	7	北京、河北、江苏、河南、湖北、重庆、陕西
	发展水平较低的省、市、区（低于全国平均水平）	12	安徽、江西、湖南、广西、海南、四川、贵州、云南、甘肃、青海、宁夏、新疆

注：2003 年制造业发展水平划分根据人均制造业增加值指标划分，2015 年制造业发展水平划分根据人均工业增加值指标划分。

由表 8-3 可以看出，2015 年与 2003 年全国各省级行政区域制造业发展水平发生了很大的变化，中西部地区由于大力推行工业强省（区）战略，在制造业或工业发展水平上有了较大幅度的提升，而北京、浙江和广东等区域由于结构调整、产业转移等多种因素导致其工业发展水平在降低。西部地区的重庆、内蒙古、陕西等地近年来工业发展较为快速，已经超过全国平均水平；四川虽然工业规模在西部地区总额大，但由于人数众多，人均水平就落后于全国平均水平。高发展水平和较高发展水平中，西部地区只有内蒙古、重庆和陕西，虽然四川省在规模上属于较高水平，但由于人口基数大，因此人均发展水平较低。由此可见，西部地区制造业或工业发展水平是比较低的。

另外，根据《中国西部产业竞争力评价报告》的研究结果，西部地区资本密集型行业最主要的竞争优势主要集中在中低技术的矿产资源深加工行业。四川和重庆为西部制造业竞争力最强的省份，其竞争力较强的制造业主要有重庆的"装备制造业""交通设备制造业""电气机械和器材制造业"；四川省的"专用设备制造业""通用设备制造业"和"交通设备制造业"。在高技术水平制造业方面，重庆和四川的"计算机、通信和其他电子设备制造业"在规模、资本和市场竞争力上具有一定优势，在全国的综合竞争力排名分别位于第十位和第十一位；四川的"医药制造业"主要由于规模优势和市场优势，位于全国第八位。

改革开放初期，西部地区因区位、观念、政策等因素没能及时地融入全球价值网络，如今面对全球价值网络正进行的调整和新布局，对西部地区提升产业竞争力来说将是一个很好的机会。国家提出立足于亚欧大陆，面向中亚、并向西亚和欧洲拓展，西南地区面向南亚、东南亚，并向非洲拓展的"向西开放"发展思路和"南向开放"发展思路，将西部地区推向开放的前沿。如中国-东盟自由贸易区建设、大湄公河次区域合作、孟中印缅经济走廊建设和丝绸之路经济带等将极大地推进西部地区的开放。西部各省在"十三五"期间规划发展战略性新兴产业的同时，也要重视对传统产业的改造升级，积极部署提升行业竞争力。

2. 西部地区制造业绿色发展面临诸多生态压力

（1）西部地区现有制造业发展面临生态环境困局

一是资源枯竭、环境损害与经济发展之间的矛盾逐渐突出。西部各地为了尽快改变经济发展与发达地区的差距，都在努力寻求经济社会跨越式发展的措施，逐渐加快了工业化进程。然而，这种增长模式建立在大量要素投入的基础上，势必造成物质资源的紧张和自然资源的进一步短缺，并造成生态环境的进一步恶化。经过多年资源开发，西部地区许多重要能源、资源面临枯竭，因此也出现了不少资源枯竭型城市。在国务院分三批公布的69座资源枯竭型城市中，西部地区包括20座，其中内蒙古4座、广西2座、重庆2座、四川2座、贵州1座、云南3座、陕西2座、甘肃3座、宁夏1座。因此，依靠资源大力发展工业的模式面临不可持续的威胁。

二是经济发展与环境破坏之间的矛盾越来越突出。西部地区多年追赶跨越式发展的步伐虽然在制造业发展方面有了长足的进步，与东部地区制造业发展差距有所缩小，但也付出了较高的生态环境代价。以万元地区生产总值能耗为例，在2009年全国单位地区生产总值的能耗和电耗前10个高能耗省区市中，西部地区占了8个。再看2014年的情况，2014年全国万元国内生产总值能耗平均降幅为4.8%，如表8-4所示。

表8-4 2014年各省、自治区、直辖市万元地区生产总值能耗降低率等指标

地区	万元地区生产总值能耗上升或降低（±%）	万元工业增加值能耗上升或降低（±%）	万元地区生产总值电耗上升或降低（±%）
北 京	-5.29	-10.90	-4.34
天 津	-6.04	-10.90	-6.76
河 北	-7.19	-8.71	-4.29
山 西	-4.18	-5.24	-5.17
内蒙古	-3.94	-7.39	2.75
辽 宁	-5.08	-6.11	-4.02
吉 林	-7.05	-7.80	-4.12
黑龙江	-4.50	-7.57	-3.71
上 海	-8.71	-7.63	-9.30
江 苏	-5.92	-8.07	-6.97
浙 江	-6.11	-8.17	-5.60
安 徽	-5.97	-8.40	-5.00

表8-4(续)

地　区	万元地区生产总值能耗上升或降低（±%）	万元工业增加值能耗上升或降低（±%）	万元地区生产总值电耗上升或降低（±%）
福　建	-1.53	-1.01	-0.71
江　西	-3.16	-9.92	-1.97
山　东	-5.00	-7.22	-4.84
河　南	-4.06	-11.29	-7.53
湖　北	-5.24	-8.42	-7.33
湖　南	-6.24	-11.90	-8.22
广　东	-3.56	-9.25	0.59
广　西	-3.71	-9.33	-2.64
海　南	-2.50	-4.28	-0.55
重　庆	-3.74	-8.00	-3.85
四　川	-4.64	-8.03	-4.72
贵　州	-5.78	-13.39	-5.90
云　南	-3.98	-12.27	-3.08
陕　西	-3.58	-5.18	-3.00
甘　肃	-5.21	-7.02	-6.26
青　海	-2.97	-7.19	-2.05
宁　夏	-4.20	-5.06	-3.12
新　疆	-0.42	2.31	11.85

数据来源：中华人民共和国国家统计局网站，西藏数据暂缺，http://www.stats.gov.cn/tjsj/zxfb/201508/t20150813_1230040.html.

从表8-4可以看出，以万元地区生产总值能耗降低幅度为例，全国平均水平为4.8%，而西部地区只有贵州和甘肃的降幅大于全国平均水平，其余各省、市、区都落后于全国平均水平，说明西部地区减排力度相对更小，减排难度大，资源消耗型、环境污染型经济转变困难。

三是国家生态安全要求与西部地区经济发展要求之间的不协调亟待解决。国家"十三五"规划明确提出绿色发展战略，西部地区作为国家多条大江大河的发源地和安全屏障，具有极其重要的生态地位，同时也需要西部地区在我国生态文明建设中具有更大的作为。西部地区生态资源丰富但生态环境脆弱，随着工业化进程和各地基础设施建设的不断加快，植被破坏、水土流失等生态问题不断涌现。国家生态安全与地区发展经济的迫切需要之间的矛盾亟待化解。

（2）西部地区不易通达的自然地理条件与脆弱生态系统对制造业发展形成生态边界

从理论上讲，虽说地理环境不是制造业发展的决定性因素，但地理环境是社会存在和发展经常的、必要的外部条件，对区域制造业发展具有较强的影响，这一点在社会学界及经济学界是达成共识的。西部国土广袤、自然地理条件复杂，有一定区位优势的地区都早已布局应该布局的制造业，其余地区绝大多数都属于地理位置偏远、生态环境脆弱、自然灾害多发的区域，这种恶劣的自然条件和相对封闭的地理环境，对开发当地的各种资源和产品交换等影响很大。在全国经济发展进入"新常态"下，处于结构调整阵痛期、经济增速换档期、前期刺激政策消化期"三期叠加"时期，西部地区的制造业发展也会面临"增速降低、动力减弱、转型升级、结构调整、挑战增大"的压力。但西部地区作为我国多条大江大河的发源地，有些地区空气质量上乘、景色宜人、阳光普照、民族宗教文化资源富集，是国内外居民心仪的旅游场所，因此，如何在保障生态质量有所提升的前提下，合理利用和开发水能资源、生态资源、绿色食品资源等是西部地区制造业面临的新机遇，有培育出新的增长点的潜力。

（3）区域经济发展水平低对制造业绿色发展的约束

实践证明，区域经济发展水平对区域制造业绿色转型发展具有很大影响。一方面因为区域经济发展水平低，使得区域资本积累不足，对外来资本的吸引力有限，要实现制造业的生态化转型缺乏足够的资金支持；另一方面，由于区域经济发展水平低，从个人到家庭到企业再到政府部门，各相关主体对生态产品的需求不及发达地区强烈，对生态环境破坏的容忍度也比发达地区高，因此，企业缺乏绿色发展的动力、政府缺乏对绿色制造的激励，个人缺乏对制造业绿色发展、转型升级的认识。从目前的情况看，西部地区尤其是贫困地区面临经济社会发展整体滞后的现实困境，这是该区域与全国相比制造业绿色发展面临的挑战。西部大部分省、市、区目前都还面临贫困面积大、贫困人口多、贫困程度深、贫困发生率高的困局。而在经济新常态下，制造业转方式、调结构的要求又十分迫切。

另外，在国家主体功能区划分的影响下，西部很多地区在未来要在限制和禁止开发区的框架下发展，加之西部制造业发展受整体科技化水平低、企业的自我发展与保障能力弱等因素影响，政府的激励机制和服务都还有待进一步提升，西部地区制造业转型升级、绿色发展、循环发展等都面临挑战，未来发展还将面临国际国内更激烈的竞争。因此，如何将西部地区独特的生态资源转化为经济优势，值得西部各地深入研究和长期探索。

（二）西部地区战略性新兴产业培育及其制造业绿色发展的科技支撑不足

西部地区的制造业大多为传统产业，新兴产业培育不足，加之因受资本、人才短缺制约，整体技术发展水平不高。现代制造业存在着数量少、规模小、资本投入不足和技术创新能力差的问题。目前，西部地区战略性新兴产业培育和制造业绿色发展面临的科技障碍在于企业自身创新能力不足、政府基础研发能力相对较弱、高等院校及科研院所科技研发能力与东部相比也还存在差距、科技创新的转化能力也相对不足等困局。

根据《中国区域创新力评价报告 2015》的数据，2015 年我国省级区域创新能力排名前十位的省、市依次是江苏、广东、北京、上海、浙江、山东、天津、重庆、安徽、福建。西部地区除了重庆市三年来稳居全国第 8 位以外，四川和陕西两省由于其高等院校、科研基础等方面的原因也居于全国较靠前的水平，但是，四川省在全国的排名在 2013—2015 年间有逐步下滑的趋势，详见表 8-5。

表 8-5 中国区域创新能力 2011—2015 年排名前十的省、市及部分西部省份的排名

省份	2015 年排名	2014 年排名	2013 年排名	2012 年排名	2011 年排名
江苏	1	1	1	1	1
广东	2	2	2	2	2
北京	3	3	3	3	3
上海	4	4	4	4	4
浙江	5	5	5	5	5
山东	6	6	6	6	6
天津	7	7	7	7	7
重庆	8	8	8	13	10
安徽	9	9	9	9	15
福建	10	11	10	16	14
湖南	11	12	13	10	11
湖北	12	10	12	11	13
四川	16	14	15	12	9

数据来源：中国科技发展战略研究小组，中国科学院大学中国创新创业管理研究中心. 中国区域创新能力评价报告 2015 ［M］. 科学技术文献出版社，2015.

根据《中国区域创新能力评价报告 2015》的数据显示，2015 年我国区域创新能力排名前 9 的依次是江苏、广东、北京、上海、浙江、山东、天津、重庆和安徽。东三省各项指标表现出下滑状态。其中江苏和广东的创新实力远远领先；北京、上海、天津的创新效率远远领先；重庆、海南和安徽的创新潜力领先。在知识创造方面，北京居首位；在知识获取方面，上海居首位；在企业创新实力方面，江苏居首位；在创新环境方面，广东居首位。

从南方报业传媒集团与广东省社会科学院共同发布的《中国城市创新指数》看，在全国 60 个主要城市中，2015 年深圳创新指数得分第一，北京第二，上海第三。前 10 名除上述三个城市外依次为苏州、杭州、西安、广州、珠海、无锡和宁波。与 2014 年相比，西安实现了迅速超越，名次提升很快，详见表 8-6 和表 8-7。

从表 8-5 至表 8-7 显示的情况可以看出，西部地区无论在区域创新能力还是城市创新能力的对比中，除了成都、重庆、西安等个别地区外，其余大部分地区的创新能力都很弱，不足以对战略性新兴产业引领制造业绿色发展及升级转型提供强有力的科技支撑。

表8-6　　　2014年我国创新能力最强的20个城市及其排名

排名	城市	省份	排名	城市	省份
1	北京	北京	11	宁波	浙江
2	深圳	广东	12	长沙	湖南
3	上海	上海	13	天津	天津
4	杭州	浙江	14	常州	江苏
5	无锡	江苏	15	绍兴	浙江
6	苏州	江苏	16	成都	四川
7	武汉	湖北	17	东莞	广东
8	南京	江苏	18	南通	江苏
9	温州	浙江	19	泉州	福建
10	广州	广东	20	青岛	山东

资料来源：广东省社会科学院，南方日报.中国城市创新指数［N］.南方日报，2016-03-01.

表8-7　　2015年我国创新能力最强的10个城市及其排名（以千分制计算）

排名	城市	总分	排名	城市	总分
1	深圳	820	6	西安	476
2	北京	806	7	广州	468
3	上海	544	8	珠海	466
4	苏州	542	9	无锡	450
5	杭州	534	10	宁波	430

资料来源：广东省社会科学院，南方日报.中国城市创新指数［N］.南方日报，2016-03-01.

（三）西部地区战略性新兴产业引领制造业绿色发展的资金和人才支持不足

战略性新兴产业引领制造业的绿色发展，资金支持是基本前提、技术是基本动力、人才是持久保障。

1. 西部地区战略性新兴产业引领制造业绿色发展面临资本的约束

一方面，西部地区经济发展水平和人均收入水平相对于东部地区而言是落后的，因此，整个区域的资本积累和投入也会相对不足，体现在战略性新兴产业培育和传统制造业转型升级与绿色发展上的投资依然不足。

另一方面，西部过去培育起来的制造业大多数属于大中型国有企业，由于产业转型和企业制度改革滞后，对市场适应性差，导致企业总体竞争能力偏弱。因此，多数企业很难依靠自身进行大规模的资本积累和创新研发，对目前战略性新兴产业的扩散效应也承接不足。再加上西部地区资本市场发展相对滞后，使得西部战略性新兴产业引领制造业绿色发展面临资本短缺的问题。虽然近年来国际产业结构调整、东部地区实施产业转移，有一部分制造业开始向西部地区转移，但西部地区的制造业在转型发展、绿色发展中还是难以快速推进。

从西部地区物质资本的形成机制来看，首先，西部地区物质资本的原始积累相对薄弱，转轨前资金来源的主要渠道是中央财政及国有金融机构的存贷款。由于体制外的金融供给相对缺乏，使得西部地区的资本供给不足以支撑制造业转型升级和战略性新兴产业的大力培育。此外，由于政府在资金配置中占据主导地位，其经济发展模式的市场化不足，经济竞争力因此不强。从资本的转化能力看，西部大部分地区的资金使用效率也不高，企业资产贡献率相对较低。因此，物质资本原始积累不足、资金供给量不足、资金使用效率不高、资本转化能力不强，成为制约西部地区制造业创新转型及战略性新兴产业培育的重要约束因素。

2. 西部地区战略性新兴产业引领制造业绿色发展面临人才资源约束

从人力资本的内涵上看，包含数量和质量两个方面。从绝对数量上讲，西部地区拥有丰富的劳动力资源，四川省是西部地区劳动力资源最富集的省份，2014 年年末总数达到 6 490.0 万人。2014 年年末城乡就业人员 4 833.0 万人；按产业划分，第一产业 1 909.0 万人，减少 46.8 万人；第二产业 1 275.9 万人，增加 21.4 万人；第三产业 1 648.1 万人，增加 41.1 万人。三次产业就业结构由上年的 40.6%：26.0%：33.4%变为 39.5%：26.4%：34.1%。从四川省的就业情况看，三次产业就业比重有一定程度的优化。这是西部地区制造业绿色发展的人力资源数量基础。但是，战略性新兴产业引领制造业转型升级和生态化发展需要的主要是人力资本质量支撑。劳动力的质量具体可以从劳动力的健康状况、受教育程度等方面衡量，其中，劳动力的受教育状况是目前衡量劳动力质量的最主要指标。总体上讲，西部地区与东部地区相比劳动力质量不高。

以教育经费的投入为例，西部地区的投入要落后于东部地区，详见表 8-8。这种人力资本投资的缺乏导致西部地区整体上人力资源素质不高，而这种低质量的人力资源又导致高层次人力资本的低形成率，从而使得当前西部地区的人力资本存量不足，进而制约战略性新兴产业的培育和制造业的绿色发展。

表 8-8　　　　　2014 年全国公共财政教育支出变动情况统计表

省（市、区）	公共财政教育支出（亿元）	公共财政教育支出占公共财政支出的比例（%）	比 2013 年增长率（%）
北京市	758.49	16.76	8.49
天津市	517.01	17.92	12.03
河北省	802.31	17.15	4.29
山西省	495.80	16.07	-3.04
内蒙古	459.34	11.84	4.84
辽宁省	604.14	11.89	-9.97
吉林省	403.43	13.85	-4.46
黑龙江省	502.22	14.62	3.42
上海市	674.36	13.70	0.99

表8-8（续）

省（市、区）	公共财政教育支出（亿元）	公共财政教育支出占公共财政支出的比例（%）	比2013年增长率（%）
江苏省	1 485.19	17.53	8.50
浙江省	1 018.57	19.74	10.84
安徽省	743.07	15.93	1.58
福建省	628.09	18.99	10.86
江西省	696.22	17.93	6.74
山东省	1 460.15	20.34	4.47
河南省	1 097.58	18.21	-0.44
湖北省	690.63	14.00	16.68
湖南省	823.67	16.42	2.87
广东省	1 779.50	19.44	10.02
广西壮族自治区	659.35	18.95	7.76
海南省	170.71	15.52	10.74
重庆市	447.14	13.53	9.9
四川省	1 051.39	15.47	1.95
贵州省	631.83	17.83	14.16
云南省	669.14	15.08	-0.26
西藏自治区	142.64	12.03	29.24
陕西省	694.68	17.53	2.02
甘肃省	401.10	15.78	6.63
青海省	156.23	11.59	26.85
宁夏回族自治区	119.59	11.95	7.03
新疆维吾尔自治区	558.25	16.83	7.25

从表8-8可以看出，近年来全国各省（市、区）都不同程度地增加了公共教育经费的投入。但西部地区教育经费投入占财政支出的比例落后于东部地区和中部地区。

如果分地区来看，东部地区（含东北地区）公共财政教育经费投入总额为10 804.17亿元，中部地区为4 546.97亿元，西部地区为5 990.68亿元。如果从生均教育经费（各区域财政教育经费投入总额/区域学生人数）对比看，东、中、西部的区域生均经费投入严重不平衡，西部地区生均教育经费偏低的情况依然突出。如2013年北京地区的基础教育阶段生均经费平均为28 668元，而贵州省为6 872元。

另外，从高层次领军人才的分布看，中国的两院院士籍贯大部分分布在东部地区，西部地区的差距十分突出，截止到2015年，西部籍两院院士合计总数为200人，与排名第一的江苏省相比，西部12省（市、区）的总和还不及江苏省的一半，

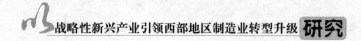

仅相当于江苏省的 44.4%，如表 8-9 所示。仅仅是 2015 年新当选的院士，江苏籍的新院士就高达 22 人，浙江籍的 11 人，湖南籍的 13 人，山东籍的 10 人，都远远超出其他省（市、区）。

表 8-9　　　　　　　　1955—2015 年中国两院院士籍贯分布表

排名	地区	数量	排名	地区	数量
1	江苏	450	16	山西	38
2	浙江	375	17	陕西	38
3	广东	145	18	重庆	34
4	山东	143	19	天津	30
5	福建	139	20	吉林	28
6	湖南	131	21	黑龙江	18
7	安徽	111	22	云南	12
8	河北	99	23	广西	10
9	上海	84	24	内蒙古	10
10	湖北	84	25	贵州	9
11	四川	75	26	甘肃	7
12	辽宁	74	27	海南	4
13	河南	72	28	新疆	3
14	江西	65	29	宁夏	1
15	北京	41		西藏	1

资料来源：六十年来中国两院院士籍贯分布 江苏第一［N］. 扬子晚报，2015-12-14.

以上分析表明，西部战略性新兴产业引领制造业转型升级和绿色发展面临着多重困境，而在西部传统经济内部这种困境又较难突破。因此，必须在传统经济之外寻求新的途径，同时也必须从全球分工和全国分工的角度寻找新的发展机遇，那就是新兴产业的大力发展。近年来西部地区兴起了大量工业园区、科技园区、创新型企业，是西部传统经济之外的新生形式，在体制机制和产业政策方面具有一定的优势。因此，西部制造业有可能利用新兴工业园区、在布局战略性新兴产业方面重新振兴、定位。利用自身自然资源的比较优势，引领制造业绿色发展、低碳发展、循环发展，走出一条不同于以往的新型发展道路。做到既经济又环保，要向青山绿水要效益、向绿色发展要效益，向循环发展要效益，向低碳发展要效益。

（四）西部地区战略性新兴产业引领制造业绿色发展的内生能力培育不足

近年来，随着中国经济增速放缓，东部沿海当年快速发展的动力也在削弱。从外部因素看，进入 21 世纪后，欧美发达经济体不断陷入危机，需求减弱，以欧美发达经济体经济为主要开放对象的东部沿海地区也随之放慢了脚步；从内部因素看，劳动力、土地等要素成本不断上升，以加工贸易为主的劳动密集型产业优势渐失。2007 年，我国长期以来形成的"东快西慢"的区域经济增长局面发生了转变。据统计数据，当年西部地区经济增速首次超过东部。东部10省市国内生产总值占全国的比重在2006年达到55.6%的峰值后逐年下降，到2014年已降至51.2%。根据各地统计部门公布的数字，2016年4月东部地区规模以上工业增速出现了整体放缓的趋势。

西部制造业或工业发展速度实现赶超的同时，我们还应当看到另一层面的危机，即西部地区制造业绿色发展能力培育不足的问题。要提高企业的市场占有率和竞争能力，最优策略是不断提高企业的技术创新能力，使产品不断更新换代，引领市场消费。制造业的绿色发展、低碳发展、循环发展是需要一定的基础条件的，如企业管理者的理念意识，企业的各项积累和人才储备，政府的服务和支持，环境资源的支撑。

单从制造业或规模以上工业企业发展的基本情况看，西部地区制造业的创新也不足，面临着R&D投入不足、R&D占GDP比重低的困局。因此，西部地区企业的创新能力整体与东部地区存在较大差距。因此可以说，西部制造业实施绿色发展的内生能力培育不足，如表8-10和8-11所示。

表8-10　2006—2013年各地区有R&D活动的规模以上企业占总数的比例（%）

年份	东部地区	中部地区	西部地区	东北地区
2006	23.97	23.12	27.28	20.64
2007	25.12	24.23	25.70	19.75
2008	26.10	23.45	20.61	17.60
2009	33.44	29.12	24.80	22.06
2010	31.85	27.28	19.36	16.35
2011	26.35	18.12	11.72	12.09
2012	17.83	10.08	7.53	4.96
2013	18.33	11.65	8.59	6.22

资料来源：中国创新发展报告（2015）——中国区域创新能力的综合分析［N］. http://www.doc88.com/p-1691580153409.html.

表8-11　　2000—2013年我国各地区R&D经费支出占GDP的比重（%）

年份	东部地区	中部地区	西部地区	东北地区
2005	1.492	0.737	0.920	1.239
2006	1.587	0.831	0.891	1.181
2007	1.674	0.876	0.934	1.207
2008	1.739	0.949	0.899	1.160
2009	1.940	1.184	1.088	1.362
2010	2.205	1.164	1.079	1.297
2011	2.144	1.192	1.044	1.282
2012	2.332	1.299	1.094	1.281

表8-11（续）

年份	东部地区	中部地区	西部地区	东北地区
2013	2.440	1.385	1.124	1.335

资料来源：中国创新发展报告（2015）——中国区域创新能力的综合分析［N］. http://www.doc88.com/p -1691580153409.html.

从表8-10的数据可以看出，西部地区在2008年前规模以上工业企业的R&D活动还比较活跃，与中东部地区和东北地区差距不大，但最近几年差距却越来越大，到了2011年、2012年和2013年都不及东部地区的一半。从表8-11的数据可以看出，西部地区R&D经费投入占GDP的比重一直不及东部和东北地区，至2009年开始连续5年不及中部地区。

自改革开放以来，西部地区制造业与东部地区和东北地区之间的差距是越来越大的，再加上最近几年在研发经费投入等方面的差距，西部制造业的追赶速度也只是体现在数量上，质量上的提升、内生能力的培育还是相当不足的。

西部制造业除了技术落后，还有一大硬伤就是产能过剩。2008年金融危机后，中国制造业逆市向上，2010年制造业产值的全球份额超过美国，成为世界第一。资金支持驱动了经济数量扩张的同时还沉淀了可观的生产能力，并造成传统产能过剩的局面。自2008年金融危机、欧债危机让欧美等国停住了高负债和高消费的经济增长脚步，从而对出口导向明显的中国制造业形成结构性制约，西部制造业要想借助于外力摆脱产能过剩的痼疾也将非常艰难而漫长。目前西部地区显示的"高端上不去、低端难保持"的困局，正是转型期必然的乱象和必经的磨炼。

（五）西部地区制造业发展整体滞后，没有形成一个有足够影响力的制造业群体

由于制造企业规模不大、品牌效应不明显，西部地区目前并没有形成一个强有力的在世界上有足够影响力的制造业群体。

根据《财富》杂志新发布的排行榜显示，西部地区在2013年诞生首家世界500强企业——陕西延长石油（集团）有限责任公司，排名第464位，实现了西部地区世界500强阵营中零的突破。但从《财富》杂志2015年世界500强的排行榜显示，中国共有106家企业上榜。在上榜的企业中，西部地区依然只有陕西煤业化工集团一家企业，排名第416位。

从上面的论述可以看出，从国际国内影响力来评价，西部制造业存在品牌不响、规模不大、竞争力不强等多种内伤。如果西部地区不能形成一个在国际国内有足够影响力的制造业群体，制造业的绿色转型也将面临很大的困难。

（六）经济新常态下西部地区的制造业绿色发展面临新的困难

我国目前的经济新常态不是一个新的周期，而是一个新的时期。经济新常态下，西部传统制造业要实现转型升级、新兴制造业面临激烈竞争的压力。由于历史的、地理的原因，加之区域经济整体落后、生态脆弱、观念落后、市场发育不充分、社

会维稳压力大、人才缺乏等诸多现实困难，制造业的绿色发展、低碳发展面临更多新的挑战。

一是面临更严重的生态环境脆弱发展风险。基于经济社会发展的水平，人民群众对发展和环境的要求越来越高。西部大部分地区尤其是少数民族聚居地区生态环境脆弱，绝大部分属于限制开发区或者禁止开发区，经济发展与生态环境保护的矛盾十分突出。在当前的社会发展进程中，既要实现制造业的跨越发展，又要保护生态环境，要实现生态、生产、生活统筹发展，这个巨大的挑战将无法回避。

二是面临发展观念相对落后的制约。这是西部地区实现制造业绿色发展的软肋。当前，经济新常态已经形成，政治新常态正在逐步形成，人们的思想观念需要改革和创新来打破旧观念、旧思维。西部地区相对于东部地区而言思想观念比较陈旧、社会文化心理比较封闭、封建色彩和小农意识比较突出。小富即安，容易满足，主动性、积极性、创新性不足的问题在民族地区干部与群众中仍然存在。严重销蚀制造业的发展动力，影响发展速度和质量。

三是面临维护社会稳定压力大的复杂社情。西部地区尤其是西部民族地区情况复杂，多宗教多教派并存，民族问题、宗教问题、社会问题相互交织，加之经济发展新常态下各种矛盾和挑战层出不穷，维护社会稳定压力增大。如何平衡发展与稳定的关系，实现以发展促稳定、以稳定促发展的目标，对西部地区的制造业来说也是一个挑战。

四是面临缺乏人才支撑的要素制约。这是西部地区制造业实现绿色发展的最大瓶颈。经济新常态下，人才呈现出高端集聚、市场配置、自由流动的特点，加速了西部地区人才的招留难度。面对这些新的困难和挑战，西部地区的相关部门和制造业主体一定要有定力，要保持平常心态，坚持正确面对和积极应对，不要急功近利、急于求成，更不要以牺牲生态环境为代价实现迅速的赶超。

以上分析表明，西部制造业绿色发展面临着多重困境，竞争力仍然较低，创新能力不强，科技与经济发展脱节，生产率与东部相比没有优势。因此，西部制造业可以利用新兴工业园区的平台载体、通过培育新兴制造业来实现振兴。

第二节　西部地区战略性新兴产业引领制造业绿色发展的基础及优势

一、西部地区战略性新兴产业引领制造业绿色发展的生态基础

（一）环境保护法的修订和实施为西部地区获得生态补偿及生态资源资本化提供了法制保障

2014 年 4 月 24 日，十二届全国人大常委会第八次会议通过了《环保法修订

案》，这是环保法实施 25 年来的首次修订，也是环保法律与时俱进，开始服务于公众对依法建设美丽中国、美丽家园新期待的最直接反映，新法已于 2015 年 1 月 1 日起施行。新《环境保护法》第 31 条明确规定"国家建立、健全生态保护补偿制度"，提出"国家指导受益地区和生态保护地区人民政府通过协商或者按照市场规则进行生态保护补偿。"《环境保护法》提出的建立生态补偿制度包括流域类水的生态补偿、大气的生态补偿、上级对下级的生态补偿、同级政府之间的生态补偿，这表明国家从法律层面规定了良好的生态环境质量这种具有典型正外部性的产品不再是"免费的午餐"。

生态"有偿"使用机制是对传统资源环境观念的修正，大家逐渐认识到青山绿水资源宝贵，而要维持青山绿水又需付出成本和代价的，西部地区很多重要生态功能保护区都属于禁止和限制开发地区。不仅限制开发还需要保护，西部的这些地方就要付出财政成本和经济发展的机会成本。通过生态补偿制度获得合理的补偿，这些地区才能实现社会进步和可持续发展。所以，在《环境保护法》框架下，国家近年来对西部地区的生态重点区域加大了生态补偿的力度，生态补偿制度探索也在积极推进中。

虽然国家和省级对西部一些生态功能保护县区给予了一定程度的补偿，但由于并未形成一套成熟健全的补偿机制，普遍存在补偿标准偏低、补偿预期不明确等实践困惑。补偿资金中中央财政投入占所有生态补偿资金的大头，西部各地方政府和企事业单位投入、优惠贷款、社会捐赠、江河流域上下游之间的横向补偿等渠道较为缺失。生态补偿中，无论是流域上下游之间水资源的补偿，还是大气质量的补偿、上级对下级的补偿、同级政府之间的补偿等，都应考虑生态保护的成本、发展机会成本的丧失和生态服务的价值。

西部地区由于其特殊的地理位置和重要的生态地位，需要在出台生态补偿制度时，对其生态地位的重要性及其为了保证良好生态环境、丧失发展机会而造成的落后状况进行准确的评估，在遵循合理的补偿标准、适用科学的补偿原则基础上，除了政府进一步加大投入外，还需引导企事业单位、社会团体、非政府组织等各类生态质量的受益主体承担补偿责任，督促生态损害者切实履行治理修复责任，督促受偿者切实履行生态保护建设责任，保证生态产品的供给和质量。

（二）西部地区近年来加大节能降耗和环境保护的步伐，取得了一定的成效

西部大部分地区都已经意识到生态资源对可持续发展的重要性，近年来逐步推行节能减排和环境保护措施，在这两方面都取得了相应的成效。

以四川省的两个民族地区甘孜州和阿坝州 2014 年节能降耗的情况为例：甘孜州 2014 年，单位地区生产总值能耗下降 2.55%，规模以上单位工业增加值能耗下降 8.09%。阿坝州有序推进 10 户企业清洁生产的项目改造。组织申报环保项目、争取资金，全年单位地区生产总值能耗下降 6.95%。全州已建成城镇污水处理厂 11 座，其中 9 家已投入运行。全州主要河流出境断面水质和所有饮用水源地水质均达到

Ⅲ类水质标准；城镇空气质量达到二级标准；城市噪声平均声效等级≤55分贝；全州环境质量继续保持优良。全州有县级以上自然保护区25个，面积222.12万公顷（1公顷≈10 000平方米，下同），占全州土地面积的26.4%。建成15个国家级生态乡镇。[1]

环境保护不是一蹴而就的事，需要几代人不断的努力。西部地区在多年的探索和实践中，深知环境保护与开发并重的道理，在源头保护、生态建设、生态治理、自然资源的保护等方面做了大量的工作，取得了较好的效果。

以四川省甘孜州的大气污染控制为例，为有效控制大气污染，提升大气环境质量，促进甘孜州"蓝天白云、繁星闪烁"常态化，甘孜州环保局标本兼治、建立健全联防联控机制，综合施策成效显著。2015年1~9月份甘孜州空气质量PM10（粒径小于等于10微米的颗粒物）平均浓度为33微克/立方米，比2014年下降了5.1%，PM10平均浓度位居全省第二，获得省政府同比空气质量改善激励资金47.20万元。

甘孜州在控制大气污染上总体做了五项细致的工作：一是强化总量减排工作。与全州18个县（市）签订甘孜州"十二五"总量控制及削减目标责任书；加强对污染企业处理设施运行的专项督查，采取关停、限期治理等措施加强对重点领域、行业的污染治理工作，切实从源头防范和控制污染物排放。二是严格环境准入制度。严格落实"环评"和"三同时"制度，采取"总量指标"和"容量许可"双重调控措施，把好全州新建、改建、扩建项目环境准入关，对高污染、高耗能以及不能满足环境容量的项目坚决卡死，不开口子。三是加强监管巡查力度。研究制定了《甘孜州大气污染防治实施细则》，编制了《甘孜州重污染天气应急预案》，协同相关部门加强对建筑施工扬尘的监管，督促城管部门严控道路扬尘和餐饮油烟污染。四是加强环保宣传工作。充分利用甘孜州生态日、"六五"世界环境日等环境宣传日，深入企业、乡村、学校等开展"八进"活动，广泛宣传各类环境知识，倡导绿色消费方式和低碳生活，汇聚全社会参与环保、关注生态的正能量。五是强化环境信息公开。利用网络、电视、报纸、手机等平台的作用，公开环境质量信息、环评审批信息、环境监管信息和环保工作动态信息等，让群众通过不同渠道获取信息，切实保障公众的环境知情权、参与权和监督权。

（三）西部地区部分生态资源在全国具有比较优势，对制造业绿色发展形成资源支撑

西部大部分地区的经济社会发展虽然滞后，但是却拥有许多发达地区所不能比拟的生态资源优势、基础资源优势。如果依托这些优势资源，在生态文明建设中赢得一席之地进而获得更广泛的支持，制造业实施绿色发展的转型是没有问题的。

---

[1]　资料来源：甘孜藏族自治州2014年国民经济和社会发展统计公报，甘孜藏族自治州统计局.

1. 从自然资源的角度看，西部地区尤其是西部民族地区具有较大的比较优势

以四川省的凉山州为例，该地区是适宜发展特色制造产业的地区。凉山州是中国最大的彝族聚居区，辖区面积 6 万余平方千米，总人口 473.04 万人，境内有汉、彝、藏、蒙古、纳西等 10 多个世居民族。凉山是中国乃至世界罕见的"聚宝盆"，州内矿产资源丰富，而且品位高，开采条件好，综合利用价值高。凉山州有相当储量的矿产，其中，钒钛磁铁矿保有储量约为 13.73 亿吨；富铁矿 4 985.8 万吨；轻稀土氧化物总量 103.06 万吨，居四川省第一位，全国第二位；铜、铅、锌、锡（金属量）485.07 万吨，居全省第一位，在大西南乃至全国都占有重要的地位。贵金属、盐、磷、白云石、硅石等金属、非金属矿种也有相当储量。另外，凉山州的生物资源也极其丰富，适合发展特色产业。各门类生物资源 6 000 余种，其中，植物类 4 000 余种，动物类 1 200 余种，微生物类近千种。尤其是木本和草本植物资源丰富。森林面积 6 000 余万亩；野生植物资源富集，仅中草药类就有 2 500 余种，占四川省的一半以上。凉山州的烤烟质量名列全国前茅，蚕茧一年可养四季，蚕茧个大质优，茧丝洁白，弹性好。各类蔬菜也都具有"早、优、高、稀、特"的特点。石榴、苹果、脐橙、枇杷、桂圆、核桃、葡萄、花卉、花椒等都具有质量好、产量高、发展潜力大等优势。丰富的自然资源为西部民族地区发展特色优势制造业奠定了良好的基础。

2. 从生态建设的角度看，西部部分地区具有兼顾生态文明建设与绿色发展的条件

首先，西部大部分地区逐渐意识到生态建设重要性，在区域内大力发展生态经济，坚持开发与保护并重，科学利用环境承载能力，加快环保基础设施建设，严格控制污染物排放总量，实现增产不增污；坚持环境优先、适度开发，重点发展自然生态旅游业、区域特色现代产业等生态经济；坚持以生态恢复为主，科学发展生态农牧业等。培育建设一批循环经济示范企业和生态示范园区，依法实施强制性清洁生产审核，淘汰落后产能，推广应用新技术、新材料，发展低碳经济和环保产业。

其次，西部许多地区整治生态问题，加强生态环境保护。采取最严格的生态保护措施，巩固退牧还草成果，实施天然林保护工程、退耕还林工程、沙化防治工程、中小流域综合治理工程和矿山环境综合治理工程等生态治理工程，严格管理自然保护区、自然遗产地、风景名胜区、森林公园，推进森林、草地、湿地等生态系统保护和建设，加强环境污染治理，保护饮用水源地和基本农田，发展绿色经济，倡导绿色生产，加强环保科研，提升环境监测和污染物处理能力，严控各类污染和生态破坏，保证山青水净空气清新，扎实推动生态文明建设。

最后，西部许多地区都大力推进生态文明机制建设，加大监督投入力度，提供推进生态建设的重要保障。建立环评前置的综合决策机制，扩大公众对环境保护决策的参与面，保障公众的知情权、参与权、表达权和监督权。建立生态补偿机制和多元化投资机制，加大政府性生态文明建设投入，引导和鼓励社会资本、民间资本、

外来资本、金融信贷参与生态文明建设。加强生态建设组织领导，把生态文明建设纳入各级领导班子和领导干部考核评价体系，分解落实目标任务，严格兑现奖惩。

如四川省的阿坝州在研究自然资源管理体制改革、建立生态保护红线等措施上稳扎稳打，把对生态资源的呵护和追赶跨越发展、贫困人口的脱贫紧密结合起来，为民族地区树立扶贫与生态相生相容的典范。一方面积极研究自然资源管理体制机制：推进自然保护区制度创新，以"中国阿坝州自然保护示范区建设及发展战略研究"为主题，形成《阿坝州自然保护示范区项目建设初步方案》；加强国家重点生态功能区产业准入、深化集体林权改革、建立草原、湿地等生态补偿机制进行调查研究；推进生态环境保护管理体制改革，加快强制性清洁生产审核进度，督促企业完善强制性清洁生产审核报告；认真执行环境影响评价制度，严把项目审批关。另一方面，力促生态保护红线制度：实行最严格水资源管理制度，划定水资源开发利用控制、用水效率控制和水功能区限制纳污"三条红线"指标，制定最严格水资源管理制度考核办法；建立森林、湿地、物种保护红线制度；开展重大生态影响评价体系和评价方法研究，成立重大建设项目环评审查委员会，规范重大建设项目环评审批程序；严格总量减排目标任务，对主要污染物总量减排实行目标绩效考核；根据阿坝州资源禀赋，编制完成《阿坝州水资源保护规划》《阿坝州水源地保护规划》《阿坝州高半山林业发展规划》《阿坝州生态农业发展规划》《阿坝州生态保护与建设示范区建设方案》《阿坝州现代草原畜牧业发展规划》，并按照主体功能区划分，启动《阿坝州生态州建设规划》编制工作。

3. 从基础设施的角度看，西部地区基础设施建设提速为制造业绿色发展夯实了基础

2014 年国务院常务会议提出，2014 年全国铁路预计投产新线 6 600 千米以上，比 2013 年增加 1 000 多千米，其中国家投资近 80%将投向中西部地区。同时，发改委还明确要稳步推进城镇化建设，西部大开发将开拓新的城市群，促进西部新型城镇化的发展。我国东部地区常住人口城镇化率已经达到 62.2%，中部和西部的城镇化率则分别为 48.5%和 44.8%。国家规划提出，在 2020 年前，我国常住人口城镇化率要达到 60%左右，户籍人口城镇化率达到 45%左右。

由此可见，东部地区未来的城镇化将处于平缓态势，而中西部地区将加速发展，中西部地区酝酿巨大的投资机会。尤其是基础设施建设领域蕴藏着巨大的投资潜力。

以新疆为例，2014 年，新疆大力推进大通道建设和枢纽建设，公路交通固定资产投资 300 亿元以上，大力推进建设 7 大国家级公路运输枢纽。新疆计划新开工的铁路、公路、民航、轨道交通项目共 23 个。其中，铁路项目 5 个，分别是红柳河至淖毛湖、北通道将军庙至哈密（三塘湖、淖毛湖）至安北、哈密至额济纳、克拉玛依至塔城、北屯至阿勒泰等 5 条铁路。公路项目 14 个，包括明水（甘新界）至哈密高速公路等项目。民航项目 3 个，分别是且末机场迁建项目、和田机场改扩建项目、哈密机场改扩建项目。轨道交通项目 1 个。从一系列利好消息中，我们不难发

现，工程机械企业在新疆的发展空间巨大、市场广阔。新疆，拥有亚欧中心的地理区位优势，工程机械企业布局新疆，不仅可以获得巨大的市场空间，同时也可以实现向中亚国家的业务辐射，随着新疆基础设施建设的开展，工程机械企业也将迎来新的发展。而新疆只是国家开发建设过程中的一个典型代表，展望整个大西北，其在开发及基础设施建设过程中，所需要的工程机械产品数量更大、品类更丰富。

四川省也在近年来大力推进基础设施建设，使得区域内的交通、信息等通达性大大提升。从高速公路建设的情况看，在四川民族地区推行的高速公路建设取得新突破。全力推进了雅（安）康（定）、雅（安）西（昌）、汶（川）马（尔康）和仁（寿）沐（川）马（边）等民族地区高速公路建设，成效显著。雅安至西昌、西昌经攀枝花至云南、都江堰至汶川等高速公路都已建成通车；雅康高速公路已于2014年4月20日实现全线开工建设，汶马高速公路、仁沐马高速公路仁寿至井研试验路段也已开工建设；康定至新都桥、马尔康至青海久治、绵阳至九寨沟等项目正在加快开展前期工作，适时启动建设。

当然，西部地区还普遍存在物质资本匮乏，金融资本不足、财政资金总量小，居民自我投入能力低，制造业融资渠道狭窄等诸多困难。但是，在生态资源日益重要的今天，具有西部地域特点的产业，如电子信息产业、生态旅游产业、生态清洁能源产业、生态农业和民俗文化产业等产业具有得天独厚条件和基础，未来的生态效益型经济发展是有前景的。

二、西部地区初步形成战略性新兴产业引领制造业绿色发展的支撑

（一）西部地区制造业发展提速，初步形成绿色发展的制造业基础

进入21世纪以来，东部及沿海发达地区为加快产业结构升级，逐步调整区域产业布局，实行区域产业转移，集中力量发展高新技术产业和高端制造业。东部地区已逐步适应中高速增长的宏观环境，创新型产业和服务业加快发展。第一产业比重逐步下降，第三产业比重持续增高，产业结构得到优化。第二产业比重逐步下降，传统制造业快速向中西部转移。从2005年至2013年各地区生产总值的增量来看，地区生产总值增速最大的为内蒙古、宁夏、陕西，2013年地区生产总值比2005年增长了3倍多，这些区域主要为能源富集区。其次是，青海、广西、贵州、四川、重庆、湖南、湖北、江西，这些地区自然资源丰富、劳动力成本相对较低。

中西部地区充分利用资源优势，依托国家政策支持，承接东部地区产业转移，制造业发展突飞猛进，工业增加值，特别是制造业增加值快速增长，我国工业发展重心逐步向内陆移动。从2005年至2013年工业增加值增量及其区域分布情况来看，工业增加值增幅最大、增速最快的地区有内蒙古、陕西、青海、四川、广西、湖南、

安徽，大部分为西部地区，其增幅都在 4 倍以上。[①]西部地区制造业速度的提升、规模的逐步扩张将为制造业实现绿色发展提供强大物质基础和各项保障。

（二）区域经济结构不断优化，国家资金及政策支持不断向中西部地区倾斜

1. 国家投资布局逐渐向中西部地区倾斜

根据中国区域经济发展报告的表述，从全国区域投资结构变化来看，中西部地区逐渐成为国家投资的重点，从全社会固定资产投资总额变化可以看出，全社会固定资产投资的重心在逐步向中西部地区移动。2013 年全社会固定资产投资的中心已经处于河南的偏西区域，接近全国行政区划的地理中心。这说明从投资的区域空间分布来看，固定资产投资区域结构基本趋向合理。从 2005 年至 2013 年全社会固定资产投资的变化及其区域分布情况看，中西部地区的山西、河南、湖北、湖南、广西、贵州、青海、甘肃、陕西以及东部沿海地区福建、东北地区黑龙江增幅最高，其次是除上述西部省份以外的其他西部地区，东部地区的京津、长三角、珠三角地区投资增幅则最小。

从东部、中部、西部、东北四大区域主要行业的固定资产投资情况来看，东部地区的制造业、房地产、交通仓储、水利、环境和公共设施管理等行业全社会固定资产投资份额占全国的比重均呈下降趋势。中部地区制造业固定资产投资的增速最快，主要原因在于中部地区的中原经济区、长株潭城市群、武汉都市圈、鄱阳湖经济区等国家战略的实施，政策制度的支持加上中部地区凭借劳动力资源优势，积极承接东部地区制造业转移，制造业行业的投资突飞猛进。而西部地区在房地产业、交通仓储、水利、环境和公共设施管理等行业，占全国固定资产投资比重均呈上升趋势。说明，西部地区制造业绿色发展是有环境资源和生态文明理念支持的。东北地区各行业的全社会固定资产投资的所占份额比重变化不大，总体趋于平稳。

2. "一带一路"和长江经济带等国家战略全面推进，西部制造业面临发展机遇

2014 年的中央经济工作会议提出"要优化经济发展空间格局，继续实施区域总体发展战略"。由此可见，在未来较长的一段时期内，我国将会把缩小区域经济发展差距、加强保障和改善民生工作、优化产业空间布局作为经济发展的主要任务。

"一带一路"可以使中国与周边国家建立广泛的沟通和协作机制，逐步摆脱对美欧日出口的过度依赖，可以在更大范围内拓展新市场，获取和调配更多的要素资源，并通过资本输出消化过剩产能，有望成为中国经济增长的新引擎。而长江经济带是中国新一轮改革开放转型实施新区域开放开发战略，其覆盖的省（市）包括：上海、江苏、浙江、安徽、江西、湖北、湖南、重庆、四川、云南、贵州 11 个省市，面积约 205 万平方千米，人口和生产总值均超过全国的 40%。依托黄金水道推动长江经济带发展，打造中国经济新支撑带是国家未来较长时期内的大战略，西部的重庆、四川、贵州和云南可以借此支点撬动制造业的更快速和更大规模的发展，

---

① 中国区域经济发展报告 2014—2015 ［DN/OL］. http://news.ifeng.com/a/20150914/44651116_0.shtml.

既为绿色转型奠定基础，也为新的跨越做足准备。

三、西部地区生态文明理念的形成战略性新兴产业引领制造业绿色发展提供理念支撑

在全国大力倡导生态文明建设的大背景下，西部地区各地各级党委和政府也重新审视自己的发展道路，在生态文明建设中逐步探索出一整套适合区域特色的制造业发展道路。

以西部各地近年来快速发展的新兴工业园区为例，这些新兴工业园区实行了全新的体制，大都采用循环经济和低碳经济模式对园区进行布局，配备有污水处理、垃圾处理等配套工程，而且尽量引进国内外较为先进的技术，园区基本上可以做到零排放、零污染。为西部战略性新兴产业布局和制造业的振兴提供了绿色发展空间。

当然，西部地区的新兴工业园区也还面临着工业基础薄弱，制造业创新不足等问题。由于这些问题的存在，西部各地也在尽力借助园区自身在体制、政策、市场、融资等方面的优势，对本地传统制造业资源进行整合、升级改造。显然，二者的优势互补正是西部制造业走出困境，实现绿色转型发展的一条有效途径。

新兴工业园区在资源整合、集合创新等方面的优势为西部地区培育新型产业引领制造业绿色发展提供了一条可行路径。另外，西部地区对生态脆弱敏感区域的制度管理和生态偏向越来越明确，如取消部分区域的政绩地区生产总值考核、实施生态离任审计、实行差别化的生态文明制度建设和路径优化等，这些为制造业绿色发展提供了导向性的理念支持。如四川省的南部县、西充县等由原来的国家级贫困县迅速实现生态经济的赶超，在制造业绿色发展和新兴生态产业培育方面走出了一条可借鉴的典型发展道路。西充县目前是西部最大的生态食品供应县，被上海世博会联合国馆授予"低碳中国行品牌建设中国西部有机食品基地县"称号，以第一名的身份获得首批"国家有机产品认证示范创建县"称号，成为唯一纳入成渝经济区发展规划的有机食品基地县；先后被评为四川省十大宜居城市（第三名）、省级卫生城市、省级法制模范县、省级绿化模范县；2015年上榜国家发改委、环保部等11部委联合印发的《生态保护与建设示范区名单》，在四川全省乃至全国的影响力逐步提升。西充县生态产业取得成绩的经验就是大力推广循环经济、新建循环经济工业园区、兴建有机食品生产基地、大力培育绿色消费意识和绿色新村建设、发挥专合组织在县域农业发展中的引领作用等。

第三节　西部地区战略性新兴产业引领制造业
绿色发展的路径和措施

绿色发展是一个永恒的主题。2015 年 5 月，国务院发布《中国制造 2025》，这是我国政府实施制造强国战略第一个十年的行动纲领。报告提出要坚持"创新驱动、质量为先、绿色发展、结构优化、以人为本"的基本方针，把绿色发展作为未来中国制造业发展的主要方向之一，这是在制造业贯彻建设生态文明战略，促进我国制造业可持续发展的趋势选择。

一、加快西部地区以战略性新兴产业为引领的制造业结构调整

总体来说，从一、二、三产业看，最容易引起污染的是第二产业中的工业，因为工业消耗能源多。能源消耗以能源生产为基础，能源生产、开发，对资源环境影响大，带来大量污染；而且能源消耗过程中要排除大量废气、废渣等，也污染环境，因此，能源消耗大的产业一般对环境负面影响大，是典型的高消耗、高污染、高能耗产业。在我国，工业大约占全部能源消耗的 70%，而制造业占工业能源消耗的 80% 左右，因此，制造业占全部能源消耗的 56% 左右。而制造业中，能源消耗高的行业主要有黑色金属冶炼与压延加工业、化学原料和化学药品制造业、非金属矿物制品业、石油加工炼焦和核燃料加工业、有色金属冶炼及压延加工业，这五大行业又大约占制造业能源消耗的 80% 左右，这五大制造业与电力热力生产和供应业成为六大高耗能产业。而制造业中其他行业，污染相对小。

（一）加快西部地区战略性新兴产业的发展

虽然西部地区的工业比重低于东部、中部和东北地区，但西部地区单位地区生产总值的能耗却高于其他地区，说明西部地区工业中高能耗、高消耗、高污染的行业比重大。这就要求西部地区通过制造业结构的调整，改变制造业结构，实现制造业的绿色发展，推进制造业向绿色发展转型升级。制造业中，与传统制造业相比，战略性新兴产业具有技术含量高、附加价值高、能耗低、消耗低、低污染或无污染等特点，发展该产业，不仅可以提高制造业的竞争力，而且可以降低制造业单位地区生产总值的物耗、能耗和污染排放，推进制造业绿色发展。并且战略性新兴产业中本身就有节能环保产业，具有装备传统制造业和其他产业的作用，极大地提升区域制造业绿色发展能力，推进区域制造业绿色转型。而且战略性新兴产业中的多数产业也可以装备传统制造业和其他产业，推进制造业资源利用效率的提升和竞争力，促进制造业的绿色发展。

为此，西部地区要大力发展节能环保、高端装备、新能源、新材料、生物、新

能源汽车、新一代信息技术等战略性新兴产业。通过战略性信新兴产业的发展，提升西部地区战略性新兴产业的比重，降低西部地区对传统制造业、特别是高耗能制造业的依赖，降低西部地区制造业对资源、环境的依赖，降低西部地区单位制造业增加值的物耗、能耗和污染消耗，推进西部地区制造业与资源环境的协调发展能力。

大力发展节能环保产业。通过节能环保产业发展，装备传统制造业，提升西部地区制造业的资源利用效率和绿色发展能力。为此，需要支持西部地区高效节能通用设备制造、高效节能专用设备制造业、高效节能电气机械制造、新型建筑材料制造、先进环保专用设备制造、环境保护监测仪器及电子设备制造、环境污染药剂材料制造等产业发展，支持矿山资源综合利用、工业固体废物废气废液回收和资源化利用、农林废弃物资源化利用、水资源循环利用与节水等产业发展。

大力发展新能源产业。西部地区是我国蕴藏风能、太阳能等新能源资源最丰富的区域。大力开发西部地区新能源资源，同时大力发展新能源装备，形成完整的产业链，逐步将西部地区发展成为我国新能源的中心。通过新能源的发展，逐步降低西部地区制造业对煤炭等传统能源的依赖，减少碳排放，将极大地提升西部地区制造业的绿色发展能力。大力发展新能源汽车，不仅提升西部地区环境友好产业的发展，而且将促进西部地区新能源企业的市场开发。

大力发展智能装备制造，通过发展智能测控装备制造、重大成套设备制造等，不仅提升西部地区装备制造业水平，而且，将这些智能装备应用于西部地区传统制造业，可以极大提升西部地区传统制造业的生产效率和资源利用效率以及西部地区传统制造业的绿色发展水平。

西部地区的传统制造业主要集中在能源产业、资源深加工产业等，其中资源深加工产业主要包括冶金、化工、纺织、食品等。一些战略性新兴产业对重要战略资源有一定依赖性，而这些资源大多集中在西部。因此，西部地区培育和发展战略性新兴产业，可在资源和资源产业上下功夫。西部地区要充分利用好这些战略性资源，积极发展具有一定比较优势的战略性新兴产业，西部各地政府要在政策支持、资金融通等各个方面加大支持力度，使这些战略性新兴产业迅速成长壮大，并成为推动西部地区的绿色制造的主要推动力，引领西部地区制造业转型升级。如西部钒钛和稀土资源得天独厚，可利用钒钛资源发展钒钛新材料产业；依托稀土资源发展稀土新材料产业；并充分利用西部地区稀有金属资源发展合金新材料产业。

（二）加快西部地区传统制造业改造

通过战略性新兴产业发展，尤其是其中新能源产业、节能环保等产业的发展，通过其技术提供、设备提供、科研支持等逐步稳定和控制西部地区传统的高耗能、高消耗、高污染制造业的发展，降低西部地区高耗能、高消耗、高污染行业在制造业中的比重，从而降低西部地区制造业单位增加值的能源消耗、资源消耗、污染排放和二氧化碳排放。充分利用西部地区战略性新兴产业技术和产品，装备西部地区传统制造业，提高西部地区传统制造业资源利用效率、减少污染和二氧化碳排放、提高产品的质量，提升传统制造业的竞争力、绿色发展能力。

二、发挥好政府在西部地区战略性新兴产业引领制造业绿色发展中的作用

（一）西部各地各级政府做好以新兴产业引领制造业绿色发展的整体谋划和引导

21 世纪初，中央政府开始通过规划引导，制定支持政策，将绿色发展的理念和相关发展目标融入每个"五年"规划和新兴产业发展中去。《中国制造 2025》经李克强总理签批，国务院 2015 年 5 月向全国公布，该规划中明确"三步走"的制造业强国战略目标。按照这个战略目标的规划，即便是我国到 2025 年实现第一步战略目标，即迈入制造业强国行列，我国仍处于工业化进程中，与发达国家比较还有不小的差距。目前我国关键核心技术与高端装备对外依存度较高，以企业为主体的制造业创新体系不完善，而且资源能源利用效率不高，环境污染突出的问题依然存在。

西部的制造业相对于东部发达地区而言，在核心竞争力培育、企业研发投入、企业品牌打造等方面都还存在巨大差距。根据《财富》杂志公布的结果，2015 年西部地区进入世界 500 强方阵的制造业只有陕西煤业化工集团一家企业。因此，西部各地各级政府一定要找准着力点，在制造业发展规划和制度设计上谋划好绿色发展的路径和方向，引领和鼓励制造业实施绿色发展目标。

西部各地的规划要坚持把绿色发展作为谋划战略性新兴产业和制造业发展的重要着力点，新兴产业必须以绿色为要义，不再新增污染，传统制造业在新兴产业的引领下、在新技术支持下，加强节能环保技术、工艺和装备的推广应用，实行清洁生产、节能减排；新兴产业以科技园区为平台，大力发展循环经济，构建绿色制造体系，走生态文明的发展道路。一方面，在规划中体现生态文明理念和方向。大力帮助制造业提升科技创新能力和实施制度支持。着力推进重点行业单位工业增加值能耗、物耗及污染物排放的进一步降低，力争达到国内先进水平；形成一批具有较强国际竞争力的跨国公司和产业集群，在全球产业分工和价值链中的地位明显提升。另一方面，在规划中全面推行绿色制造方面的工作部署。推进先进制造业和战略性新兴产业的高起点、绿色化发展。

（二）西部各地各级政府要做好制造业绿色发展的区域顶层设计

新兴产业的培育和传统制造业绿色发展都需要前期投入，如果纯粹依靠技术推动与市场拉动，其自然发展速度会相对缓慢。因此，政府在顶层设计政策制度时，要把新兴产业培育与传统制造业改造集合起来，要把制造业发展的现状和未来结合起来，具体做好以下几方面的制度和程序设计。

1. 对传统制造业设计适当的绿色监管、评价和激励制度

西部地区只有通过发挥各级地方政府的作用，使政府的绿色发展战略和各种环保规章制度督促及约束传统制造业企业实施绿色发展战略、做好技术设备更新升级，

才能使企业抓住绿色发展的机会。设计适当的绿色制造评价和激励制度。绿色制造本身是一种企业行为，由于它强调企业效益与社会效益的协调，因此在一定程度上可以认为这种企业行为具有公共物品的属性。对于具有公共物品属性的绿色发展仅仅依靠市场机制来调节参与应该是不够的，要使绿色制造成为企业的自觉行为，政府必须先行一步，要建立合理的绿色制造评价体系，它涵盖绿色产品评价体系、制造工艺评价体系、环境评价体系、资源评价体系等内容。综合评价指标为政府建立制造业绿色产品的准入机制提供了不可缺少的必要条件，政府可以利用其强制力对制造企业进行监督和约束。

政府的激励制度设计是企业绿色制造的一个重要诱因，在"市场失灵"的情况下政府从社会公众的利益出发，靠技术支撑、资金支持、政策导向、新兴产业培育引领推动绿色发展模式具有积极的现实意义和长远的战略意义。政府激励的具体措施可以包括税收优惠、专利制度、对推动绿色制造的关键技术直接投入研究、帮助企业引进、建设人才队伍等方式。政府实施激励措施的目标是为企业绿色制造提供一个良好的市场环境，使企业选择绿色制造模式发展时会更有竞争力。通过这些激励措施，使得企业在自利机制的作用下，让传统制造模式慢慢退出市场。

2. 实施新兴产业引领制造业绿色发展的政策制度

地方政府是新兴产业培育的引导者、推动者，是传统制造业逐渐转向绿色发展的政策制造者，要充分利用绿色制度政策、法律法规来支持来促进新兴产业对制造业绿色发展的引领带动作用。西部地区各地各级地方政府要具备绿色发展的战略眼光，制定有利于西部地区战略性新兴产业引领制造业绿色发展的人才需求、资金支持、项目确立等方面的政策、法律法规，使有志于战略性新兴产业引领制造业绿色发展的有识之士积极投入资金、投入人力资本。地方政府要规范自身行为、依法行政、规范用权，做好新兴产业引领制造业绿色发展的环境服务、制度供给和技术支持；严格地按照绿色政策、法规规范标准执行，坚持公平、公正、公开、透明，杜绝执行政策的随意性。在地方政府的决策过程中融入民主决策、科学决策理念，拓宽地方政府决策视野，通过制度设计促进新兴产业依据其技术优势、管理优势、制度优势引领制造业绿色发展，保证政策的科学性和可持续性。防范地方政府可能出现的换一届领导换一种思路、换一朝政策的现象，使地方政府的政策法规保证连续性和稳定性。

3. 设计战略性新兴产业引领制造业绿色发展的各项制度和措施

首先要加强引导。在市场经济中，绿色的经济发展战略模式，要以市场为导向，在需求中才能实现价值。西部地区的制造业企业在资金实力和人才实力方面还不足以承担绿色主体的角色，需要地方政府制定相应的制度和政策。地方政府要制定绿色产品的财税政策，优化地方政府的管理模式。地方政府要把制造业的绿色发展规划纳入地方基金和投资计划中。地方政府应主要采取以下几个方面的措施：

一是进一步加大节能环保先进技术、工艺和装备的研发力度。政府对这方面的基础研究积极支持和布局，并以此为方向积极布局新兴产业发展，在技术及装备支持下引领传统制造企业加快绿色改造和生产模式优化升级。二是鼓励企业降低能耗、物耗和水耗。积极推进企业提高绿色低碳能源使用比率；在企业中全面推行循环生产方式，促进企业、园区、行业间链接共生、资源共享、原料互供、信息共享，做到园区零排放、零污染。三是在重点区域、重点行业、重点流域推行绿色生产。

（三）培育制造业和新兴产业的绿色发展意识，政府履行绿色发展引导监管职能

在制造业绿色发展上，西部地区各地各级政府要坚守绿色理念。要使战略性新兴产业壮大并引领制造业绿色发展，就应该营造绿色发展的区域文化，在社会中尽快形成绿色生产、绿色消费的环境。增强政府官员和企业家乃至公众对制造业绿色技术和绿色产品的认可，使其认识到制造业绿色发展对推动社会发展的作用。只有全民族具备了绿色文化的底蕴，才能够提升绿色意识。

西部地区的各级各地政府还需要对民众的生态文明意识进行培养和引导。将生态文明的理念和行动贯穿在教育、宣传、消费等各个环节，从娃娃抓起、从生活中的点滴抓起，引导民众合理适度消费、节约资源、监督制造企业的绿色发展、参与政府的重大生态决策。

西部各级地方政府要履行绿色发展职能。要促进新兴产业企业及传统制造业企业、高校、科研院所等在绿色发展中的合作。同时，产、学、研相结合可以迅速提高制造业企业的绿色能力，为企业形成投入与产出之间的良性循环打下基础，帮助企业较快地进入市场的良性循环之中，使绿色发展的参与主体之间达到共赢的状态。

（四）政府扩大制造业绿色发展的资金支持

在推动制造企业绿色发展的道路上，政府除了引导和制定规则外，最直接、最有效的方法就是加大对相关企业的投融资。政府帮助投融资、发展产业集群的优势是起步快、资源足、协调优，在解决约束产业集群发展的各投入要素方面起重要作用。要引导传统制造业转变传统的发展模式，地方政府可以在以下几个方面对制造业绿色发展进行支持。

第一，地方政府加大对制造业绿色创新的财政投入力度。绿色创新的高投入和高风险特性使得新兴产业和传统制造业积极性不高，这就需要地方政府从财政直接投入方面给予一定程度的支持。

第二，地方政府加大对绿色制造业的税收减免力度。税收减免其实是政府对企业另一种形式的资金支持。西部各地各级政府要对本地区大力发展的战略性新兴产业、传统制造业实施绿色制造和创新的企业，采取提高起征点、降低税率、享受投资抵免企业所得税等优惠政策。

第三，帮助企业多渠道筹集发展资金。由于制造业绿色发展是在战略性新兴产业范围内进行发展，因此可以借助政府相关政策、法规的支持得到部分资金，但与企业发展所需资金还有很大的差距。因此，其余资金的来源还需要企业筹集。但企

业在筹资时，往往难以获得资本市场或公众的信任，因而获得政府信用担保就显得很重要。

三、提升西部企业在战略性新兴产业引领制造业绿色发展中的作用

（一）明确企业在推进绿色制造中的主体地位

作为制造业绿色发展的行为主体，企业在推动绿色发展中责无旁贷，同时也是其能在市场竞争中得以生存发展的基本要求。

第一，绿色发展、绿色创新既是企业的社会责任，又是企业可持续发展的保障。战略性新兴产业高起点规划、高起点实施绿色创新，以此带动传统产业实施绿色发展，不仅会使自身最大限度地提高资源的利用率，减少原料消耗，降低生产成本；同时，还能减少直至消除对环境的污染，改善人们的生产生活环境，提升人们的身心健康水平，提高工作效率，从而增加经济效益，利于人类的可持续发展。制造业的绿色发展是人类可持续发展战略的重要组成部分，是每一个企业都有必要实施的行为。

第二，绿色制造能增强西部地区企业的国际竞争力。制造业企业必须完全适应国际环境质量标准，遵守标准的规定并取得其认证，使得自身的产品进入国际市场，参与国际竞争。因此，企业遵循绿色发展路径会有助于企业不断采用清洁的生产方式，不断降低对能源和资源的消耗，把污染降至最小范围。将绿色制造转化为企业的一种经营战略决策，为企业带来巨大的经济利益和社会利益。企业实现绿色制造，能够增强国际竞争力，也是我国实现"中国制造2025"强国战略的重要基础。

第三，绿色制造有助于传统企业变革，有助于增强战略性新兴产业责任感。实施绿色制造是企业实现现代化和遵循时代潮流的有效途径。绿色制造的关键是降低环境污染和减少消耗。而传统的制造业却较难做到这点，战略性新兴产业却能在发展之初就站上这样的高度，因此以新兴产业的发展、技术进步、绿色创新来推动对传统制造业的技术改造，就是未来西部地区必须尽快推行的行动。未来经济发展主要依赖于知识和技术的推动，知识经济要求绿色制造。未来的市场是绿色的市场。谁拥有了绿色制造、绿色产品谁就拥有了市场。战略性新兴产业由于其多数技术是符合绿色制造要求的技术，必将越来越受到广泛的应用和推广。绿色制造为新兴产业的发展提供了良好的机遇，同时又为传统制造业提供新的发展机遇和思路，把实施绿色制造工艺技术作为企业可持续发展的支撑，是企业家明智的选择，也是企业可持续发展的最有效模式。

（二）政府和企业共同采取措施，积极构建绿色制造体系

企业要在自身的积累和政府的支持下大力开发绿色产品，推行生态设计，显著提升产品节能环保低碳水平，组织绿色生产，政府出台支持政策外，还要做好宣传引导，倡导民众绿色消费。

西部各地区要全面推行循环生产方式，促进企业、园区、行业间链接共生、原料互供、资源共享；生成绿色供应链，新兴产业企业在政府的引导下高起点实施绿色标准；西部地区要逐步壮大绿色企业规模，扶持战略性新兴产业发展壮大，并通过其影响和扩散效应，使得西部地区的企业在政府的引导下实施绿色战略、绿色标准、绿色管理和绿色生产；西部地区各级各地政府还应积极推动发展绿色金融。

（三）战略性新兴产业和传统制造企业都要强化绿色科技和人才支撑

欧美等发达国家的经验和我国改革开放以来的发展实践证明，制造业是研发投入的主要主体，是创新最活跃、成果最丰硕的市场主体，制造业的研发投入和创新水平从根本上决定了一个国家整体的创新水平。西部地区的工业要在未来一段时期内保持中高速增长、支撑西部地区经济社会发展水平进一步提升，同时还需要实现产业结构优化调整和生产方式的绿色化转变，要适应资源能源约束和生态环境的压力，就必须强化战略性新兴产业对传统制造业的引领、强化科技创新对制造业绿色发展的支撑作用。

国家从现在起到未来很长一段时期内将会全面发展壮大战略性新兴产业，并以此推动传统制造业发展。因此，西部的制造业要踏准节奏，积极与国际国内先进的绿色制造技术企业合作，大力引进消化吸收先进绿色发展技术，有条件的企业积极布局 R&D 的投入，积极组织人员实施自主研发。企业要积极主动地与高等院校、科研院所合作。西部的四川、陕西、云南等省份高等院校和科研院所的研发能力具有比较优势，还有些地区具有军工方面的先进技术，这些都可以为企业提供相关的科技服务。西部地区的制造企业要积极实施人才引进和激励战略，探索人才的使用和保留机制，为企业绿色发展提供人才支撑。

四、提高西部公众在战略性新兴产业引领制造业绿色发展中的作用

在绿色发展过程中，政府是推动主体，企业是执行主体，而公众则是需求和消费主体。公众对绿色产品需求的发展是绿色制造的直接推动力之一。制造商必须通过自身的变革适应市场、满足消费者的要求，以赢得市场。

（一）树立生态理念，积极参与绿色消费

理念是行动的先导。自 1992 年地球峰会提出"永续发展"主题以来，绿色消费作为实现全球永续发展的重要手段越来越受到各国民众的重视并参与。中国消费者协会确定 2001 年为"绿色消费"年，提倡"绿色消费"。"绿色消费"就要求生产者向消费者提供的商品或服务要符合消费者身心健康的要求、符合环境保护的要求、符合生态良好的要求。2016 年国家发展改革委、中宣部、科技部等十部门出台了《关于促进绿色消费的指导意见》（以下简称《意见》），《意见》特别提出鼓励民众消费绿色产品。《意见》提出了未来几年的努力目标，即到 2020 年，能效标识 2 级以上的空调、冰箱、热水器等节能家电达到市场占有率的 50% 以上；指出要加

快推广新能源汽车及再制造产品，各地要实施绿色建材生产和应用行动计划，推广使用节能门窗、建筑垃圾再生产品等绿色建材和环保装修材料。

西部地区各级各地政府部门可以先从公共机构带头推行绿色消费。西部地区要高起点、严要求。推行政府对节能环保产品的优先采购和强制采购制度、对战略性新兴产业生产的科技型产品予以大力支持，扩大政府绿色采购范围，健全标准体系和执行机制，提高政府绿色采购规模。政府采购首选绿色产品，这既是对绿色制造的鼓励，更是对社会的导向和责任。

在政府部门做好绿色消费的同时，积极宣传、引导和动员，让绿色宣传进课堂、进社区、进机关、进企业。帮助消费者树立绿色消费理念，对民众的消费行为进行适度的引领，对绿色消费行为进行适度的奖励等。

（二）监督参与政府的绿色引导和企业的绿色发展

加强民众对绿色制造的认识。民众要认识到绿色制造是与我们自身的生活和子孙后代的生活息息相关的大事。各级各地政府要保障民众的知情权和监督权、参与权，要充分发挥民众的热情和创新意识。只有这样民众才能做到在日常的生活和工作中，积极主动参与监督和鞭策政府的绿色支持系统建设、积极主动地监督企业实施绿色制造，并积极主动提出解决问题的意见和建议。

第九章　战略性新兴产业引领西部地区
制造业转型升级模式研究

近年来，西部一些地区响应国务院号召，充分利用自身优势，大力发展战略性新兴产业，取得了一定的成功。这些地区，通过发展战略性新兴产业，引领了制造业转型升级，增强了区域自我发展能力，带动了区域经济的发展。这些地区，发展战略性新兴产业的方法不尽相同。有的地区，战略性新兴产业并没有相关产业基础，或产业基础并不强，但依托中央和地方政府的支持，充分利用自身优势，新培育和发展了战略性新兴产业，并将战略性新兴产业发展成为区域支柱产业，引领了区域制造业的转型升级，带动了区域经济的发展；有的地区依托原有高新技术产业，发展战略性新兴产业；有的地区，通过军民融合发展战略性新兴产业；有的地区依托本地原有较为强大的制造业基础，深化发展战略性新兴产业，实现了区域制造业的转型升级；有的地区依托资源开发，利用资源开发积累的经济基础，结合资源深度加工，逐步发展战略性新兴产业，使区域经济逐步摆脱资源的依赖，获得了一定的成功。本章选取了西部的重庆市、北海市、贵阳市、西安市、绵阳市、鄂尔多斯市、自贡市等7个地区作为案例，分析西部地区战略性新兴产业发展的成功经验，进一步探索西部地区战略性新兴产业引领制造业转型升级的策略。这些地区涉及西部6个省级行政区的7个地级以上城市，包括直辖市、副省级城市和地级市，具有一定的代表性。

第一节　新培育战略性新兴产业引领模式

西部一些区域某些战略性新兴产业发展并没有产业基础，但这类地区，利用本地有利条件、优势，培育和发展了并没有产业基础或产业基础极为弱小的战略性新兴产业，战略性新兴产业发展迅速，使该类战略性新兴产业从无到有、从小到大、从大到强，并在全国乃至世界形成一定的优势，深刻改变了区域制造业结构，引领区域制造业和区域经济的发展。这些区域战略性新兴产业的发展经验说明，西部地区优势战略性新兴产业的培育并不一定需要原有产业基础，西部地区可以通过有利条件实现制造业的跨越式转型升级；西部地区有条件发展各类战略性新兴产业，有条件通过战略性新兴产业引领制造业转型升级，有条件通过战略性新兴产业提升西部地区自我发展能力、竞争力和发展水平。本节主要介绍北海市和贵阳市有关战略性新兴产业的发展经验。

一、北海市电子信息制造业发展

计算机、通信和其他电子信息设备制造业简称电子信息制造业，该类产业技术含量高，是目前制造业的前沿产业。根据我国国家统计局战略性新兴产业分类，新兴的电子信息制造业主要产品制造基本上都可以划入新一代信息技术产业。近年来，广西北海市正是通过发展电子信息制造业改变了北海市的制造业结构，提升了北海市的自我发展能力。广西北海市位于广西壮族自治区南部，南临北部湾，陆地与广西的钦州市、玉林市和广东省的湛江市接壤，辖海城区、银海区、铁山港区和合浦县，面积3 337平方千米。全市户籍人口169.4万人，其中市辖区人口约63.7万人。北海市开放历史悠久，是古代"海上丝绸之路"的重要始发港，是国家历史文化名城、广西北部湾经济区重要中心城市，是全国首批对外开放的14个沿海城市之一，是广大西部地区最近的出海口。

（一）北海市电子信息制造业发展主要措施

1. 设立开发区，提供电子信息制造业发展载体

为了发展北海市工业经济，更好地承接发达地区和国家制造业转移，北海市成立了多个工业发展载体。广西北海工业园区成立于2001年，2005年12月，被确认为全国第一批通过审核的省级开发区之一。2001年11月，北海国家高新技术产业开发区成立，北海高新区是广西北部湾经济区国家高新技术产业带规划的核心区，2006年与北海华侨投资开发区实行两区合并，2015年2月，升级为国家级高新区。为了充分利用北海在西部地区临海的区域优势，提升北海市发展加工贸易的能力，2003年3月经国务院批准，北海出口加工区成立，总规划面积1.454平方千米，是我国西部地区唯一临海的最接近东盟的国家级出口加工区。2006年广西设立北部湾经济区后，北海市的发展受到重视。为了加快电子信息制造业发展，为了更好承接电子信息产业转移，2009年12月30日，中国电子北海产业园正式开园。该园区是中国电子信息产业集团公司与广西壮族自治区人民政府战略合作的重大项目，是中央企业与地方政府合作建设城市高科技园区的创新模式。园区分为软件研发及服务、关键零部件及元器件、存储产业、整机加工制造、新能源、新材料等子园区，同时规划建设国家级存储实验室，全力打造存储研发生产基地、软件研发生产基地、整机研发生产基地及北部湾数据、灾备中心等"三基地一中心"。该园区成为北海市电子工业发展的重要载体。2015年，园区实现产值431.52亿元，带动北海市电子信息产业实现了千亿元的发展目标。

2. 制定电子信息产业优惠政策

北海市位于我国西部，是国家西部大开发的重点地区，因此按照国家规定，享

有西部大开发优惠政策。北海市也根据本地发展需要也制定了一些优惠政策，如提出属于高新技术产业的，可享受高新技术企业的相关政策；属于微型企业的，可享受微型企业的相关政策；对于投资规模大、投资强度高、带动效益好的项目，可根据有关规定向市政府申请采取"一事一议"原则商定优惠扶持措施。这些优惠政策，为电子信息制造业发展，创造了极好的发展条件。

同时，为了发展支持北海市电子信息产业创新和发展，北海市还根据国家和自治区有关规定，积极谋求国家和自治区相关扶持资金，用于引导和支持电子信息企业加快发展。北海市也从地方财政中提供一定的资金支持电子信息制造业企业发展。"十二五"时期，北海市设立了工业和信息化发展资金，对软件和信息服务业、两化融合、物流补贴和厂房补贴等方面大力扶持。此外，市政府还积极为电子信息企业融资提供帮助，如设立北海市中小工业企业信贷引导资金，先后与建设银行北海分行、邮政储蓄银行北海分行等金融机构签订了《北海市中小工业企业"惠企贷"业务合作协议》，以解决企业融资难的问题。

3. 抓住机遇，积极承接电子信息产业转移

北海市利用其优越的地理位置，良好的开放条件，自治区的支持，抓住国内外电子信息产业转移机遇，创造条件，大力承接电子信息产业转移，主要通过承接电子信息制造业转移，发展电子信息制造业，取得了巨大的成功。

2007年成功引进中国电子行业龙头——中国电子信息产业集团进驻北海工业园区。通过以商招商、招大商、招重商，先入园的龙头企业带来了上下游企业的投资。在中电集团等行业领军企业的带动下，引进了惠科、朗科、三诺、冠捷等一大批产业链上下游企业。其后，北海市又引进了富士康科技集团、景光科技等电子制造行业领军企业，电子信息产业布局逐步形成，链条不断延伸，规模不断壮大，产业的集群效应和带动效应逐步显现。目前，建兴光电、长城计算机、景光电子、冠捷电子、国钰电子等一批行业带头企业在北海投产；建成朗科国际存储科技产业园、三诺高新科技园等企业科技园。

4. 不断创新，推进电子信息转型升级

为了加快新一代信息技术产业发展，北海市在电子信息制造业发展基础上，向软件和信息服务方向拓展，不断推进区域创新。为此，2015年年底，总投资40亿元，占地面积约1 000亩的中国电子北部湾信息港项目开始建设。规划面积590亩的北海软件产业园开始设计、建设；面向东盟，打造跨境电子商务示范区的新加坡电信中国呼叫中心，另外，东盟产业融合大数据服务基地也已动工建设。北海高新技术产业园区的软件和信息服务特色也日益明显。为了加快北海市电子信息产业的转型升级，深化电子信息产业发展，北海市加快了新一代信息技术与制造业、服务业的深度融合与发展。

（二）北海市发展电子信息制造业取得的主要成就

自2006年设立北部湾经济区后，北海市"十年磨一剑"，紧抓重大机遇，发展

以电子信息制造业为引领的新一代信息技术产业，取得了巨大成功，城市面貌可以说发生了翻天覆地的变化，经济社会实现了跨越发展。不仅改变了北海市的工业结构，也深刻改变了广西壮族自治区的工业结构，引领、推进了北海、广西壮族自治区的制造业转型升级。

第一，北海市以电子信息制造业为引领的新一代信息技术发展迅速。北海市原有电子信息产业基础薄弱，2006 年，北海全市电子信息产业总产值仅为 25.6 亿元。2009 年其产值达到 102 亿元，成为北海历史上首个百亿元产业。广西生产的第一台笔记本电脑、第一块笔记本电池、第一台电脑电源、第一台海量存储器、第一台 LED 自适应显示器、第一台液晶电视以及拥有的第一条固态干钽电容器生产线均诞生在北海。到 2015 年，北海市电子信息产业产值达到 1 034.8 亿元，成为北海历史上首个千亿元产业。短短 9 年间，北海市电子信息产业总产值增长了近 40 倍，实现了从十亿级到百亿级、又到千亿级的跨越。根据北海"十三五"规划，到 2020 年北海电子信息产业产值将超过 2 000 亿元。通过电子信息产业发展，北海市将建成为北部湾"硅谷"。

第二，引领北海市工业迅速壮大。北海市电子信息制造业的发展又引领了北海市制造业的进一步发展。北海市规模以上工业总产值从 2005 年的 102.8 亿元提高到 2015 年的 1 871.4 亿元，年均增长达到 33.7%，其中"十二五"期间，北海市规模以上工业总产值从 365.9 亿元增长到 1 871.4 亿元，年均增长 39.6%，电子信息产业的贡献率在 50% 以上，引领作用明显。同时，电子信息制造业的发展也引领了广西电子信息制造业和制造业的发展。从 2011 年开始，北海电子信息产业完成产值占据自治区电子信息产业 60% 以上。到 2015 年，北海市电子信息制造业已占广西 70% 以上，成为广西电子信息制造业的发展中心，推进了广西制造业的结构升级，使电子信息制造业也成为广西的支柱产业。

第三，促进了北海市自我发展能力提升。在电子信息制造业的引领带动下，北海市地区生产总值从 2005 年的 164.6 亿元提高到 2015 年的 892.1 亿元，年均增长达到 15.6%。其中"十二五"期间，得力于电子信息产业的强力增长支撑，北海 2010 年到 2015 年的地区生产总值年均增长 15.4%。北海市财政收入也从 2005 年的 19.3 亿元提高到 2015 年的 143.0 亿元，年均增长达到 22.19%；社会固定资产投资从 2005 年的 67.24 亿提高到 2015 年的 932.54 亿元，年均增长达到 26.9%。

二、贵阳市大数据产业的发展

贵阳市是贵州省省会城市，面积 8 034 平方千米，2014 年常住人口为 455.60 万。近年来，贵阳市利用区域优势、国家支持，大数据产业发展迅速，成为国家级大数据产业集聚区，有"中国数谷"之称。贵阳大数据产业开始于 2013 年，2014 年贵阳市在全国率先提出大数据发展战略。短短三年左右时间，大数据产业就成为贵阳市重要产业，成为贵阳发展的产业名片、金字招牌，引领区域制造业和经济发展明显。

（一）贵阳市发展大数据产业的优势

大数据正成为信息技术的新热点，是近年来才出现的新兴产业、高科技产业，是产业发展的制高点。发达国家和地区都在尽力发展大数据产业，力图以此抢占先机，占据产业发展制高点。我国早已将大数据列为战略性新兴产业，所以我国发达地区也在努力发展大数据产业。贵阳发展大数据具有明显优势。

1. 生态条件适合

贵州省属亚热带季风气候，年平均气温 15.1℃，冬无严寒，夏无酷暑。特别是夏季凉爽，最热月平均气温低于 25℃，荣登"中国十大避暑旅游城市"榜首，被中国气象学会授予"中国避暑之都"称号。全年风速以微风为主，空气质量常年优良，空气清新，达到世界卫生组织设立的清新空气负氧离子标准的上限。同时贵阳由于特殊的自然环境，保存了较多的森林，也获得了"森林城市"称号，城市环境优美。区域处于中纬度，海拔在 1 000 米左右，紫外线辐射为全国乃至全球最少的地区之一，非常适合人居。区域也极少发生各类自然灾害。良好的生态环境使贵阳适合发展无污染的高科技产业、适合高科技人才生活、集聚。同时，由于贵州省是我国最不发达的省级区域，因此贵阳地区及周边工业总体不发达，这在一定程度上保护了贵阳周边原生态的自然环境，使贵阳非常适合发展以新一代信息技术为主的高科技产业。

2. 产业发展有一定基础

经过几十年的建设，贵州已成为我国重要的航天、航空、电子等军工产业基地，积淀了大量信息技术产业人才，也建成了我国重要的电子元器件生产基地。富士康第四代产业园已落户贵安新区，电子信息产业链不断完善，配套支撑能力不断提升。特别是贵安新区成立后，中国电信投资 70 亿元，占地 500 亩，设立云计算中心；中国移动投资 20 亿元，占地 275 亩，设立数据中心；中国联通投资 50 亿元，占地 500 亩，设立云计算基地。三大通讯运营商数据中心的建设使贵阳周边区域集聚 20 万~30 万套的机架、上百万台的服务器，成为国内乃至全球最大的数据聚集地之一，为贵阳发展大数据奠定了坚实的基础。另外，贵州省能源资源丰富，水电、煤炭等资源蕴藏量名列全国前茅，目前已得到合理开发，已成为我国南方重要的能源生产中心，可以保证大数据产业能源需求。

3. 战略优势

贵州长期以来是我国人均地区生产总值最低的省级行政区，而我国要进入发达国家行列，必须要全国都要达到发达水平。因此，贵州摆脱欠发达状态不仅是贵州省的事，更应上升为国家战略。为了支持贵州发展，国家已制定了大量的政策。贵阳作为贵州省会城市，得到国家更多的支持，并成为国家优先支持重点。2014 年1 月 6 日，国务院发布《关于同意设立贵州贵安新区的批复》，确立了贵安新区作为西部地区重要的经济增长极、内陆开放型经济新高地和生态文明示范区的战略定位，贵安新区战略上升为国家战略。近年来，为了支持贵州发展，中央也从各方面加大了支持力度。特别是支持北京与贵州合作，支持在贵阳建设中关村贵阳科技园，极大地提升了贵阳开发大数据产业的底气。

（二）贵阳市发展大数据产业的主要措施

1. 国家支持

贵阳市大数据产业发展离不开国家的支持。2013 年，北京中关村科技园贵阳分园开始建设，提出京筑创新驱动战略，大数据产业就在贵阳孕育发展。2014 年，在中央政府支持下，中国科学院软件所贵阳分所和北京贵阳大数据研究院建立，引进了阿里巴巴、中兴等著名互联网和电子信息企业，大数据产业开始确立为贵阳市的战略产业。2015 年，国家支持贵阳举办了全国首个举办数博会、成立全国首家大数据交易所；同时通过国家支持，开始在贵阳全域建设公共免费 WiFi，这是全国第一个全城市公共免费 WiFi 城市建设试点；同时，得到国家支持和同意，成立全国第一家贵阳众筹金融交易所，启动建设全国首个国家大数据综合试验区等；建设了中国首个块上集聚的大数据公共平台、成为中国首个政府数据开放示范城市。为了支持大数据产业发展，贵阳成立了全国第一个大数据战略国家重点实验室，该实验室由北京市科学技术委员会和贵阳市人民政府共同建立。2015 年 2 月，经工信部批准，贵阳、贵安新区共同创建国家级大数据产业发展集聚区，标志着"中国数谷"正式落户贵阳。经科技部同意，贵州省开展了"贵阳大数据产业技术创新试验区"建设试点。由国家投资的中国文化大数据产业项目也落户贵阳，总投资约 300 亿元。国务院也印发《促进大数据发展行动纲要》，将大数据产业提升到国家战略高度，贵州是其中唯一提及的省份及大数据综合试验区践行者。贵阳大数据产业的发展离不开国家一系列的政策和资金等支持。

2. 制定大数据发展规划

贵阳市为了推进大数据产业发展，制定了多个规划，为大数据产业发展指明了方向、制定了战略和措施。贵阳市出台《关于加快推进大数据产业发展的若干意见》，提出到 2017 年，贵阳市大数据产业的总量规模突破 2 000 亿元；并提出建设全国首个全域公共免费 WiFi 城市、全球首个块上集聚的大数据公共平台、全国重要的呼叫中心与服务外包集聚区、全国重要的数据中心集聚区、全国首个大数据交易中心、全国政府数据开放示范区、全国政府治理现代化示范区的目标。

该规划也提出了大数据发展策略和措施。一是提出建设城市数据基础设施，打造块上集聚的城市大数据公共平台；二是建立政府数据开放与市场交易的机制，深入挖掘大数据资产价值，为此提出主动开放政府数据、建立数据交易市场；三是加快推进大数据商业模式和城市治理模式创新，构筑大众创新创业生态体系，为此提出推进大数据商业模式创新、推进智慧城市治理模式创新、构筑大众创新创业生态体系；四是大力发展基础数据服务业，培育大数据核心产业，为此提出发展数据中心产业、发展服务外包与呼叫中心产业、发展大数据软件研发与新兴服务产业等；五是推进智慧贵阳云应用示范，驱动区域经济社会发展创新；六是提出构建多要素融合的大数据产业基地，创建国家大数据产业集聚区；七是加大政策支持，强化保障措施。提出加强组织领导、加大财政支持、保障土地供应、落实优惠政策、狠抓项目建设、加强目标考核等。规划一共36条，关于措施的每一条都指定了主抓单位和协作单位，因此更容易落实，也形成政府各部门引领社会发展大数据产业的氛围。

同时，为了加强大数据产业人才支撑，贵阳市委、市政府制定政策，对培养和引进大数据人才给予极大的支持。《贵州省大数据产业发展应用规划纲要（2014—2020年）》也发布，该纲要提出到2016至2017年将是贵州发展大数据产业的集群聚集期，引进和培养5 000名以上的大数据产业高端人才。为了支持大数据产业发展，贵州省人大常委会正在牵头开展大数据地方立法，《贵州省大数据发展应用促进条例》已在2016年出台，《贵州省政府数据资源管理暂行办法》和《信息数据采集办法》也将相继出台。贵州大数据产业的规划也极大支持了省会城市贵阳市的发展。

贵阳大数据产业发展的重点区域——贵安新区也提出了《贵安新区推进大数据产业发展三年计划（2015—2017）》，按此计划，贵州贵安新区将实施完善"贵安云谷"基础设施、建立大数据资源平台、搭建公共服务平台、加速产业集聚示范等重点工程和项目建设。

3. 积极落实大数据规划行动，加强大数据平台与基础设施建设

为了发展大数据产业，贵阳市政府与戴尔开展大数据及云计算合作，共建云联合实验室、搭建混合企业云平台以及开展相关大数据人才培训等。为了支持大数据交易，成立全国首家大数据交易所，即贵阳大数据交易所。为了支持大数据战略研究，贵阳市人民政府与北京市科学技术委员会合作，共同建立大数据战略重点实验室。2015年，贵阳以交通大数据孵化器的形式向社会开放2 000余G的交通数据。2015年，在全球首次举办了以大数据为主题的峰会和展会——贵阳国际大数据产业博览会暨全球大数据时代贵阳峰会（简称"数博会"），数博会成为贵阳市大数据产业的重要支撑平台。全国首个大数据资产评估实验室在贵阳互联网金融产业园开建，建成后将对企业数据资产进行评估、定价，并制定一系列数据定价标准，推动企业的数据资产进入资产负债表。特别是贵阳市建设了全国第一个城市公共免费WIFI，为大数据产业发展提供了坚实的基础，2015年5月，贵阳市全域公共免费WiFi项目一期工程投入使用。贵州省也加快了大数据基地建设，重点推进了贵安新区电子信息产业园、中关村贵阳科技园等园区开展大数据基地建设，支持金融机构和企业在贵州省建设数据中心。

4. 制定了大数据产业发展优惠与支持政策

贵州省和贵阳市人民政府制定了《关于加快大数据产业发展应用若干政策的意见》，提出从2014年起连续3年，贵州省、贵阳市和贵安新区，各区域每年安排均

不少于 1 亿元的资金用于支持大数据产业发展。并且，贵州省提出数据中心用电执行大工业电价，可优先列入大用户直购电范围；经认定聘用时间超过一定时限的大数据企业高管人员和核心技术人才，在个人所得税、住房、户籍等方面加大支持力度。

同时，贵州省提出将通过税收优惠、直供电、资金补贴和奖励等方式降低要素成本，加强对大数据龙头企业的引进和培育，支持有较强集成能力的信息提供商建设大数据服务平台；支持与大数据有关的企业的孵化、培育、创新和创业；支持软硬件企业和服务企业垂直整合，培育新业态，形成全方位的产品和服务供应体系；支持投融资机制创新，在从大数据产业发展专项资金中安排引导资金；支持大数据企业在国内外证券市场融资，积极帮助投资企业尽快回收资金。

为了培养更多大数据人才，吸引更多大数据人才到贵阳就业、创新创业，2015 年 1 月 6 日贵阳市委、市政府下发《关于加快大数据产业人才队伍建设的实施意见》。贵阳对相关院校、机构、企业、团队和个人等给予政策支持。针对在贵阳的高校、职业院校，贵阳对新获批建设的大数据相关专业博士点、硕士点、本科点、专科（高职）点，将分别给予 50 万元、30 万元、10 万元、5 万元的一次性奖励；各专业点根据情况申请市科技计划项目经费，列入国家级项目的和省部级重点项目的，最高分别资助 100 万元和 50 万元；对推荐毕业生到贵阳市大数据企业、科研机构工作的高校、职业院校，每年最高奖励 20 万元。为支持大数据人才创办企业、开发项目、自主创新：对拥有 1 名领军人才和 3 名以上核心成员的大数据产业创新创业团队或初创企业，将给予最高 500 万元创业启动资金。贵阳还制定了推进大数据成果转化、对大数据高层次人才的支持政策。

5. 积极开展大数据相关的创新创业和招商引资

早在 2013 年 9 月 8 日中关村和贵阳就已"牵手"。通过两地合作，贵阳在大数据和新一代信息技术产业领域"后发先行"，形成"总部在北京、基地在贵阳"的互动发展格局，京东电商、北京讯鸟等一批知名企业和项目落户。通过招商引资，继中国移动、中国电信、中国联通三大运营商数据中心落户贵安新区后，微软、阿里巴巴、富士康等国内外信息产业巨头也落户贵安新区。2014 年引进高层次人才535 名，新建 1 个"千人计划"专家工作站和 2 个博士后科研工作站。2015 年，贵阳国家高新区赴北京、杭州、深圳开展大数据招商推介，贵阳国家高新区共注册企业 8 632 家，已聚集大数据及关联企业 1 241 家。

（三）贵阳市大数据产业发展及其对区域经济的带动

1. 贵阳市大数据产业发展

截至 2015 年，贵阳市数据中心服务器达 2.5 万台，呼叫中心座席突破 10 万席，大数据及其关联产业规模总量近千亿元。规模以上工业增加值突破 700 亿元，高新技术产业占比达 40%。根据 2016 年贵阳市政府工作，2016 年.贵阳市全力实施大数据战略行动，打造大数据全产业链，2016 年，计划全市呼叫中心座席规模达到

15 万席，服务外包合同签约金额突破 8 亿美元，电子商务交易额突破 600 亿元，大数据及其关联产业规模总量达到 1 300 亿元、增长 35%。而在贵阳市大数据产业的带动下，贵州省大数据产业也飞速发展。

2. 促进了区域经济的增长

大数据产业的发展，无疑给贵阳、贵州的经济发展带来了深刻的影响，不仅促进了贵阳和贵州经济的增长，也改变了贵州的产业结构。大数据产业的发展，使贵阳、贵州又多了一个新的经济增长点，使国家对贵州的支持有了更为有力支撑点，也更好落实中央对西部大开发的支持。

在大数据产业的带动下，近年来，贵阳市经济发展迅速，2010 年，贵阳市地区生产总值仅为 1 121.8 亿元，而到 2015 年，贵阳市地区生产总值已经达到 2 890.7 亿元，5 年间，增长了 1.58 倍，按可比价计算年均增长 15.1%，而同期全国年均增长 7.84%，贵阳比全国平均水平高 7.26 个百分点，成为近年来我国增长最快的省会城市。贵阳市经济总量占全省比重从 24.4% 提高到 27.5%。在大数据产业的带动下，贵阳市的投资增长也非常迅速，从 2010 年 1 019.1 亿元增加到 2015 年的 4 015 亿元，年均增长 31.6%，也是我国投资增长最快省会城市。在贵阳市的带动下，近年来贵州省经济发展也非常迅速，贵州地区生产总值从 2010 年的 4 602.2 亿元增加到 2015 年 10 502.56 亿元，按可比价计算年均增长 12.51%，也大大高于全国平均水平，为该期间全国增长最快的省级行政区，占全国的比重由 2010 年的 1.13% 提高到 2015 年的 1.55%。

3. 引领了制造业和相关产业发展

同时大数据产业的发展，也极大地支持了贵阳和贵州相关产业、特别是制造业的发展，对制造业有极大的引领作用。目前，贵阳已有部分企业借助大数据来培育产业新的增长点。一方面，大数据产业发展带动上游产业的发展，如电子信息制造业，这些为贵阳大数据产业提供设备和基础装备。另一方面，大数据产业也将推动下游制造业的发展。如贵州的机器人产业利用大数据发展智能机器人，贵州有关企业就因此建立机器人联盟，将极大地推动贵阳机器人产业的发展。大数据与装备制造业结合，可以提升装备制造业的智能化水平，提高产品性能，开发产品定制生产；通过大数据信息平台，了解市场信息，开发更适合市场的产品，同时通过信息平台发展电子商务，扩大企业销售范围。贵阳提出，实现大数据产业与商业、金融、高端制造、新材料、节能环保、旅游等领域的深度融合和创新应用，加速农业、制造业和服务业等产业转型升级，对一、二产业的带动规模超过 1 000 亿元[①]。由于战略性新兴产业的引领，产业结构得到改善，从 2011 到 2015 年，贵阳市万元生产总值能耗累计下降了 18%，区域绿色发展成效明显。

---

① 大数据产业将带动贵阳关联产业大发展［DB/OL］. 贵阳日报，2014-03-04.

第二节 依托高新技术产业发展战略性
新兴产业引领模式

西部一些城市，科技基础强大，高新技术产业基础雄厚，形成了以高新技术产业为支柱的产业体系。因此这些城市，产业较为高端，也是目前西部产业最为高端的城市。这些城市的高科技产业，本身就是战略性新兴产业，因此具有发展战略性新兴产业的良好基础；所以，这些城市依托高新技术产业，更有条件、更有优势发展战略性新兴产业。西安市是西部科技力最强大的城市之一，科技实力名列了全国城市前茅。近年来，西安市依托高新技术产业发展战略性新兴产业取得了一定的成效。本节以西安为例分析依托高新技术产业发展战略性新兴产业引领模式。

一、西安发展战略性新兴产业的优势

西安，全市下辖 10 区 3 县，总面积 10 108 平方千米。2014 年末常住人口862.75 万，其中城镇人口 626.44 万。西安是中华文明和中华民族重要发祥地之一，我国历史上有 13 个王朝在这里建都。西安是"丝绸之路"的起点，"丝绸之路经济带"的经济、文化、商贸中心，新亚欧大陆桥及黄河流域最大城市。

（一）大学、科研机构多

西安市是我国高等院校和科研机构最为集中的城市之一，也是我国西部高等院校和科研机构最多的城市，是中国五大教育、科研中心之一。2015 年，在校大学生75.75 万人，毕业生 20.72 万人；另有研究生培养单位 43 个，在学研究生 9.14 万人，毕业生 2.53 万人；西安拥有各类科研技术机构 3 000 多个，各类独立科研机构661 个，其中国家级重点实验室、行业测试中心 44 个，各类专业技术人员 41.77 余万人，有 45 名两院院士，拥有许多国家乃至世界一流的科学家。

（二）军工企业和军工科研单位多

西安有中国兵器工业集团、中国航空工业集团、中国航天科技集团、中国船舶重工业集团等国防工业集团、科研机构数十家。其中一批军工企业，技术居世界领先水平。这里聚集了中国航天三分之一以上的力量，"神舟"五号、六号火箭发动机和推进剂、箭载计算机和遥感装置等，都是西安研究制造的。2009 年全市专利申请量达 12 772 件，科技对经济增长的贡献率达到 51%。

（三）形成了高新技术产业为支柱的经济体系

在中华人民共和国成立后，国家就在西安布局了有一批科技企业，如建立了西安飞机制造厂、西安航空发动机集团有限公司、西安航天科技工业公司、西安航天发动机厂、陕西鼓风机集团有限公司、中国西电集团公司、陕西重汽、西安杨森、利君药业等航空航天、装备制造、医药类高新技术企业。这些企业科技含量高，一些技术甚至达到国际先进水平，是西安的经济支柱。改革开放后，特别是 2000 年以来，西安利用其优势，引进了一批手机、电脑、新材料、装备制造企业，如美光科技、中兴通讯、神舟电脑、宇龙酷派手机、康明斯发动机等，使西安的高科技产业得到加强。到 2010 年，西安已形成电子信息、生物医药、光机电一体化、航空航天、新材料、新能源等高新技术产业为支柱的制造业结构。

陕西省人口和地区生产总值大约占全国 2.8% 左右，2000 年和 2010 年，陕西高新技术产业从业人员分别达到 21.56 万人和 18 万人，分别占全国 7.94% 和 3.97%；2000 年和 2010 年，陕西高新技术产业主营业务收入分别为 182.7 亿元和 709.3 亿元，分别占全国 4.53% 和 2.70%。作为陕西省会城市的西安市，高科技产业集聚度会更高。特别是以西安为支柱的陕西省航空航天器及设备制造业，2013 年有企业 59 家，从业人员 10.16 万，资产总计 923.9 亿元，主营业务收入 546.8 亿元，分别占全国 18.55%、29.62%、19.76% 和 19.16%，均居全国第一位，说明陕西是我国航空、航天大省和产业中心，在我国高端装备制造产业中具有极为特殊的地位。

二、依托高新技术技术产业发展战略性新兴产业措施

（一）确立战略性新兴产业重点

2012 年，西安就根据本地高新技术产业雄厚、科研基础强大的优势，提出了重点发展战略性新兴产业，颁布《西安市加快培育和发展战略性新兴产业实施方案（草案）》。该方案提出重点培育航空产业集聚化发展、航天产业高端化发展、新一代信息技术产业多元化发展、生物产业突破性发展、新材料产业特色化发展、新能源产业规模化发展、高端装备制造业集群化发展和高技术服务业智能化发展等八大战略性新兴产业。

在《西安市"十三五"工业发展规划》中，提出到 2020 年年末，西安将打造成为"国家先进装备制造业基地"和"国家战略性新兴产业基地"。提出西安将重点发展汽车、电子信息、高端装备、航空航天、医药、食品加工、新材料与新能源等七大产业，全面加快工业转型升级。科技进步贡献率提高到 63%。由此可见，战略性新兴产业将成为西安支柱，成为引领陕西乃至西北地区、西部地区的支撑，而且科技进步将成为西安经济的主要推动力。

（二）加强园区建设

为了发展战略性新兴产业，西安加强了园区建设。西安先后建设了西安高新技术产业开发区、西安经济技术开发区、陕西西咸新区沣东新城、陕西西咸新区沣西新城、陕西航天经济技术开发区、陕西航空经济技术开发区等。这些开发区成为西安战略性新兴产业的主要载体。

西安高新区建于 1991 年，为国家级高新技术产业开发区。近年来，西安高新区

提出了发展节能环保、新一代信息技术、生物制药与高端医疗器械、高端装备制造业、新能源、新材料、新能源汽车七大战略性新兴产业。为了支持特色产业发展，西安高新区建设了军民融合产业园、新材料产业园和环保产业园、长安通讯产业园、国际软件园、创业研发园、出口加工区等功能园区，为战略性新兴产业发展提供了更为专业的发展载体。西安高新区依托西安国防科技资源集群优势，建设了军民融合产业基地。

西安经济技术开发区成立于 1993 年，主要发展商用汽车、电力电子、新材料、光伏半导体、风电装备等战略性新兴产业，设军民融合示范产业园，是我国西北地区重要的战略性新兴产业基地。

陕西航空经济技术开发区，即西安阎良国家航空高技术产业基地，2004 年 8 月获得国家发改委批准设立，于 2010 年 6 月升级为国家级陕西航空经济技术开发区，是我国首个国家级航空高技术产业基地。先后被认定为"国家科技兴贸创新基地""国家火炬计划航空特色产业基地""国家新型工业化产业示范基地""通用航空产业试点园区""中国产学研合作创新基地"等。开发区重点发展以航空为主的高端制造业，将建成国际一流的飞机设计、制造、试飞等产业为支撑的开发区。与陕西航天经济技术开发区一起成为全国仅有的两个以航空航天为特色的国家级经济技术开发区。

陕西拥有航天六院、航天五院西安分院、航天九院 771 所、中国卫通等掌握尖端高新技术的航天单位，航天科技世界一流，为此，陕西省、西安市于 2006 年 1 月成立陕西航天经济技术开发区，2010 年 6 月升级为国家级陕西航天经济技术开发区，2010 年 2 月 2 日，被国家工业和信息化部授予"以军民融合为方向的国家新型工业化产业示范基地"，是陕西省、西安市政府联合中国航天科技集团公司建设的航天技术产业和国家战略性新兴产业聚集区，成为我国唯一的航天专业化经济技术开发区。该基地以战略性新兴产业为导向，重点发展航天及军民融合、卫星及应用、新能源、新一代信息技术四大产业，努力建设特色鲜明的世界一流航天产业新城。为支持基地创新创业发展，基地设有西安航天基地国际孵化器、西安北航科技园、中国-加拿大卫星与通讯产业园等特色园区。

这些国家级开发区成了西安战略性新兴产业的重要载体，也使西安成为以战略性新兴产业为支柱的城市。

（三）加强领军型科技企业的引进

虽然西安市战略性新兴产业自主研发能力强大，成为我国自主研发的典范，但西安为了加快发展战略性新兴产业发展，也利用自身优势，加快对国内外战略性新兴产业龙头企业的引进。其中 2012 年 4 月，西安引进韩国三星集团，三星集团计划投资超过 300 亿美元，其中第一期投资达 70 亿美元，主要生产三星电子闪存芯片，该项目成为西部最大的外商投资项目。三星项目的引进，使西安市电子信息产业发展迅速，也带动一大批配套企业进入，极大地丰富和壮大了西安市的战略性新兴产业。引进三星电子项目后，西安迅速吸引了近百家配套企业入驻，带动计算机、通信和其他电子设备制造业增加值增速成倍增长，成为西安市工业经济的有力支撑。近年来，西安还引进了 IBM、Intel、NEC、富士通、施耐德等 23 家战略性新兴产业类世界 500 强企业。同时，引进了国内比亚迪汽车，重点生产新能源汽车。

（四）支持科技研发和创新创业

为了支持战略性新兴产业发展，西安大力支持科技研发。西安国家级科研机构多，大学多，每年得到的国家经费多，极大地支撑了西安市的科技创新。

同时，西安各开发区支持创新研究、支持创业，极大地支持了西安市的科技研发。截至 2014 年，西安高新区通过体制机制创新，聚集了各类重点实验室、工程与技术中心 200 余个，其中国家级 30 多个；拥有国内外知名企业研发中心 120 个，其中世界 500 强研发机构 48 个。区内企业获得国家和省部级科技奖 300 多项。西安高新区与中国科学院西安光机所共建了中科创星孵化器，是光电孵化协同创新工程示范基地，以孵化和培育战略新兴产业为核心，已培育出炬光科技、立芯科技等 30 多家高技术企业。西安高新区 2014 年专利申请量超过 3 万件，自成立以来已累计授权的发明专利数超过 2 万件。

为了支持战略性新兴产业发展，西安市支持创新创业。西安高新区已成为西安市创新创业的重点区域，孵化器面积超过 200 万平方米，累计毕业企业超过 1 000 家，在孵企业超过 2 000 多家，从业人员超过 5 万人。

人才是创新的关键，为此，西安市制定了一些优惠政策吸引人才创新创业，陕西省和西安市每年均安排了 3 000 万元的人才专项资金，而西安高新区每年安排超过 1 亿元的资金支持人才发展。

（五）积极推进科技体制改革

西安市科研机构多，军工企业多、军工研究机构和大学多，许多科研成果居国际、国内一流；同时，这些机构高科技创新人才多，如何利用这些创新资源，是西安市发展战略性新兴产业的关键。为此，西安市重点抓好军工企业所有制改革、军工院所事业单位转企业改革，通过这些改革，使军工企业、军工科研院所创新力增强，开发了更多民用产品、军民融合产品，更能够适应市场，提高了这些科研、军工院所的竞争力和创新能力。通过改革，许多企业、科研院所科技创新能力、军民融合发展能力、民用产品开发能力得到达到增强，支持了西安和陕西战略性新兴产业的发展。

（六）加强科技转化

西安大学、科研院所多，科研成果多，而许多掌握科研成果的科研人员缺乏将科研成果转化、应用的途径、方法，加强科研成果转化成为西安市加快战略性新兴产业发展的重要途径。为此，西安市一直重视加快科研成果的转化。近年来，西安技术市场交易额不断增长，2010 年西安技术市场交易额 57.3 亿元，全年申请专利量 19 485 件，专利授权量 8 037 件。2015 年西安技术市场交易额 657.44 亿元，申请专利量 60 986 件，专利授权量 25 103 件，均比 2010 年呈现大幅度的增长。西安高新区 2015 年成功获批国家技术转移西北中心、国家技术转移人才培养基地、国家标准委科技服务综合标准化试点单位及国家知识产权运营军民融合特色试点平台。

（七）加大对战略性新兴产业和科技创新的资金支持

为了支持战略性新兴产业发展，西安市深化科技金融结合。西安高新区设立 7 亿元的专项资金支持战略性新兴产业的发展。同时西安高新区还集聚 30 多家金融机构，设立了 10 家科技专营银行，支持科技产业发展。为了支持创新创业，西安高新区设立了 20 亿元的引导基金和 1 亿元的风险补偿基金，集聚了 150 余家创投公司。

（八）充分利用国家支持

西安的战略性新兴产业的发展，与国家的长期支持有关。首先，西安拥有大量的国防科研机构和大学，就是国家对西安极大的支持。其次，西安的战略性新兴产业发展，一直受到国家诸多支持。自 1991 年以来，西安高新区、西安经济技术开发区、陕西航天经济技术开发区和陕西航空经济技术开发区先后升级为国家级。2013 年，以西安为主的西咸新区也升级为国家级新区。至此，西安成为全国国家级开发区最多的城市之一，极大地提升了西安承载战略性新兴产业的能力。在 2008—2020 年西安城市总体规划中，国家批准将西安建设为国家科技中心，建设全国科技统筹示范区、国家航空、航天科技中心、全国人才基地；建设国家新兴战略产业基地，重点建设国家新能源产业、信息网络产业、新材料与智能绿色制造体系、生命科学、农业和医药产业、空间探索技术的战略基地。2015 年，西安获批系统推进全面创新改革试验；2015 年，西安高新区继北京中关村、武汉东湖、上海张江等之后，成为国务院批复的第 9 个国家自主创新示范区。

三、西安发展战略性新兴产业的主要成就

（一）战略性新兴产业成为区域经济支柱

根据西安市第三次经济普查，2013 年，西安市在第二产业和第三产业企业法人单位中，有战略性新兴产业活动的企业法人单位 818 个，占全部企业法人单位 1.0%；而从业人员达到 30.53 万人，占全部企业法人单位从业人员的 10.8%。而西安市战略性新兴产业就业人员占制造业就业人员的 49.17%。由此可见，西安市战略性新兴产业就业占比较大，已成为区域经济的支柱。2010 年，西安高新技术产业总产值 522.39 亿元，2014 年已达到 1 061.07 亿元，超过 2010 年 1 倍以上。而同期，西安市地区生产总值从 3 862.58 亿元增加到 5 492.64 亿元，按现价计算仅增长 42.20%，由此可见，西安高新技术产业增长超过地区生产总值增长，高新技术产业对区域经济的带动明显。

2015 年，西安市全部工业增加值 1 417.61 亿元，比上年增长 6.6%，而规模以上工业中，除了汽车产业外，战略性新兴产业增长均较快，超过工业增加值增长速

度；其中计算机、通信和其他电子设备制造业增长 79.7%；仪器仪表制造业增长 30.1%，装备制造业增长 10.1%。根据西安市 2016 年政府工作报告，2015 年，西安高新技术产业增加值占地区生产总值比重达到 14.5%，较 2010 年提高 3.3 个百分点。

（二）科技实力得到加强

通过战略性新兴产业引领，西安科技实力得到加强。2010 年，西安的全年技术市场交易额 57.3 亿元，全年申请专利量 19 485 件，专利授权量 8 037 件。而 2015 年，全年技术市场交易额 657.44 亿元，申请专利量 60 986 件，专利授权量 25 103 件；分别为 2010 年的 11.47 倍、3.12 倍和 3.12 倍。"十二五"期间，累计实现技术成果交易额 2 120 亿元。科技企业小巨人总数超过 700 家。

（三）引领西安和陕西经济发展

2015 年，西安全年地区生产总值 5 810.03 亿元，比上年增长 8.2%。其中，一、二、三产业增加值分别为 220.20 亿元、2 165.54 亿元和 3 424.29 亿元，三次产业比由 2010 年的 4.0∶41.9∶54.1 调整为 2015 年的 3.8∶37.3∶58.9，单位地区生产总值能耗累计下降 18.3%。全市规模以上工业企业数量达到 1 098 家，较 2011 年增加 242 家。全年进出口总值 1 761.92 亿元，比上年增长 15.0%。其中，出口 819.86 亿元，增长 11.6%；进口 942.06 亿元，增长 18.1%。而 2015 年，我国外贸进出口为负增长。西安战略性新兴产业的发展，推进了陕西省战略性新兴产业的发展，战略性新兴产业已成为陕西经济增长动力。2015 年，陕西省战略性新兴产业全年实现增加值 1 834 亿元，占地区生产总值的 10.1%，较上年又提高 0.4 个百分点；同比增长 12.4%，比地区生产总值增速高 4.4 个百分点[①]。

第三节　军民融合发展战略性新兴产业引领模式

军工产业与战略性新兴产业高度关联，涉及新一代信息技术、高端装备、新材料、新能源等战略性新兴产业的各领域，因此，一般认为军工产业主要是战略性新兴产业、高新技术产业。通过发展军工产业，可以引领民用科技的发展；同时，民用科技的发展，也可以装备军工产品，推进军工产业的进步。因为军工产品对高科技需求更为迫切，因此军工产业常常成为高新技术应用的优先市场，对高科技产业、战略性新兴产业的发展有极大的引领、推动作用。美国的军工产业就站在世界工业的前沿，因而引领美国乃至世界制造业和科技的发展。

我国西部地区是我国"三线"建设的重点地区，军工企业、军工研究机构多。其军工企业、军工研究单位技术水平高，常常代表着世界和我国的先进水平。因此，

① 汪曼莉. 陕西战略性新兴产业增加值去年同比增长 12.4%［N］. 西北信息报，2016-03-29.

以军工技术为依托，发展战略性新兴产业，开发民用产品，将极大地推动西部地区制造业的转型升级。同时，由于世界地缘政治的不断变化，武器装备能力对世界地缘政治的影响也日益明显；而世界科技进步非常迅速，科技在武器装备中的作用也越来越大。我国军用技术、军用产品需求也越来越大，现有的军工企业、军工科技单位也越来越难以满足当前我国对军工产品的需求，为此，将高端民用产品纳入军品采购范围成为必然，这也必将催生一批军民融合的高科技民品生产企业。同时，这些民品生产企业，通过适应高科技军品的生产，民品生产企业将有更为广泛的创新空间，必将催生一些新兴制造业，必将引领其技术提升，带动其民品的开发。因此，通过军民融合发展，可以促进区域战略性新兴产业发展，可以引领区域制造业转型升级。近年来，中央支持军民融合，为西部地区通过军民融合发展战略性新兴产业创造了良好的机遇。

西部地区的绵阳、西安、成都、重庆、广元、遵义等城市军工研究机构、军工企业较多，具有利用军工优势、通过军民融合发展战略性新兴产业的条件和机遇。本节重点以绵阳为例探讨通过军民融合发展战略性新兴产业模式。

一、绵阳实现军民融合发展的优势

（一）以军工科研机构为引领的科技实力强大

自 20 世纪 50 年代，特别是 20 世纪 60 年代"三线"建设以来，绵阳集聚了一批国家级科研机构，成为我国国防科研机构最密集的城市之一。经过多年发展，绵阳已聚集中国工程物理研究院、中国空气动力研究与发展中心等国家级科研院所 18 家。同时，绵阳也拥有西南科技大学、四川文化艺术学院、绵阳师范学院等高等院校 14 所，国家重点实验室、国家工程技术研究中心、国家企业技术中心分别有 8 个、5 个和 6 个。由于科研机构多，绵阳集聚了一大批优秀科研人才，有中国科学院、中国工程院院士 25 名，拥有突出贡献的优秀专家及享受国务院特殊津贴专家 860 余人，各类专业技术人才 21.7 万。另外还拥有国家级重点中等职业学校 8 所。多年来，在绵阳的国防科研单位承担和参与了重大国防科研生产项目 1 000 多项，取得一大批国际国内领先的重要成果。其中原子弹和氢弹的成功研制、"神舟十号"与"天宫一号"自动交会对接技术等都出自绵阳科研机构。因此绵阳以军工科研机构为引领的创新资源富集，科技成果转化潜力巨大。

（二）形成了一批军民融合优势企业

"一五"期间，国家就在绵阳就布局了长虹等一批骨干军工企业。在"三线"建设期间，又有一大批等国防工业和科研单位迁入绵阳或在绵阳建立。长虹原来就是一家军工企业，改革开放后，通过军转民，充分利用军工技术，发展家电，成为我国一家著名的家电龙头企业，目前集团年总产值已经超过 1 000 亿元。而九洲集团原来也是一家军工企业，该企业充分利用军工技术、发展民用产品，实现军民融合发展，成为一家著名的军民融合企业，总产值已经超过 200 亿元。长虹集团和九洲集团利用军工技术开发民用产品，取得了巨大成功，一举奠定了两大企业在行业的龙头地位。以中物院为基础，充分利用中物院技术，发展起来的利尔化学公司，已经成为世界第二大农药生产企业。目前，绵阳在新一代显示技术、北斗导航、新能源汽车、通用航空、3D 打印、节能环保等战略性新兴产业形成明显优势。绵阳以军民融合技术、产业为支撑的制造业体系已经形成，产业技术先进、较为高端，目前拥有上市公司 7 家。

（三）国家和省政府支持

2000 年 9 月，国务院批准绵阳建设国家科技城，这是我国国家批准的唯一的科技城，标志着绵阳科技城建设上升为国家战略，国家科技城建设正式启动。随后，国务院也成立了由科技部、国家发改委等 18 个部委组成的协调小组，在资金、政策和项目等方面给予了科技城大力支持。四川省也成立了以省长为组长的四川省建设绵阳科技城领导小组。2007 年 7 月，中共四川省委、四川省人民政府批准设立中国（绵阳）科技城党工委、管委会，科技城党工委、管委会承接并行使省政府下放的省级经济管理权限。目前，四川省赋予科技城 19 项省级经济管理权限，明确对科技城土地利用实行单列管理，提出规划建设科技城集中发展区。从 2014 年起四川省财政五年内为绵阳安排 2.5 亿元科技人才发展专项资金。2014 年 12 月，国务院常务会议决定在绵阳科技城推广实施中关村政策和国家自主创新示范区 4 项先行先试政策。2015 年 9 月，国家把成德绵地区列为国家系统推进全面创新改革 8 个试验区域之一，绵阳肩负起破解创新驱动、军民融合"瓶颈"的重任，军民融合机制创新成为国家战略。一系列中央和省委、省政府的政策支持成为绵阳军民融合发展的难得机遇。

二、绵阳军民融合主要措施

（一）确立军民融合重点产业

在"十二五"期间，绵阳提出了"2+4"产业发展战略，即重点电子信息、汽车及零部件产业 2 个支柱产业，支持和培育冶金机械、新能源新材料、环保化工、食品及生物医药产业等 4 个重要产业。为了支持战略性新兴产业发展，提出了"4+3"战略性新兴产业发展战略性，即重点支持信息安全和下一代互联网、新能源汽车、节能环保、航空与燃机产业等 4 个战略性新兴产业发展；北斗卫星导航、新一代显示技术、3D 打印和机器人产业等 3 个战略性新兴产业不断壮大。这些支柱产业的提出，为绵阳军民融合产业发展指明了方向。而在"十三五"，绵阳提出重点发展高新技术产业和战略性新兴产业，将电子信息、汽车、新材料、节能环保、高端装备制造、生物、食品、化工 8 大产业作为绵阳重点产业加快发展。这些产业主要是战略性新兴产业，也是绵阳军民融合产业发展重点。

（二）积极探索军民融合发展模式和路径

经过多年的探索，绵阳逐步完善了多种军民融合的模式、培育了多样的发展模式和路径。通过摸索，绵阳总结出了"院所自转、军工自转、院企联转、民企参军"4种军民融合发展模式。院所自转主要是军工科研单位充分利用科技成果，创建军民融合企业。中物院、中国兵器集团第58研究所等国防科研院所充分利用自身科技优势，创新科技成果，加速自身成果转化，开发民用产品，培育了利尔化学和西磁等一批军民融合企业。军工自转主要是军工企业充分利用先进的军工技术，开发民品，实现军民互动发展。九洲集团原来就是军工企业，承担较多军工产品生产任务。其军工技术在全国领先，因此其充分利用军工技术，开发民用产品，一举占领民品市场，获得了巨大成功。企业市场规模扩大、效益提升，而民品的开发又增强了军工产品的研发能力，形成了军民融合发展的良好局面。"院企联转"就是企业与军工科研单位合作，创建新的军民融合企业。中物院与九洲集团联合组建九九瑞迪公司，建成我国第一家数字成像仪器中心，其产品填补了我国工业CT生产空白，成为"院企联转"的典范。"民企参军"就是民营、民品生产企业，通过产品和管理创新，达到军工产品生产要求，积极参与国防军工产品生产。岷山机电等20余家民品企业成功实现"民企参军"。

通过军工技术引领，绵阳构建了"军工技术—民用技术—民用产品"三级转化机制，加快了军转民技术、产品开发周期。通过技术创新，探索出"技术创新—产品创新—产业创新"的军转民路径，形成了一条军民两用技术研发、成果转化、产业化有机衔接的发展路径，形成了军民两用技术双向转移、转化机制，形成了企业军民技术互通、互助发展机制。

（三）积极建设军民融合发展平台

1. 设立园区

为了支持军民融合产业发展，绵阳成立了多个开发区。成立于1990年的绵阳市高新技术产业开发区，1992年升级为国家级，长虹就是在绵阳高新技术产业开发区成长壮大的军转民企业。绵阳经济技术开发区建于2001年，2013年升级为国家级经济技术产业开发区。这两个开发区也成为绵阳市军民融合发展的重要平台，绵阳早期的军民融合企业一般位于这两个开发区。

2010年，绵阳科技城规划面积从80平方千米拓展到150平方千米。近年来，为了支持绵阳军民融合产业进一步发展，绵阳军民融合企业发展平台迅速增加。2013年，科技城的范围进一步调整为"一核三区多园"。"一核"即科技城集中发展区，"三区"即高新区、经开区、科创区，"多园"即绵阳工业园（金家林总部经济试验区）、游仙经开区、江油工业园、安县工业园、三台芦溪工业园、北川经开区等省级以上开发区，面积约500平方千米，人口约200万。特别是在省委省政府支持下，启动建设科技城集中发展区，作为承载军民融合、高新技术和战略性新兴产业的载体。目前，启动了30平方千米的"科技城军民融合创新驱动核心示范区"

建设，中国工程物理研究院军民融合产业园、永年 3D 打印园、华拓光通信产业园等一大批军民融合和战略性新兴产业项目相继入驻。根据规划，科技城集中发展区总面积将达 100 平方千米，将更好地集聚全国乃至全球更多的优势资源参与科技城建设，成为我国军民融合发展创新创业改革示范区。

2. 积极搭建创新创业平台、推进科技企业孵化器建设

为了支持军民融合企业的创新、创业，绵阳建立了多个科技企业孵化器。绵阳国家高新技术产业开发区较早就建设了科技企业孵化器，西南科技大学科技园是全国较早建设的大学科技园，并建有西科大国家大学科技园孵化中心。到 2015 年，中物院在军转民领域已拥有国家级工程技术中心等 5 个创新平台，并大力推进军民两用技术研发和技术孵化平台建设，参控股企业发展到 100 家。2016 年，中国科技城·绵阳军民融合孵化器也投入使用，是绵阳首家以军民融合为主导方向的孵化器平台。孵化器所在的绵阳市游仙区区政府还拿出了 2 500 万财政资金，对军民融合企业在人才培养、投融资担保、成果转化、科研创新等方面予以资金扶持。2015年，绵阳市成立了军民融合创客空间，支持国防科研、军工单位科研人员、离退休人员、家属、军转干部以及大学生独立或联合创业，最大限度释放军队和国防科技资源优势；支持寻求转型的社会资本和企业参与创业。截至 2015 年，在创新平台的建设上，绵阳还建起了创新中心一期、创新中心二期、科技城创客俱乐部、留学人员创业园、国家大学科技园等各类孵化平台 38 个、总面积 74 万平方米。根据规划，2016 年将建设创新中心三期、欧盟国际企业孵化器等，科技企业孵化器达到 50 家以上，总面积将突破 100 万平方米。

3. 建立军民融合科技转化平台

为了加快技术应用，绵阳成立了多个军民技术转化平台。2010 年，"绵阳科技城（国家）军民两用技术交易中心"得到科技部同意，2015 年 4 月，国家军民两用技术交易中心投入试运营。中物院也成立了技术转移中心。2016 年年初，成立了四川军民融合研究院，支持军民融合产业转移。为了支持军民技术转移，绵阳建立了军民两用技术成果库。从 2013 年起，在中央和四川省政府支持下，绵阳每年举办一次中国科技城科技博览会，中国科技城博览会已经成为绵阳市的名片，成为我国军民融合科技博览与技术交易平台。

（四）制定支持军民融合发展的政策

为了支持军民融合发展，绵阳市制定了一系列政策。2012 年，绵阳投入补助资金 3.3 亿元，成立专项资金，补助专利申请费用，支持科技创新和专利申请，解除了专利申请人的后顾之忧。为了支持创新、创业，绵阳提出了"十有"政策：即创新创业有资助、外来创业有公寓、初创企业有场地、注册收费有减免、创业贷款有担保、风险投资有补偿、上缴税收有返还、专利申请有奖励、技术创新有专项、优秀人才有重奖；并且，政府对"十有"政策进行了细化，均有具体支持政策：如提出鼓励在绵高校允许在校学生休学 2 年创办科技型中小企业，并可享受绵阳市公共

租赁住房政策；凡入驻政府主办的企业孵化器的科技型中小企业2年内免交房租。绵阳将暂停征收小型微型企业工商登记行政事业性收费；绵阳将小额担保贷款扶持范围扩大到创业后3年以内的创业组织，贷款金额最高为100万元，其中10万元以下的贷款项目可免予个人担保。"十有"政策的实施，可以大幅度降低科技人员在绵阳创新创业的成本，激发创新创业热情，极大地吸引创新创业人才的集聚，极大地提升军民融合发展积极性。目前绵阳科技城已从整体上完成中央、省、市三级创新扶持政策体系框架，成为国内创新创业环境最为完善的地区之一。

（五）加强对科技企业的资金和金融支持

为了支持创新，绵阳财政积极支持创新创业，引进风险投资基金。引进了中国宝安投资、中国风险投资等50多家风投、创投机构，为70多家科技企业引进风险资本近16亿元，构建起"创业苗圃+孵化器+加速器+产业园"的全链条孵化体系。2015年科技城军民融合金融服务中心挂牌运行。借助科技与金融试点政策，绵阳成立了7000万元的科技城"信贷融资风险池"以及总额4.5亿元的创投基金，企业还可以申请用专利技术抵押贷款。

政府还联合金融机构，支持军民融合企业创新创业。2015年11月，绵阳市政府与工行各出一半资金，共同成立初始为1亿元、规模已发展到5亿元的绵阳市高新技术中小企业贷款风险补偿基金，为军民融合企业信贷融资兜底，如工行向军民融合企业贷款出现风险，则由此基金进行最后补偿。2016年1月11日绵阳设立总规模为20亿元的"绵阳科技城军民融合成果转化基金"，主要投向航空航天、核技术应用、信息与控制技术和军用特种新材料等军民融合领域。基金的设立将充分发挥财政资金杠杆放大效应，增加军民融合产业的资本供给。该基金得到科技部支持，科技部同意为绵阳配置总额不超过5亿元的成果转化基金。

政府也主动帮助企业信贷融资。绵阳市鼓励金融机构和社会资本参与军工企业股份制改造，鼓励金融机构支持军民融合企业发展，组织银行与军民融合企业合作。开展国防科研院所企业化改革，鼓励符合条件的军工企业上市融资。

（六）大力发展招商引资

为了支持军民融合及战略性新兴产业发展，绵阳在大力支持自主创新的基础上，也积极招商引资。为了招商引资，绵阳在北京、上海、重庆、深圳、青岛、福州和海外设招商分局，成立由市级领导负责的6个重点产业招商引资办公室和行业协会，对重点项目实行市级领导对口联系和"绿色通道"审批。目前，绵阳已引进宝马、IBM、神华集团、中航集团等一批著名企业入驻。

（七）大力吸引人才

为了发展军民融合，支持创新创业，人才是关键，绵阳制定了许多吸引人才的优惠政策，吸引了一大批人才到绵阳创新、创业和就业。2013年，实施了"千英百团"聚才计划，绵阳一次性拿出1670万元重奖资助优秀人才和创新创业团队，引进各类高层次人才410人。2014年，就有来自海内外304名博士、985名硕士、

1.4万名高校毕业生到绵阳创业就业，全市新增各类人才的绝对数在四川仅次于成都市，居全国同类城市前列。2015年，绵阳获批建设中国国际人才市场绵阳分市场，提升了绵阳市的聚人才能力。为了吸引人才，绵阳制定了"十有"创新创业政策，其中许多政策就是吸引人才创新创业政策，如提出对于落户绵阳的高层次人才，绵阳可给予10万~50万元的安家补贴；对于初创阶段的团队，每个可获得50万~200万元的资助；对于能给绵阳带来重大经济和社会效益的创新创业团队，最高可获得500万元的奖励。

二、绵阳军民融合主要发展成就

（一）科技创新活跃，战略性新兴产业成为科技城发展引擎

近年来，通过军民融合发展，绵阳科技创新活跃，科技创新成为区域经济主要动力。2010年绵阳全年共申请专利1858件，专利授权1133件，全市已通过高新技术企业认定79家。2015年全年共申请专利7056件，专利授权4367件，分别为2010年的3.80倍和3.85倍。其中，2015年发明专利申请量2869件，授权792件。截至2015年，绵阳国家和省级企业技术中心总数达到66家，其中2015年新增7家；已建成国家和省级工程技术研究中心19个，国家和省级重点实验室25个。2015年，全市实现技术合同成交总额7.5亿元，新增科技型中小企业2569户，29户中小成长为规模以上企业。研究与试验发展经费支出占地区生产总值比重6.53%，超过全国平均水平3倍，名列全国前茅；高新技术产业化指数79.6%，科技进步综合水平指数68.28%，被评为国家知识产权试点示范城市。"十二五"期间，高新技术产业产值年均增长13.2%，高新技术产业和战略性新兴产业产值占工业总产值比重分别为45.6%和34%，保持全省领先优势①。战略性新兴产业和高新技术产业成为区域经济增长的引擎。

（二）军民融合成为绵阳市标签

通过支持军民融合发展，绵阳军民融合发展迅速，军民融合企业从2011年的120家增加到2015年的446家。2015年，实现军民融合企业产值1720亿元、比上年增长12%；军民融合企业产值占工业总产值比重超过60%，军民融合已成为绵阳经济支柱，成为一张最具绵阳气质的城市标签。一批军民融合企业脱颖而出，成为行业龙头。以中国工程物理研究院为基础催生的"利尔化学"，成为国内最大高效安全农药生产商，销量为全球第二；"银海软件"，开发的社保系统软件长期占全国90%以上市场；"九九瑞迪"是我国第一家数字成像仪器中心。2014年，中物院军转民企业实现收入超过50亿元。

（三）以军工科技为引领，科技企业创新创业活跃

通过军民融合发展，绵阳已完善科技企业创新创业机制，中小型科技企业不断

---

① 刘超.2016年绵阳市政府工作报告［N］.绵阳日报，2016-02-25.

涌现。2015 年 1 至 7 月，绵阳新增科技型中小企业 1 683 家、平均每天诞生 8 家、总数达到 6 198 家，全市认定的科技"小巨人"企业超过 5 000 家。平均每 3 天就有一项科技成果在这里转化走向市场。"十二五"期间，绵阳科技型中小企业数量已累计增加 6 108 家。

（四）军民融合引领区域经济增长，区域经济转型升级明显

2010 年，绵阳市实现地区生产总值 960 亿元，2015 年达到 1 700.33 亿元，年均增长 8.6%，增长超过全国、全省平均水平。2015 年，以制造业为主的第二产业增加值达到 858.93 亿元，增长 9.3%，从规模和增速看，第二产业对区域经济的带动明显。其中科技城实现二、三产业增加值 1 201.00 亿元，增长 9.5%；科技城第二产业增加值 773.19 亿元，增长 9.6%；以军民融合为主的科技城制造业对绵阳市经济支撑明显。由于军民融合发展，区域产业结构升级明显，使区域经济节能减排成效显著。2015 年绵阳市单位地区生产总值能耗下降 9.25%，"十二五"累计下降 27.67%，超过全国、全省平均水平。而单位工业增加值能耗 2015 年下降 19.86%，"十二五"累计下降 47.81%，工业绿色转型明显，引领区域经济实现环境与经济协调发展。

第四节　依托传统制造业深化发展战略性新兴产业引领模式

老工业城市，工业基础较为雄厚，这些城市，如果依托原有工业基础，发展战略性新兴产业，一方面，战略性新兴产业有产业基础，因此更容易成功；另一方面，老工业城市的传统工业深化发展战略性新兴产业，明确产业发展方向，更容易实现转型升级，传统产业也能通过升级获得新生，重新获得竞争力。因此，传统工业城市通过传统制造业深化发展战略性新兴产业，对这些城市而言具有重要意义。我国西部地区经过中华人民共和国 60 多年的发展，已形成一批制造业较为发达的城市。但这些城市，由于传统制造业竞争力下降，区域经济也面临竞争力下降的压力。近年来，通过传统制造业深化发展战略性新兴产业，引领了制造业发展，使城市发展保持活力。本节主要以重庆市和自贡市为例，分析传统制造业深化发展战略性新兴模式。

一、重庆市战略性新兴产业发展经验

重庆市是我国中西部地区唯一的直辖市，也是我国面积最大的直辖市，面积达 8.24 万平方千米，截至 2016 年 6 月，重庆市辖 24 区 10 县 4 自治县，截至 2015 年，人口达到 3 016.55 万人，其中城市化率城镇化率达到 60.94%。2009 年 1 月 16 日，

重庆市被确定为"国家统筹城乡综合配套改革试验区"。2010年6月18日，我国第三个副省级新区、中西部第一个国家级新区——两江新区正式挂牌成立，其面积为1 200平方千米。2015年，第三个中新（加坡）战略性互联互通示范项目落户重庆。重庆拥有西部最大的内河港口，有渝新欧国际铁路，拥有重庆两路寸滩保税港区、重庆西永综合保税区、重庆铁路保税物流中心、重庆南彭公路保税物流中心、万州保税物流中心等。重庆是我国重要的工业中心，也是我国重要的科教中心。有重庆大学、西南大学等国家985和211工程大学，截至2010年，有高等院校61所；同时，截至2010年，重庆建成市级以上重点实验室、工程实验室、工程技术研究中心和企业技术中心406家，其中国家级达到35家。

（一）重庆市的工业基础

1. 工业基础雄厚

抗战时期，重庆是国民政府首都。为躲避战争，该期间沿海有一批工业企业内迁至重庆，奠定了重庆工业发展的基础。中华人民共和国成立后，重庆市一直是国家投资重点，20世纪50年代，重庆市就重点建设了汽车、摩托车、钢铁、纺织业等制造业；特别是1964年，我国开始进行"三线"建设，重庆是"三线"建设的核心城市。期间，一大批沿海、东北等地的企业内迁到重庆，也带来职工的迁入；重庆的机械、仪器仪表、电子、化工、军工等产业发展起来。改革开放后，重庆通过企业改制、军转民、培育民营企业、引进外来企业等方式，不断壮大本地工业。到2000年，已经形成较为完整的工业体系，工业的40个行业大类中，重庆有39个大类，形成了以汽车摩托车、医药化工、冶金、机械电子等为支柱的工业体系，工业规模在全国城市中名列前茅。据统计，到2000年，重庆就有规模以上企业2 040多家，其中大中型企业有371家，职工总数约100万，工程技术人员约8万人。其中汽车摩托车领域已形成重、轻、微、经济型轿车，摩托车五大生产体系，形成一批汽车、摩托车骨干企业，零部件生产企业500余家，重庆成为我国最大的摩托车生产基地，汽车产量居全国第三。重庆也是全国最大的军工产品生产基地。

21世纪以来，重庆市深感其制造业与发达国家、发达地区仍然存在较大差距，主要是高端制造业偏弱、低端制造业过多、工业结构偏重、原材料工业过多、制造业创新能力弱、工业竞争力弱等问题，因此，重庆开展了艰难的制造业结构调整。特别是自2008年，重庆依托强大的工业基础，引进了惠普、富士康等电子信息企业，电子信息产业实现跨越式发展，使重庆的制造业结构发生巨大转变，重庆制造业结构转型升级取得了巨大成就。到2010年，重庆已经形成以汽车、电子信息为支柱，以装备制造业、化工、食品、医药等为补充的产业结构。

2. 形成了一批大型工业企业

长期以来，国家对重庆工业发展极为重视，重庆又培育了一批民营企业、引进了一批重点企业，因此，重庆大型工业企业多，成为重庆工业发展的基础。汽车、摩托车领域，到2000年，重庆已形成摩托车企业11家，有建设集团、嘉陵集团、隆鑫集团、力帆集团、精通集团等；而汽车整车制造业企业有 6 家，如庆铃集团、长安集团、重庆客车制造业总厂、四川汽车制造厂等。冶金领域有重庆钢铁厂、西南铝加工厂、重庆特殊钢厂等。化工领域，有四川维尼纶厂、长寿化工总厂、四川染料厂、长风化工厂、川庆化工厂等。医药领域有太极集团、西南药业、西南合成制药、重庆中药等。仪器仪表领域有四川仪器仪表厂。重庆还有一大批军工企业。这些企业，在重庆一直发挥着效益，并且大部分企业，竞争力不断增强，引领重庆工业发展。如长安汽车已成为我国三大汽车制造企业之一，成为我国民族汽车企业的代表之一。2008 年后，重庆电子工业主要通过引进了富士康、惠普、英业达、旭硕科技、仁宝电脑、纬创、达丰电脑等企业，发展迅速，建立了强大的电子信息制造业企业群体。

（二）重庆战略性新兴产业主要发展措施

1. 制定战略性新兴产业规划

2011 年，重庆市颁布《重庆市人民政府关于加快发展战略性新兴产业的意见》，提出打造笔记本电脑和离岸数据开发处理 2 个具有世界影响的战略性新兴基地，培育通信设备、集成电路、新能源汽车、轨道交通装备、新材料、生物医药、环保装备、风电装备、光源设备仪器仪表 10 个千百亿级战略性新兴产业集群，这就是重庆的"2+10"战略性新兴产业战略。2012 年第十届中国重庆高新技术交易会上，时任重庆市市长黄奇帆提出重庆今后将集中精力发展战略性新兴产业，提出"1+3+3"战略性新兴产业规划，即打造新一代信息产业 1 个重要战略性新兴产业支柱产业，做大做强新能源汽车、高端装备和节能环保 3 大优势战略性新兴产业，培育生物、新材料和新能源 3 个先导产业。

应该说，这些战略性新兴产业，重庆原先都有一定的或较强的工业基础。因此，重庆战略性新兴产业的发展是依托原有制造业基础，深化发展、谋求高端的必然结果，是重庆市进一步提升制造业竞争力的必然选择。在 20 世纪 80 年代，重庆市电子信息产业就开始发展，主要发展了光纤通信设备、计算机、彩色电视机等；1998年后，在软件、汽车电子等领域得到较快发展；2008 年以来，重庆被批准为国家信息产业高新技术产业基地，引进了一批企业，成为我国重要的电子信息产业基地。因此，新一代信息技术是重庆市深化电子信息产业发展的必然方向。重庆的高端装备主要依托重庆市强大的机械工业、军工制造业等基础而提出。新能源汽车主要依托重庆市强大的汽车工业而提出，重庆已成为国内第二大汽车生产城市，拥有长安、力帆等一批本土汽车企业，最有条件发展新能源企业，而且必须以新能源汽车引领重庆汽车的进一步发展。重庆冶金、化工产业较为发达，在此基础上发展金属新材料、化工新材料、特种功能材料等有优势，新材料也是重庆市冶金工业、化学工业等产业发展的必然方向，是提升产业竞争力的必然途径；而且重庆新材料产业与汽车制造业、高端装备、新一代信息技术、节能环保等产业具有高度关联，对支持重庆市这些产业发展具有重要意义。重庆市的医药工业有一定基础，拥有太极集团等一批医药企业，也拥有一批医疗设备、医用材料生产企业，发展生物产业是重庆市医药等工业的继续和深化。

经过多年的发展，重庆市意识到原有的电子信息、汽车等产业即将饱和，为此寻求下一轮重点支持产业。为此重庆市借鉴了德国工业 4.0，参考了国家制定的《中国制造 2025》规划，依托原有的战略性新兴产业基础，于 2014 年 7 月，制定《关于加快培育十大战略新兴产业集群的意见》。提出了更为高端的十大战略性新兴产业支持计划，十大战略性新兴产业为电子核心基础部件、新能源汽车及智能汽车、物联网、机器人及智能装备、高端交通装备、新材料、MDI 及化工新材料、页岩气、生物医药、环保等。这十大战略性新兴产业是重庆市战略性新兴产业的 2.0 版，也是前期战略性新兴产业的深化，是当前世界的尖端制造业，是高成长产业，具有更为强大的引领作用。重庆力争到 2020 年形成 10 个千亿级产业集群，新的战略性新兴产业总规模突破 1 万亿元。

2. 推进战略性新兴产业合理布局

重庆在制定战略性新兴产业发展的同时，也对战略性新兴产业进行了合理布局，使战略性新兴产业在空间上能落到实处，有核心地区执行战略性新兴产业规划，极大地推进了战略性新兴产业的发展。为了落实战略性新兴产业发展，重庆市遵循"集群发展、垂直整合"的思路，提出"双核带动、一环多点"的战略性新兴产业空间布局思路。提出重点打造两江新区和西永微电园两个战略性新兴产业核心区域，重点发展高端产业，成为重庆市战略性新兴产业的引领中心。通过双核重点发展，力争集聚重庆市战略性新兴产业规模占全市比重达到 75% 以上，成为重庆市经济的引擎；依托九龙坡高新技术开发区、南岸经济技术开发区、西彭、江津、建桥、花溪、璧山、同兴等工业园区，重点发展通信设备、汽车及汽车电子、数控机床、生物医药等，并努力与双核形成产业关联，打造"一环"特色战略性新兴产业带；依托万州、涪陵、长寿、合川、永川、荣昌、万盛、大足、綦江等工业园区，以"专、精、特"为方向，重点发展化工新材料、特种船舶、现代中药、节能环保等战略性新兴产业，形成"多点"战略性新兴产业特色工业园，努力与一环双核形成产业关联和配套。

西永微电园总规划面积约 37 平方千米，是我国规划面积最大的电子信息产业专业园区。2010 年 2 月，国务院批准在西永微电园内设立重庆西永综合保税区。西永微电园基本形成以集成电路、电子产品、软件研发及服务外包为主的三大信息产业集群，并被授予"国家电子信息产业基地""国家服务外包基地城市示范区""国家加工贸易梯度转移重点承接地""国家高技术产业（信息产业）基地""国家知识产权示范园区"等称号。截至 2015 年，西永微电园已形成生产各种电子产品 2 亿台（套）的能力，其中生产笔记本电脑 8 000 万台。园区内集成电路、电子产品制造和软件研发三大产业产值达 5 000 亿元。

两江新区是全国第三个国家级城市新区，通过引进一批国家级科研院所和跨国公司技术研发机构等，建设科技创新示范园；同时建设一批高端专业工业园区，如新能源汽车园、电子信息产业园、高端装备产业园、产新材料业园、新能源产业园、生物医药产业园等。并建造一个百亿级科技投融资平台，为更多的科技型企业提供投融资服务。重庆市将在水土工业园打造一个"世纪创新创业城"，计划吸引1 000家高新企业，为至少10万人提供就业机会。截至2015年，重庆两江新区汽车、电子信息、装备制造三大优势支柱产业集聚度高，工业产值占新区80%以上。两江新区地区生产总值"十二五"期间年均增长17.5%，到2015年已突破2 000亿元，成为重庆经济增长的新引擎。按照规划，"十三五"期间，两江新区将继续做大汽车、电子信息、装备制造三大优势支柱产业，将重点发展电子核心部件、机器人及智能装备、云计算及物联网、可穿戴设备及智能终端、通用航空、生物医药及医疗器械、能源装备、节能环保、新材料等战略性新兴制造业。

重庆高新区是国家级高新区，在"十二五"期间，地区生产总值年均增长16.5%；根据规划，重庆高新区"十三五"期间将形成一个新一代信息技术500亿产业集群，两个高端装备制造、高技术服务200亿产业集群，两个石墨烯新材料、生物医药100亿级产业集群，战略性新兴产业产值占规模以上工业总产值的比重达50%，规模以上工业生产总值年均增长18%。

2006年，重庆南岸区通信电子产业几乎还是一片空白，自国虹通讯入驻后，电子信息产业在南岸开始萌芽，现在，电子信息产业已成长为全区支柱产业，成为拉动经济的重要增长点。截至2015年，全区电子信息企业达到601户，投产企业超过270家，产业突破800亿元，产值占规模以上工业总产值的44.4%，成为全区经济增长的重要支撑。

2016年，重庆市九龙坡区颁布《关于加快发展战略性新兴产业的实施意见》，提出到2018年，集聚一批新兴产业优势企业，初步形成新材料、高端装备、新一代信息技术、生物医药、新能源及智能汽车、战略性新兴产业服务业六大产业，成为全市新兴产业集群重要基地。到2020年，六大新兴产业初具规模，形成4个百亿级以上、2个50亿级以上区域产业集群；战略性新兴产业企业达到300户，力争实现产值850亿元，占全区规模以上工业总产值30%以上。重点发展九龙园区、西彭园区、高新区西区。

通过专业化布局，重庆已初步形成了两江新区电子核心部件、永川机器人及智能装备、南岸物联网、涪陵页岩气等战略性新兴产业集聚区。

3. 着力打造产业集群

产业集群具有投资环境完善、集聚资金能力强、产业链完整、创新能力强等优点，因此，重庆发展战略性新兴产业致力于产业集群的建设。重庆打造产业集群，不仅产业链完善，而且产业链各环节一般至少有两家及以上企业，这样保证了产业更有活力。

首先，打造市级产业集群。就是在全市范围内，通过合理组织资源，形成产业集群。2011年，重庆市就提出打造通信设备等十个"千百亿级"产业集群。重庆市IT产业通过创新"品牌+代工+配套"集群发展模式，引进品牌企业、代工企业和配套企业，形成产业集群，引进企业上千家，笔记本电脑产量占全球三分之一。而重庆的汽车产业，本身基础强大，有多家整车企业和一批配套企业，又引进了一批大型国内整车和合资整车企业，并带动一批配套企业落户重庆，现已形成国内生产规模最大、最完善的汽车生产集群。而新的战略性新兴产业战略也提出了十大产业规划，每一个产业就是一个产业集群。一些市级产业集群由多个园区、行政区相关产业配套发展而成。如重庆的西永电子产业园和寸滩保税港区，均发展电子信息产业；另外还有万州电子材料园、中山元器件园、茶园消费电子园等专业园区。

其次，以开发园区为核心建立产业集群。重庆市有大量开发园区，开发园区一般实行"一区一主业"模式，主业就是产业集群。如永川凤凰湖机器人产业园，重点发展机器人，截至2015年，已投产的工业机器人企业就有32家，未来机器人产业将超过1 000亿元，成为重庆市新的增长点。有的开发区，建设多个专业园区，每个园区就是一个产业集群。如两江新区有新能源汽车园、电子信息产业园等多个专业化园区。

再次，以行政区为核心建设产业集群。重庆市南岸区就是重点打造移动智能终端产业集群的区域，长寿重点打造化工产业集群。两江新区形成电子核心基础部件和高端交通装备为主的产业集群，永川形成以机器人及智能装备为主的产业集群，涪陵形成以页岩气为主的产业集群。

4. 培育和引进龙头企业

重庆本来有一批龙头企业，如长安集团、力帆集团、庆铃商用车、红岩商用车集团，重钢集团、西南铝加工厂、四川维尼纶厂、嘉陵集团、建设集团等，重庆鼓励、支持企业发展战略性新兴产业。如支持长安集团、力帆集团发展新能源汽车、智能汽车；支持西南铝加工厂、四川维尼纶厂等发展新材料，支持太极集团发展新医药。努力培育本地战略性新兴产业企业。

近年来，重庆也通过引进外来企业极大地带动了战略性新兴产业的发展，以长安集团为依托，重庆引进了上汽、一汽、二汽、北汽四大国内汽车集团，加上本地的庆铃商用车、红岩商用车集团，这些龙头企业的引进和培育，不仅带动了重庆本地汽车配件产业的发展，而且也带动了大批相关汽车配件企业的引进，目前重庆发展了上千家零部件配套企业，已建成产值超6 000亿元的汽车生产基地。

而电子信息产业，重庆市引进力度更大。重庆市充分利用优势，主要通过引进，建立了强大的电子信息产业基础。截至2011年，重庆就引进了惠普、宏基、华硕、广达、富士康、仁宝、纬创等一批品牌和代工电脑龙头生产企业；依托这些龙头企业，又引进了800多家零部件企业，形成了"品牌+代工+配套"产业体系。近几年，又引进奥特斯集成电路基板、SK海力士芯片封装、投资近328亿元的京东方液晶等项目，使重庆电子信息制造业产业链更加完善、更为高端。

5. 抓创新创业

战略性新兴产业是以创新为支撑的产业，为了支持创新，重庆市制定了《重庆市"十二五"科学技术和战略性新兴产业发展规划》，提出通过"十二五"建设，自主创新能力显著增强，产业结构调整实现重大突破，围绕"2+10"产业链集群，建设一批自主创新基础平台，形成"开放高效"的自主创新支撑体系。为此，"十二五"期间建成中科院重庆研究院，在电子信息、先进制造和环境工程等领域建3个研究所。两江新区建成了以"大机构、大平台"为特征的科技创新示范园，引进了一批国家级院所和跨国公司技术研发机构。重庆还建设了一些高端产业研究院，2016年，建设了全国首个北斗民用战略性新兴产业研究院。"十三五"期间，重庆市提出继续致力于西部创新中心建设，围绕优势产业和战略性新兴产业，支持企业增加研发费用，引进国内外高水平研发机构支持建设产业技术创新联盟，提高科技成果转化能力。

6. 支持战略性新兴产业的投资和融资

近年来，重庆市每年对部分战略性新兴产业项目给予财政资金支持。2012年，对26家战略性新兴产业企业项目给予支持；战略性新兴产业100个重点项目累计完成投资412亿元，占全市工业投资总量13%，对全市投资增长贡献约5个百分点。2013年重庆继续实施战略性新兴产业100项重点项目，总投资达2 195亿元，年度计划完成投资630亿元。

为了支持战略性新兴产业发展，"十二五"时期，重庆就提出筹措100亿元战略性新兴产业发展资金，支持战略性新兴产业的重大招商、创新基础能力建设、人才培育与引进等。2014年，为了支持战略性新兴产业发展，重庆市创建了150多亿的财政性产业引导股权投资基金。2015年5月，重庆市联合国内多家重量级金融机构，组建了规模高达800亿元的战略性新兴产业股权投资基金，用于支持十大战略性新兴产业发展，支持战略性新兴产业企业采取股票融资、债券融资、投资基金等方式，把战略性新兴产业做大做强。

（二）重庆市战略性新兴产业发展主要成就

1. 战略性新兴产业发展迅速

近两年，虽然重庆市战略性新兴产业统计口径缩小，重庆新十大战略性新兴产业成为统计重点，重庆十大战略性新兴产业发展迅速。2014年，重庆市十大战略性新兴产业产值还只有700亿元，而2015年，十大战略性新兴产业完成产值1 664亿元，对规模工业产值增长贡献率达30%，战略性新兴产业带动力明显。据预测，2016年，重庆十大战略性新兴产业产值将达到2 800亿元，2020年，达到1万亿元，成为重庆市新引擎。2010年，重庆高技术制造业总产值1 230亿元，2015年高技术制造业总产值已达到4 028.40亿元，按现值计算为2010年的3.28倍，增长十分迅速，占规模以上工业总产值的18.8%。

2. 区域创新能力增强

通过发展战略性新兴产业，重庆市创新能力不断增强。2010 年，重庆市研究与试验发展（R&D）经费支出 100 亿元，占全市生产总值的 1.27%；2015 年 R&D 经费支出 240 亿元，比上年增长 18.9%，占全市地区生产总值的 1.53%；与 2010 年相比，2015 年 R&D 经费按现值计算增长了 1.4 倍，按占地区生产总值比重计算提高了 0.26 个百分点。2010 年，市级及以上重点实验室 66 个，其中国家重点实验室 6 个；2015 年，市级以上重点实验室共 111 个，其中国家重点实验室 8 个，分别比 2010 年增加 45 个和 2 个。工程技术研究中心 从 2010 年的 111 个增加到 2015 年的 381 个，其中国家级中心达到 10 个。全年受理专利申请从 2010 年 2.28 万件增加到 2015 年的 8.28 万件，增长 2.63 倍；专利授权由 1.21 万件上升到 3.89 万件，增长 2.21 倍；发明专利授权从 1 143 件增长到 1.28 万件，增长 10.2 倍。截至 2015 年，高新技术企业达到 1 035 家；高新技术产品 1 349 个。高等学校由 61 所增加到 64 所。2015 年技术市场签订成交合同 2 706 项，成交金额 145.70 亿元。

3. 区域经济蓬勃发展

从支柱产业看，规模以上工业企业中，2010 年汽车摩托车行业总产值 2 781.71 亿元，2015 年汽车制造业实现总产值 4 707.87 亿元，增长 67.24%；电子信息产业总产值由 2010 年的 400.90 亿元增加到 2015 年的 4 075.56 亿元，增长 9.17 倍，实现跳跃式增长；装备制造业总产值由 2010 年 1 655.41 亿元增长到 2015 年的 3 390.73 亿元，增长 1.05 倍，增长也十分明显；材料工业总产值由 2010 年的 1 334.68 亿元增长到 2015 年的 2 910.73 亿元，增长 1.18 倍，增长也十分明显。2015 年，重庆市化医行业实现总产值 1 629.48 亿元，能源工业实现总产值 1 414.56 亿元，分别比上年增长 13.7% 和 9.4%。

战略性新兴产业的发展带动了重庆市的出口增长。2010 年，重庆货物进出口贸易、出口、进口分别为 124.27 亿美元、74.89 亿美元和 49.38 亿美元，2015 年分别为 744.77 亿美元、551.90 亿美元、192.87 亿美元，分别 2010 年增长 4.99 倍、6.37 倍、2.91 倍，而 2010 年全国的货物进出口贸易、出口、进口分别为 26.43 万亿人民币、14.39 万亿人民币、12.04 万亿人民币，2015 年分别为 24.57 万亿元人民币、14.13 万亿元人民币和 10.45 万亿元人民币，分别比 2010 年下降 7.04%、1.81% 和 13.21%，重庆外贸不仅实现了正增长，而且增长速度快，在全国地位上升明显。

2015 年，重庆实现地区生产总值 15 719.72 亿元，按可比价计算，比 2010 年增加 82.82%；按现价计算，增加 99.13%，而同期全国分别增加 45.83% 和 66.21%，重庆明显快于全国平均水平，实际上重庆市是全国同期增长最快的省级行政区之一。2016 年一季度，重庆全市实现地区生产总值 3 772.73 亿元，比上年同期增长 10.7%，比全国高 4.0 个百分点，连续 9 个季度增长速度居全国第一。

二、自贡战略性新兴产业引领制造业转型升级研究

自贡市位于四川南部，面积 4 373 平方千米，2015 年常住人口 277 万。自贡享有"千年盐都""恐龙之乡""南国灯城""美食之府"之美誉，是国家历史文化名城。自贡也是四川省五个主城区人口超 100 万的大城市之一。自贡市盐业开发历史已经超过 1000 年，1939 年，自贡因盐设市，是中华民国最早建制的二十三个市之一。中华人民共和国成立后，自贡在盐业基础上发展了盐化工；在"三线"建设期间，一批"三线"企业内迁，自贡工业进一步得到加强并且形成了以久大集团为代表的制盐工业、以鸿鹤化工为代表的化学工业、以东方锅炉为代表的机械工业、以自贡硬质合金厂为代表的冶金工业。至此，自贡形成了盐业、化工、机械、冶金为支柱的产业结构。但经过数十年的发展，自贡的盐业因技术升级，加之全国竞争加剧，产能过剩，产业竞争力下降、吸纳就业下降，该产业在 20 世纪 90 年代就进入调整阶段。而自贡其他制造业也面临竞争加剧，市场受到挤压的压力，自贡发展面临诸多挑战。2000 年以来，自贡开始艰难产业结构调整，特别是近年来，自贡重点发展战略性新兴产业，引领制造业发展，遏制了区域经济的衰退，取得了一定的成绩。

（一）自贡战略性新兴产业引领制造业转型升级措施

1. 确立战略性新兴产业重点发展产业

2000 年以来，自贡就不断进行产业结构调整，探索新的支柱产业。2010 年，国务院提出发展战略性新兴产业。为此，2011 年，自贡市人民政府就颁布了《关于加快战略性新兴产业发展的意见》，提出了重点发展节能环保装备、新材料、高端装备制造等战略性新兴产业，培育壮大生物产业、新能源、新一代电子信息等产业。将自贡建设成为国家节能环保装备制造基地、国家新材料产业化基地，打造东方电气集团东方锅炉股份有限公司、华西能源工业股份有限公司、昊华鸿鹤化工有限责任公司、四川久大盐业（集团）公司、自贡硬质合金有限责任公司、晨光化工研究院、海川集团等龙头、骨干企业。

由此可见，自贡的战略性新兴产业主要是以自贡的工业基础深化发展起来的，节能环保是以东方电气集团东方锅炉股份有限公司、华西能源工业股份有限公司、川润动力公司等为基础发展起来的，重点发展固体废弃物治理装备、水污染治理装备、大气污染治理装备、新能源及清洁能源装备等；新材料以自贡硬质合金厂、自贡焊条厂、炭黑研究院、晨光化工研究院等为基础深化发展而来。而高端装备以自贡机床厂、自贡运机公司、海川公司等为重点，重点发展重型铣车复合加工中心系列、中小型数控机床系列、机床关键功能部件、飞机发动机叶片等。所以，一方面，战略性新兴产业以自贡传统制造业为基础，使战略性新兴产业更容易成功；另一方面，通过转型发展战略性新兴产业，使自贡市支柱产业竞争力得到加强。

2014 年，四川从七大战略性新兴产业中筛选出页岩气、节能环保装备、信息安全、航空与燃机、新能源汽车等五大产业，确定为四川五大高端成长产业。为此，自贡围绕四川五大高端成长产业，调整了自贡战略性新兴产业重点。一是依托中航集团、海川公司等企业培育燃机与航空产业。二是依托明君集团规划建设汽车产业园，着力引进零部件配套企业，培育新能源汽车产业。三是依托华西能源、运机公司等企业，培育节能环保装备产业。四是依托中天胜、晨光、大西洋等企业，培育新材料产业。五是培育页岩气钻探、输、配、储、运装备制造行业，打造页岩气装备制造基地。

2. 完善战略性新兴产业发展载体

为支持战略性新兴产业的发展，自贡市为战略性新兴产业打造了良好的投资环境和载体。依托自贡高新技术产业开发区，重点发展节能环保、新材料和生物产业。自贡高新技术产业开发区建于 1992 年；2011 年自贡高新区升级为国家高新技术产业开发区，是四川第三个、川南地区第一个国家级高新技术产业开发区。该区规划面积 100 平方千米，目前自贡高新区已是自贡最具开发潜力、最富发展活力的区域。2012 年，自贡高新区启动南岸科技新区建设，开始新一轮的创新创业，这是川南第一个科技新区。南岸科技新区的建设将为自贡战略性新兴产业的发展注入科技动力。2015 年高新区节能环保装备制造和新材料两大主导产业实现总产值 266.1 亿元、集中度达到 72%。目前自贡高新区已经成为自贡战略性新兴产业发展的重要载体，引领自贡制造业转型升级。"十三五"期间，自贡高新区将打造以节能环保、装备制造、新材料为特色主导，电子信息、生物医药为重点培育，现代服务业为支撑的"3+2+1"产业体系，成为自贡战略性新兴产业、高科技产业集聚区，引领自贡及川南地区的发展。

近年来，自贡又建设立了一批工业园，如沿滩工业集中区、贡井工业园等。为了规范各园区产业发展，引导园区产业发展，2016 年 4 月，自贡出台《自贡市工业园区（集中区）产业定位》，按照"每个区县都有一个园区"的思路，着力构建"一带一核多园多点"工业园区格局；同时，还按照"大园区承载大产业、小园区发展特色产业"的原则，明确了各园区产业定位，引导各园区错位发展。一是自贡高新区自贡板仓工业园。以节能环保装备制造、金属新材料、生物工业、新能源汽车、电子信息等先进制造业和科技、金融等先导型服务业为主导产业。二是自流井舒坪工业园，以盐业深加工、焊接新材料及装备制造为主导产业。三是贡井工业园区分设自贡航空产业园、自贡桥头工业园，重点发展航空与燃机、分离机械等环保装备制造等制造业。四是大安工业园区分设自贡北部工业园、自贡大塘山锅炉产业园、自贡牛佛临港工业园，重点发展节能锅炉及配套产品装备制造、新材料、电线电缆及电工器材制造等产业。五是沿滩工业园区分设自贡化工新材料产业园、自贡沿滩机械装备制造园、自贡食品工业园，重点发展化工及新材料、机械装备制造、农产品加工等主导产业。六是荣县工业园区分设荣县农副产品加工园、荣县来牟工业园、荣县双石工业园，重点发展农副产品加工、现代中药、机械制造、建材加工等主导产业。七是富顺工业园区分设自贡晨光科技园、富顺代寺纺织服装产业园、富顺长滩酒业产业园、富顺骑龙农产品加工园，重点发展化工及新材料、农产品加工、机械制造为主导产业。从自贡工业园区重点产业及分工看，自贡四个市辖区工业园区的产业较为高端，重点是战略性新兴产业，主要发展节能环保、新材料、航空与燃机、高端装备等战略性新兴产业。而两郊县则是重点发展传统产业，但也适度发展战略性新兴产业，如荣县的现代中药、富顺的新材料。

另外，为了支持企业发展，自贡市根据企业要求，设立企业科技园、工业园等，目前已建成或正在建的有华西能源科技园、晨光氟硅新材料产业园、大西洋焊接产业园、自贡生物产业科技园等。

3. 不断推进创新创业

为了加强战略性新兴产业的发展，自贡不断推进创新，取得了一定的成效，支持了战略性新兴产业的发展。自贡原来就拥有一批国家级科研单位，如晨光研究院、炭黑工业研究院、井矿盐研究院等。其中中昊晨光化工研究院是全国有机氟、有机硅高分子合成材料研究开发中心；中橡炭黑研究设计院是全国炭黑工业唯一的科研设计单位和炭黑产品标准化归口单位；四川理工学院是川南唯一的综合性大学。而一些企业也拥有研发机构，有一定的创新基础。目前，自贡拥有各类科研机构64个，数量居四川省第2位。但仅有这些科研机构，还难以满足自贡战略性新兴产业对创新创业的要求。为此，自贡市不断推进创新创业平台建设。

一是设立科技企业孵化器。自贡在自贡高新区设立了科技企业孵化器，该孵化器在2010年被科技部认定为国家科技企业孵化器。2015年，沿滩工业集中区孵化器投入使用，而南岸科技新区孵化器也在建设中。2015年，为了充分利用大学创新创业的优势，自贡市与四川理工学院合作，建立四川理工大学科技园。为了加强创新，自贡高新区推行"众创""孵化+创投"和"互联网+"等新型创业模式，打造浙大——高新区"众创空间"，依托浙江大学创新中心打造高新区企业家俱乐部，建设"两中心一沙龙"（自贡工业信息发布中心、自贡科技成果展示中心、企业家沙龙）。

二是设立创新中心。2013年，自贡引进浙江大学，建立了浙江大学自贡创新中心，根据协议，浙江大学自贡创新中心将在自贡建立8个创新中心，将极大地推进自贡的工业技术创新。2013年，自贡在高新区设立南岸科技园，将重点打造科技创新。

三是支持企业建设研发机构。自贡支持企业和科研机构建设企业技术中心、工程技术中心等，截至2015年，全市已建立企业技术中心42户，其中国家级技术中心等3户，省级15户。规模以上企业中有60多户建立了创新平台。建成了酿酒生物技术及应用、人工智能等7家四川省级重点实验室。支持企业与大学合作，进行科技开发，全市50多户企业与浙江大学、四川大学、四川理工学院等建立了技术合作关系。支持企业建设院士（专家）工作站，截至 2016 年 8 月，已建成 12 家院士（专家）工作站，其中省级工作站 2 个，支持了自贡市战略性新兴产业的发展。通过创新，自贡的一些老工业企业成功实现了从传统制造业向战略性新兴产业的转变，成功实现转型升级。近年来，华西能源主动将锅炉装备向节能环保装备产业转型，生物质锅炉、垃圾焚烧处理发电设备等节能环保装备成为该公司的主打产品。"十二五"期间，东锅公司也充分利用自身科技力量，自主研制出世界首台 60 万千瓦超临界循环流化床锅炉。

四是支持建设产业联盟。产业联盟也是创新联盟，对产品研发、产业品牌、市场影响、产业升级等有极为重要的影响，因此，自贡充分利用老工业城市、企业多的优势，支持建立产业联盟。自贡市工业产业技术创新战略联盟，于 2008 年 3 月开始建设，先后建有四川省盐业技术创新联盟、四川省分离与过滤机械产业技术创新联盟、四川省新型炭纳米材料产、学、研创新联盟 3 个联盟。2013 年 10 月，自贡硬质合金公司牵头硬质合金行业相关企业成立了四川钨钼及硬质合金产业联盟。2013 年 11 月，由四川省自贡运输机械集团股份有限公司牵头，联合四川理工学院、太原科技大学、自贡起重运输机械制造有限公司、四川省机械研究设计院等国内 30 余家科研院所、相关企业，组建四川省输送装备战略性新兴产业联盟。2015 年，组建自贡市密封件产业技术创新联盟。

"十三五"时期，自贡提出了坚持把创新摆在实现老工业城市全面振兴的核心位置，完善全面创新体系，增强产业创新能力，激发全社会创新创造活力，提出创建国家创新型城市。

4. 不断培育和引进战略性新兴产业企业

一是通过财政、土地、税收、科技等支持，支持了原有优势企业发展战略性新兴产业。这些企业包括东锅公司、华西集团、川润集团、自贡硬质合金厂、自贡焊条厂、自贡运机集团、川润动力公司、晨光化工研究院等企业转型重点发展战略性新兴产业。

二是培育了多家战略性新兴产业企业。四川海川实业有限公司成立于 2001 年，主要生产汽轮机组叶片、燃机叶片、高炉余热回收发电装置等高端产品。该公司发展得到自贡市支持，发展迅速，新产品不断增加，积极参与军品生产，产品出口发达国家。自贡中天胜新材料科技有限公司是利用自贡创新科技成果，于 2013 年 7 月成立的高科技企业，公司集科研、设计开发、制造为一体，是化工行业特种聚酰亚胺材料的制造商，产品填补国家空白，主要用于航空、航天及国民经济各领域，发展前景广阔。

三是积极引进战略性新兴产业企业。2011 年，自贡引进四川明君集团，在自贡高新区建设整车生产基地。自贡开始了汽车产业，也丰富了自贡装备制造产业的发展。2013 年 7 月，自贡与中航集团合作，建设通用航空机场、引入飞机生产装配线和飞机零部件生产线等，从此，自贡航空工业开始发展。2015 年 7 月，自贡引进捷克共和国轻型飞机项目，建设轻型飞机生产组装基地和研发中心；2016 年 7 月，意大利斯凯特公司和四川煜峰公司合作，在自贡建设直升机生产企业，企业占地面积约 500 亩，项目总投资 10 亿元人民币。至此，自贡市飞机工业已初步形成，自贡在四川乃至全国通用飞机生产中抢得先机。飞机工业是高端制造，需求零部件多，将极大地带动自贡市相关产业的发展。未来随着我国通用航空产业的快速发展，已在通用航空占得先机的自贡将有更大的发展机遇。在生物产业领域，2016 年，自贡与中国科学院天津生物工业技术研究所合作，建设自贡生物产业科技园，开始了自贡生物产业的发展。

5. 得到中央和省政府支持

自贡市是老工业城市。国务院批复《全国老工业基地调整改造规划（2013—2022 年）》，自贡被列为老工业城市，享受有关优惠政策。近年来，自贡的战略性新兴产业发展也得到国家和省的支持。2011 年，自贡高新技术产业开发区升级为国家级，自贡科技企业孵化器升级为国家级。2007 年以来，自贡高新区先后被授予国家科技兴贸创新基地、被科技部认定为国家新材料产业化基地、国家知识产权试点园区、国家节能环保新型工业化产业示范基地。

四川省政府印发了《四川省战略性性兴产品"十二五"培育发展规划》，确立了到"十二五"末，重点培育发展战略性新兴产品 233 个。自贡市有 10 个产品列入省战略性新兴产品"十二五"培育发展规划中，极大地支持了自贡市节能环保、新材料、高端装备等战略性新兴产业的发展。2013 年 7 月，四川省启动重点产业园区发展计划，自贡高新区被纳入 1 000 亿（园区）发展计划。2014 年，自贡被列为四川航空与燃机三大集聚区之一，自贡的航空与燃机上升为省级战略，自贡在航空与燃机这一高端产业占得先机。

目前，自贡拥有国家节能环保装备产业示范基地、国家新材料产业化基地、省航空与燃机产业集聚区等平台，由此自贡的节能环保、新材料和航空与燃机三大战略性新兴产业均得到国家或省级层面的支持，自贡战略性新兴产业发展获得良好的发展机遇。

6. 帮助企业解决战略性新兴产业发展资金困难

为了支持企业转型升级，自贡市政府主动帮助银企对接，自贡市商业银行、中国工商银行自贡分行分别与市内获得知识产权（专利权、商标权）质押贷款的科技型小微企业签署了贷款合同及诚实守信承诺书；市政府帮助自贡市商业银行与有关企业签订融资授信协议，帮助华西证券有限责任公司与自贡天健生物等企业签署了新三板、四板上市战略合作协议。自贡还将设立科技型中小微企业创新资金、创业投资引导资金，支持发展天使投资、创业投资等风险投资，引导金融机构加大对中小微企业创新的支持力度。积极帮助战略性新兴产业企业争取国家、省财政的支持。

（二）自贡战略性新兴产业发展主要成就

1. 战略性新兴产业比重提升，经济发展后劲增强

近年来，通过发展战略性新兴产业，自贡市经济发展后劲明显增强。2010年全年新立市级以上重点科技计划项目106项，省以上科技计划项目44项；2015年，实施市以上重点科技项目153项，其中省重点科技项目84项，分别比2010年增长44.33%和90.90%。2010年共申请专利350件，授权专利265项；2015年共申请专利1 796件，授权专利1 146项，分别为2010年的5.13倍和4.32倍。2010年技术交易合同172个，实现技术合同成交额0.77亿元；2015年全年技术交易合同295个，登记合同金额3.8亿元，分别为2010年的1.72倍4.94倍，技术合同交易更加活跃。

2010年，全市国家级高新技术企业39户，2015年，增加到87户，为2010年2.23倍。2010年高新技术产业产值占规模工业产值比重达到22%；2015年，高新技术产业产值达到726.90亿元，高新技术产业增加值占比上升到25%。由于战略性新兴产业的发展，带动了全市工业的发展。2015年，自贡市规模以上工业实现增加值491.65亿元，增长8.1%，其中，战略性新兴产业增加值占比达到28.8%。战略性新兴产业已成为全市经济支柱，在中心城区，战略性新兴产业占比更高。形成了一批以战略性新兴产业为主业的科技园。建设了自贡高新区、自贡航空产业园、晨光新材料产业园等。自贡高新区拥有研发机构的企业比重达35%，创新型企业占园区企业总数的比重达41%。培育了一批战略性新兴产业企业，东锅、华西能源列为国家智能制造示范企业。自贡市科技进步对经济增长的贡献率提高到53%[①]。

2. 推动了区域经济的增长

2010年全市实现地区生产总值647.73亿元，其中一、二、三产业增加值分别为84.68亿、370.84亿、192.21亿元，一、二、三产业比重为13.1∶57.3∶29.7。其中工业增加值339.70亿元，占地区生产总值的52.44%。2015年全市实现地区生产总值1 143.11亿元，为2010年1.76倍，按可比价计算，年均增长11.3%，实际各年增长速度均超过8%，显示区域经济增长较为平稳，避免了如部分老工业城市经济徘徊、衰退现象的出现；其中，其中一、二、三产业增加值分别为127.96亿元、664.42亿元、350.73亿元，三次产业结构为11.2∶58.1∶30.7，非农产业比重上升，产业结构比2010年更加优化。2015年实现全部工业增加值605.02亿元，为2010年1.78倍，占地区生产总值比重52.93%，比2010年上升0.49个百分点，工业对区域经济的带动作用明显。2015年人均地区生产总值41 447元。特别是由于近年来战略性新兴产业的发展，区域产业转型升级取得重大进展，节能环保装备制造、新材料、航空与燃机等高端成长型产业不断孕育突破，从2010到2015年，区域单位生产总值能耗下降25.8%，超额完成减排任务，实现了绿色发展的目标。

---

① 刘永湘. 2016自贡市政府工作报告［N］. 自贡日报，2016-03-07.

第五节 依托资源开发发展战略性新兴产业引领模式

矿产资源丰富地区，依托矿产资源发展起来。这些地区如果仅仅依赖矿产资源发展，一方面，当矿产资源枯竭时，这些地区将面临衰退困境；另一方面，当资源产品需求饱和或减少时，资源开发地区也将面临停滞或衰退的危险。同时，在资源开发区，如果仅靠资源开发推动经济增长，区域外延式的增长将使其面临生态环境的压力。因此，一般高度依赖资源发展的地区，经济较为脆弱，难以长期持续、稳定增长。但部分依赖资源发展起来的地区，在通过资源开发获得初始发展之后，充分利用资源条件和其他优势，推进产业结构调整，发展相关制造业、甚至战略性新兴产业、高新技术产业，这些将丰富地区产业结构，甚至可以实现区域经济由依赖资源获得增长向依赖创新、高端产业获得增长的转变，这些地区将变得强大，甚至形成强大的自我发展能力，完全摆脱对资源的依赖。

我国西部地区资源丰富，有许多地区就利用资源优势，实现了区域经济的跨越式发展。其中部分地区依赖资源优势和其他优势，支持战略性新兴产业发展，引领区域制造业转型升级，初步使区域经济摆脱了对资源的高度依赖，也因此在资源产品产能过剩、价格下跌的情况下，仍然保持经济的增长，避免了区域经济的衰退。而有些城市，因为经济转型不足，在全国产能过剩、资源产品价格下降的情况下，经济出现衰退。自2000年以来，内蒙古鄂尔多斯市就是充分利用煤炭资源的大开发，实现了经济的跨越式发展。而近年来，鄂尔多斯市充分利用优势，通过大力发展战略性新兴产业，带动区域制造业的发展，初步实现工业的转型升级，在近年来煤炭等资源产品产能过剩、价格下跌的情况下，仍然获得增长。本节以鄂尔多斯市为例分析依托资源开发发展战略性新兴产业引领模式。

一、鄂尔多斯市依托资源发展战略性新兴产业的措施

鄂尔多斯是内蒙古地级市，位于内蒙古中西部，面积8.7万平方千米，辖东胜区、康巴什区等2区7旗，人口约205万。鄂尔多斯资源丰富，截至2012年，鄂尔多斯市已探明煤炭储量1 496亿多吨，约占全国总储量的1/6；已探明天然气储量约1 880亿立方米，占全国三分之一；已探明稀土高岭土储量占全国二分之一；区域还蕴藏丰富的油页岩、天然碱、芒硝、硫黄、食盐、泥炭等资源；羊绒产量占全国产量一半；另外，鄂尔多斯还有丰富的太阳能、风能等新能源资源。

（一）依托资源发展资源深加工

2000年以来，鄂尔多斯依靠丰富的煤炭资源，实现了跨越式发展。2000年，鄂尔多斯煤炭产量只有5 000多万吨，2009年，已经突破3亿吨，2010年更是超过

4 亿吨。煤炭的开发推动了区域经济的飞速发展，鄂尔多斯市地区生产总值从 2000 年的 150 亿元，上升到 2010 年 2 643.2 亿元，按现价计算，增长了 16 倍多，成为 21 世纪以来我国经济增长最快的城市。短短 10 年间，鄂尔多斯从我国一个贫穷落后的民族边缘地区一跃而成为我国内地人均地区生产总值最高的地级市。但是，煤炭的开发使鄂尔多斯经济过分依赖煤炭，2010 年，鄂尔多斯煤炭产值占工业产值比重超过 70%。煤炭带来经济繁荣的同时，鄂尔多斯已意识到经济过分依赖煤炭的危机。由于高度依赖煤炭资源，可能导致鄂尔多斯经济随煤炭需求和煤炭价格的波动而出现不稳定，特别是煤炭需求和煤炭价格的走弱将对鄂尔多斯经济带来极大的影响；而且煤炭的开发也使鄂尔多斯在未来煤炭枯竭时将面临经济衰退的困境，因此在煤炭经济欣欣向荣的同时，鄂尔多斯就开始改变"一煤独大"的产业结构。

在鄂尔多斯 2011—2030 年城市规划中，提出了建成国家清洁能源输出基地、国家新型现代煤化工生产示范基地、内蒙古自治区铝循环基地和装备制造业基地的战略目标。提出培育煤炭、电力、煤化工、电子信息、装备制造、氧化铝及深加工、光伏、物流等八个产值超千亿元的支柱产业。煤炭、电力、煤化工等与煤炭相关产业放在最为重要的地位。为此，鄂尔多斯依托煤炭资源发展了资源深加工产业，不仅使区域产业多样化，而且极大地提升了资源的附加价值。鄂尔多斯提出依托资源建设国家战略性生态能源基地，推进战略性新兴产业，培育新的重大经济增长点。为此，以煤炭为基础，鄂尔多斯发展了煤制油、煤制气、煤制烯烃、煤制二甲醚、煤制乙二醇等产业，利用煤灰提取氧化铝。提出打造千万吨级的煤制油基地，发展煤制天然气。同时，依托煤炭资源开发，发展相关的制造业，发展煤机制造、开采机械、重型汽车制造等。

（二）依托资源培育战略性新兴产业

仅有资源深加工，仍然难以深刻改变区域发展对资源的依赖，并且产业仍然不高端，为此，鄂尔多斯实施了大力发展战略性新兴产业战略。2012 年，内蒙古颁布《内蒙古自治区人民政府关于加快培育和发展战略性新兴产业的实施意见》，提出重点发展新材料、先进装备制造、生物、新能源、煤炭清洁高效利用、电子信息、节能环保、高技术服务业八大战略性新兴产业。该规划提出重点建设呼和浩特、包头、通辽、赤峰、鄂尔多斯五大战略性新兴产业集聚区。在内蒙古装备制造、煤化工、电子信息等战略性新兴产业发展规划中均提到鄂尔多斯。因此，鄂尔多斯承担着内蒙古战略性新兴产业发展的重要任务，成为内蒙古战略性新兴产业发展的重要一极。发展战略性新兴产业也成为鄂尔多斯摆脱煤炭依赖、实现地区经济转型升级的重要举措。

为此，鄂尔多斯根据本地发展条件和优势，提出重点发展以节能环保、新一代信息技术、高端装备制造、新能源新材料等为代表的战略性新兴产业。鄂尔多斯提出的八大千亿产业中，电子信息、装备制造、氧化铝及深加工、光伏等产业与战略性新兴产业高度相关。鄂尔多斯 2011—2030 年城市规划也提出努力发展先进制造业：重点发展汽车及装备制造等；积极培育新材料、新医药、新一代信息技术产业等战略性新兴产业。在现代装备制造产业方面，提出以汽车及零部件、煤矿及矿用机械、智能制造设备及零部件、电子信息设备等为重点；在电子信息产业方面，提出通过引进一批信息服务业、软件业和电子信息产品制造等项目，打造销售收入过千亿元新型主导产业。

尽管当前鄂尔多斯战略性新兴产业尚不能与传统产业相提并论，但其对经济的拉动作用与日俱增。鄂尔多斯战略性新兴产业重点发展地区为东胜区，2015 年 1~10 月，东胜区战略性新兴产业完成产值 75.57 亿元，同比增长 19.69%，占全部规模以上工业总产值的 18.77%。

（三）打造工业园区载体

为了发展战略性新兴产业，推进区域工业转型升级，着力发展煤炭资源深加工和高端制造业，加大承接产业转移能力，鄂尔多斯先后建设了鄂尔多斯市高新技术产业园区、准格尔旗大路工业园区、达拉特旗树林召工业园区、杭锦旗独贵塔拉工业园区、鄂托克旗蒙西工业园区、东胜-康巴什装备制造工业集中区等 18 个工业园区。

2011 年成立了鄂尔多斯市高新技术产业园区，该园区规划面积 120 平方千米，定位为鄂尔多斯市高端人才创新创业集聚区、特色人才管理改革试验区、战略性新兴产业发展先导区、资源富集地区产业转型示范区，重点开展科技成果转化及产业化，推进创新企业孵化、培育，主要发展新能源、新材料、生物医药、云计算、智能装备、节能环保等战略性新兴产业，园区已成为鄂尔多斯战略性新兴产业发展的主体园区。

东胜-康巴什装备制造工业集中区：重点发展汽车整车及零部件、煤炭机械、电子信息产品、仪器仪表等制造业。该园区也重点发展战略性新兴产业。

准格尔旗大路工业园区：重点发展煤制油、煤制气等煤化工产品及甲醇下游产品加工。杭锦旗巴拉贡新能源示范园区，该园区虽然为市级工业园区，但重点发展风力发电及太阳能发电等新能源产业。达拉特旗树林召工业园区重点发展煤化、建材等产业，积极接受包头产业辐射，在铝、镁等有色金属精深加工方面取得突破。

（四）依托资源大力承接战略性新兴产业转移

鄂尔多斯原有经济基础薄弱，依靠煤炭，经济实现了跨越式发展，煤炭的发展为鄂尔多斯积累了巨大的财富。凭借巨大的财富和丰富的资源支撑，鄂尔多斯主要通过承接战略性新兴产业企业转移发展战略性新兴产业。为了吸引企业前来投资设厂，鄂尔多斯市给出煤炭配置（以煤矿换投资）的特殊政策，即企业在鄂尔多斯投资 20 亿元，鄂尔多斯给予 1 亿吨煤炭资源，单个项目总的煤炭配置不超过 10 亿吨，为此鄂尔多斯吸引了一批大型战略性新兴产业龙头企业落户。

2010 年，鄂尔多斯引进奇瑞汽车生产项目，总投资 200 亿元，年产 30 万辆乘用车及数控机床、工业机器人、工程机械等。鄂尔多斯成为奇瑞五大生产基地之一，

2013 年投产，成为内蒙古第一家整车批量生产的乘用车生产企业。在此之前，鄂尔多斯还引进了华泰汽车，随后引进了精功重卡、中兴特汽车，汽车产业初步形成。2011 年，鄂尔多斯引进了京东方第 5.5 代有机发光二极管显示件项目，总投资 220 亿元，京东方电子信息项目的引进，奠定了鄂尔多斯电子信息产业的基础，经过多年建设，鄂尔多斯京东方项目已于 2014 年投产。其后，鄂尔多斯又引进了富士康等企业；2011 年，鄂尔多斯建立了东胜区云计算产业园区，同年，引进了中兴能源鄂尔多斯云计算数据中心项目、世纪互联鄂尔多斯超级云计算数据中心产业项目，随后引进了浪潮集团、金蝶、用友、北京双州科技、鄂尔多斯鼎联数码等。2010 年，引进了宏大太阳能等为龙头的太阳能装备制造企业。引进达瑞祥 1 亿片蓝宝石窗口材料生产项目，该项目总投资 140 亿元。仅 2015 年，鄂尔多斯市战略性新兴产业共实施亿元以上新兴产业项目 14 项，总投资 101.81 亿元，项目涉及云计算数据中心及配套光缆、新能源、新材料、电子信息、节能环保产品等领域。

（五）大力支持研发与创新创业

近年来，鄂尔多斯致力于创新体系建设，使科技创新能力大幅度提升。为了促进高新技术产业和战略性新兴产业的创新创业，鄂尔多斯市政府加大了对高新区的支持。为了提升高新区的自我发展能力，自 2013 年以后园区新增的公共财政预算收入主要用于园区基本运转及滚动发展，市财政每年还安排专项资金 3 亿元，主要用于推动高新区研发与引进产业高端项目、孵化自主知识产权项目等。

鄂尔多斯市政府与清华大学合作，于 2010 年建立鄂尔多斯高新区启迪孵化器，主要围绕新能源与节能环保、化工新材料、智能装备、生物医药等高新技术领域培育高科技企业，集聚创新创业人才。2013 年该孵化器被批准为国家级科技企业孵化器。鄂尔多斯也成内蒙古第三个拥有国家级孵化器的地区。孵化器建设有鄂尔多斯留学人员创业园、鄂尔多斯科技创业园、内蒙古自治区大学生创业园、启迪科技成果展示中心、启迪孵化器共享实验中心、协同创新平台等服务机构与创新平台，形成了"三园三平台"主体架构，为企业提供创业培训辅导、项目推介、政策扶持、中介服务、风险投资等系列服务，形成了"创业苗圃—创业孵化—加速孵化—产业化"全程发展模式。

为了加快创新驱动，鄂尔多斯市和高新区积极与国内外知名高校、科研院所合作。已吸引 2 名中科院院士、2 名工程院院士、1 名"长江学者"、5 名"百人计划"为代表的 60 多名海内外博士到鄂尔多斯创新创业。2013 年 3 月鄂尔多斯市人民政府与威斯康星大学签署合作协议，在鄂尔多斯高新技术产业园区合作共建威斯康星大学（鄂尔多斯）生物医药研发与国际技术转移中心。推动鄂尔多斯地区生物医药技术的发展和传统蒙医药的现代化和国际化，促进区域科技创新和培育新兴产业。鄂尔多斯与大连理工大学合作，建设大连理工大学鄂尔多斯研究院，研究院下设 7 个研究中心。鄂尔多斯高新技术产业园区与哈尔滨工业大学合作，建立哈尔滨工业大学鄂尔多斯水资源开发利用工程研究中心。工程研究中心拥有城市供水安全保障技术、水污染综合防治技术、节水与水资源高效循环利用技术等 5 个研发平台。2014 年，鄂尔多斯市政府与武汉理工大学合作，共建武汉理工大学鄂尔多斯研究院。2015 年，鄂尔多斯与北京大学湍流与复杂系统国家重点实验室合作，建立了北京大学湍流与复杂系统国家重点实验室鄂尔多斯市泰坤科技研究中心；与南方科技大学合作，建立了南方科技大学鄂尔多斯市泰坤科技研究院。这些合作，极大地提升了鄂尔多斯的科技创新能力，支持了鄂尔多斯战略性新兴产业的发展。

为了增强企业创新能力、研发能力，鄂尔多斯政府支持企业建设工程技术中心、研究与开发中心等。截至 2014 年，鄂尔多斯已建成自治区级工程技术中心 11 家；截至 2016 年 2 月，全市自治区级企业研究与开发中心达 22 家。主要围绕能源化工、新材料、节能环保、电力冶金、装备制造、现代农牧业等产业领域。为了提升企业和区域创新能力，提升区域产业的竞争力，鄂尔多斯于 2012 年建立首批院士专家工作站，经过 4 年的发展，截至 2015 年，鄂尔多斯已建立久科康瑞环保科技有限公司环境治理等 9 家院士专家工作站，占内蒙古获批院士专家工作站总数的 12.8%，优势十分明显；鄂尔多斯于 2014 年还建立了自治区首家国际院士工作站。2010 年以来，鄂尔多斯大力培育高新技术企业，"十二五"期间，鄂尔多斯市新增国家高新技术企业 23 家，超额两倍完成"十二五"目标任务。截至 2016 年 2 月，鄂尔多斯市国家高新技术企业总数达 29 家，高新技术企业正逐步成为鄂尔多斯市发展高新技术产业和战略性新兴产业的主体，在引领区域企业开展自主创新、促进区域制造业转型升级过程中发挥着不可替代的作用。

为了创新，加强人才培养，鄂尔多斯支持大学建设。2010 年，全市仅有普通高校 2 所。到 2015 年，组建了鄂尔多斯应用技术学院，全市普通高校增加到 4 所；普通中等专业学校 3 所。

为了支持创新，鄂尔多斯将创新创业作为第二产业新的增长点、转型升级的动力，为此设立 30 亿元转型发展基金，出台了培育骨干企业、支持中小微企业、振兴羊绒产业等政策措施。

由于政府对创新的支持，鄂尔多斯创新能力大幅地提升。2010 年，全年提交专利申请 295 件，其中，授权专利 262 件；2015 年提交专利申请 828 件，其中，授权专利 550 件，分别为 2010 年 2.81 倍和 2.10 倍，增长明显。2010 年全市取得各类科技成果 24 项；2015 年上升到 48 项，为 2010 年的 2 倍。

二、鄂尔多斯主要发展成就

（一）战略性新兴产业在区域经济中作用提升

由于支持战略性新兴产业的发展，战略性新兴产业在鄂尔多斯经济中的作用日益提升。2015 年，全市 375 户规模以上工业企业中，战略性新兴产业企业 60 户，占比达到 16%；实现增加值 120.1 亿元，占规模以上工业增加值的 5.84%，占地区生产总值的 2.84%，已呈现一定的支柱作用。2016 年一季度，鄂尔多斯市战略性新兴产业又实现了较快增长，战略性新兴工业企业实现增加值 31.6 亿元，同比增长 22.8%，快于规模以上工业平均增速 14.4 个百分点，占规模以上工业增加值总量的 7.4%，较上年同期比重增加 1.1 百分点，拉动规模以上工业增长 1.2 个百分点[①]。根据"十三五"规划，鄂尔多斯已提出到 2020 年科技研发经费占地区生产总值的比重将达到 2% 以上，高新技术产业占规模以上工业增加值的比重达到 20% 以上的目标。

在战略性新兴产业的带动下，全市工业中非煤炭产业也发展迅速。2015 年，全市规模以上工业中非煤产业完成投资 1 535 亿元，占工业投资比重的 82%；实现增加值 992.7 亿元，占比由 2010 年的 29.1% 上升到 48.3%，上升明显。

（二）推动区域经济持续增长

在战略性新兴产业和非煤炭工业的带动下，虽然近年来受煤炭产能过剩和煤炭价格下降的影响，鄂尔多斯在经济已经呈现高位的情况下，仍然实现了连年增长，如表 9-1 所示。2006 年，鄂尔多斯地区生产总值 822.5 亿元，2010 年，已上升到 2 643.2 亿元，为 2006 年的 3.21 倍，人均地区生产总值已达到 13.63 万人民币。在这样高位的状况下，到 2015 年，鄂尔多斯地区生产总值进一步增长 4 226.1 亿元，按现价计算，比 2010 年增长 59.89%，一、二、三产业分别增加 39.83%、50.81% 和 63.07%，而工业增长 48.91%；而按照可比价计算，则增长 65.82%，增长明显。2015 年，鄂尔多斯人均地区生产总值也达到了 20.62 万元，居内地地级以上城市第一位。由于战略性新兴产业的带动，虽然是能源生产城市，鄂尔多斯仍然全面完成"十二五"节能减排任务，万元地区生产总值能耗下降 16%，达到了国家要求。通过产业结构调整和发展战略性新兴产业，鄂尔多斯成功地摆脱了对煤炭的依赖，避免了同类城市经济衰退、徘徊局面的出现。

表 9-1　　　　　　　　　　2010 年以来鄂尔多斯地区生产总值增长

年份	地区生产总值（亿元）				地区生产总值增长速度（与上年比，%）
	第一产业	第二产业	工业	第三产业	
2010	2 643.2	70.8	1 591.5	1 431.2	980.9	19.2
2011	3 218.5	83.2	1 933.6	1 723.0	1 201.7	15.1
2012	3 656.8	90.14	2 213.13	1 971.68	1 353.53	13.0
2013	3 955.90	97.50	2 369.33	2 109.53	1 489.07	9.6
2014	4 162.2	99.6	2 463.0	2 200.3	1 599.6	8.0
2015	4 226.1	99.0	2 400.0	2 131.2	1 727.1	7.7

资料来源：根据鄂尔多斯市（2010—2015 年）国民经济与社会发展统计公报有关数据整理。

[①] 康雅惠. 一季度鄂尔多斯市战略性新兴产业实现增加值超 30 亿元［N］. 鄂尔多斯日报，2016-05-08.

　　与鄂尔多斯毗邻的陕西省榆林市，产业结构与鄂尔多斯高度相似，如表9-2所示，主要资源产品种类相似。榆林也是以煤炭的开采而实现了跨越式发展的城市，是我国仅次于鄂尔多斯的第二大煤炭生产城市。由于榆林产业结构调整力度不足，近年来经济出现衰退和徘徊。2010年，榆林地区生产总值达到1 756.67亿元，其中一、二、三产业增加值分别为92.16亿元、1 205.77亿元、458.74亿元；2014年，榆林地区生产总值和一、二、三产业分别为3 005.74亿元、145.04亿元、2 051.94亿元、808.76亿元；但2015年，榆林地区生产总值和一、二产业出现了较大的萎缩，分别为2 621.29亿元、143.6亿元、1 637.29亿元，地区生产总值和第二产业分别下降了384.45亿元和414.65亿元，第二产业下降成为榆林市地区生产总值下降的根本原因。按现价计算2015年榆林市地区生产总值和一、二、三产业分别比2010年增长49.22%、55.82%、35.79%和83.20%。五年间，虽然榆林市第一产业和第三产业增速高于鄂尔多斯市，但榆林市第二产业增速低于鄂尔多斯市，导致榆林市地区生产总值增速低于鄂尔多斯市，第二产业主要是工业，也说明榆林市工业转型升级缓慢导致工业增长缓慢。由此可见，鄂尔多斯市如果近年来没有加大对战略性新兴产业的发展，没有加快转型升级，可能出现陕西榆林式的经济衰退。

表9-2　　　　　　　　　　2015年榆林与鄂尔多斯主要工业产品对比表

名　称	榆林市		鄂尔多斯市	
	全年产量	增长（%）	全年产量	增长（%）
原煤（万吨）	36 103.5	-2.6	62 000.0	-2.0
精甲醇（万吨）	222.1	12.9	443.2	7.1
天然气（亿立方米）	151.1	-7.5	290.0	3.2
聚氯乙烯（万吨）	131.4	8.0	136.0	23.0
水泥（万吨）	391.7	-14.5	429.1	-14.8
铁合金（万吨）	51.3	13.6	103.0	9.9
发电量（亿度）	629.3	5.7	738.4	0.7
烧碱（万吨）	94.2	1.9	96.8	15.2

　　资料来源：冯建钧.2015年榆林与鄂尔多斯经济发展比较分析［DB/OL］.榆林统计局网站：http://www.yltjj.gov.cn/9/781/content.aspx，2016-01-26.

第十章　西部地区重点战略性
新兴产业发展研究

有鉴于战略性新兴产业的特征及发展规律，对于西部地区重点战略性新兴产业的研究，一要注重把握发展战略方向的选择和路径的设计，二要注重各个不同地区选择战略性新兴产业的基本依据及其差异，三要注重在发展现状中发现和解决产业发展中面对的问题。本章对于西部地区重点战略性新兴产业的研究，主要围绕以上三个方面的问题展开。

第一节　西部地区重点战略性新兴产业选择

总体来看，西部地区在选择重点战略性新兴产业方面，既充分考虑了国家战略的统一要求，也结合了本区域的发展基础、阶段和区位条件。主要表现为以下几个方面的特征。

一、战略设计充分体现国家战略性新兴产业战略的发展要求

加快节能环保、新一代信息技术、生物等七个产业的培育和发展，是国家"十二五"时期战略性新兴产业发展规划明确的主要战略方向。西部各个地区在本地区战略性新兴产业的选择方面，都围绕这一主要方向进行了展开，既聚焦了战略性新兴产业对于我国工业化进程的突破性价值，也突出了战略性新兴产业技术领先的重要特征，还重视和强调了战略性新兴产业在各区域发展中的先导性价值。从各地区的"十二五"规划和战略性新兴产业规划中可以发现（见表10-1），西部各地区对于国家战略性新兴产业的部署，均根据自身的基本情况，进行了重新地选择和排序。其中，除开西藏外，所有的省份都选择"新材料"作为自己的战略性新兴产业。其次是"高端装备制造"，只有宁夏未选；"生物"，只有内蒙古未选。最后是"新能源"，重庆，内蒙古未选；"新一代信息技术"，青海、内蒙古未选；"节能环保"，甘肃、青海未选。第四是"新能源汽车"，四川、广西、甘肃、青海、宁夏、内蒙古未选。广西除开上述项目外，还有"养生长寿健康"和"海洋"。

（一）聚焦发展的突破性

在今后一个时期，大力培育发展以战略性新兴产业为重点的新技术产业，进而加快形成支撑我国经济社会可持续发展的支柱性产业，支撑我国经济社会转型的先导性产业，通过优化升级产业结构来提高发展质量和效益，是国家战略性新兴产业发展的重要目的。

从西部各省对于发展战略性新兴产业的表述上看，希望通过战略性新兴产业的发展来实现本区域经济社会发展的突破性转变是共同的特征。例如，四川明确提出，"我省正处于工业化城镇化加速发展的时期，人口、资源和环境压力不断加大，现有发展方式的局限性和资源环境矛盾日益突出，需要加快培育和发展战略性新兴产业，转变经济发展方式，优化产业结构，提高资源利用效率，减少环境污染，实现可持续发展"[1]，因此，必须"立足我省科技和产业基础，以重大技术突破和重大发展需求为导向，加快推进科技成果产业化步伐，推动战略性新兴产业规模化、集群化发展，尽快把战略性新兴产业培育成我省重要的先导性、支柱性产业"[2]。再例如，云南强调，"把发展战略性新兴产业作为引领云南调整产业结构、转变经济发展方式和实现可持续发展的战略重点"[3]。以上两个省份的表述，可以在整体上代表整个西部地区对于加快发展战略性新兴产业重要性的共同认识。这种认识既是基于各省工业化进程中的共性问题，也根植于对于各自省情的充分认识。总结西部地区战略性新兴产业的发展目标，可以发现，所谓突破性转变，在于三个突破。

一是增长模式的突破，使得粗放的经济增长模式向注重质量和效益的经济增长模式转变。西部地区经济社会发展的粗放式特征较为明显，大部分地区处于工业化中期甚至前期阶段。在本地工业经济较为薄弱、区位劣势明显的条件下，进入到西部地区的产业，一般不会是高附加值的新兴产业。在这样的环境下，西部地区经济发展的粗放模式，缺乏向注重质量和经济效益的集约模式转变的内在激励和外部条件。整个产业的发展，是在跟随东部地区产业进步节奏过程中的适应性发展，缺乏内生性。战略性新兴产业的提出和战略化，无疑为西部地区找到新的发展契机提供了机遇，能否抓住这一机遇，实现增长模式的整体性突破，是西部各地区对于战略性新兴产业的普遍的期望。

二是传统的工业化路径的突破，使得以重化工业为特征的传统工业化向以信息化为特征的新型工业化转变。当前西部地区的产业发展，从总体上看，具有两个方面的共同特征。一方面产业的"粗、重、污"特征明显，由此形成的经济增长过程，对于环境和社会形成了较大的压力；另一方面，整个西部地区在长期以来外向型经济发展格局下，处于提供劳动力、原材料、初级产品的区域功能定位上，劳动

① 四川省人民政府. 四川省"十二五"战略性新兴产业发展规划（川办发〔2011〕74 号）〔Z〕. 四川省人民政府公报，2011（24）.

② 四川省国民经济和社会发展第十二个五年规划纲要〔N〕. 四川日报，2011-01-28.

③ 云南省发改委. 云南省国民经济和社会发展第十二个五年规划纲要〔M〕. 昆明：云南人民出版社，2011.

力外流、资源输出、产品价值增值不高，使得产业发展无法摆脱附属性地位的区域分工格局。这两个方面的特征，显然存在着相互加强的内在机制。如果不加约束，让西部地区如同东部一样，复制一条完全相同的工业化过程，其发展的结果，无论是环境、劳动力还是社会，都无法承受。西部地区的工业化是"十三五"乃至今后二十年我国发展最大的瓶颈。依托战略性新兴产业的非对称发展，来彻底改变客观存在的"追赶"局面，在以信息革命为特征的新产业发展浪潮中占据优势地位，走出一条不同于东部地区、符合新技术革命要求的新型工业化道路，无论是对于西部地区的发展而言，还是我国经济发展模式的转变而言，都具有极为关键的战略价值。

三是产业发展空间的突破，使得受资源、交通、要素约束的产业发展空间向由技术创新支撑的产业发展空间转变。资本的投入以及与资本投入联系在一起的技术变革、产业规模扩大和市场拓展，是产业经济得以繁荣的起点。这是以大工业为基本载体的传统工业化的基本模式。但是，西部地区的产业发展空间，并不是一个由技术发展规律决定的产业资本流动所形成的发展空间，而是受区域条件、交通条件、资源禀赋条件限制的有外在强约束的产业发展空间。在西部地区，一个产业发展得好不好，不仅与投入有关，也与发展基础、环境有莫大的关联。有大的投入未必有好的产业，这在西部很多地方都是常态。由此也可以发现，在传统的工业化模式之下的产业发展，在西部地区并不能保持一个相对均衡的投入过程，而是受到其他外在强约束的影响，表现为一个非平衡的发展过程，产业发展空间碎片化特征较为明显。在传统的工业化模式下，这一特征可以得到一定程度的缓解，但无法从根本上得到解决。战略性新兴产业的提出，在本质上是对传统工业化模式的扬弃，因为技术的变革，未来的资本对于产业的投入，外在的环境性约束将会得到减弱。在战略的实施过程中，也给原本发展条件并不占优势的西部地区以新的机遇，可以在更为广阔的空间中来重新思考和部署产业发展的格局与结构，形成发展的新态势。

表 10-1　　　　"十二五"规划中西部各地区对战略性新兴产业的选择

地区	节能环保	新一代信息技术	生物	高端装备制造	新能源	新材料	新能源汽车	自选
重庆	-	3 通信设备 2 国内最大离岸数据开发和处理中心 4 高性能集成电路	12 生物医药	1 国内最大笔记本电脑基地 6 轨道交通装备 7 环保装备 8 风电装备及系统 9 光源设备 11 仪器仪表	-	10 新材料	5 节能与新能源汽车	-
四川	5 节能环保	1 新一代信息技术	5 生物	3 高端装备制造	2 新能源	4 新材料	-	-
贵州	4 节能环保	6 新一代信息技术	2 生物	3 高端装备制造	5 新能源	1 新材料	7 新能源汽车	-
云南	4 节能环保	2 光电子	1 生物	3 高端装备制造	6 新能源	5 新材料	-	-
广西	4 节能环保	5 新一代信息技术	1 生物医药 7 生物农业	8 先进装备制造	3 新能源	2 新材料	6 新能源汽车	9 海洋 10 养生长寿健康

表10-1(续)

地区	节能环保	新一代信息技术	生物	高端装备制造	新能源	新材料	新能源汽车	自选
陕西	6 节能环保	2 新一代信息技术	5 生物	1 高端装备制造	3 新能源	4 新材料	7 新能源汽车	–
甘肃	–	5 信息技术	4 新医药及生物	2 新能源装备制造	1 新能源	3 新材料	–	–
青海			3 生物	3 先进装备制造	1 新能源	2 新材料		
宁夏	5 节能环保	6 新一代信息技术	4 生物	–	1 新能源	2 新材料		
西藏					–	–		
新疆	6 节能环保	5 信息	4 生物	3 先进装备制造	1 新兴能源	2 新材料	7 清洁能源汽车	
内蒙古	3 节能环保 4 煤清洁高效利用			2 高端装备制造	–	1 新材料		

注：根据西部各省"十二五"规划纲要和战略性新兴产业发展规划整理得到，表格中的数字为各个产业在各省战略性新兴产业选择中的排序。

(二) 突出技术的领先性

从西部各地区战略性新兴产业的表述上看，对于战略性新兴产业在技术上的前沿性均有显著的表述。对于战略性新兴产业要实现的技术的突破均有较为全面的认识。主要体现在以下几个方面。

第一，在发展理念中强调技术的决定作用。新兴产业是针对技术革命而言的，战略性新兴产业则是对我国未来产业发展方向的预判。战略性新兴产业一方面是新兴产业，一方面是新兴技术，是技术与产业的高度融合，代表着我国高技术产业的未来发展方向。因此，战略性新兴产业的提法，在一开始就内含着对正在全世界发生的新技术革命的高度关注和紧密跟踪。核心技术的变革以及随之出现的新产业扩张，既是战略性新兴产业兴起的客观原因，也是产业发展战略设计中预计的结果。从西部各地的发展规划方向上看，国家"十二五"战略性新兴产业规划中明确的战略性新兴产业的概念界定，即"战略性新兴产业是以重大技术突破和重大发展需求为基础，对经济社会全局和长远发展具有重大引领带动作用，知识技术密集、物质资源消耗少、成长潜力大、综合效益好的产业"，在西部各省份的发展规划中均得到了充分体现。

第二，突出各地区在促进技术创新方面的优势与不足。在强调战略性新兴产业发展的基础上，西部各地区在设计各地的战略性新兴产业发展进程中，既突出了各地在所选择的产业方面的资源禀赋优势，也突出了自身在相关产业中的技术创新优势与不足。例如，重庆指出，一方面，重庆的"科技创新水平和能力明显提升。综合科技进步水平指数年均增速高于全国平均水平，连续 5 年保持在全国第十二位，西部第二位"。另一方面，"科学技术发展仍然面临三大制约，即科技发展战略研究和综合统筹不够、科技评价体系不健全、科技资源总量不足"。① 四川则指出，一方面，高新技术产业发展基础好，科技创新成果不断增加，另一方面，则存在创新支撑能力有待加强、科技资源分割较为严重、管理机制有待完善、企业融资较为困难、人才开发机制不够健全等问题②。与国家层面的战略性新兴产业发展规划中对于产业发展中客观存在的问题的认识相比较③，可以发现，各地区对于促进技术创新的省（区、市）情认识，主要集中在技术创新与产业发展机制上，对于技术创新的区域性整体能力的认识上，西部各地区均认为，尽管存在推进技术创新的多方面的制约性因素，但由于本地区资源禀赋方面比较具有优势，随着产业的发展，必将会带来技术方面的根本突破。因此，短期的技术创新方面的滞后，并不能对战略性新兴产业的发展形成根本性障碍。这类认识，反映了在过去工业化过程中因大规模产业投资引致技术升级的规律性认知。

第三，在产业发展机制上突出技术创新的核心地位。在各地区的战略性新兴产业发展规划中，都十分明确提出了产业核心技术创新的目标。例如四川，提出"战略性新兴产业领域的重要骨干企业研发投入占销售收入比重力争达到 5% 以上，在新一代信息技术、新能源、高端装备、新材料、生物、节能环保等领域建成一批国家和省级关键共性技术创新平台，突破 60 项关键核心技术"④。从各地的表述上，对于技术创新的机制的政策关注点，主要在于投入、平台、主体和技术本身等四个方面。其中，投入主要集中在规模上，平台和主体集中在企业和技术服务平台上，技术则根据各省战略关注点的不同而有差异。这些表述反映了各地区在本地的战略性新兴产业发展战略设计方面，均把技术创新放在了战略的核心位置，对于技术创新的机制、环境等问题均有较为全面的关注。

（三）强调产业的先导性

战略性新兴产业的发展，尽管在西部各地区的战略设计上，被视为转变增长模式、拓展发挥空间的关键性产业，但由于发展处于起步阶段，各地认识不一，水平不一，所以在战略目标的设定上，有界定为先导性产业的。例如，宁夏指出："到2015 年，战略性新兴产业增加值占地区生产总值的比重达到 8% 以上，成为全区国民经济的先导产业；在新能源、新材料、先进装备制造等领域，初步形成我国西部

---

① 重庆市人民政府关于印发重庆市"十二五"科学技术和战略性新兴产业发展规划的通知［EB/OL］.（2015-12-17）. http://www.cq.gov.cn/publicinfo/web/views/Show！detail.action？sid=4047478.

② 四川省人民政府. 四川省"十二五"战略性新兴产业发展规划（川办发〔2011〕74 号）［Z］. 四川省人民政府公报，2011（24）.

③ "我国战略性新兴产业自主创新发展能力与发达国家相比还存在较大差距，关键核心技术严重缺乏，标准体系不健全；投融资体系、市场环境、体制机制政策等还不能完全适应战略性新兴产业快速发展的要求"。摘自《"十二五"国家战略性新兴产业发展规划》。

④ 四川省人民政府. 四川省"十二五"战略性新兴产业发展规划（川办发〔2011〕74 号）［Z］. 四川省人民政府公报，2011（24）.

地区重要的特色产业基地。"① 也有界定为支柱性产业的，例如重庆，明确指出："战略性新兴产业产值占工业总产值比重提高到40%左右，成为全市工业的主体和国民经济的支柱"②。

总结各地的表述，对于战略性新兴产业在西部地区区域经济整体层面上的地位的界定，其先导性特征仍较为突出。主要体现在以下几个方面。第一，产业基础较为薄弱。各地区对于本地区战略性新兴产业基础的描述，具有明显的资源性特征，强调丰裕的资源，突出资源的可开发程度。对于产业的制造基础、企业载体、技术载体，表述的指向性不够明确。第二，产业发展的预期性指标大多数不高。首先是比例等相对性指标不高，比如战略性新兴产业占工业总产值的比例最高的重庆为40%。其他的大多在5%~20%之间，另外一些未明确相对性指标的地区，由于工业经济总量就不高，即使明确了战略性新兴产业的支柱性地位，也并不具有显著的价值。第三，突出产业发展对区域经济的整体带动和提升作用。各地对于这一点均有不同程度的表述。这也在一定程度上反映了战略性新兴产业本身所处的发展阶段较为初级，发展空间较大，可塑性较强。

二、选择原则充分体现转型发展的内在要求

"十二五"是我国经济由速度质量型向质量效益型转变的开局五年。在这五年里，战略性新兴产业作为最为重要的产业发展战略部署，承载着我国经济实现发展方式转变的重要使命。西部各地区在战略性新兴产业的选择过程中，对于通过产业的发展来实现转型发展的目的，均有充分的考虑和体现。总结起来，西部地区在选择战略性新兴产业发展的进程中，在充分考虑省情和各自所处的产业发展阶段的基础上，围绕转变发展方式，提出了战略性新兴产业发展的基本原则。

（一）政府引导和市场选择相结合

鉴于发展阶段和发展基础的限制，在西部地区的工业化进程中，政府对于产业的引导作用表现较为突出。由政府规划、产业政策和政策性金融的支持下形成的产业发展导向性策略，通过市场的基础性支撑，对于西部地区的产业引入、培育和发展起到了十分重要的作用。这是过去的成功经验，也是"十二五"期间西部地区选择战略性新兴产业的重要依据。归纳各地区的发展规划，政府引导和市场选择相结合，作为一个基本的产业选择和发展原则，主要体现在以下几个方面。

第一，突出内需对于战略性新兴产业的支持作用。产业的发展要能够满足市场的选择，这是产业发展的基本规律。西部各个地区在充分发挥市场作用方面，均有

① 宁夏回族自治区人民政府办公厅. 自治区人民政府关于印发宁夏回族自治区战略性新兴产业发展"十二五"规划的通知［EB/OL］. (2013-04-28). http://www.nx.gov.cn/zwgk/gtwj/nzf/79907.htm.

② 重庆市人民政府关于印发重庆市"十二五"科学技术和战略性新兴产业发展规划的通知［EB/OL］. (2015-12-17). http://www.cq.gov.cn/publicinfo/web/views/Show! detail.action? sid=4047478.

明确的表述。例如宁夏，指出"发挥市场的基础性作用，围绕经济社会发展的重大需求，积极培育和发展具有良好市场前景、带动作用大、综合效益好的战略性新兴产业"①。新疆的分析更为具体，随着新疆大力推进能源基地建设、基础设施建设、农牧业'四大'基地建设等，对农牧机械、输变电设备、采矿设备、工程机械等产品市场需求增大，为发展先进装备制造业提供了广阔的市场空间。② 这些表述说明，西部各地区对于产业发展的整体环境判断较为一致，对于战略性新兴产业在"十二五"期间发展以及在市场中的定位的认识较为一致。

第二，突出政府公共政策对于战略性新兴产业发展的扶持作用。战略性新兴产业的战略性，就是政府对于产业发展未来整体方向判断的具体化。政府公共政策对于产业发展的扶持，是选择并引导战略性新兴产业健康发展的制度性保障。这种具有导向性的制度性支持，主要表现为三个方面。一是聚焦产业结构调整、具有明确发展目标要求的发展规划，二是聚焦产业组织、技术和布局的系列产业政策，三是财政金融支持、人才、土地使用、项目建设、园区建设等一系列具体政策措施。这些制度性要求，在战略性新兴产业的规划与设计中，西部各地均有非常明确的表述。这对于各个区域的战略性新兴产业选择，起到了积极的导向作用。政府公共政策在战略性新兴产业的导向性作用，在另外一个方面也说明了西部各个地区在相关产业的发展方面处于较为初级的阶段。

第三，突出市场表现的量化指标的约束性目标。作为新兴产业，在发展之初，必须要尽快形成规模，占领市场。对于这一点，西部各个省（市、区）均有十分清醒的认识。在战略性新兴产业发展目标中，各省（市、区）均提出了具有明确约束性的产业规模指标（见表10-2）。例如四川提出"到2015年，全省战略性新兴产业总产值突破10 000亿元，增加值超过3 000亿元，占全省生产总值的比重达到10%左右"的目标。这些指标的特征较为明显，一是总量指标较高，二是发展速度指标较高，三是各个产业发展目标明确。这表明，多数地区对于战略性新兴产业的发展持乐观态度，大多数地区将战略性新兴产业作为"十二五"时期本地产业突破的希望所在。

（二）传统产业发展与新兴产业培育相结合

从西部各地区产业发展的选择上看，在"十二五"时期，大多数选择了传统产业发展与新兴产业培育相结合的发展思路。云南指出，"战略性新兴产业为先导、制造业和服务业为重点，将做大做强、做优做精特色工业作为促进经济增长的重要抓手，促进信息化与工业化深度融合，优化产业布局，推动优质生产要素向优势区域、各类园区和企业集中，促进传统产业新型化、新兴产业规模化"③。

---

① 宁夏回族自治区人民政府办公厅. 自治区人民政府关于印发宁夏回族自治区战略性新兴产业发展"十二五"规划的通知［EB/OL］.（2013-04-28）. http://www.nx.gov.cn/zwgk/gtwj/nzf/79907.htm.
② 摘自《新疆维吾尔自治区加快培育和发展战略性新兴产业总体规划纲要（2011—2015年）》。
③ 云南省发改委. 云南省国民经济和社会发展第十二个五年规划纲要［M］. 昆明：云南人民出版社，2011.

西部地区将传统产业发展与战略性新兴产业培育结合起来的产业发展思路，是"十二五"初期产业发展态势的具体体现。一方面，西部地区的传统工业化尚未结束，传统产业发展的空间依然巨大；另一方面战略性新兴产业发展契机凸显，西部地区均意识到，务必跟上产业发展的节奏，才有可能在未来的市场竞争中占据有利的位置。因此，这种"两条腿走路"的较为平衡的产业促进战略成为西部地区产业发展的一致选择。从产业发展的市场规律来看，这种产业促进战略优缺点均存在。从优点来看，较多的地区涉入新兴产业的发展，就有较多的探索和尝试区域，这样对于新兴产业的发展而言，显然会在产业发展的机制上，形成较为充分的市场竞争，而基于这种市场竞争形成的产业发展，也能够在市场的作用下形成较强的内生增长能力。从缺点上看，平衡就意味着重点不突出。有限的财政资金如何引用，才能促进战略性新兴产业的发展，就成为实践中的一道难题。同时，从东西部的产业发展比较上看，本身就处于相对落后位置的西部各个地区，本身可以依靠战略性新兴产业的非对称发展，来实现追赶式发展目的的机会。但由于平衡的产业发展选择，而无从实现。产业的东西部差距，也因此无法因为战略性新兴产业的发展而得到一定的弥补。如何在发展战略的具体实施中，最大限度地利用优点、规避缺点，就成为西部地区促进战略性新兴产业发展过程中必须加以重点考虑的问题。

（三）技术创新导向和市场需求导向相结合

从战略性新兴产业的界定和具体产业的选择上看，战略性新兴产业应该是新技术和新市场相互作用的必然结构。新技术的出现激发市场的新需求。而新需求的挖掘和利用又会促进新技术的产业化，这一往复过程的结果，就是战略性新兴产业。因此，战略性新兴产业必然有两个明确的、不可缺少且不能相互替代的特点，即技术创新的产业化和现实的市场需求扩大。新技术是战略性新兴产业发展的关键，但新技术的产业化必须以现实的市场需求作为前提条件。如何实现以技术变革带动市场发展、以市场发展推进技术的产业化，是战略性新兴产业发展进程中必须要解决的重大理论难点和实践问题。

西部各地区在各自区域的战略性新兴产业的选择过程中，均突出了技术创新导向和市场需求导向相结合的共同特征。云南提出："强化创新，使科技进步成为推动战略性新兴产业发展的主要动力。加强自主创新体系建设，突破一批关键核心技术，提升产业核心竞争力。"[①] 但技术和市场两个方面的侧重点上，有所差异。多数地方对于技术创新更为重视，在战略规划的表述中体现也较为充分。

（四）外部植入与内生发展相结合

西部地区的区位条件，决定了战略性新兴产业发展的进程中，必须要考虑产业的外部植入问题。而经过工业化实践的熏陶，各个地方对于产业的根植性及其影响也有足够深刻的认知。在"十二五"之初，在进行战略性新兴产业发展的规划设计

---

① 摘自《云南省"十二五"战略性新兴产业发展规划》。

时，这两种认识结合在一起形成了产业选择的共同认知，即在提升产业外部植入的同时着力夯实产业内生式发展的基础。

各地在谈及战略性新兴产业的发展机制时，有两个共同的特征，一是产业引进。宁夏提出，"以产业核心区、产业集聚区和特色产业基地为载体，建立与北京、上海以及其他东中部发达省市间产业转移的长效合作机制"①。二是企业培育。如四川提出每年筛选一批有核心技术、有创新产品、有重点项目的企业，给予分类支持。尽快打造形成一批具有较强竞争能力的大企业、大集团。② 这两个方面的共同特征反映出西部各个地区在战略性新兴产业的发展进程中，对于产业未来发展基本路径的认识。

三、规划格局充分突出战略性新兴产业的发展重点

国家在战略性新兴产业发展布局的考虑上主要依据技术与产业、基础和条件等两个条件。在这两个条件上，西部地区可以把握的，是产业发展的基础和条件。从西部各个地区战略性新兴产业的选择上，可以发现，体现了国家战略性新兴产业的发展要求。

（一）突出优势地区：聚焦发达区域

战略性新兴产业代表发展的新方向。因此在产业布局方面，更多的布局在经济较为发达的区域，以利用较为成熟的市场、生产要素和产业活动环境。这一特征在大多数西部地方表现较为明显。

突出优势地区，是对战略性新兴产业作为新技术产业的发展规律的学习和认识。以技术和市场需求导向为基本驱动力的战略性新兴产业，无论是关键性技术的突破、竞争能力的提升，还是产业的迅速扩张、竞争优势的形成，都需要环境的支撑。把战略性新兴产业摆在本区域内的优势地区，既有利于利用较好的发展环境，也有利于探索战略性新兴产业发展的体制机制，最大限度地发挥市场的导向作用。

突出优势地区，也是西部地区传统工业化发展成功经验的延续。西部地区的传统工业化，鉴于发展前期区域内外参差不齐的工业化发展水平，更多的地区往往是从一点突破，即抓住一个重点区域，实施倾斜性政府扶持，以促进要素、制度、企业、产业向重点区域集中，实现集中集聚集约式发展。这一模式的持续复制和扩散，推动了西部地区工业化进程的快速发展。在战略性新兴产业的发展进程中，坚持过去工业化的成功经验，突出优势地区在战略性新兴产业布局中的核心地位，既有利于传统优势地区地位的进一步巩固，也有利于西部地区形成区域突破点，在整体上

---

① 宁夏回族自治区人民政府办公厅. 自治区人民政府关于印发宁夏回族自治区战略性新兴产业发展"十二五"规划的通知［EB/OL］. (2013-04-28). http://www.nx.gov.cn/zwgk/gtwj/nzf/79907.htm.

② 四川省人民政府. 四川省"十二五"战略性新兴产业发展规划（川办发〔2011〕74号）［Z］. 四川省人民政府公报，2011 (24).

踩准战略性新兴产业的发展节奏，进而在未来的新产业格局中占据一席之地。

（二）突出优势产业：聚焦资源条件

战略性新兴产业的发展，离不开资源条件的支持。西部地区的战略性新兴产业的选择，与东部地区的战略性新兴产业选择相比，最大的差异在于产业的资源性特征较为突出。大多数西部地区选择的重点战略性新兴产业，都对产业发展依赖的本地要素有较为突出的表述。

聚焦资源条件来突出优势产业，是从新型工业化角度对西部各个地区未来工业化发展所具备的基本条件的一次全面预判。与传统的以重化工为基本特征的工业化进程相比，以战略性新兴产业为标志的新型工业化发展阶段，在技术、劳动、资源等方面均提出了新的要求。例如新能源和新材料，就是基于技术创新对过去在传统工业化进程中无法加以有效利用的资源的产业化、规模化开发利用。在战略性新兴产业的选择和发展进程中，对于传统工业化过程所忽视的资源仅需产业开发可行性的重新评估，对于西部地区而言，意义重大。一是可以明确发展新定位，二是可以理顺发展新思路，三是可以落实战略新规划。

（三）突出重点企业：聚焦关键少数

战略性新兴产业的发展，需要有创新能力、发展实力的企业的鼎力担当。没有核心的重点企业，就不可能在西部地区形成产业的跨越式、蛙跳式发展。因此，在西部地区战略性新兴产业的发展规划中，各地区都非常重视明确重点企业这一关键的引领作用。

突出重点企业，是推进战略性新兴产业技术突破的战略性选择。以企业为主体，尤其是以大企业为主体，实现战略性新兴产业发展的关键技术突破，是技术创新产业化的一般性规律。对于西部地区而言，由于相对欠发达，更要重视重点企业在促进技术创新及其扩散、产业化方面的重要作用。在一些西部地区，一个重点企业的突破，往往意味着随之而来的整个产业链上的发展质量可以预期的全面提升。因此，在西部各地区的战略性新兴产业选择和推进中，有没有重点企业、能不能引进重点企业，就成为规划和推动战略性新兴产业发展的重要工作内容。

第二节 西部重点区域战略性新兴产业发展路径选择

对于西部地区而言，战略性新兴产业的发展是一个新兴的领域，既缺乏成熟的外在（例如东部地区）工作案例比较，也缺乏有价值的本地区实践经验借鉴。西部地区要实现促进战略性新兴产业发展的目标，不仅需要明确发展方向，更需要明确发展路径。以下围绕西部地区的经济核心区、国家级城市开发区、重点园区，对这些区域的战略性新兴产业发展路径展开研究。

一、西部重点区域战略性新兴产业发展机制设计

（一）西部区域战略性新兴产业发展机制设计的基本原则

与传统产业及其发展历程相比而言，战略性新兴产业的发展作为一个综合的系统工程，更需要基础性的体制机制变革支持。技术突破、要素支持、产业化、技术扩散、市场培育，无论哪一个层面，都不完全是一个纯粹的市场过程。例如，技术的突破需要集中智力、财力和物力加以重点突破，在较多的情况下，不是依靠某一家企业就能够实现的；技术的扩散需要市场的培育，既需要需求侧政策的支持，也需要法律的保障以及社会文化能够跟上技术的发展，等等。因此，在战略性新兴产业的发展战略设计方面，除了产业政策和产业发展路径的细节的考虑外，必须要考虑促进战略性新兴产业发展的可操作机制。

对于这一问题，在"十二五"期间，战略性新兴产业的发展机制设计原则主要包括以下几个方面。第一，市场主导为主，政府调控为辅。这一原则主要针对过去我国产业发展进程中较为突出的政府影响，进一步提高市场在产业发展中的基础性作用。政府在战略性新兴产业发展中的作用，则主要是通过规划引导、政策激励、政企互动来协调产业发展。第二，坚持开放发展，合力实现创新驱动。坚持把十八大确定的创新驱动战略作为重点战略，将其放在整个国家发展全局的核心位置，明确战略性新兴产业的创新发展旨在全球市场，以开放促进国际合作，探索符合我国战略性新兴产业发展的国际合作发展新模式，在开放中更加深入地参与国际竞争，奠定我国战略性新兴产业的市场竞争力，在开放中夯实产业技术创新的企业基础、技术知识基础和市场基础。第三，重点突破科技创新，整体推进战略性新兴产业。按照创新驱动发展战略的要求，聚焦以原始创新、集成创新和引进消化吸收再创新为重点的三大创新，选择重点技术和产业方向，一手抓人才队伍建设，一手抓关键核心技术突破，明确阶段性任务，集中要素资源实现重点突破。同时在产业布局政策方面重视统筹协调，动态调整，促进新兴产业的协调发展。第四，支柱产业优先，先导产业紧跟。对于发展潜力预期较大、产业内生发展基础较好、对其他产业尤其是服务业带动作用较强的产业要优先发展，使其成为支柱产业，对于预期技术经济指标更偏重于中长期的产业，要把发展定位于长远，及早布局以占领先机。从这几个方面的原则上看，在"十二五"期间，国家对于战略性新兴产业发展，关注的重点主要在于市场机制的引入、技术突破的实现、产业布局的调整和产业规模的达到等几个方面。所制定的政策措施，其主要目的也在于加快重点产业的发展，尽快实现突破。从西部地区的情况看，除开以上几个共性的机制外，还有几个方面值得观察关注。

第一，西部地区重视政府在战略性新兴产业发展机制设计和运行中的积极角色。在国家的战略性新兴产业发展规划中，对于政府在产业发展中作用的表述，是弱于

市场的基础性作用的。但在西部地区的表述中，例如贵州的"坚持政府引导，突出市场主体"，四川的"发挥市场机制，加强政府引导"，新疆的"坚持政府引导，突出企业主体"，陕西的"坚持政府支持引导与市场配置资源相结合"；宁夏的"政府引导与市场调节相结合"；等等。从这些表述可以看出，西部地区在战略性新兴产业的发展中，均体现出了要强化政府在产业发展中的引导作用的意图。这是西部地区产业发展阶段规律的体现，反映出西部地区在产业发展上整体处于中期阶段、政府的引导对于区域产业体系的重要作用还有待于进一步加强的状态。

第二，西部地区重视传统产业的转型升级对于战略性新兴产业发展的基础性作用。有部分西部地区在发展规划中表达了要通过本地区传统产业的发展，来促进战略性新兴产业的发展，进而带动本地区产业结构升级的意图。例如，陕西提出，"坚持传统产业改造与培育新兴产业相结合"。从发展措施上看，有相当多的省份在发展战略性新兴产业方面，要继续强化在传统工业化进程中的资源、要素集中的经验，通过大力保障工业园区的发展条件，促进战略性新兴产业的发展。这些措施，也在一个侧面反映了西部地区沿用传统工业化的思维来促进战略性新兴产业的突破式发展。

第三，西部地区重视在既定时间内战略性新兴产业的重点突破。四川提出，"具有产业基础、资源优势、市场前景良好的行业领域要率先实现突破"；云南提出，"集中配置资源，率先在最有基础、最有潜力的重点领域，实现产业规模和技术的有效突破"；贵州提出，"集中力量支持具有区域特色和比较优势的战略性新兴产业优先发展"；宁夏提出，"选择主攻方向，明确发展重点，争取在最有基础、最有条件的领域率先突破"。从以上的表述可以看出，对于国家"十二五"规划提出的支柱产业突破，西部地区在各自的规划中反映较为一致。从表述上看，也更强烈。究其原因，其中既有国家战略的要求，也有西部地区自身条件的限制，产业发展的基础较为薄弱，难以实现支柱产业与先导产业的协调整体推进。

除开以上三点共同特征外，西部地区在战略性新兴产业发展规律的认识也存在较大差异。例如，国家的"十二五"战略性新兴产业规划中，市场、技术、布局和规模是四个方面的顺次要求，反映了在整体层面上战略性新兴产业的政策关注点和着力点。但在西部各个地区，战略性新兴产业发展机制各自的原则设计顺序上并不统一，表述上也有较大的差异。从这些表述上可以发现，西部各个地区在认识层面对于战略性新兴产业的发展规律尚缺乏较为统一、明确的理解，在操作层面对于如何发展战略性新兴产业还缺乏理论的方向指导和实践的经验支撑。

（二）西部地区战略性新兴产业发展机制构建的主要特点

从西部各个地区对于战略性新兴产业发展机制构建的表述中可以发现，机制设计所依据的主要理论和实证资料，主要来源于以下几个方面。一是国家战略性新兴产业发展规划及其相关产业发展目录。二是本地区工业化发展的实践经验。三是对于新技术的把握和发展趋势的预判。从已形成的战略文本上看，前两个内容的影响显然较大，而新技术的发展趋势方面，整体较弱，与国家战略性新兴产业对技术发展趋势的分析并无太大的差异。由此形成的战略性新兴产业发展机制有以下几个明显的特征。

第一，在产业发展所面临的关键问题方面，突出技术创新的弱势、产业发展基础薄弱、市场需求缺乏预期以及本地区产业发展所面临的差异化特征。这四大问题在西部各地区的规划中都有不同程度的表述。

第二，在问题的应对上，基本思路是"企业承载技术，政府引导做大，市场需求对接，产业驱动创新"。发展的关键在于政府识别企业。有了龙头企业，就可以在划定的工业园区中集聚起一批企业形成产业基础，形成规模化产业。对于西部地区而言，市场是外部的。因此，在产业发展方面，只要有具有市场资源的企业进入本地区，就能够实现产业与市场的对接。这是典型的传统工业化发展逻辑。

第三，在新兴产业与本区域经济的互动交流方面，西部地区均在规划中表达了同样的预期，即可以通过战略性新兴产业的发展实现突破，带动区域经济的跨越与提升。但在战略文本中，除开在技术创新层面对产业与区域之间如何互动有较为明确的表述外，在其他方面，例如重点产业带动区域内其他产业的发展、就业的适应性增长、产业的可持续发展等问题，缺乏可操作的对策措施。

（三）西部地区战略性新兴产业发展机制设计存在的问题

一个符合新技术发展规律的战略性新兴产业发展机制，必须首先能够明确地锁定产业发展面对的瓶颈性因素。这是所有一切的前提。在理论中我们可以对这一问题展开探讨并得到理论的结论。但这些研究本身的基础，是战略性新兴产业发展的实践及其接续。客观来说，在"十二五"之初，当西部地区在制定产业发展规划时，这一实践才刚刚开始，因此相应的经验总结和理论研究并未跟上，难以对我国以及国内各个地区在发展战略性新兴产业过程中面对什么约束做出具体的、明确的判断。例如技术创新基础薄弱，究竟是弱在哪一个环节，是知识研究、技术研发、技术扩散还是产业化，究竟在哪些方面需要加强，是人才、研发激励、金融支持还是社会文化，这些问题在当时都不清楚。因此，在西部各个地区的战略性新兴产业规划中，主要存在以下几个问题。

第一，发展的聚焦点均突出产业，存在路径趋于僵化的特征。战略性新兴产业作为产业，其发展的最终目标是产业的一系列相关指标，达到预定目标的要求。因此，在产业发展机制上，把具体的产业作为发展的聚焦点，是发展规划的标准和规范的写法。但在发展的实践中，必须要厘清，战略性新兴产业之所以单独拿出来，作为一个独立的部分制定发展规划，就是因为战略性新兴产业有自身的独特性。而这种独特性就在于技术发展的不确定性和技术突破影响的不可预见性。因此，在产业发展的规划中，实际上并不必要在具体的产业发展方向上进行过于详细的界定。而是按照技术发展的实际进展动态跟进。在西部地区的战略性新兴产业发展机制上，在这方面，显然存在着较大的缺陷。

第二，发展的重点均强调规模突破，但目标的可实现基础较为薄弱。对于战略性新兴产业的发展规模，西部各个地区均提出了宏大的发展目标。这一规模的突破，在发展规划中成为关注的焦点。但在发展的实践中应该加以关注的、突破瓶颈性因素必须要具备的体制和机制，反而在发展规划中没有得到充分的体现。一个过于重视规模的产业发展规划，必然在实施中会以大规模的投入为主要的手段，以直接的市场份额争夺作为目标达到与否的关键评价指标。由此形成的实践路线，将难以突出战略性新兴产业承载的创新与带动的目标。

第三，技术创新在机制设计中被弱化。产业发展自然带动技术升级，这是在传统的工业化阶段，政府引导产业发展的一个非常重要的经验。这一经验之所以正确，在于产业所形成的技术升级，是在已经成熟的技术领域中的升级。这种升级本身并无技术突破的含义。因此，在战略性新兴产业的发展机制上，一个关键性的设计就是要能够识别技术突破。这一点，由于西部地区工业化阶段的限制，无法得到足够的体现。

二、西部重点区域战略性新兴产业发展路径分析

（一）西部地区战略性新兴产业发展路径的基本情况

战略性新兴产业的发展路径，是指在产业发展规划的制定和实施中，在认识和把握产业发展环境与条件的基础上，对如何使产业发展达到预期的规划目标的方案设计。这一方案设计，包含几个不可分割的要件。第一，发展目标，即产业发展要达到的目标。就战略性新兴产业而言，"十二五"时期的目标设计，主要包括产业规模、技术、市场等方面的要求。第二，要素的组织与保障。即在产业发展的不同阶段，针对面对的目标，所设计的包括资金、劳动、土地等生产要素的保障。这一方面，在战略性新兴产业发展方面，主要是指产业应该具备的创新能力建设，包括了研究平台、标准建设、基础设施等。第三，行动。即围绕目标的达成需要实施的技术开发活动、推广应用、产业化、市场培育等活动，也包括产业发展的相关活动以及实施主体，例如重大工程、布局、投入、服务等。

从西部重点区域的情况看，在以上几个方面均对上述内容进行了体现。我们选择了几个省份的表述，作为研究对象。

第一，四川的战略性新兴产业，可以按照发展目标、重大行动和支撑条件等三个层次加以表述。在发展目标方面，主要表述以下几个方面的关键性特征。一是产业发展规模，二是产业发展的预期水平，三是关键技术的突破以及产业化，四是关键企业的发展水平。在重大行动方面，主要描述关键技术开发、创新能力建设、产业化、市场培育、产业升级、商业模式创新和骨干企业培育等内容。关键技术开发是所有产业都涉及的共同内容。其他的内容并不是所有的产业都进行了表述，而是根据四川各个产业发展的特点，进行了选择性的表述。四是产业布局和重大工程。

对于规划的各个产业布局的具体区域和要实施的重大工程，在规划中均进行了详细的描述。在支撑条件上，提出了加强科技创新、加快产业化进程、加快企业培育、推进产业集聚发展、加大市场培育、强化人才支撑、深化改革开放等七个方面的对策措施。

第二，云南的战略性新兴产业，按照发展目标、重点任务、项目支撑和重大工程等三个部分进行描述。在发展目标方面，提出了产业发展的规模和具体的技术、产业发展方向。在重点任务和项目支撑部分，对每一个产业要达到的目标、要实施的重点项目做了具体的描述。在重大工程方面，在勾勒了战略性新兴产业以产业集聚区为载体，形成以国家级产业化基地滇中战略性新兴产业为核心、一批产业集群形成新增长极的发展格局后，提出了产业链打造工程、重大应用示范工程、创新能力提升工程、重点企业培育工程、特色产业基地建设工程等五大工程。

第三，贵州的战略性新兴产业，按照发展目标、重大行动、重大工程等三个部分进行描述。在发展目标方面，突出规模指标、产业链、产业集群、产业基地等指标。在重大行动方面，则描述了创新能力建设、创新体系建设、关键技术开发与产业化、产业集聚等内容。在重大工程方面，提出了关键技术创新工程、创业投资引导工程、应用示范工程、产业化推进工程、产业集聚工程等五个方面的内容。

第四，新疆的战略性新兴产业，按照发展目标、重点任务和重大工程三个层次展开。发展目标和重点任务并未做明显区分，按照规模、技术创新、产业定位等内容进行一一描述。在明确产业的区域分工基础上，重大工程方面提出了创新能力提升工程、优势企业培育工程、重点项目建设工程、产业发展集聚工程、品牌产品创建工程、服务体系构建工程。

第五，宁夏的战略性新兴产业，按照发展目标、重点方向和重大工程、产业发展示范四个方面描述。在发展目标方面，按照总量规模增长目标、行业结构优化目标、产业基地建设目标、绿色发展目标、特定的产业发展目标和服务社会目标的内容描述。在产业发展示范方面，提出了自主创新和应用示范两个专项。

（二）西部地区战略性新兴产业发展路径的主要共同点

比较以上这些地方的战略性新兴产业发展路径的设计，可以发现有以下几个特点。

第一，对于发展路径的认识较为一致。发展目标、重要的方向、关键的举措是各个省对于自己的战略性新兴产业发展路径的共同认识。尽管在每一项内容的表述上并不完全一致，但内容的指向上并无实质性差异。

第二，各个地方对战略性新兴产业发展的区域布局都十分重视。围绕全省的产业布局，将战略性新兴产业的发展集中在一个或几个地方，是较为普遍的做法。产业布局政策成为战略性新兴产业发展路径中一个必要的构成部分，这是西部地区战略性新兴产业发展战略的一个较为突出的现象。

第三，对策措施相似度较高。无论是四川的加强科技创新、加快产业化进程等七个方面的对策措施，还是云南、贵州的五大工程，新疆的六大工程，还是宁夏的两个专项，其目的都在于通过重点工程所完成的关键任务，来实现战略性新兴产业的突破。

(三) 西部地区战略性新兴产业发展路径存在的问题

从以上的分析可以发现，西部地区的战略性新兴产业发展路径设计，整体而言较为粗糙，更多地反映的是传统的工业化规律和实践经验，对战略性新兴产业的发展要求体现不够。主要表现在以下几个方面。

第一，西部地区均认识到技术创新对于战略性新兴产业的重要价值，但对于如何推动技术创新及其产业化，缺乏实践的支撑。在产业发展路径的表述上，对于技术创新，更多地站在工具层面，从创新的技术路线出发，关注创新平台、主体，更多的注意力放在了与创新有关的基础设施建设方面。尽管它们在表述中均提到了人才、改革对于创新的重要性，但从表述的力度看，并不足够。

第二，西部地区战略性新兴产业发展路径的设计，缺乏总揽全局的手段和应对。对策表述平行度很高，面面俱到，但重点不突出。横向比较，对策相似度极高，缺乏差异度。相应地，在战略的具体实施中，就难以抓住重点实现突破。

第三，战略性新兴产业的区域布局表现出较强的战略引导力。这一点反映出西部地区把战略性新兴产业的发展作为调整区域内产业布局的重要手段来加以应用。"十二五"战略性新兴产业规划明确要求，"各地要结合国家战略性新兴产业发展重点，从当地实际出发，重点发展具有竞争优势的特色新兴产业，避免盲目发展和重复建设"。这是要求以结构性政策规避过去工业化进程中的重复建设问题，并非要以产业布局调整直接约束市场的选择。这种做法对于战略性新兴产业的发展本身而言，意味着发展战略地位的下降。由此在战略效果方面，一方面弱化了战略对地方发展的约束作用，另一方面也对市场在战略性新兴产业发展中应当发挥的职能有较大的削弱。

三、西部重点区域战略性新兴产业政策安排

(一) 西部地区战略性新兴产业促进政策的基本框架

在战略性新兴产业的发展进程中，产业政策要扮演极为重要的角色。首先，产业技术政策是核心，以政策引导企业创新、实现技术突破。其次，产业组织政策是保障，识别、培育技术创新的主体、产业化的龙头企业，以政策推动企业引领产业发展。第三，产业结构政策是抓手，以政策带动市场、创造新产业发展的空间。在西部地区促进战略性新兴产业发展的政策。主要包括以下几个方面。

第一，加大财税扶持。四川提出"加快建立政府引导、企业和社会为主体的多元化战略性新兴产业发展投入机制"。云南提出"加大政府投入力度，逐步增加地方财政对战略性新兴产业的投入总量"。多地提出在战略性新兴产业的发展过程中，

要积极争取国家项目布局、重大专项和资金支持。

第二，拓展融资渠道。四川提出"构建多渠道支撑和多元化的投融资渠道"。贵州则提出"建立和完善以政府投入为引导、企业投入为主体，银行贷款、社会融资为支撑的多元化投融资体系"。重庆提出，"从优化股权投资、创新融资模式、健全多层次资本市场入手，吸引社会资本进入科技和战略性新兴产业领域，建立'投、保、贷、补、扶'五位一体的科技金融体系。"

第三，完善资源要素保障，着力强化人才队伍建设。西部各地区均提出要切实加强对战略性新兴产业重点企业生产的要素保障。在节约集约用地的前提下，对重点保障的战略性新兴产业项目建设，试行优先用地预审制度，以确保项目落地、建设和投产。同时，完善人才激励机制，创造人才成长良好环境。

第四，加强知识产权保护。各省均提出要实施知识产权战略，进一步完善知识产权评估，健全知识产权交易体系，推进战略性新兴产业发展进程中知识产权的创造和运用。

第五，加强组织实施。各省均提出要成立协调机制，协调解决本地区战略性新兴产业发展中的重大共性问题。成立专家咨询委员会，对战略性新兴产业发展战略、中长期规划等重大决策进行咨询论证。

（二）西部地区战略性新兴产业促进政策的基本特点

比较西部地区战略性新兴产业促进政策，可以发现，有以下基本特点。

第一，产业结构政策在西部地区战略性新兴产业促进政策中使用较多。无论是财税的扶持、产业发展引导基金的设立，还是多元化投融资渠道的使用，其具体的指向都是促进产业的升级。西部地区利用促进结构调整的政策手段来促进战略性新兴产业的发展，其益处在于可以利用过去行之有效的手段和机制来实现战略性新兴产业的快速发展。

第二，产业技术政策的指向更多地放在技术创新的基础性机制和保障性机制上。对于技术创新的制度环境、技术市场的知识产权保护机制，在西部地区的战略性新兴产业政策方面有较为清晰的表述。这反映出政府已经认识到战略性新兴产业发展规律与传统产业不同，但这种不同还没有体现在对技术创新活动的直接性制度约束中去。

第三，集中集约集群促进战略性新兴产业发展的促进政策思路较为明显。通过倾斜性的政策、要素条件、基础设施，鼓励战略性新兴产业在规划的园区中实现发展，是西部地区推进工业化进程的有效手段。在产业政策中，这种经验主要表现为，政府的主导性色彩较浓，倾斜性的扶持政策较多，布局规划较为清晰。这一促进政策的思路，在客观上形成了对承载战略性新兴产业的产业园区的发展新要求。

（三）西部地区战略性新兴产业促进政策存在的问题

在我国的工业化进程中，随着实践的深入，产业的发展似乎已经成为一种标准的"模式"，园区建设、政策倾斜、招商引资、规模生产、服务保障，一整套"流水线"的作业模式，成为各个地方推进工业化的不二选择。在这一模式下，西部地区的战略性新兴产业促进政策，可能会存在以下几个方面的"失效"。

第一，对加快产业规模扩张有效，对技术突破失效。西部地区的战略性新兴产业促进政策，整体而言，是服务于完成产业发展的规模目标的。政策目的的错位，其背后是对战略性新兴产业发展规律认识的不成熟，对产业在区域经济中应该发挥的作用认识不清晰。在当前的政策作用下，企业对产品规模的扩张远比对技术突破的兴趣要大得多，由此在技术创新的基础性机制探索方面并不会有持续的关注和投入。

第二，对占领既有市场有效，对引导市场需求失效。战略性新兴产业所面对的市场，并不是已有的、成熟的市场，而是预期的、需要引导和培育的市场。产业政策在实施之初，就对产业在经济体系中要起到支柱性的或者先导性的作用做出明确的界定，并在此基础上对产业进行引导和扶持，实际上并不符合市场发展的规律。由此形成的一个快速扩张的产能和一个尚未启动的市场的对峙，并不是产业政策的设计初衷。

第三，对快速发展有效，对重复建设失效。在战略性新兴产业的发展规划中，明确提出了要依靠市场的基础性作用和政府的引导，有效避免重复建设和浪费。但在以规模为主要目标，倾斜性政策金融手段为渠道的促进政策工具的作用下，产业发展的速度远快于技术创新的扩散速度，技术的供给远远不能满足快速发展的产业对技术的需求，由此必然会出现重复建设以及随之而来的激烈乃至恶性的市场竞争。

第三节　西部重点区域战略性新兴产业发展现状

"十二五"期间，西部地区战略性新兴产业获得了令人瞩目的发展成就，产业规模快速扩大，产业技术日新月异，产品市场日趋成熟。在发展的数据背后，是战略性新兴产业发展规律的逐渐被把握，是发展经验的累积和教训的总结，政府的引导性政策逐渐成熟。所有这些，成为"十三五"时期战略性新兴产业发展战略调整的实践基础。以下，围绕西部地区重点区域、国家级城市开发区和重点园区，对这些区域的战略性新产业发展现状进行描述。

一、"十二五"以来西部重点区域战略性新兴产业发展现状

从一个省（市）的层面，对战略性新兴产业的发展现状进行审视，是产业政策研究的一个必然的视角。在西部地区的战略性新兴产业的发展中，我们聚焦四川和

重庆等两个区域的战略性新兴产业发展。从中可以发现，当前西部地区战略性新兴产业的发展尚处于初期的阶段，产业投资需求大，产业规划正在扩张，市场正在成熟，相对地，也存在融资难、创新不足和市场需求不足等阶段性困难。

（一）四川战略性新兴产业发展现状

1. 产业发展情况

2015 年四川省七大战略性新兴产业共实现工业总产值 6 700 亿元以上，是 2010 年的 2.79 倍，占全省工业总产值比重达到 16.2%，比 2010 年提高 3.6 个百分点，年均增速达到 23%，比工业增加值增速高 10 个百分点左右。

2014 年 1 至 9 月，全省纳入战略性新兴产业统计企业户数 902 个，实现产值 4 452.6 亿元，同比增长 14.5%，高于全省规模以上工业 4.7 个百分点，占全省工业产值 15.5%。其中，新一代信息技术产业实现产值 1 684.4 亿元，同比增长 9.8%。新能源产业实现产值 325.1 亿元，同比增长 10.6%。高端装备制造业实现产值 598.3 亿元，同比增长 18.4%。新材料产业实现产值 840.7 亿元，同比增长 18.1%。生物产业实现产值 613.9 亿元，同比增长 25.6%。节能环保产业实现产值 390 亿元，同比增长 10.3%。

2015 年 1 季度，全省纳入战略性新兴产业监测企业户数 878 个，实现产值 1 510.6 亿元，同比增长 2.6%（增速比 2014 年年底回落 9.5 个百分点），低于全省规模以上工业 0.7 个百分点，占全省规模以上工业产值比重为 14.8%（比 2014 年年底回落 1.1 个百分点）。其中：新一代信息技术产业实现产值 485.4 亿元，同比回落 6.2%，增速比 2014 年年底回落 13.6 个百分点。新能源（含新能源汽车）产业实现产值 118.3 亿元，同比增长 0.2%，增速比 2014 年年底回落 6.4 个百分点。高端装备制造产业实现产值 208.9 亿元，同比增长 3.6%，增速比 2014 年年底回落 9.1 个百分点。新材料产业实现产值 320.4 亿元，同比增长 13%，增速比 2014 年年底回落 5.7 个百分点。生物产业实现产值 234.6 亿元，同比增长 9.6%，增速比 2014 年年底回落 13.1 个百分点。节能环保产业实现产值 142.9 亿元，同比增长 4%，增速比 2014 年年底回落 6.2 个百分点。[①]

2. 投资发展情况

在投资方面，截至 2015 年年底，四川省经信委管理的省级战略性新兴产业发展

———————

① 四川战略性新兴产业发展现状的数据，均来自于四川省经济与信息化委员会的相关报道。主要包括：（1）省级战略性新兴产业重点项目进度情况［DB/OL］．四川省人民政府网，http://www.sc.gov.cn/10462/10464/10465/10574/2016/2/3/10367522.shtml，2016-02-03；（2）三季度全省战略性新兴产业运行情况［DB/OL］．四川省人民政府网，http://www.sc.gov.cn/10462/10464/10465/10574/2014/11/18/10318659.shtml，2014-11-18；（3）2015 年一季度全省战略性新兴产业发展情况，［DB/OL］．四川省人民政府网，http://www.sc.gov.cn/10462/10464/10465/10574/2015/5/14/10335759.shtml，2015-05-14；（4）四川银行业大力支持全省七大战略性新兴产业发展，中国银行业监督管理委员会网站，http://www.cbrc.gov.cn/sichuan/docPcjgView/6616A7152B2E422FAD6328EFDA1BC6F0/31.html，2015-12-18。

专项资金支持重点项目 461 个，已竣工 260 个，竣工率 56.4%。完成投资 1 184.49 亿元，投资完成率 75.64%，项目平均投资达到 2.57 亿元。下达省级专项资金 53.89 亿元，资金到位 45.23 亿元，到位率 83.93%。大部分重点项目建设进度较好，推进顺利。其中：新一代信息技术产业支持项目 145 个，完成投资 236.9 亿元，完成率 83.27%，竣工项目 98 个，完成投资 171.2 亿元，竣工项目平均投资达到 1.75 亿元；高端装备制造产业项目 92 个，完成投资 161.7 亿元，完成率 80.53%，竣工项目 53 个，完成投资 94.9 亿元，竣工项目平均投资达到 1.79 亿元；新材料产业项目 150 个，完成投资 630.95 亿元，完成率 75.33%，竣工项目 79 个，完成投资 422.1 亿元，竣工项目平均投资达到 5.34 亿元；新能源产业项目 22 个，完成投资 80.8 亿元，完成率 56.2%，竣工项目 7 个，完成投资 49.9 亿元，竣工项目平均投资达到 7.13 亿元；节能环保产业项目 26 个，完成投资 32.1 亿元，完成率 71%，竣工项目 8 个，完成投资 13.7 亿元，竣工项目平均投资达到 1.71 亿元；生物医药项目 25 个，完成投资 37.9 亿元，完成率 76.5%，竣工项目 15 个，完成投资 23.8 亿元，竣工项目平均投资达到 1.59 亿元。如图 10-1、图 10-2、图 10-3、图 10-4。

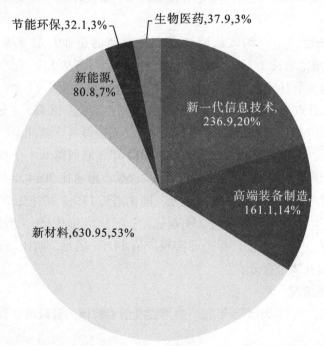

图 10-1　四川省战略性新兴产业分产业投资构成情况（1）（单位：亿元，截至 2015 年年底）

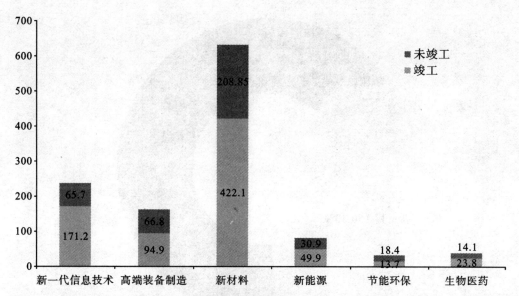

图 10-2　四川省战略性新兴产业项目分产业投资情况（2）（单位：亿元，截至 2015 年年底）

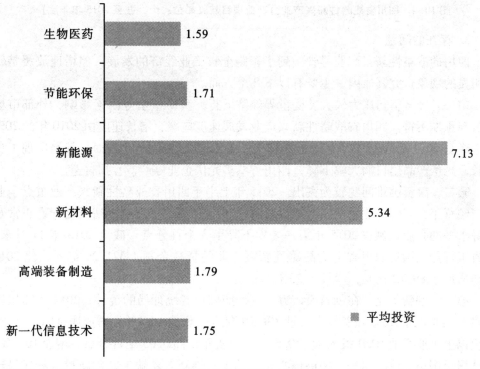

图 10-3　四川省战略性新兴产业项目平均投资情况（3）（单位：亿元，截至 2015 年年底）

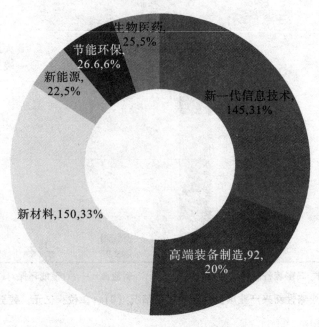

生物医药, 25,5%

节能环保, 26.6,6%

新能源, 22,5%

新一代信息技术, 145,31%

新材料,150,33%

高端装备制造,92, 20%

图 10-4　四川省战略性新兴产业分产业项目数（单位：个，截至 2015 年年底）

3. 存在的问题

四川的战略性新兴产业尽管做到了领跑全省工业经济的发展，但增速放缓是较为明显的现象。究其原因，主要有以下几个方面。

第一，经济下行压力较大。受世界经济下行、贸易壁垒等因素影响，外部市场发展与预期不符。四川省战略性新兴产业发展速度放缓，增长速度由 2010 年的 20% 以上降至 2014 年的 10% 以上。在 2013 年，在新能源装备产业方面，甚至出现了负增长，光伏产品出口额大幅下降，四川省众多光伏企业停产，亏损普遍。

第二，融资困难问题较为突出。2015 年上半年四川省战略性新兴产业重点企业生产经营正常，但企业融资困难难以缓解。2015 年第二季度融资情况处于在正常及良好水平的企业比例较 2015 年第一季度下降了 3 个百分点。截至 2015 年 11 月末，全省银行业机构对四川省七大战略性新兴产业的贷款余额 1 321.29 亿元，比 2015 年初增加了 89.12 亿元，增长 7.23%。

第三，创新不足。在创新投入方面，按照四川省统计局的统计，2014 年四川规模以上工业企业 R&D 经费投入共计 196.01 亿元，增速 16.1%，增速居全国第三位。规模以上工业企业 R&D 投入强度 0.52%，比去年提高 0.05 个百分点，增速 10.6%，增速居全国第一位。但是，关键核心技术偏少、创新人才缺乏、创新投入和成果转化不足等深层次矛盾依然存在，成为制约四川省战略性新兴产业发展的瓶颈因素。

第四，产业发展缺乏市场的支持，投入带动特征较为明显。由于产业处于建设的初期阶段，项目建设和持续投入依然是四川省战略性新兴产业发展的关键性任务。在这一阶段上，项目规模小，需要持续投入，创新还处于突破阶段，尚未发挥带动作用。由于项目和投入的重要性，也使得这一阶段，对于战略性新兴产业的筛选、理顺投入机制成为当前工作的重点。

（二）重庆战略性新兴产业发展情况

1. 产业发展情况[①]

2014 年，重庆市围绕十大新兴产业集群构建，建设了一批具有影响力、带动力的项目。SK 海力士芯片封装、奥特斯集成电路基板、富士康高清显示模组、华数机器人等重点项目按期投产。MDI 一体化装置完成机械竣工，京东方 8.5 代液晶面板开始设备安装。天地药业肿瘤类原料药开工建设。物联网基地推进 27 个示范项目和 10 个重点项目建设。页岩气全年产量达 12 亿方。新增市级企业技术中心 64 家，累计达 392 家；新增市级技术创新示范企业 46 家、知识产权运用示范企业 6 家、市级工业设计中心 6 家和市级工业体验中心 5 家。通过加速推进技术改造，实施制造业装备智能化提升专项行动，新技术、新工艺、新设备、新材料加快推广运用，2014 年全市技改投资占工业投资的比重达 40%。工业产品创新再上台阶，企业研发投入强度达 0.91%，稳居西部第一；企业专利授权总量达 1.5 万件以上，增长 13%。长安 CS75、海装 5 兆瓦风力发电机组、药友优帝尔等一大批新产品项目实现产业化，例如西南铝尖端铝材，国际复合 HL 低介电常数玻璃纤维项目，等等。2014 年全市新产品产值率保持在 20% 左右。

2015 年以来，重庆市按照"国内有需求、技术有前景、重庆有基础"的原则，大力发展十大战略性新兴产业。从 2015 年全年的情况看，全市战略性新兴产业产值达到 1 664 亿元，对工业增长贡献率达 30%，同比增速超过 150%，预计 2020 年全市战略性新兴产业将实现产值 1 万亿元。其中在电子核心部件方面，康宁玻璃基板等项目开工，京东方液晶显示面板等项目实现投达产，奥特斯集成电路基板、超硅等项目加快建设，玻璃基板—液晶面板—显示模组—显示终端全产业链加速形成。全年液晶显示屏、集成电路、印制电路板等产品产量增幅分别达 2.8 倍、67.7%、17.4%。机器人及智能装备方面，投产企业已达 45 家，初步形成"研发、制造、集成、服务、配套"的产业体系，全市工业机器人产量增长 2.7 倍。新材料方面，鞍钢 45 万吨汽车薄板等项目投产。高端交通装备方面，直升机项目建成投产，非货运船舶新承接订单大幅增长。其他新兴产业方面，瑞驰和力帆等新能源汽车、长安智能汽车加快发展；中石化涪陵页岩气年产能达 50 亿方；智睿生物医药产业园开工建设，太极、天圣、药友等企业完成技改扩能，天地药业、华兰生物等现有企业持续放量。

[①]　重庆市战略性新兴产业发展的数据，来自重庆市经信委公布的相关信息。包括：（1）2014 年重庆规模工业保持平稳较快增长［EB/OL］. 重庆经济和信息化委员会网站，http://wjj.cq.gov.cn/zhzx/zhxx/73838. htm，2015-02-05；（2）2015 年重庆市固定资产投资报告［EB/OL］. 重庆发展和改革委员会网站，http://www.cqdpc.gov.cn/article-1-21063.aspx，2015-02-16；（3）一季度重庆战略性新兴产业加速推进. 重庆经济和信息化委员会网站，http://wjj.cq.gov.cn/jjyx/79719.htm，2016-04-27；（4）关于重庆市 2015 年国民经济和社会发展计划执行情况及 2016 年计划草案的报告［N］. 重庆日报，2016-02-06.

2016 年 1 季度，重庆市十大战略性新兴产业加快推进，产业链条加速完善，成效显著。一是电子核心基础部件方面，京东方、SK 海力士等一批企业加速放量，集成电路产值 16.4 亿元，增长 2.2 倍；平板显示产值 45.5 亿元，增长 2.3 倍。万国半导体 12 英寸功率半导体芯片制造及封测项目开工，奥特斯印刷电路板一期投产。二是智能装备及工业机器人方面，引进培育企业已达到 136 家，广数、华数、固高、埃马克等项目进展顺利，工业机器人产量成倍增长。三是 MDI 一体化项目方面，装置负荷率及产出稳定。四是新能源汽车方面，规模进一步壮大，全市合计生产新能源汽车 1 055 辆，增长 25 倍。五是页岩气方面，气田日均产量 1 500 万立方米，产值增长超 1 倍。

2. 投资情况

2014 年，围绕重点工业项目建设，重庆市对 700 个重点开工投产达产项目进行全程跟踪监测服务，年内推动华晨鑫源、佳劲机车产业园、广州数控、纬创二期扩能、唯美陶瓷、潼翔电子、维沃手机等 285 个项目开工，总投资 2 463 亿元，当年完成投资 710 亿元。助推长安福特三工厂、SK 海力士芯片、上汽通用五菱、巨腾金属机壳、惠科电子显示器、富士康高清显示模组等 268 个项目投产，长安福特变速器、旗能电铝等 147 个项目达产。投产达产项目累计新增产值 1 020 亿元，对全市工业产值增长的贡献率达 43%。

2015 年，为促进重庆市发展战略性新兴产业，加快推进一批重大产业项目建设，加大招商力度，增强产业发展后劲。集成电路方面，新开工格罗方德 8+12 寸芯片生产线等项目，推进 SK 海力士 12 寸芯片制造等项目前期工作；液晶面板方面，完工投产京东方 8.5 代液晶面板项目、富士康高清电视模组等项目；物联网方面，加快建设南岸国家级物联网产业示范基地、中国移动物联网产业基地等项目；机器人及数控机床方面，完工投产重庆中捷数控机床等项目，加快建设重庆机床整体搬迁、香港力劲加工中心基地、台正机床联盟体等项目建设；材料方面，新开工 FINEX 熔融炼铁等项目，完工投产鞍钢汽车镀锌板等项目；汽车方面，新开工现代汽车等项目，完工投产福特发动机二期等项目，加快建设长安鱼嘴汽车城、福特变速箱二期等项目；化工方面，完工投产 MDI 一体化、华峰差别化氨纶等项目，推进甲醇制烯烃等项目前期工作；能源方面，新开工綦江抽水蓄能电站、贵州习水二郎电厂二期、云阳—奉节—巫山—巫溪天然气管道等项目，完工投用万州电厂、丰都三坝风电场、正阳新材料公司热电联产项目。

3. 存在问题

第一，市场需求偏弱。经济下行态势持续，市场收缩，需求疲软，对战略性新兴产业的发展形成了较大的不确定性影响。产业发展总量不够，规模偏小，在布局上过于集中，这些发展初期阶段的特征较为明显。

第二，工业企业资金链依然较为紧张，融资难、融资贵问题没有根本得到缓解，生产经营成本还在上升。从信贷情况看，受宏观经济不景气，实体经济利润走低等影响，工业企业平均融资成本在 12%～15% 之间，大量承兑汇票导致资金周转周期加长，资金成本进一步抬高。

第三，创新要素在产业内集聚不足，技术研发投入和成果产业化水平不高，创新驱动能力较弱。创新能力不足带来的产业发展突破不够，创新型企业主体培育有一定的效果，但主体创新活动开展不够活跃，研究投入有明显增加，但研究与开发活动带动成果转化和经济效益增加并未达到预期。

二、西部国家级新区战略性新兴产业发展现状

从国家级新区的整体情况看，战略性新兴产业的发展大部分还处于规划和建设阶段，具有实际产出效应的开发区并不多。在此我们选择了重庆、四川和陕西的城市开发区，来对战略性新兴产业在这些区域发展的现状进行展示。总的来看，西部地区的国家级城市开发区战略性新兴产业发展速度较快，项目储备丰富，建设力度很大。存在的问题，主要由于开发区往往成立较晚，所以在新兴产业的发展方面尚未走上正轨，其成效有待于进一步观察。

（一）两江新区

重庆的两江新区的战略定位在于："统筹城乡综合配套改革试验的先行区、内陆重要的先进制造业和现代服务业基地、长江上游地区的金融中心和创新中心、内陆地区对外开放的重要门户和科学发展的示范窗口。"两江新区的产业布局中，战略性新兴产业是十分重要的内容。在这里，要打造具有国际影响力和竞争力的战略性新兴产业集群，延伸产业链条，推动产业集聚，融合互动，努力推进产业升级，形成多点支撑的生态格局，力争到 2020 年，新区战略性新兴产业形成 4 000 亿元产值，占重庆市全市战略性新兴产业比重的 40%左右。其主要内容是十大战略性新兴产业，新能源及智能汽车达到 50 万台以上产能，实现产值 1 000 亿元；电子核心部件重点发展显示面板、集成电路，实现产值 800 亿元；云计算及物联网、可穿戴设备及智能终端、通用航空、生物医药及医疗器械分别实现 300 亿元产值，机器人及智能装备、能源装备、节能环保、新材料分别实现 200 亿元产值。

两江新区在战略性新兴产业发展的进程中，通过"整机+配套"（打造完整产业链条）、"资本+股权"（提供项目投资资本）、"资源+项目"（壮大产业发展基础）、"金融+市场"（刺激供给、整合需求）、"资产+政策"（让企业"轻装上阵"）等五种模式创新，实现了产业集群发展、转型发展、创新发展。截至 2015 年底，在两江新区落户的重点战略性新兴产业项目已达 62 个，带动科技型、创新型企业 2 000 余家聚集在新区。两江新区围绕产业链布局创新链，龙头企业引领、中小型企业支撑、小微企业快速发展的创新创业格局初步形成。以川崎机器人、华中数控机器人、哈工大机器人、明匠智能为代表的机器人及智能装备，以中联重科为核心的节能环保 3 大板块已全面启动。以中船重工油气装备基地、中机压缩机产业基地为依托的能源装备，以中国北车重庆长客为龙头的轨道交通，以高铝硅特种玻璃项目为支撑

的新材料 3 大板块已初具雏形。日本 HILEX、中国干细胞集团、博腾制药、北大方正、药友制药、海扶科技、华邦颖泰等重点医药项目形成集聚。[①]

（二）天府新区

四川天府新区的定位是："西部地区核心增长极、全面创新改革试验区、现代高端产业集聚区、内陆开放经济高地、宜业宜商宜居城市和统筹城乡一体化发展示范区。"战略性新兴产业作为重点发展产业，是天府新区规划的重要内容。规划的八大产业园区（成眉战略新兴产业区、双流信息产业区、空港经济开发区、新川创新科技园、成都经济技术开发区、东山科技产业区、南部现代农业产业区和视高经济开发区）和六大产业（电子信息、汽车制造、新能源、新材料、生物医药、金融）中，将以电子信息和汽车研发制造为重点发展产业，新能源、航空航天、生物医药、新材料、工程机械、节能环保设备为主导产业。[②]

（三）西咸新区

陕西西咸新区的定位是："创新城市发展方式试验区、丝绸之路经济带重要支点、科技创新示范区、历史文化传承保护示范区、西北地区能源金融中心和物流中心。"重点发展高端装备制造、新一代信息技术、节能环保、生物医药等产业，建成国家重要的战略性新兴产业基地。

西咸新区信息产业园位于陕西省西咸新区沣西新城，规划面积 30 平方千米。2015 年成为第六批国家新型工业化产业示范基地。西咸新区信息产业园目前已吸引了中国联通、中国移动、中国电信三大通信巨头入驻，标志着信息产业园建设进入了发展的快车道。同时，沣西新城还精心策划了"西咸大数据处理与服务园区""西部云谷"等项目。医药产业园将重点引进生物技术新药及试剂、小分子药物、现代中药、医疗器械及设备、生物技术食品五大主导产业。[③]

三、西部重点园区战略性新兴产业发展现状

相对于城市开发区而言，重点园区的战略性新兴产业发展较为突出，效果也非常明显。在此，仅以重庆、成都和西安的高新技术开发区作为研究的对象，对这些地方的战略性新兴产业发展进行描述。

（一）成都高新区战略性新兴产业发展现状

2006 年，成都高新区被科技部确定为全国创建"世界一流高科技园区"的六家

---

① 科技型创新型企业两江新区今年计划新增至少 600 家［N］.重庆商报，2016-07-08.陈钧，杨骏."311"产业结构推动两江新区产业经济稳步向前［N］.重庆日报，2016-07-16.何宗渝，张桂林，樊曦.五种模式创新构建产业发展新逻辑［N］.新华每日电讯，2016-07-07.

② 天府新区规划八大产业好比四川的"浦东"［N］.华西都市报，2014-10-25.

③ 陕西省人民政府关于印发西咸新区规划建设方案的通知［EB/OL］.（2009-12-31）.http://www.xixianxinqu.gov.cn/aboutx/tongzhi/2009/1231/1933.html.杨勇，沣西新城打造战略性新兴产业基地［N］.三秦都市报，2012-11-15.

试点园区之一，2015年6月被国务院批准为国家自主创新示范区。在科技部国家高新区评价中综合排名持续保持第四。成都高新区发展的战略性新兴产业重点是新一代信息技术、生物、高端装备制造和节能环保产业。其中，新一代信息技术占比超过8成。2015年成都高新区实现全口径产业总产值5700亿元，其中工业总产值超过3000亿元，成为中国西南地区首个3000亿工业园区。①

（二）重庆高新区战略性新兴产业发展现状

2016年国家同意重庆高新技术产业开发区建设国家自主创新示范区，成为创新驱动引领区、军民融合示范区、科技体制改革试验区、内陆开放先导区。"十二五"时期，重庆高新区主要经济指标实现快速增长，实现地区生产总值年均增长16.5%；工业经济量质齐升，规模以上工业总产值年均增长16%；现代服务业扩容升级，社零总额连续保持15%以上的增长。

2015年重庆高新区产业发展转型提质。新增战略性新兴产业企业27家，总量达33家，产值增长153.2%，其中石墨烯新材料确立为全市行业龙头地位，产值占战略性新兴产业的比重达55.7%。在"十三五"期间，重庆高新区将着力发展新一代信息技术、新材料、物联网、智能制造、生物医药、新能源汽车等六大战略性新兴产业。②

（三）西安高新区战略性新兴产业发展现状

西安高新技术产业开发区是国家确定要建设世界一流科技园区的六个高新区之一。在进一步发展主导产业的基础上，西安高新区提出优先发展战略性新兴产业的发展思路。结合高新区的产业基础和资源优势，推进集成电路、智能手机、新能源汽车、新材料、生物疫苗等高端产业的聚集，全力打造国内一流、国际知名的战略性新兴产业高地。总投资70亿美元的三星电子高端存储芯片项目已经投产，投资5亿美元的三星芯片封装测试项目正在加紧建设。2014年12月，美国美光与台湾力成科技公司合作建设封装项目。这些龙头项目的进驻，使得西安高新区已经成为国际上著名的半导体产业发展基地。③

---

① 陈淋. 成都高新区2014蛮拼的战略性新兴产业增长21%［EB/OL］. (2015-01-30). http://scnews.newssc.org/system/20150130/000534189.html. 成都高新区出台33条政策支持发展战略性新兴产业［EB/OL］. (2014-10-14). http://scnews.newssc.org/system/20150130/000534189.html. 成都高新区多管齐下发展战略性新兴产业［N］. 中国青年报, 2015-03-04. 岳琦. 新兴产业汇聚超76亿大单落地成都高新区［N］. 每日经济新闻, 2015-11-20.

② 国务院关于同意重庆高新技术产业开发区建设国家自主创新示范区的批复（国函〔2016〕130号）(EB/OL). 重庆市政府网, 2016-07-26. 重庆高新区管委会. 高新区召开2016年工作会(EB/OL). (2016-01-19). http://www.cqgxq.gov.cn/gxdt/news/2016-1/22_2706.shtml.郭发祥. 重庆高新区大力引进战略性新兴产业项目［N］. 重庆晨报, 2015-10-22.

③ 西安高新区进入战略性新兴产业发展井喷期（EB/OL）. 西安高新区网, 2015-01-08.

第十一章 西部地方政府在战略性新兴产业引领制造业转型升级中的作用分析

"十三五"时期与"十二五"时期相比，西部地区在发展战略性新兴产业方面，无论是产业方向的选择上，还是发展路径的设定上，均有较大幅度的调整。这一调整的背后，是对战略性新兴产业发展规律的认识深入。可以预见，在西部地区的战略性新兴产业引领制造业转型升级中，地方政府的政策引导仍然将是关键的一环。地方政府在产业发展中的作用，可以从发展规划、进入支持和需求管理三个角度进行分析。本章在分析地方政府主要措施的基础上，对当前政策存在的主要问题展开针对性分析，并据此提出相关的对策建议。

第一节 西部地方政府推进战略性新兴产业引领制造业转型升级主要措施

本节结合西部地区已出台的"十三五"规划纲要和正在实施的措施，对推进战略性新兴产业引领制造业转型升级的主要措施进行描述。

一、发展规划

从西部各个地区的"十三五"规划纲要上看，战略性新兴产业的发展方向、布局和路径均有较大幅度的调整。

（一）产业发展方向调整

四川战略性新兴产业发展的主要内容是三个方面[①]。一是战略性新兴产业，集中力量发展壮大新一代信息技术、航空航天与燃机、高效发电和核技术应用、高档数控机床和机器人、轨道交通装备、节能环保装备、新能源汽车、新材料、生物医药和高端医疗设备、油气钻采与海洋工程装备等先进制造业。二是改造提升传统产业，提出

[①] 四川省第十二届人民代表大会第四次会议. 四川省国民经济和社会发展第十三个五年规划纲要［N］. 四川日报，2016-02-15.

加快发展电子信息、装备制造、汽车制造、食品饮料等传统优势产业。三是加快清洁能源产业发展。包括了水电开发、页岩气勘查开发、煤层气勘探开发、核电等。

重庆的战略性新兴产业发展主要是三个方面①。一是突出高端制造业。重点发展电子信息产业；大力发展机器人、智能制造装备、智能家居、智能穿戴设备等智能硬件产业；优化提升汽车产业，积极发展新能源汽车及智能汽车；加快高端交通装备、新材料、生物医药、物联网、环保、精细化工、页岩气开发及关联产业发展。二是传统制造业改造提升。提出"紧紧围绕'6+1'优势产业，支持汽车、电子信息、装备产业做大做强，拓展发展空间和领域；促进化工、材料等产业调整结构，提档升级。加快实施智能制造、技术改造、工业强基、质量品牌、服务型制造、绿色制造六大工程，促进新一代信息技术与制造技术融合发展，推动生产过程智能化，加强企业技术改造，提升工业'四基'能力，推进绿色制造，推广先进节能环保技术、工艺和装备，加强质量品牌建设，提升重庆制造的品牌价值"。三是强调投资。指出，"十三五"时期重庆实施十大战略性新兴产业和六大支柱产业工程以及农林水利、商贸物流、旅游等生产发展项目投资规模为 45 000 亿元，储备重大项目投资30 000 亿元。其他西部各地区（除西藏外）在"十三五"期间战略性新兴产业的发展战略部署见表 11-1②。总结这些发展规划，可以发现有如下特点。

第一，产业选择明显出现了根据技术变化的方向进行调整的现象。贵州的大数据产业、重庆和四川、陕西的机器人产业、智能制造等，都是"十二五"期间形成加快发展的新兴产业，既代表着技术发展的趋势，也代表着产业升级的方向。在"十三五"的发展战略中，对于这些产业的体现，本身就是加快战略性新兴产业的应有之义。

第二，产业选择的分化趋势较为明显，对比"十二五"期间西部各地区战略性新兴产业的发展方向表述，可以发现，"十三五"时期西部地区战略性新兴产业发展方向最大的特点，就在于各个地区产业选择的差异较为明显地表现出来，与"十二五"时期整齐划一的表述完全不同。这种差异分为两类，一是方向调整，出现了新的产业；二是细化，产业发展的具体方向更为明确。这些都说明西部各地区在过

①　重庆市人民政府. 重庆市国民经济和社会发展第十三个五年规划纲要 ［EB/OL］. (2016-03-08). http://www.cq.gov.cn/publicinfo/web/views/Show! detail.action? sid=4071159.

②　表 11-1 材料来源于下列文件：（1）《内蒙古自治区国民经济和社会发展第十三个五年规划纲要》，2016 年 1 月 29 日内蒙古自治区第十二届人民代表大会第四次会议批准；（2）《云南省国民经济和社会发展第十三个五年规划纲要》，云南省第十二届人民代表大会第四次会议审议通过，2016 年 4 月 22 日；（3）《贵州省自治区国民经济和社会发展第十三个五年规划纲要》，贵州省省人民政府，2016 年 2 月；（4）《广西壮族自治区国民经济和社会发展第十三个五年规划纲要》，2016 年 1 月 29 日广西壮族自治区第十二届人民代表大会第五次会议通过；（5）《甘肃省国民经济和社会发展第十三个五年规划纲要》，2016 年 1 月 20 日甘肃省第十二届人民代表大会第四次会议通过；（6）《宁夏回族自治区国民经济和社会发展第十三个五年规划纲要》，2016 年 5 月；（7）《陕西省国民经济和社会发展第十三个五年规划纲要》，2016 年 5 月；（8）《新疆维吾尔自治区国民经济和社会发展第十三个五年规划纲要》，2016 年 5 月；（9）《青海省国民经济和社会发展第十三个五年规划纲要》，青海省人民政府，2016 年 1 月。

去的发展实践中对于战略性新兴产业的发展有了更为深入的认识，并且这种实践认识转化为了主动的发展方向调整和细化。

第三，战略性新兴产业在工业体系中的地位进一步明确。在四川、重庆，战略性新兴产业引领传统产业转型升级的态势十分明显。贵州则重点突出信息技术产业的引领作用。在其他西部地区，战略性新兴产业的发展作为传统产业升级改造的重要支撑，在工业体系中的定位更加牢固。

（二）构建战略性新兴产业引领传统产业转型发展的联系机制

在新的发展规划中，西部各地区对于建立起战略性新兴产业与传统产业之间的联系机制，均表现出了较为一致的路径安排，如表11-1。概括起来，主要包括以下三个方面的联系机制。

第一，产业内在的要素联系机制。无论是将战略性新兴产业发展置于发展优先位置的四川、重庆，还是着重突出信息技术产业的贵州，还是其他强调传统产业升级改造的西部地区，均突出强调了利用传统特色优势产业、资源优势来形成战略性新兴产业，利用战略性新兴产业的技术优势来推动传统优势特色产业提质增效的进程。因此，在产业的发展进程中，建立起良性的要素联系机制，就成为新兴产业与传统产业协调发展的关键所在。

第二，区域内的创新驱动联系机制。西部各个地区均在发展规划的显著位置，对本区域如何加快推动创新驱动进行了专门的表述。这是与"十二五"产业发展规划相比较最大的差异。区域内的创新体系的培育、创新活动的开展、创新成果的转化与扩散，就成为战略性新兴产业和传统产业最为显著的联系机制。这一点变化，既在客观上使得技术对于产业的支撑市场化、规范化，也在根本意义上更新了政府支持战略性新兴产业发展的政策工具箱。支持创新成为更具价值的政策作用目标。这是政府产业技术政策的重大突破与创新，反映了西部地区经济转型升级的内在要求。

第三，区域内现代服务业加快发展形成的二、三产业的联系机制。无论是战略性新兴产业的突破也好，还是传统产业的转型升级也好，都服务于西部地区"十三五"期间大规模的城镇化进程。这一以现代服务业加快发展为根本特征的城镇化过程形成了对西部工业经济转型升级的必然要求和内在动力。二、三产业之间基于新型城镇化进程的产业联系机制，必然会推动产业协调发展的重要途径。在西部各个地区的"十三五"规划中，对于现代服务业的强调，就是基于未来产业发展格局的战略部署。

表 11-1　　　"十三五"期间西部各地区工业产业发展主要思路

地区	任务一	任务二	任务三
内蒙古	重点围绕能源、新型化工、冶金建材、绿色农畜产品加工业加快优势特色产业转型升级。	以先进装备制造业、新材料、生物、煤炭清洁高效利用、新能源、节能环保、电子信息等产业为重点积极发展战略性新兴产业	

表11-1(续)

地区	任务一	任务二	任务三
云南	加快传统产业优化升级:(1)实施重大工业技术改造升级工程;(2)积极稳妥化解产能过剩;(3)围绕烟草、非烟轻工、冶金、化工、建材、能源和建筑业拓宽产业发展新空间	培育壮大战略性新兴产业:(1)围绕现代生物、新能源、新材料、先进装备制造、电子信息和新一代信息技术、节能环保六大产业培育产业发展新动力;(2)完善新兴产业发展环境	
贵州	实施大数据战略行动,拓展信息经济新空间:(1)着力推进国家大数据综合试验区建设;(2)加快构建泛在高效的信息网络;(3)大力发展大数据产业;(4)大力实施"互联网+"行动计划	重点围绕化工、冶金、有色三大领域加快推进传统产业转型升级	(1)重点围绕高端装备制造业、智能制造业、军民融合产业、专用装备制造业推动装备制造高端化智能化发展;(2)大力发展绿色能源、新型建筑建材产业以及生物、新材料和节能环保等其他战略性新兴产业
广西	推动传统工业优化升级:(1)改造提升传统产业;(2)加快发展先进制造业;(3)提升工业基础能力;(4)增强企业竞争力;(5)优化工业布局	加快发展战略性新兴产业:(1)重点发展新一代信息技术、北斗导航、智能装备制造、节能环保、新材料、新能源汽车、新能源、生物医药、大健康等新兴产业;(2)在人工智能、高效储能、生命科学等前沿领域培育新兴产业,加快形成若干新兴产业集群	
甘肃	重点改造提升石油化工、有色冶金、装备制造、煤炭电力、农产品加工等传统优势产业	发展壮大战略性新兴产业:以新能源、新材料、先进装备和智能制造、生物医药、信息技术、节能环保、新型煤化工、现代服务业、公共安全等领域为重点	
宁夏	做强做大优势主导产业:(1)国家级宁东现代煤化工基地;(2)现代纺织示范区;(3)东方葡萄酒之都;(4)清真食品和穆斯林用品基地	改造提升传统支柱产业:(1)调整优化煤炭生产结构;(2)推动煤电清洁高效发展;(3)提升冶金化工建材行业发展水平	培育壮大战略性新兴产业:(1)建设国家新能源综合示范区;(2)西部新材料产业基地;(3)提升装备制造业核心竞争力;(4)推动生物医药产业升级;(5)发展节能环保产业
陕西	壮大特色优势产业:(1)推动能源化工产业高端化发展;(2)改造提升传统产业	实施中国制造2025陕西行动计划,围绕新能源汽车、能源装备、航空航天、机器人、电子信息等具有比较优势领域实施工业强基战略	围绕新一代信息技术、增材制造、新材料、生物技术、绿色环保五个产业培育壮大战略性新兴产业

表11-1（续）

地区	任务一	任务二	任务三
新疆	（1）建设国家大型煤炭煤电煤化工基地、国家大型油气生产加工和储备基地、国家大型新能源基地、国家能源资源陆上大通道；（2）资源开发、纺织工业、农产品深加工等	加快钢铁、有色、建材、化学、轻工等传统产业转型升级	优先发展新能源、新材料、先进装备制造、新能源汽车、生物医药、信息、节能环保等战略性新兴产业
青海	重点围绕盐湖化工、有色冶金、能源化工、特色轻工、建材产业五大领域推进传统产业转型升级	重点围绕新能源制造业、新材料、电子信息、生物医药、高端装备制造发展壮大战略性新兴产业，着力构建在全国具有重要影响力的千亿元锂电、光伏光热、新材料产业集群	（1）重点围绕节能环保、信息技术应用大力拓展工业新业态；（2）优化工业生产力布局

资料来源：根据西部各地"十三五"国民经济与社会发展规划纲要有关资料整理。

（三）建设重点战略性新兴产业基地

西部各地区，尤其是战略性新兴产业发展的重点地区，均提出了按照国家的产业发展战略，建设重点战略性新兴产业基地的发展战略。主要分为以下两类。

第一，基于本地优势资源的重点战略性新兴产业基地，新疆提出，建设国家大型煤炭煤电煤化工基地、国家大型油气生产加工和储备基地、国家大型新能源基地，四川提出，大力推进国家优质清洁能源基地建设。这些产业本身在就是优势资源、持续大规模投资逐渐形成的产业优势，在工业经济强调提质增效的关键时期，突出这些优势产业在国家整体产业布局中的重要地位，既是西部地区服务国家产业发展战略的应尽之责，也是进一步巩固以优势资源禀赋为基础的战略性新兴产业发展有力措施。

第二，基于新技术发展已经形成或将要形成的重点战略性新兴产业基地。重庆提出，建设位居国内前列的集成电路基地和西部地区最大的平板显示基地、全国物联网产业高地、国内领先的新能源及智能汽车产业基地、国内重要的机器人等高端智能装备产业基地等。贵州提出"大力发展大数据核心业态、关联业态、衍生业态，加快构建大数据产业体系"。这些战略性新兴产业既符合技术发展的趋势，也服从于国家战略性新兴产业总体布局，代表了未来战略性新兴产业的发展格局。

二、金融支持

基于"十二五"的发展经验，战略性新兴产业的发展需要金融强有力的支持。在西部各个地区的发展实践中，对于强化金融支持，都有十分重要的政策安排和举措。主要包括以下几个部分。

（一）政府性产业发展引导基金

2015 年 1 月，国务院设立国家新兴产业创业投资引导基金，文件指出，"重点支持处于起步阶段的创新型企业，以促进技术与市场融合、创新与产业对接，孵化和培育面向未来的新兴产业，推动经济迈向中高端水平"。随着国家级别的产业发展引导基金成立，各地纷纷跟进，2015 年全国共设立 227 只政府性产业发展引导基金，公开披露的基金总规模为 9 519.1 亿元，平均每只规模为 41.9 亿元。

在西部地区，四川明确提出建立省级产业发展投资引导基金体系。在 2015 年设立四川省集成电路和信息安全产业投资基金，规模 100 亿~120 亿元，除项目投资外，基金将参股市（州）发起设立战略性新兴产业发展基金，每只基金募集资金总额不低于 2.5 亿元人民币。① 2016 年 4 月，设立军民融合产业发展基金，规模 100 亿元。

重庆市产业引导股权投资基金 2014 年设立，将财政对产业发展的扶持，由直接的无偿补助，改为市场化的产业引导股权投资。该基金主要来源于市财政扶持产业发展的专项资金以及其他政府性资金。自 2014 年起，重庆市政府准备连续 5 年每年筹资 25 亿元，最终形成超过 100 亿元的基金"蓄水池"，支持工业、农业、现代服务业、科技、文化、旅游六大产业发展。② 重庆市财政每年支持 25 亿元，做到与募集到的社会资金同步到位，截至 2015 年年底已形成 18 支、180 亿元规模，投资了泰克环保、力帆新能源汽车等 27 个项目。战略性新兴产业股权投资基金于 2015 年 5 月设立，支持重庆市重点发展的十大战略性新兴产业，市财政及市属国企出资共认缴基金 255 亿元，以 1 倍左右比例撬动社会资本，已带动项目投资 204 亿元。为服务科技创新，重庆市于 2015 年 12 月成立了"创业种子投资引导基金""天使投资引导基金""风险投资引导基金"，规模分别达 10 亿元，满足创新型企业从种子期、初创期到成长期不同发展阶段的融资需求。③

其他西部地区也成立了类似的政府性产业发展引导基金，以应对各自在战略性新兴产业发展过程的金融需要。从基金的运营情况看，政府设立基金的目的，主要有以下三个主要方面的考虑。第一，满足新兴产业的融资需求，支持新兴产业发展。第二，通过充分发挥财政资金的方向引导和作用放大效应，为发挥市场在资源配置中的决定性作用创造空间。第三，规范新兴产业股权投资市场，吸引民间资本投入新兴产业。

（二）产融合作

产融合作是实体经济和金融系统强化练习的区域性平台、体系和模式。按照 2016 年出台的《关于组织申报产融合作试点城市的通知》（工信部联财〔2016〕

---

① 杨彩华. 四川将设省级新兴产业发展基金预计总规模为 100 亿 [N]. 成都日报，2016-04-22.

② 廖雪梅，陶路露. 重庆产业引导基金已向 11 个项目股权投资 10.76 亿元 [N]. 重庆日报，2015-08-12.

③ 廖雪梅. 重庆加快组建多层次投资引导基金助力转型升级 [N]. 重庆日报，2015-11-11.

237 号）的规定，产融合作就是"以城市为载体，鼓励地方政府聚合产业资源、金融资源、政策资源，切实提高服务实体经济的有效性。建立政府、企业、金融机构对接合作机制，发挥财政资金引导作用，加强政银企互动，强化诚信体系建设，深化产业与金融合作"。

产融合作的根本目的在于基于区域金融创新，有效克服制约产业与金融协调发展的障碍。其主要举措包括以下三个方面：第一，加强信息共享，搭建产融合作平台；第二，积极创新金融产品和金融服务；第三，探索各类基金合作的新模式，有效发挥投入财政资金的杠杆与撬动作用，引导产业、金融和社会资本共同投入以支持本地区战略性产业、新兴产业发展；第四，创新财政金融有效互动的模式，鼓励通过政府和社会资本合作模式引导社会资本支持工业园区或产业示范基地建设运营；第五，完善产业链金融服务。

四川在推进产融合作的进程中，推介了 790 个重点融资需求项目，涉及银行信贷需求 953.67 亿元。项目共分三类：一是产融合作融资需求，推介重点企业 395 户、重点项目 312 个，融资总需求 1 025.50 亿元，其中银行贷款需求 190.62 亿元，股权、债券及其他融资需求 834.88 亿元；二是工业企业融资需求，推介项目 455 个、总投资 1 266.68 亿元（其中银行贷款需求 756.74 亿元）；同时还推荐部分企业流动资金贷款项目 23 个，银行贷款需求 6.31 亿元，重点信贷支持企业 5 246 户，包含大型企业 137 户、"成长型"企业 1 346 户、"小巨人"企业 959 户、"专精特新"中小企业 1 097 户。①

重庆公布了六项措施，促进产融合作。一是利用大数据、云计算等信息技术手段，建立产融信息服务平台，提高对接效率。二是定期发布产业信息和融资需求。每年向金融机构提供"双百"企业、"五个一批"、中新（重庆）合作项目等清单，定期汇总有融资需求的重点企业和项目，向金融机构推荐。三是重点支持"三类企业五类项目"融资需求。对名录库企业和项目，要配合金融机构开展"一对一"对接。四是联合人行重庆营管部开展银行间债务市场发债专项行动，向企业广泛宣传发债条件，促进券商和企业积极对接。五是积极构建工业企业上市储备库，力争储备 300 家大中型工业企业，加大培训力度助推企业上市融资。六是围绕传统产业改造提升、十大新兴产业发展等开展融资专项服务行动，扩大合作银行范围和合作领域，力争在产业链融资等领域取得重要突破。②

三、供给侧结构性改革

供给侧结构性改革是"十三五"时期转型发展的关键所在。对于西部地区而言，抓住供给侧结构性改革的契机，以改革推动战略性新兴产业的发展，与传统产

---

① 董世梅. 四川省加强银企对接促进产融合作会议在蓉举行 [N]. 四川日报，2016-07-27.
② 重庆市经信委. 重庆公布六措施推进产融合作解决企业融资问题 [Z]. 2016-06-01.

业的转型升级结合起来，是西部地区推动战略性新兴产业发展的重要举措。

（一）聚焦新兴产业推进结构性改革

供给侧结构性改革，尽管其直接目的在于化解当前产业发展面临的困境，但就根本而言，在于引领和适应经济发展新常态，加快新兴产业的发展。因此，不论是产能过剩的化解，还是过多库存的去除，都服务于新兴产业发展壮大这一目标。西部地区在推进供给侧结构性改革的进程中，都在贯彻落实中央部署的同时，将改革发展的重点放到了新兴产业上。

重庆市指出，"通过化解过剩产能，促进企业优化组织结构、技术结构、产品结构，创新体制机制，提升综合竞争力，推动重点产业转型升级"。一方面，支持企业进行结构调整，提高技术水平，增强经济效益。支持钢铁企业调减船板生产能力，转产薄板、钢结构等精品用材。支持船舶生产企业向生产标准化船型、特种船舶、海洋工程船（台）等转型。另一方面，加快实施智能制造、技术改造、工业强基、质量品牌、服务型制造、绿色制造等传统产业改造提升六大工程，加快技术创新，调整优化产品结构、拓展产业链条、创新商业模式，提高企业生产技术水平和效益，全面提升重庆制造整体影响力和竞争力。[①]

重庆两江新区则提出，抓住供给侧结构性改革契机，发展十大战略性新兴制造业，通过科学把握经济发展新常态，自觉遵循市场经济规则，瞄准市场需求的新变化和新特征，紧盯产业和科技发展方向，以改革、开放、创新为动力，加大招商引资力度，加快产业转型升级步伐，形成高质量、多层次、宽领域的有效供给体系。在战略性新兴产业发展方面，两江新区通过产业资本与金融资本的结合，进一步增加有效供给，2015年新兴产业发展迅速，达到912亿元。[②]

（二）聚焦新型主体推进结构性改革

让企业能够有一个更好的发展环境，是供给侧结构性改革的一个重要的内容。要实现这一点，就要切实措施，大力推进简政放权，改善企业经营环境，降低企业经营成本。

四川提出，要多措并举降成本，大力简政放权，深化财税体制改革和商事制度改革，清理垄断性中介服务收费、不合理金融服务收费、各类交通基础设施运营收费，进一步降低"企业税费成本、制度性交易成本、要素成本、融资成本、经营性成本"五项成本。"到2017年，实体经济要素成本和物流成本分别降低200亿元以上，企业融资的担保、评估、登记等费用要控制在融资成本的3%以内，企业综合经营成本低于中西部平均水平"。[③]

重庆提出，"坚持区别对待、有扶有控原则，完善金融配套政策，鼓励金融机构对'僵尸企业'和空壳公司实行免息停息以及宽松的还本付息政策，对整合过剩产

①　重庆市供给侧结构性改革去产能专项方案［Z］. 渝府办发〔2016〕128号，2016-07-11.
②　杨永芹.《两江新区推进供给侧结构性改革实施方案》出炉［N］. 重庆日报，2016-07-12.
③　梁现瑞. 四川出台五大实施方案 供给侧结构性改革向纵深推进［N］. 四川日报，2016-07-10.

能、并购'僵尸企业'和空壳公司的市场主体，积极稳妥开展并购贷款业务，合理确定并购贷款利率，贷款期限可延长至 7 年。加大企业'走出去'的金融支持力度、适当简化审批程序，完善海外投资保险产品，完善'走出去'投融资服务体系"①。

重庆两江新区提出，在以下十个方面用改革的方法为实体经济减负担、降成本，即着力降低企业用电、用气、用水、土地、租金、税费、融资、物流、人工、制度性交易 10 个方面的成本。通过积极主动贯彻落实国家、全市降低企业税费负担的相关规定，降低企业税费负担 30 亿元左右；物流方面，推进多式联运、全程物流，物流综合价格整体下降 10% 以上；对行政审批事项进一步精简，减少审批环节，优化审批流程，促进审批时间提速 50% 以上；力争到 2020 年，力争两江工业开发区企业用电价格下降 30% 左右，企业用电成本节约 10 亿元左右。②

（三）聚焦新技术推进结构性改革

以技术为发展方向标的战略性新兴产业，其首要的特征是技术，其根本的动力也是技术。因此，西部各个地区，尤其是重点地区，紧扣技术突破和创新驱动，推进结构性改革，加快战略性新兴产业发展。

四川省系统推进全面创新改革试验，一方面，加快推进有利于科技成果转化的体制机制改革。突出抓好几个重点：一是强化企业在技术创新和成果转化中的主体地位，引导创新资源向企业集聚。二是完善科技成果转移转化机制。三是推进科研院所分类改革，扩大科研院所管理自主权。另一方面，着力构建创新型产业体系。以航空、核技术、军工电子等领域为重点，培育壮大军民融合产业，努力形成具有核心竞争力的军民融合产业体系。加快发展新一代信息技术、智能制造装备、先进轨道交通装备、新材料等先进制造业。积极培育新产业新业态，建设大数据基础设施、研究院、实验室、交易平台。③

甘肃提出，"支持企业创新平台建设，提升创新要素集聚能力。加快推进能源装备、微电子、电工电器、中药现代制药、农产品干燥装备 5 个省级工程研究院建设，组织 17 个国家地方联合创新平台和相关企业，搭建产、学、研合作交流平台，加快科技成果转化和应用，提升企业创新发展能力"④。

第二节　西部地方政府推进战略性新兴产业引领制造业转型升级存在问题分析

结合"十二五"的实践和"十三五"的政策部署，可以发现，西部地区地方政

---

① 重庆市供给侧结构性改革去产能专项方案［Z］.渝府办发〔2016〕128 号，2016-07-11.
② 杨永芹.《两江新区推进供给侧结构性改革实施方案》出炉［N］.重庆日报，2016-07-12.
③ 周子铭，陈淋.四川系统推进全面创新改革试验将主要着力于 8 大任务［EB/OL］.（2016-07-12）.http://scnews.newssc.org/system/20160712/000689435.htm.
④ 2016 年战略性新兴产业发展总体攻坚战工作要点［Z］.甘政办发〔2016〕15 号，2016-02-06.

府在推进战略性新兴产业引领制造业转型升级方面，政策体系较为完善，举措较为充分，手段较为丰富，对于促进战略性新兴产业的发展起到了积极的作用。另一方面，也要看到，西部各个地区之间的战略性新兴产业的发展水平差距很大，有的已经开始上规模出效益，有的还停留在起步阶段。因此，有必要对西部地区地方政府在战略性新兴产业带动作用发挥方面进行审视。战略性新兴产业的发展，有三个关键的环节，一是产业发展方向的选择，二是产业技术突破与产业化，三是建立起新兴产业与传统产业之间的联系机制。在这三个关键性环节上，西部地区的政策措施，从实践效果上看，主要有以下方面的不匹配。

一、政策的投资引导方向与市场决定方向不匹配

从市场化的产业发展规律而言，政府的产业政策对产业发展方向的选择应有以下几个方面的考虑。第一，在产业发展的初期，不应当对产业可能的发展方向进行过于具体的界定，而是要更加注重新兴产业发展环境的培育和完善。第二，在产业发展的中前期，不应当采取过于具备介入色彩的政策措施，直接干预产业发展，破坏市场作用的机制和平台，让市场在产业发展中起决定性作用。第三，在产业发展的中后期，不应当在市场选择出的产业发展方向上保持无为而治，应当积极通过倾斜性政策让选择出来的产业发展方向得到制度性确认。从这三个方面看，当前西部地区对战略性新兴产业采取的扶持性政策，还存在一些偏差，使得政策的投资引导指向的战略性新兴产业发展方向与市场决定的产业发展方向不匹配。

（一）政策与市场的边界不清晰

在西部地区以战略性新兴产业为重点服务目标的产业发展引导基金中，"政府引导、市场运作、科学决策、防范风险"是政府性基金运作的基本原则。制度层面明确要求采取市场化方式运作基金，政府部门不得直接参与投资基金的具体经营管理和投资决策。但如果不以市场经济中的盈利目标作为基准来界定引导基金运行中政策与市场的边界，那么以什么标准来界定本身就成为一个值得争论的问题。政府固然可以通过文件的形式在直接决定引导基金的使用目标，但这一目标在现实的市场中，可接受程度有多高，可实现程度有多高，均无法保证。如果以盈利目标为基准，那么是否能够实现战略性新兴产业发展的战略要求又是一个需要评估的问题。这两种情况，在过去的实践中，均有不同程度的体现。例如，现行体制下产业发展引导基金使用效率不够高。国家审计署《国务院关于 2014 年中央预算执行和其他财政收支的审计报告》中指出，截至 2014 年年底，政府性基金预算收入 5 039.59 亿元，当年支出 4 319.49 亿元，结转下年 720.1 亿元。2015 年政府性基金预算的转移支付中共有 959.01 亿元（占 71%）未按规定时限下达。另外，14 个省 2009 年以来筹集的创业投资基金中有 397.56 亿元结存未用，占比 84%。

（二）投资引导的市场化机制较为缺乏

地方政府在战略性新兴产业的投资引导中，基本做法有：第一，投资符合国家

和省产业政策、产业发展规划的项目。第二，投资符合国家和省产业政策、产业发展规划的企业。无论对项目投资还是对企业投资，都需要地方政府的投资引导，需要成熟规范的市场机制。因此，在投资引导平台的建设中，需要在平台治理层次引入风险控制机制，在平台管理层面引入企业管理制度。这两点，在当前西部地方政府的投资引导平台建设方面，要得到体现，均有一定的难度。就风险控制机制而言，一般要求存在独立的投资方，特别是独立的机构投资者，以形成风险分担机制。但从目前的情况看，除开地方政府的财政性投入外，一般的投入主体，无非是金融机构、地方国有企业和引进的外资。在更多的情况下，是金融机构和地方国有企业。作为平台独立的治理主体，这两个方面的独立性均难以得到保证。就平台的现代企业管理制度建设而言，如果不能在治理结构中明确风险管理，也就不能在企业管理中实现价值共享。这两个层次的制度落实不了，政府的投资引导的市场化机制必然难以在操作层面上得到落实。

（三）财政资金支持的投资引导活动灵敏度不高

西部地区地方政府使用财政资金来做投资引导，促进战略性新兴产业的发展，就是要充分发挥财政资金的放大作用，带动其他方面的投入，实现新兴产业发展的投入突破。但在现实的条件下，一方面，由于传统工业化接近尾声，新经济正在成型，传统的产业之间、投入产出之间的联系弱化，随之而来的财政资金投入带动社会其他投入跟进的传统工业化机制也正在被逐步削弱。过去那种财政投入引发市场投入浪潮的态势已经一去不复返。另一方面，财政投入本身在市场环境下，使用的约束性以及由使用的约束性带来的资本的灵活性下降，均使得财政资金支持的投资活动并不能对市场化的新兴产业投资形成有效的反映。尽管政府通过政府和社会资本合作（PPP）等模式的培育和推广来克服这一缺陷，但从实践的效果上看也差强人意。从长远看，要在这一方向上取得突破，还在于新经济的联动机制形成以及在政策层面上对这一机制的辨识和体现。

二、政策的投资扩张效应与技术创新效应不匹配

西部地区在对通过政策措施提升战略性新兴产业对制造业转型升级作用方面，其目的在于通过技术创新带动投资扩张。但当前重点高度集中于投资的战略性新兴产业政策，在实现产业规模快速扩张的同时，对于技术创新的作用并不突出。这是当前政策需要加以调整的第二个重点。

（一）政策过于强调产业发展的数量和规模目标

无论是在西部各个地区的战略性新兴产业发展规划中，还是在金融支持、技术创新方面，对于数量目标的重视是地方政府政策重点表述的对象。这一做法以及随后为完成这些目标而采取的大规模的产业扩张活动，实质上使得一个由知识更新、技术创新、产业化推动结构升级、规模扩张、市场拓展为基本顺序的战略性新兴产

业的应有发展模式，简化为了一个规模扩张、市场拓展的传统产业发展模式。从"十二五"的效果上看，这些以各种总量指标为基本标准的产业发展考核指标，并不能在根本意义上改变"十二五"期间战略性新兴产业发展速度整体减缓、技术突破缓慢的事实。

（二）以企业为主体的技术创新策略落实较为困难

以企业为主体的技术创新策略的落实，在操作实践中有两个前置性条件。一是财政性资金对技术创新活动投入的减少。这一点要通过政府以及相关的行政事业性机构改革，使得技术研究与开发机构的主要经费投入来源于市场化资金。二是企业作为技术创新的主体，要具备进行持续研究、持续创新的能力。这一点要通过供给侧结构性改革，培育具有创新能力的企业主体。目前，在这两个方面，均存在着困难。在政府这一侧，尽管财政性资金管理日趋严格，客观上已经形成了将支持科学研究的投入进行市场化管理的现实需求。但科学研究管理机制改革没有跟上，导致有钱花不出去的局面成为较为常见的现象。要在这方面实现改革突破，首当其冲的是科学研究机构的市场化改革。而这方面，由于涉及人数众多的事业人员，改革才刚刚起步。在企业这一侧，只要社会中科学研究这一功能主要由专门的机构来承担，企业就缺乏从事技术创新的现实需要和市场压力，自然地，企业也不会有成为技术创新主体的内在激励。这两个方面的缺失，使得企业在短期内难以真正成为市场化的创新主体。

（三）技术带动投资的发展理念尚未真正建立

在战略性新兴产业的发展进程中，技术带动投资，用技术而非投资是产业发展的核心问题的理念，尽管在知识层面已经被社会和政府所认同，但在实践层面，却没有被政府和产业界所接受。从西部各地区的情况看，实践操作中有效的做法是投资带动技术，这仍然是传统工业化进程中行之有效的手段。"十二五"期间，采用这一做法来促进战略性新兴产业的发展，实际上并不成功。但在"十三五"之始，在西部地区，在进行了产业发展方向的大幅度调整之后，又开始采用投资拉动的方式来推动战略性新兴产业的发展。这一做法，无论是从历史经验还是发展规律上看，都是值得商榷的。

三、政策支撑的新兴产业发展与传统产业改造升级不匹配

西部地区发展战略性新兴产业的根本目标，与东部地区存在较大的差异。东部地区通过战略性新兴产业的发展，主要目的是在新的技术支撑下实现再工业化。从固定资产投资周期来看，东部地区是处于一个新的固定资产投资的起点上。而在西部地区，战略性新兴产业的发展，是要延续并完成尚处于中前期的工业化进程。之所以要以战略性新兴产业来引领，是因为新产业的颠覆性技术特征。如果不在新产业发展的起点上介入，被完全淘汰的可能性很大。因此，西部地区的战略性新兴产

业发展，有挑战，也有机遇。挑战在于，必须在战略性新兴产业的发展进程中建立起新兴产业和传统产业之间的联系机制，而这一点，必须要通过改革和创新才能实现。机遇在于，西部地区有可能通过战略性新兴产业的发展，实现工业化进程的提速。从过去五年的实践上看，西部地区地方政府的政策尽管在政策设计的初衷上考虑到新兴产业和传统产业的联系问题，但在实践中，这一机制还缺乏统一的管理机制、要素联系机制和市场机制。

（一）新兴产业发展与传统产业改造升级地位不对等

即使从"十三五"的产业上看，西部地区在战略性新兴产业的发展与传统产业的改造升级上，态度分化较为明显。一类是四川、重庆和贵州，对于战略性新兴产业对于本地区经济的发展、对于传统产业改造升级的价值，颇为重视。在规划中突出了重点，在经济社会管理工作的全局中加以统筹考虑，在国家战略性新兴产业重大发展举措出台时加以积极跟进。另一类是其他一些欠发达地区，对于传统产业的重视程度明显优于还看不到好处的新兴产业。没有把本地区战略性新兴产业的发展作为本地区传统产业升级的重要途径来看待。这既反映了西部各个地区工业化发展阶段的差异，也反映了对于通过新兴产业来实现工业化进程加速目的认识的不到位。在很多地方，战略性新兴产业仅具其形，概念上含混，对象上随意，发展举措流于形式，扶持政策难以落实。没有一个具有发展活力、具有相当规模、具有明显方向的战略性新兴产业群体，要实现支持传统产业转型升级的目标，几乎没有可能。

（二）新兴产业的植入性特色极其明显

即使在战略性新兴产业发展方面表现较好的四川、重庆等地，各自战略性新兴产业本身的植入特征也非常突出。主要表现为：产业高度集中在区域内寥寥数地，技术以及研究团队不是来自区域外就是来自研究机构，投资来自于外地，生产过程与本地其他产业之间的经济联系极少，等等。植入的新兴产业，在战略性新兴产业发展初期阶段，是必然的。但植入的产业如何才能与本地经济之间建立起较为密切的经济联系，这一问题在战略性新兴产业的发展进程中必须加以高度的重视。在传统的工业化进程中，这一问题在经济发展、政府协调、社会参与的互动进程中解决得较好。但在新的发展环境中，由于战略性新兴产业较为突出的发展不确定性、高技术本身对传统产业的颠覆性、高技术所带来的对高投资的依赖性等特征，使得企业在发展的较长时间内，可能对于区域内经济活动，只能保持较低的涉入度。这就使得其对传统产业的带动力下降。

（三）新兴产业要素保障不足

目前整个西部地区，战略性新兴产业发展的整体步伐较慢。一个重要的原因，就在于要素保障不够。例如技术创新所需要的人才，无论是实施技术突破的高端技术人才，还是生产规模化所需要的生产型技术工人，数量都会很大。从"十二五"的情况看，一个战略性新兴产业的兴起，往往会在一个省的区域内形成近十万人的技术工人就业需求。在长期的东西部差距导致的人才外流的情况下，西部地区都难以满足。再例如投资需求，这是制约西部地区产业发展又一瓶颈性因素。一方面民间资本不足，另一方面区位、环境、产业等一系列限制性条件的限制，都使得资金无法在西部地区停留，成为产业发展可持续的支撑性力量。

第三节　西部地方政府推进战略性新兴产业引领制造业转型升级的政策方向与措施

"十三五"规划提出"支持战略性新兴产业发展"的目标，"到2020年战略性新兴产业增加值占全国生产总值的比重要达到15%"。要推进战略性新兴产业引领制造业转型升级，西部地区必须在"十三五"期间，按照国家新的战略产业和新兴产业的发展格局与部署，全面实施和推进战略性新兴产业发展行动，发挥产业政策导向和促进竞争功能，通过技术创新、市场拓展和制度改革的整体推进，加快培育发展战略性新兴产业的步伐，构建新兴产业发展新格局，实现战略性新兴产业的突破，以富有活力的战略性新兴产业的发展来引领制造业转型升级。

一、以机制变革促进创新，实现关键技术的突破

在空天海洋、信息网络、生命科学、核技术等领域的关键技术突破，对于战略性新兴产业的培育至关重要。在新能源汽车、新一代信息技术、生物技术、高端装备与材料、数字创意、绿色低碳等领域的整体性技术进步，对于规划的新兴产业的发展壮大尤为关键。西部地区的战略性新兴产业发展，要在"十三五"期间取得重大突破，必须要通过技术的突破和领先，彻底扭转因区位、产业基础、要素条件而导致的产业发展劣势。要实现关键技术的突破，就必须促进创新活动与战略性新兴产业发展的制度性契合与市场性结合。这是战略性新兴产业引领西部地区制造业转型升级的内在动力。所谓制度性契合，是指要通过改革，扫除阻碍创新活动与战略性新兴产业发展之间有效连接的制度性障碍。所谓市场性结合，是指在创新活动对于战略性新兴产业的支撑作用的发挥要依赖于市场竞争机制来实现。以下三个方面的政府行为，对于加快技术突破而言，具有基础性的意义。

(一) 着力引导市场化创新

必须要通过制度来明示，市场化创新是创新的常态，政府的产业政策支持市场化创新。什么是市场化的创新？就是通过市场竞争机制来推动、辨识、选择、实现、提升的创新活动。要实现这一点，一个由产业资本参与并推动的技术市场以及技术市场与资本市场之间的中介组织和中介机制，就成为政府政策关注的重点（见图11-1）。在政府推动市场化创新的过程中，以下几个方面需要在政策措施上加以特别的关注。资本市场的内容由于涉及需求侧管理，所以放在后文表述。

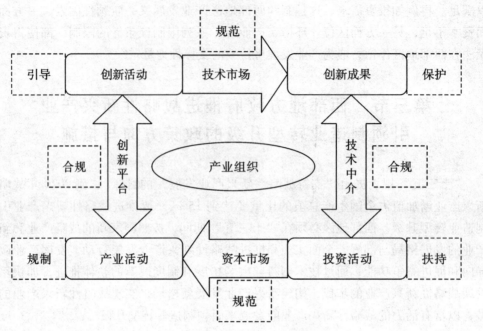

图 11-1　市场化创新机制示意图

第一，产业组织的培育与发展。产业组织是驱动市场化创新的核心组织，它可以是一家企业，或者是企业战略联盟、项目合作以及任何可辨识的、具有明确产业、技术目标的组织或平台。市场化创新的任何一个环节都离不开产业组织的参与：它是技术生产的积极参与者，是资本市场不可替代的行为主体，是创新、投资活动的策动者。有了产业组织的核心作用，才有可能将创新和产业活动连接起来，成为一个产业经济活动中内在构成要件。西部各个地区要促进战略性产业和新兴产业的发展，必须大力促进产业组织介入、推动、引领创新活动。

第二，技术市场建设。要注重竞争性市场机制的建设，让产业组织成为技术市场的重要参与者。一方面，让产业组织成为技术的重要买方，更为重要地，要让产业组织在技术市场的作用下，实现创新活动的内部化，通过持续地创新投入和产出的良性循环和溢出，显著地降低技术市场交易成本。因此，这一市场建设的关键，在于技术需求和供给的显性化，尤其是技术需求的显性化。在这方面，在当前的发展阶段上，需要由产业组织来实施对创新活动的具体引导。当然，由专业化的创新活动投资组织，例如天使投资基金，来实现对创新活动的扶持是另外一个较为成熟的做法。但这一做法的问题在于，对于那些需要长期持续投入的创新活动，以既定期限内盈利为目标的投资基金，很难有所作为。而当前，我国的战略性新兴产业发展，大多面临的技术突破问题，都不是此类。因此，政府将技术市场的关键点放在产业组织身上，更具可行性。

第三，中介组织和创新平台建设。在这方面，西部地区的地方政府既有成熟的经验，也有现实的操作基础。在过去的工业化进程中形成的大量产业园区、高新技术园区和管理机构以及在"十二五"期间各自战略性新兴产业发展所形成的产业基础，都为新的技术中介和创新平台建设打下了良好的基础。在未来的发展中，可以结合产业组织的培育，在新的技术中介组织和创新平台建设方面进行力量整合和重组。

第四，政府活动的界定。政府在技术市场及其展开的活动方面，既要引导创新活动，也要规范技术生产，更要通过稳定的法律制度体系及其实施，保护创新成果。政府对于技术中介和创新平台的管理，要符合市场规范。除此之外，不宜再对这两类组织进行具体的业务指导。

（二）着力推动企业创新

以企业创新为主体的创新活动，存在着创新与产业之间的天然市场联系，因此是实现以技术驱动战略性产业和新兴产业发展的最优选择。在西部地区的战略性新兴产业发展进程中，有必要在企业创新方面多下功夫，多做文章，多出成果。

第一，找准企业创新主体。在西部地区，有必要以大型企业为核心、形成大中小企业群体合力创新的创新企业群体。在政策措施方面，必须充分发挥大型企业在推动创新方面的组织优势、人才优势和资源优势，带动企业创新在整体层面上展开。

第二，增强企业创新动力。在政策层面，对于企业技术研发活动的扶持、对于企业技术改造项目的支持，要进一步加大支持力度。对于企业创新实践中涌现出的成熟模式，要抓住时机归纳和推广。对于企业创新的成果，既要给予适当的奖励，作为地方经济发展的成就，也要加以宣传和推广。对于企业创新实践中遇到的实际问题与困难，政府要通过切实的手段，帮助其解决。

第三，理顺企业创新机制。抓住经济结构调整的机遇，引导企业围绕技术研发展开投资活动。聚焦风险控制，完善企业法人治理结构，在企业内部建立起可以信赖的创新风险分散机制。构建企业创新项目管理机制，形成可持续的企业创新投入、产出管理制度。

（三）着力实现人才工作创新

创造的起点是人才，创造向创新的转变关键在于人才，创新的产业化实现也在于人才。西部地区的战略性产业和新兴产业在"十三五"期间的发展壮大过程，就是人才群体这一"关键少数"的培育和壮大过程。在西部地区，由于在产业发展的劣势地位，更要注重人才工作创新。

第一，注重创新型人才和企业家培育、引进。西部地区的创新型人才与企业家的匮乏，是战略性新兴产业发展的最大短板。要注重在本地高等院校和研究机构发现和培养一批有创业意识、有关键技术、有知识储备的技术人才，让他们成为企业的创新型人才或者企业家。要注重从国外、区域外引入本地缺乏的创新型人才，注重引进企业，更要注重吸引企业家。"十三五"之初，西部各地区都表现出了对人才工作的高度重视和关注，都制定了本地的吸引人才规划。在未来几年，有必要围绕这一目标，将人才工作做实。

第二，注重技能型人才的培训和素质提升。技能型人才群体的规模壮大和素质围绕产业发展的适应性提升，是战略性新兴产业能够健康发展的重要条件。有必要在西部地区加大人才培训力度，使得农村剩余劳动力在向城市转移的过程中，迅速转变为城市产业发展需要的技能型人才，为此必须进一步集中政策资源，加大劳动力输入地的技能培训。有必要在企业内部形成长期的人才培育与创新平台，积极开展在岗技能培训，通过技能学习、技能竞赛等多种形式，形成终身学习制度。有必要进一步壮大职业培训专门学校的培训规模，以适应新产业的用工需求。

第三，注重懂专业技术的领导干部的培养。加大对战略性新兴产业发展规律、成熟模式、成功经验、失败案例的总结和归纳，有意识地对干部进行针对性培训，提高领导干部把握发展规律的能力和水平。吸纳专业技术人才进入产业管理部门工作，提高政府部门对于产业发展的把控能力。

（四）着力构建区域创新体系

战略性新兴产业是新的产业体系的标志性产业。这一产业的出现、发展和壮大的过程，就是西部地区经济社会发展转型的过程，一个以高速度、大规模为首要投资的发展向以中高速、高效率为首要特征的发展转变的过程。因此，战略性新兴产业并不是一个单纯的产业发展过程，而是一个欠发达的西部地区整体走向现代化的过程。要推进这一过程，就需要加快现代化步伐。其中关键的一点，就是要建设区域创新体系，实现人才、企业、创新三者统一，实现人才自由流动、企业自主创新。

政府对于区域创新体系的支持，应以以下三个方面的内容为目标：第一，区域内以城市群为载体的经济活动平台的商业成熟度；第二，区域内以企业为主体的创新活动的活跃度；第三，区域内人才群体的规模和结构是否符合本地经济社会未来发展的需要。这三个方面的内容，决定了在未来五年，西部各个地区在支持本地创新体系建设方面，政策的着力点在于城镇化、企业组织和人才。大力推进城镇化以承载更多的经济活动，培育优秀的企业以容纳和激励更多的创新，吸引更多的人才以激发创新。

二、以区域协同拓展市场，强化战略性新兴产业需求侧管理

以市场催生技术、以技术带动投资，是西部地区战略性新兴产业引领西部地区制造业转型升级的必然路径。结合上节对于当前政策措施中存在问题的分析，要推动西部地区在战略性新兴产业发展实现突破，就有必要强化战略性新兴产业需求侧管理，在市场一侧为战略性新兴产业的加快发展创造需求条件，通过需求条件的变化来形成技术创新的动力，最终以技术创新的突破推动战略性资产的形成。

（一）创新投资引导

对于战略性新兴产业的投资引导，是西部地区扶持战略性新兴产业发展的首要举措。这既关系到能否形成一个可持续的投入机制、以确保投入满足产业发展需要

的问题，也涉及项目运营能否有一个可以依赖的治理机制。要有效地实现投资引导，需要在以下几个方面实现工作创新。

第一，财政资金投入引导。从实践的情况看，单纯的政策性投资引导，对于其他资本投入战略性新兴产业领域的带动作用并不明显。其关键的原因，在于战略性新兴产业发展预期不明，风险较大。正因为如此，2014年以后，在战略性新兴产业的发展方面，从中央到地方，均利用财政资金，成立新兴产业投资引导基金，促进产业投资的持续。在财政资金投入方面必须明确：①政府引导到位，政府要以资金的形式介入战略性新兴产业的发展，但其在项目运营中的地位是引导，而不是主导，其主要目的是承诺分担风险而不是其他。无论是否采用引导基金的形式，这一点都必须坚持。②规范管理有为。政府对于战略性新兴产业项目的投入，是股权、债权或者某一个类型的权益投资，在项目运营中按照相应的管理制度进行管理。③市场运作透明。战略性新兴产业项目按照市场组织的内部治理规范模式进行运作。政府的财政性投入，和其他投入资本一样，承担与权利对等的收益和损失。（4）着力鼓励创新。财政性投入的根本目的，在于鼓励战略性新兴产业项目的创新活动。这四个方面工作的指向，就是一个政策性投资引导的风险治理机制（见图11-2）。

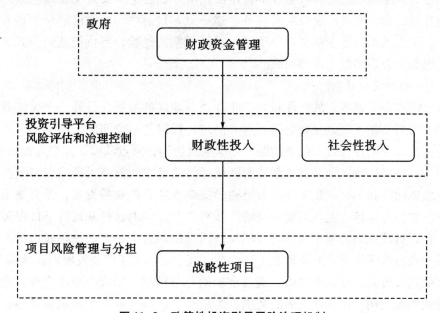

图11-2　政策性投资引导风险治理机制

第二，需求形式的投资引导。具有较为成熟的市场环境和可预期的市场需求的战略性新兴产业项目，往往可以在市场中形成自发的投入浪潮。因此，对于此类战略性项目，西部地区关注的重点，在于在本区域的相关战略性新兴产业发展进程中，引入市场需求与其配合，从而激发相关项目投资。具体的做法，可以利用本地的现实需求、政府采购，也可以是对外部市场需求的把握和需求方实体的引入。

第三，投资引导方式的多样化。政府的投资引导，就是要形成符合战略性新兴产业项目投入需求的市场化投入，实现这一目的的手段是多样的。既可以是财政投入的引导，也可以是技术创新的高回报。还可以是资源、产业基础乃至人才的优势。因此，在做好投资型引导的同时，要考虑更为综合性的环境、制度因素的整体调整。

（二）创新产融合作

如果说政策性投资引导的主要目的在于构建一个风险治理和分担的机制，那么创新产融合作，引导产业资本、金融资本、社会资本支持西部地区战略性新兴产业发展，就是一个拓宽投资渠道、扩大投资来源的问题。主要的创新方向包括以下几个方面：

第一，创建信息共享机制，搭建产融合作平台。形成合作沟通机制，让金融机构能够把握创新机构、项目的融资需求，让机构和项目明确金融机构可以提供的融资方案与组合。通过稳定、规范、持续的沟通，为双方的合作打下坚持的信息基础。

第二，积极推动金融创新。鼓励金融机构围绕战略性新兴产业展开需求调研，做好项目的评估和尽职调查，扮演好投资顾问、财务顾问等角色，聚焦产业发展、企业成长，制订融资计划，加快产品和服务的创新，服务产业和企业的发展需求。

第三，鼓励通过政府和社会资本合作模式引导社会资本支持工业园区或产业示范基地建设运营，完善产业链金融服务。这一点，目前西部地区已经全面展开。今后几年，工作的重点在于落实合作项目，总结成熟的经验，形成规范的模式，在产业链金融服务方面实现工作的突破。

（三）创新区域协同

通过需求侧管理实现战略性新兴产业在西部地区的发展，另外一个关键就在于做好产业布局、拓展产业发展空间。这一措施，针对的是长期以来西部地区产业布局重复度高导致的投入效率低下问题。创新区域协同，重点从以下几个方面展开：

第一，将以行政区划为基本载体的区域经济活动空间整体置换为以城镇群网络为基本载体的空间上去。基于新技术突破的战略性新兴产业的发展，需要城市空间的支撑。在西部地区，尤其需要为战略性新兴产业发展的这种基础性条件保障创造条件。在以行政区划为基本载体的区域经济活动的部署上，无法放在城市的产业就放在下一级行政区划所在的位置上。这样在客观上就形成了产业发展的区域间分割。只有打破这种分割，在城市之间，通过市场的竞争机制，形成产业的合理配置，才能更有效率地利用城市快速发展的需求，为战略性新兴产业的发展创造条件。必须要通过简政放权，加快地方政府改革力度，促进行政管理体制的整体变革，建立以城镇为核心的、以城镇网络为载体的区域经济发展空间结构。

第二，聚焦重点经济区，着力促进区域间产业协同发展。在重点的西部地区，例如成渝经济区，必须着力促进区域间产业协同发展，形成支撑人、财、物自由流动的交通网络，形成产业战略性互补布局、互联互通为基础的合作发展机制，进而拓宽战略性新兴产业发展的区域空间，为战略性新兴产业发展带动西部地区制造业转型升级创造新平台、新空间、新机制和新模式。

第三，在重点城市，加快形成战略性新兴产业突破的局面。在重庆、成都、西安等重点城市，在国家级新区，如两江新区、天府新区、西咸新区、滇中新区、贵安新区等，要形成优势地区优先发展的态势，主动把战略性新兴产业作为未来产业发展的重点，大力推进战略性新兴产业的布局与建设，大力促进新兴产业的培育与发展，让战略性新兴产业成为重点城市和国家级新区的主导产业，成为带动制造业转型和升级的重要力量。

三、以市场改革调整结构，推进新兴产业供给侧改革

把新兴产业的发展与西部地区产业结构调整紧密结合起来，是新兴产业成为引领西部地区制造业转型升级不可或缺的重要力量的关键所在。在"十三五"期间，要紧扣供给侧结构性改革的安排和部署，围绕新兴产业的发展，提前布局，提早培育，为新兴产业的发展创造更好的发展环境。

（一）加快地方国有企业改革

在西部地区，地方国有企业是发展的中坚。搞好地方国有企业改革，提高企业的经营管理效率，是地方政府推动新兴产业发展的重要抓手。要根据国有企业改革的总体部署，适时推动地方国有企业改革，让国有企业成为推动技术创新、发展新兴产业的核心力量。

第一，科学谋划和调整国有资本布局，将战略性新兴产业作为国有资本投入的重点领域。国有资本应继续保持有进有退的发展态势，在经营不善的领域，国有资本应主动退出。围绕国家和区域的战略部署，及时调整发展方向。在关系国计民生的重点行业、重点领域应保持绝对控制力。在战略性新兴产业的发展中，国有资本应扮演主导角色，在市场竞争的商业化领域，国有资本应根据条件积极参与。在新兴产业的发展中，国有资本应当紧密跟踪，适时进入。

第二，加快国有企业现代企业制度建设，为国有企业成为当仁不让的创新主体创造条件。进一步完善国有企业法人治理结构，在治理层面形成有利于创新和战略性新兴产业发展的风险分担机制。进一步加强现代企业制度建设，聚焦创新活动，搞好风险管理。主动适应市场方向，调整企业经营方向，投向富有效率的新领域。

第三，加快混合所有制改革，为国有资本带动民间资本投入战略性新兴产业发展创造条件。通过混合所有制的形式，一方面引入外部投资者，改善国有企业的治理结构，另一方面推动项目合作，在形成国有资本、民间资本有效合作模式的同时，也为民间资本投入战略性新兴产业项目拓宽渠道。

（二）培育地方新兴产业新主体

要加快西部地区战略性新兴产业的发展，另外一个供给侧改革的重要内容，就是培育地方新兴产业的新主体。要考虑以下措施，加快新兴产业主体的形成。

第一，国有企业改革形成一批。通过地方国有企业改革，将对于一些具有发展

潜力的新技术项目，要其发展成为新的企业。一方面为地方国有企业改革创造新出口，另一方面也为新兴产业未来的发展积累新的企业群体。

第二，技术创新驱动形成一批。大力推进大众创业、万众创新，尤其鼓励在新技术领域的创业和创新活动，加强对"双创"企业的培育和孵化，力争形成一批新兴产业的新主体。

第三，生产经营转型形成一批。加大对传统产业的改造力度，重视对传统产业技术创新和技术改造的支持力度，重点支持那些有市场潜力、有可用技术、有发展空间的项目，使其能够成长为新兴产业的发展新主体。

（三）强化新兴产业基础设施保障

配合国家供给侧结构性改革的安排和部署，西部地区，尤其是那些在战略性新兴产业发展方面还处于初期阶段的地区，强化基础设施建设，尤其重视强化与战略性新兴产业发展相关的技术基础设施建设，通过强化保障来优化产业发展的环境。

第一，重视对连接城市交通网络的投资和建设。在西部核心地区，包括经济核心增长区域、重点城市群、国家级新区之间，要加大交通基础设施投入的力度，形成互联互通的战略格局，在加大物资运输能力的同时，着重加大客运能力，大幅度缩短西部城市之间的时间距离，为新产业的发展创造更为广阔、能够形成相互带动局面的城市空间。

第二，重视对信息技术基础设施的投入和建设。西部地区必须充分认识到信息技术革命对于区域战略性新兴产业发展的关键性作用，加大重点区域的信息技术基础设施建设力度，使得利用信息技术改造传统产业在更为广泛的意义上成为可能，使得基于信息技术、依赖数据处理的新兴产业能够获得发展的必要条件。有两个方面的工作较为关键，一是新一代信息技术基础设施的建设，西部地区要走在前面。二是基于信息技术展开的新产业新业态，要认真研究，在产业规划、行业管理方面，尽快形成行之有效的管理制度。

第三，重视对新材料和新资源的开发和投入。西部地区的战略性新兴产业，离不开新材料、新资源这些优势的要素禀赋条件。有必要在"十三五"期间，围绕新材料的使用、新资源优势转化为市场优势，探索一套可持续的开发机制，实现资源可持续利用的发展。有必要结合战略性新兴产业发展的新需要，理顺资源开发机制，为西部地区战略性新兴产业的发展奠定坚实的基础。

参考文献

［1］国务院发展研究中心课题组. 信息化促进中国经济转型升级（上、下）［M］. 北京：中国发展出版社，2015.

［2］吴敬琏，厉以宁. 经济大变局，中国怎么办［M］. 北京：中国文史出版社，2015.

［3］金碚. 中国制造2025［M］. 北京：中信出版社，2015.

［4］王喜文. 中国制造2025解读：从工业大国到工业强国［M］. 北京：机械工业出版社，2015.

［5］王礼恒. 战略性新兴产业培育与发展战略研究综合报告［M］. 北京：科学出版社，2015.

［6］厉以宁. 中国经济双重转型之路［M］. 北京：中国人民大学出版社，2014.

［7］安果. 西部战略性新兴产业技术路径研究［M］. 北京：中国经济出版社.

［8］中国电子信息产业发展研究院. 2014—2015年中国战略性新兴产业发展蓝皮书［M］. 北京：人民出版社，2015.

［9］薛澜，周源. 战略性新兴产业创新规律与产业政策研究［M］. 北京：科学出版社，2015.

［10］程惠芳，唐辉亮，陈超. 开放条件下中国经济转型升级动态能力报告（2012）［M］. 北京：科学出版社，2012.

［11］千庆兰，陈颖彪，余国扬，等. 传统制造业专业镇发展模式转型与产业升级［M］. 北京：科学出版社，2014.

［12］黄速建，王钦，刘建丽，等. 构建区域创新体系战略研究［M］. 北京：经济管理出版社，2014.

［13］王振，宗传宏. 长三角地区经济转型升级的探索实践［M］. 上海：上海社会科学院出版社，2014.

［14］兰建平. 问道中国经济转型升级［M］. 杭州：浙江大学出版社，2014.

［15］吴晓波，朱克力. 读懂中国制造2025［M］. 北京：中信出版社，2015.

［16］乌尔里希·森德勒（Ulrich·Sendele）. 工业4.0［M］. 邓敏，李现民，译. 北京：机械工业出版社，2015.

［17］赵林海. 劳动密集型产业转型升级与持续竞争优势［M］. 北京：社会科

学文献出版社，2012.

　　[18] 宋泓. 战略性新兴产业的发展——宁波和国内相关城市比较 [M]. 北京：中国社会科学出版社，2013.

　　[19] 谢国忠. 最后一轮泡沫 [M]. 北京：中信出版社，2015.

　　[20] 腾讯科技频道. 跨界：开启互联网与传统行业融合新趋势 [M]. 北京：机械工业出版社，2015.

　　[21] 利伟诚（Andrew N·Liveris）. 美国制造 [M]. 蔡中为，译. 北京：东方出版社，2012.

　　[22] 李克. 转型升级：中国企业怎么办 [M]. 北京：新华出版社，2014.

　　[23] 艾博特. 大都市边疆：当代美国西部城市 [M]. 王旭，等，译. 北京：商务印书馆，1998.

　　[24] 信息化和工业化深度融合知识干部培训丛书编写委员会. 制造业转型升级知识干部读本 [M]. 北京：电子工业出版社，2012.

　　[25] 信息化和工业化深度融合知识干部培训丛书编写委员会. 信息化与再工业化知识干部读本 [M]. 北京：电子工业出版社，2012.

　　[26] 陈钊. 欠发达区自我发展能力研究 [M]. 北京：新华出版社，2015.

　　[27] 王珺，邱海雄. 珠三角产业集群发展模式与转型升级 [M]. 北京：社会科学文献出版社，2013.

　　[28] 彼得·马什（Peter Marsh）. 新工业革命 [M]. 赛迪研究院专家组，译. 北京：中信出版社，2013.

　　[29] 刘志彪，郑江淮. 长三角转型升级研究 [M]. 北京：中国人民大学出版社，2012.

　　[30] 柳卸林，高太山. 中国区域创新能力报告2014——创新驱动和产业转型升级 [M]. 北京：知识产权出版社，2015.

　　[31] 何哲，孙林岩. 中国制造业服务化：理论、路径及其社会影响 [M]. 北京：清华大学出版社，2012.

　　[32] 邓正红. 再造美国：美国核心利益产业的秘密重塑与软性扩张 [M]. 北京：企业管理出版社，2013.

　　[33] 信息化和工业化深度融合知识干部培训丛书编写委员会. 生产性服务业创新发展知识干部读本 [M]. 北京：电子工业出版社，2012.

　　[34] 张建华. 美国复兴制造业对中国贸易的影响 [M]. 上海：上海人民出版社，2014.

　　[35] 陈晓晨，徐以升，美国大转向：美国如何迈向下一个十年 [M]. 北京：中国经济出版社，2014.

　　[36] 王国平. 产业升级论 [M]. 上海：上海人民出版社，2015.

　　[37] 夏妍娜，赵胜. 工业4.0：正在发生的未来 [M]. 北京：机械工业出版

社，2015．

［38］徐宪平．中国经济的转型升级：从"十二五"看"十三五"［M］．北京：北京大学出版社，2015．

［39］加里·皮萨诺（Gary P. Pisano），威利·史（Willy C. Shih）．制造繁荣：美国为什么需要制造业复兴［M］．机械工业信息研究院战略与规划研究所，译．北京：机械工业出版社，2014．

［40］财经传媒编辑部．"一带一路"引领中国［M］．北京：中国文史出版社，2015．

［41］陈钊．四川工业结构优化与升级研究［M］．成都：西南财经大学出版社，2014．

［42］金碚．中国经济的转型升级［J］．中国工业经济，2011（7）：5-14．

［43］毛蕴诗，吴瑶．中国企业：转型升级［M］．广州：中山大学出版社，2009：3．

［44］朱森第，惠明．加快发展现代制造服务业——装备制造业转型升级的重要途径［J］．中国机电工业，2010（8）：128-129．

［45］刘中显，任旺兵，姜长云．服务业促制造业转型升级——对广东佛山南海区西樵镇纺织产业集群的调查与思考（上）［N］．中国经济导报，2007-01-02．

［46］刘中显，任旺兵，姜长云．制造业转型升级离不开服务创新——对广东佛山市南海区西樵镇纺织产业集群的调查与思考（下）［N］．中国经济导报，2007-01-11．

［47］邓丽姝．生产性服务业视角下北京制造业转型升级的思路和对策建议［J］．特区经济，2010（4）：62-64．

［48］张明龙，张琼妮．低碳经济条件下浙江制造业的转型升级［J］．中外企业家，2010（5下）：39-41．

［49］许锐．宁波市重点优势制造业转型升级路径探究［J］．商场现代化，2010（5上）：93-95．

［50］赵泓任．服务外包助推山东制造业转型升级［J］．观察思考，2011（8）．

［51］黄朝峰．战略性新兴产业军民融合式发展研究［M］．北京：国防工业出版社，2014．

［52］谭军．探索传统产业转型升级之路——无锡传统制造业样本分析［J］．群众，2012（4）：58-59．

［53］王志华，陈圻．江苏制造业转型升级水平测度与路径选择［J］．生态经济，2012（12）：91-96．

［54］王雷，陈畴镛．以智能制造促进浙江制造业转型升级研究［J］．杭州电子科技大学学报（社会科学版），2013，9（4）：29-33．

［55］马歇尔（Marshall）．经济学原理［M］．北京：商务印书馆，1991．

［56］阿尔弗雷德·韦伯. 工业区位论［M］. 北京：商务印书馆，1997.

［57］Michael Porter M. The Competitive Advantage of Nations［M］. New York：The Free Press, 1990.

［58］景侠，李振夺. 黑龙江省高端装备制造业集群发展研究［J］. 商业经济，2011（9）：5-6.

［59］严飞. 湖北现代制造业集群发展模式研究［J］. 当代经济，2009（1）：110-111.

［60］侯利坤，王苗苗. 基于区位商的山西省装备制造业集群发展研究［J］. 科技情报开发与经济，2012（4）：99-101.

［61］王心娟，綦振法，郭健. 胶东半岛制造业集群发展研究［J］. 华东经济管理，2014（1）：26-29.

［62］赵丽洲. 辽宁装备制造业集群发展存在的问题及对策［J］. 经营管理者，2011（9）：17-18.

［63］姚洁，李磊. 山东半岛制造业集群发展研究［J］. 中国证券期货，2009（10）：97.

［64］林岚. 陕西省装备制造业产业集群发展思路研究［J］. 陕西省行政学院陕西省经济管理干部学院学报，2006（4）：63-66.

［65］王泽宇，韩增林. 沈阳市装备制造业集群发展研究［J］. 世界地理研究，2008（3）：140-149.

［66］俞毅. 外资对浙江电子信息制造业集群发展的影响［J］. 国际经济合作，2007（12）：47-50.

［67］王辑慈，林涛. 我国外向型制造业集群发展和研究的新视角［J］. 北京大学学报（自然科学版），2007（2）：1-8.

［68］曾昭宁，林岚. 西部装备制造业产业集群的若干问题研究［J］. 经济问题探索，2007（6）：106-110.

［69］张洪伟，刘谚武. 西部装备制造业产业集群优化研究［J］. 社会科学研究，2013（1）：32-34.

［70］巩前胜，吴丹凤. 装备制造业集群发展的影响因素实证研究：基于陕西省的分析研究［J］. 西安石油大学学报（社会科学版），2011（3）：20-24.

［71］刘大勇. 河南省战略性新兴产业集群发展研究［J］. 现代商业，2015（23）：111-113.

［72］郝戊，杨荣耀. 内蒙古战略性新兴产业与产业集群互动［J］. 全国商情，2012（6）：13-15.

［73］周正平，冯德连，孔海强. 皖江城市带战略性新兴产业发展的集群路径研究［J］. 长春工业大学学报（社会科学版），2013（1）：17-20.

［74］胡星. 依托科技园区推动战略性新兴产业集群发展［J］. 经济研究导刊，

2011 (31)：192-196.

[75] 刘志阳，姚红艳. 战略性新兴产业的集群特征、培育模式与政策取向 [J]. 重庆社会科学，2011 (3)：49-55.

[76] 李扬、沈志渔. 战略性新兴产业集群的创新发展规律研究 [J]. 经济与管理研究，2010 (10)：29-34.

[77] 卢阳春. 战略性新兴产业集群发展的资金资源整合机制 [J]. 西南民族大学学报（人文社会科学版），2015 (3)：144-150.

[78] 卢涛，乔晗，汪寿阳. 战略性新兴产业集群发展政策研究 [J]. 科促进发展，2015 (1)：20-25.

[79] 王欢芳，何燕子. 战略性新兴产业集群式发展的路径探讨 [J]. 经济纵横，2012 (10)：45-48.

[80] 尹猛基. 战略性新兴产业集群式发展及其政策支撑体系研究 [J]. 商业经济，2014 (8)：1-3.

[81] 杨丽. 战略性新兴产业集群式发展评述 [J]. 环渤海经济瞭望，2014 (12)：44-48.

[82] 余雷，胡汉辉，吉敏. 战略性新兴产业集群网络发展阶段与实现路径研究 [J]. 科技进步与对策，2013 (8)：58-62.

[83] 刘志阳，程海狮. 战略性新兴产业的集群培育与网络特征 [J]. 改革，2010 (5)：36-42.

[84] 胡迟. 在新常态下持续实现转型升级——制造业转型升级成效的分析与对策 [J]. 上海企业，2015 (5)：56-61.

[85] 刘林森. "互联网+"推动制造业转型升级 [J]. 装备制造，2015 (9)：78-79.

[86] 刘乃全，叶菁文. 产业集聚与空间集聚的协调发展研究 [J]. 当代经济管理，2011 (7)：27-30.

[87] 王欢芳，陈建设，宾厚. 促进战略性新兴产业集聚区发展的对策研究 [J]. 经济纵横，2015 (6)：27-30.

[88] 孙久文. 区域经济规划 [M]. 北京：商务印书馆，2004.

[89] 金达仁. 制造业信息化要有一套工艺规程 [J]. 中国经济和信息化，2014 (8)：92-93.

[90] 王云平. 产业技术升级对产业结构调整的影响 [J]. 经济研究参考，2005 (40)：2-6.

[91] 佚名：产业组织的创新更重要 [J]. 经济展望，2011 (11).

[92] Porter M. Location，competition and economic development：Local clusters in a global economy [J]. Economic Development Quarterly，2000 (14)：15-34.

[93] Holmes T, Stevens J. Geographic concentration and establishment scale [J].

Review of Economics and Statistics, 2002 (84): 682-690.

[94] 梁嘉骅, 王纬. 一种新的经济组织形态——产业联盟 [J]. 华东经济管理, 2007 (4): 42-46.

[95] 张志刚. 企业产业联盟与战略性新兴产业的发展 [J]. 决策咨询, 2011 (1): 31-34.

[96] 曾繁华, 王飞. 技术创新驱动战略性新兴产业跃迁机理与对策: 基于全球价值链视角 [J]. 科技进步与对策, 2014 (23): 51-55.

[97] 陈柳钦. 战略性新兴产业自主创新问题研究 [J]. 中国地质大学学报 (社会科学版), 2011 (3): 56-61.

[98] 刘晖. 我国战略性新兴产业创新驱动发展路径研究——基于北京市生物医药行业的经验总结 [J]. 管理评论, 2014 (12): 20-28.

[99] 王新新. 战略性新兴产业技术突破的要点分析 [N]. 人民日报, 2011-12-22.

[100] 袁中华. 我国新兴产业发展的制度创新研究 [D]. 成都: 西南财经大学, 2011.

[101] 李鹏飞. 大数据时代工业统计创新能力的分析与研究 [J]. 财经界 (学术版), 2016 (2): 290-292.

[102] 李晓利. 大数据与工业创新设计的碰撞 [N]. 中国信息化周报, 2015-11-16.

[103] 李艳玲. 大数据分析驱动企业商业模式的创新研究 [J]. 哈尔滨师范大学社会科学学报, 2014 (1): 55-59.

[104] 张华平. 高技术产业创新投入与产出灰关联分析 [J]. 中央财经大学学报, 2013 (3): 61-65.

[105] 孙吉贵, 刘杰, 赵连宇. 聚类算法研究 [J]. 软件学报, 2008 (1): 48-61.

[106] 安礼伟, 张二震. 全球产业重新布局下长三角制造业转型升级的路径 [J]. 江海学刊, 2015 (3): 79-84.

[107] 卢方元, 王梁, 卢欣. 我国工业企业自主创新效率研究——基于第三次全国经济普查数据 [J]. 河南科学, 2015 (12): 2217-2221.

[108] 谈雄伟. 破除障碍实施上海制造业创新转型 [N]. 联合时报, 2013-01-22.

[109] 张银平. "中国制造+互联网"助力中国制造迈向中高端 [J]. 中国高新区, 2016 (3): 152-153.

[110] 高友才, 向倩. 我国战略性新兴产业的选择与发展对策 [J]. 经济管理, 2010 (11): 21-25.

[111] 童有好. "互联网+"制造业的路径与机遇 [J]. 企业管理, 2015 (6):

6-11.

[112] 童有好. 我国互联网+制造业发展的难点与对策 [J]. 中州学刊, 2015 (8)：30-34.

[113] 严文杰. 西部战略性新兴产业引领制造业转型升级研究 [D]. 成都：西南财经大学, 2016.

[114] 张庆仁. 列国外向型经济战略选择 [J]. 山东社会科学, 1988 (3)：10-15.

[115] 陈钊. 运输制约与西部产业选择思路 [J]. 重庆工商大学学报（西部经济论坛）, 2004 (5)：27-30.

[116] 朱廷珺. 西部地区建设"一带一路"的关键环节 [J]. 中国国情国力, 2015 (4)：46-48.

[117] 林川、杨柏、陈伟. 论与"一带一路"战略对接的六大金融支持 [J]. 西部论坛, 2016 (1)：19-26.

[118] 高煌. 我国区域外向型经济发展：差异、问题、对策 [J]. 中国软科学, 2010 (1)：193-201.

[119] 聂正彦, 张学丽. 西部地区承接产业转移的测度及影响因素研究 [J]. 开发研究, 2015 (6)：10-13.

[120] 程必定. 产业转移"区域粘性"与皖江城市带承接产业转移的战略思路 [J]. 华东经济管理, 2010 (4)：24-27.

[121] 聂正彦, 张学丽. 西部地区承接产业转移的测度及影响因素研究 [J]. 开发研究, 2015 (6)：10-13.

[122] 胡新, 王彩萍, 惠调艳, 林茂青. 西部地区制造业与东南亚国家承接国际产业转移优势比较研究：以重庆、陕西为例. 华东经济管理, 2013 (8)：53-58.

[123] 国家统计局. 新常态新战略新发展——"十二五"时期我国经济社会发展成就斐然 [EB/OL]. http://www.stats.gov.cn/tjsj/zxfb/201510/ t20151013_1255154.html.

[124] 李海萍, 向刚, 高忠仕. 中国制造业绿色创新的环境效益向企业经济效益转换的制度条件初探 [J]. 科研管理, 2005 (2)：46-49.

[125] 刘锦英. 地方政府在区域创新系统中的作用探析 [J]. 科技管理研究, 2009 (8)：40-42.

[126] 丁堃. 论绿色创新系统的创生机理及培育对策 [J]. 科技管理研究, 2008 (12)：6-8.

[127] 丘海雄, 杨玲丽. 珠三角地方政府在集群创新中的作用 [J]. 科技与管理, 2008 (3)：16-18.

[128] 李晓娣, 赵毓婷. 区域创新系统中地方政府行为分析 [J]. 工业技术经济, 2007 (8)：16-19.

［129］伍江. 产业结构低端化与西部技术创新［J］. 西南民族大学学报，2009（8）：63-67.

［130］李阳，李柏洲，张浩. 科技计划项目过程优化控制研究［J］. 商业研究，2010（6）：95-98.

［131］宋艳萍. 规范地方政府行为优化投资环境［J］. 云南行政学院学报，2006（6）：94-96.

［132］石国亮. 中国政府的管理规则系统［J］. 学习与探索，2010（1）：71-74.

［133］刘锦英. 地方政府在区域创新系统中的作用探析［J］. 科技管理研究，2009（8）：40-42.

［134］承接产业转移中国西部 着力布局战略新兴产业［EB/OL］. 新华网，2012-09-28.

［135］李迅雷. 做好低端制造业 发挥比较优势推动产业转型升级［N］. 中国工业报，2009-03-18.

［136］兰建平，傅正，方申国. 工业创意产业：制造业转型升级的新引擎［J］. 浙江经济，2009（5）：47-48.

［137］刘中显. 东部地区服务业促进制造业转型升级的问题及对策［J］. 中国经贸导刊，2009（7）：24-25.

［138］钱宝荣. 促进制造业转型升级的税收政策思考［J］. 税务研究，2010（6）：7-12.

［139］周民良. 区域创新、结构调整与中国地区制造业转型升级［J］. 学习与实践，2011（8）：31-43.

［140］周民良. 推动沿海制造业转型升级战略构想［J］. 人民论坛，2011（9中）：124-127.

［141］童明荣. 智慧城市建设 制造业企业转型升级的新机遇［J］. 三江论坛，2010（11）：15-17.

［142］胡迟. 有效推进转型升级切实转变发展方式——以"十二五"以来制造业转型升级为例［J］. 上海企业，2012（10）：65-68.

［143］方行明，甘犁，刘方健，等. 中国西部工业发展报告［M］. 北京：社会科学文献出版社，2013.

［144］刘丽辉，陈振权，辛焕平. 珠三角地区制造业专业镇转型升级的路径选择及保障机制研究——以南海大沥镇为例［J］. 科技管理研究，2013（22）：111-115.

［145］秦月，秦可德，徐长乐. 长三角制造业转型升级的粘性机理及其实现路径——基于"微笑曲线"成因的视角［J］. 地域研究与开发，2014，33（5）：6-10.

[146] 王倩. 辽宁省装备制造业转型升级的途径研究 [J]. 沈阳工程学院学报（社会科学版），2015，11（1）：46-49.

[147] 王晓义. 宁波制造业转型升级：动力结构及路径创新 [J]. 三江论坛，2015（1）：19-21.

[148] 陈兴国. 制造业的困境与出路——基于"再工业化"背景下的重庆制造业转型升级 [J]. 公共论坛，2015（10）：23-25.

[149] 伍长南. 台湾推动制造业转型升级及对祖国大陆的启示 [J]. 学术评论，2012（2）：14-18.

[150] 王晓红. 广东发展工业设计促进制造业转型升级现状与建议 [J]. 中国风险投资，2012（29）：59-61.

[151] 张丽珍. 创新驱动：传统制造业转型升级的引擎 [J]. 今日浙江，2013（4）：30-31.

[151] 郭新宝. 我国制造业转型升级的目标和路径 [J]. 中国特色社会主义研究，2014（3）：33-37.

[153] 王树华，陈柳. 制造业转型升级中的增量调整和存量调整 [J]. 现代经济探讨，2014（6）：38-41.

[154] 芮杰明. 战略性新兴产业发展的新模式 [M]. 重庆：重庆出版社，2014.

[155] 陈根. 韩国四大财团转型升级中崛起 [M]. 北京：电子工业出版社，2014

[156] 野口悠纪雄. 日本的反省：制造业毁灭日本 [M]. 杨雅虹，译. 上海：东方出版社，2014.

后 记

本书是 2014 年国家社科基金一般项目《以战略性新兴产业引领西部地区制造业转型升级研究》（项目编号为 14BJL100）的最终成果。课题组成员包括中共四川省委党校的陈钊教授、杨志远教授、李慧教授、河北省社会科学院的严文杰博士、中国科学院成都山地灾害与环境研究所的徐云副研究员，由陈钊主持。西部大开发已进行了十几年，西部发展也取得了巨大的成就，与东部地区的发展差距在逐步缩小，但西部地区自我发展能力与东部地区仍然有较大的差距。战略性新兴产业是当今及未来一段时间引领世界发展的关键产业，是我国赶超世界先进水平的战略产业，也是当前我国发展的重点。课题组长期关注西部地区的发展，也希望通过西部地区发展战略性新兴产业这一类先进产业，引领西部地区制造业转型升级，推进西部地区制造业的发展，带动西部地区经济发展，提升西部地区的自我发展能力，尽力缩小西部地区与沿海地区的发展差距。因此课题组提出《以战略性新兴产业引领西部地区制造业转型升级研究》课题，并得到国家社科基金资助。本书的分工如下：第一章、第二章、第三章、第四章由陈钊撰写，第五章、第六章由严文杰撰写，第七章由李慧、严文杰撰写，第八章由李慧撰写，第九章的第一节、第二节、第三节、第四节由陈钊撰写，第九章第五节由陈钊、徐云撰写，第十章、第十一章由杨志远撰写。

虽然经过课题组成员的努力，课题得到结项，但该领域的研究并没有结束，我们感到仍然有较多的内容值得深入研究，我们仍然需要努力。由于我们知识、能力有限，文中难免有错误、不足之处，敬请各位专家、学者批评指正！